国家社会科学基金项目"中国翻译市场发展60年研究"（12BYY023）

中国翻译市场
发展60年研究

田传茂 ◎ 著

中国社会科学出版社

图书在版编目（CIP）数据

中国翻译市场发展 60 年研究/田传茂著. —北京：中国社会科学出版社，2019.3
ISBN 978-7-5203-4063-2

Ⅰ.①中… Ⅱ.①田… Ⅲ.①翻译—服务业—发展—研究—中国 Ⅳ.①H059

中国版本图书馆 CIP 数据核字（2019）第 027398 号

出 版 人	赵剑英
责任编辑	郭晓鸿
特约编辑	刘晓茹
责任校对	夏慧萍
责任印制	戴　宽

出　　版	中国社会科学出版社
社　　址	北京鼓楼西大街甲 158 号
邮　　编	100720
网　　址	http://www.csspw.cn
发 行 部	010-84083685
门 市 部	010-84029450
经　　销	新华书店及其他书店

印　　刷	北京明恒达印务有限公司
装　　订	廊坊市广阳区广增装订厂
版　　次	2019 年 3 月第 1 版
印　　次	2019 年 3 月第 1 次印刷

开　　本	710×1000　1/16
印　　张	32.75
插　　页	2
字　　数	433 千字
定　　价	118.00 元

凡购买中国社会科学出版社图书，如有质量问题请与本社营销中心联系调换
电话：010-84083683
版权所有　侵权必究

前　言

　　本书采用描述分析的方法对中国（大陆）翻译市场60年（1949—2009）的发展变化进行了初步研究。整个翻译市场被分为计划经济时期的翻译市场（1949—1977）、经济转型时期的翻译市场（1978—1992）和市场经济时期的翻译市场（1993—2009）。中国翻译市场发展的总体趋势是翻译服务从计划走向自由竞争。

　　计划经济时期的翻译市场是一个封闭型市场。在这个时期，翻译市场不对社会开放，国家是唯一的翻译服务对象；国家之外的个人或组织在当时几乎不需要翻译服务，偶尔产生的翻译服务需求由国家指定的机构完成。经济转型时期的翻译市场逐渐由无差别的市场向有差别的市场过渡，即计划经济时期同质的公益性翻译市场逐渐转向经济转型时期公益性翻译与商业化翻译并存的异质市场。引起这一时期市场性质变化的关键因素是以社会为依托、服务面向全社会的翻译公司的出现。翻译公司的出现改变了计划经济时期国家作为所有译者"赞助人"的状况。市场经济时期的翻译市场保持了经济转型时期市场的异质特征，但是在市场经济时期的翻译市场中公益性翻译市场板块所占比重逐渐缩小，而商业化翻译市场板块的比重不断扩大。商业化翻译取代公益性翻译成为市场的主导服务方式。公益性翻译市场的缩小并非政府公共翻译服务需求减少，相反，这一市场板块的需求正在迅速扩大。但是，越来越多的政府机构倾向于将翻译业务外包给翻译公司、本地化公司以及自由译者，而不像计划经济时期那样全部由本单位的专兼职译者承担。

比较计划经济、经济转型和市场经济时期的翻译市场，从翻译策略看，整体上由归化转向异化；从翻译服务实体看，过去单一的政府和企事业单位内部的语言翻译部门逐渐演变成现在公共翻译机构、翻译公司、本地化公司等并存的局面；从价值规律作用看，公益性翻译极大地削弱了价值规律对市场供求关系和价格的调节作用，而商业化翻译使价值规律对翻译成本、价格、利润等的作用回归本位，翻译服务的市场机制逐渐完善；从翻译服务规范看，在公益性翻译服务的语境下，个别部门可能有翻译工作的规章制度，但整个行业未建立行规行约，而商业化翻译市场的发展壮大使翻译服务经营企业自觉地联合起来，建立本行业的各种规范和标准，并在行业协会和国家有关部门的组织和领导下，发布了对整个行业具有指导作用的翻译服务国家标准；从业务流程看，公益性翻译服务中除了个别重大翻译项目（如"毛著"翻译）外，一般并无明晰的翻译业务流程的管理和监控，翻译工作由译者单独或分工完成，而在商业化翻译服务中，业务流程比较严密，每一个环节都有专人负责，翻译服务产品的生产类似流水线生产。从译者角度看，计划经济时期的专兼职译者都是国家机关、政府部门、国有和集体企事业单位的工作人员，一切服从国家分配和安排，翻译工作在部门内部、跨部门或多部门合作中完成；经济转型时期和市场经济时期开始出现越来越多的不依附于国家的专兼职译者，他们要么是受雇于自己的自由译者，要么是受雇于翻译公司、本地化公司等私营企业的专兼职译者，在经济上相对独立或具有较大的自主权，与客户、翻译公司通常是一种建立在契约之上的合作关系。从客户看，公益性翻译服务的客户比较特殊，本质上体现为国家和政府，客户的意志凌驾于译者之上，客户与译者之间是一种不对称、不平衡的关系；在商业化翻译语境中，客户表现为有翻译服务需求的个人、企业、组织或政府有关部门，客户、翻译公司、译者之间是一种平等的契约关系，其经济关系完全服从于价值规律。从译者态度和动机看，公益性翻译服务中的译者不以追求经济利益为最终目的，而是将为人民服务、为革命事业献身作为自己神圣的使命；商业化翻译服务中的译者则以追求经济利益为最终目的。从服务内容看，计划经济时期的翻译服务比较单一，主要表现为专兼职译者向国家提供口笔译服务；市场经济时期，翻译服务内容发生了巨大变化，传统的口笔译服务发展成为多元化的语言服务。本地化服务、翻译工具研发与生产、语言翻译培训、多语咨询服务等成为翻译服务的新生内容。翻译服务上升成为语言服务产业。

中国翻译市场由封闭型向开放型转变是由国家方针政策，国家对翻译工作的干预，社会文化规范及行业规范的变迁，译者动机的变化以及信息化、全球化、本地化等诸多内外因素的合力作用促成的。从翻译市场的发展趋势看，网络信息技术的发展使翻译服务更加便利、效率提高，经济全球化和互联网内容的增长使翻译服务需求日益增多，翻译市场规模不断扩大。

目　　录

第一章　绪论 …………………………………………………… 1

　　第一节　研究问题 …………………………………………… 3

　　第二节　研究假设 …………………………………………… 5

　　第三节　研究内容 …………………………………………… 6

　　第四节　研究方法 …………………………………………… 9

第二章　翻译市场研究方法概览 ……………………………… 24

　　第一节　国外研究方法综述 ………………………………… 24

　　第二节　国内研究方法综述 ………………………………… 52

　　第三节　研究局限与研究难点 ……………………………… 63

第三章　翻译市场概述 ………………………………………… 68

　　第一节　翻译市场的定义、性质与特点 …………………… 69

　　第二节　翻译市场的要素 …………………………………… 82

第三节　翻译市场现状 ·· 89

第四章　计划经济时期的翻译市场 ································ 110
　　第一节　市场的性质与特点 ·· 113
　　第二节　市场概述 ·· 116
　　第三节　本章小结 ·· 154

第五章　转型时期的翻译市场 ·· 155
　　第一节　市场的性质与特点 ·· 156
　　第二节　市场概述 ·· 159
　　第三节　新兴市场的萌芽 ··· 188
　　第四节　本章小结 ·· 198

第六章　市场经济时期的翻译市场 ································· 201
　　第一节　市场的性质与特点 ·· 202
　　第二节　市场概述 ·· 207
　　第三节　传统翻译市场 ·· 208
　　第四节　新兴语言服务市场 ·· 238
　　第五节　本章小结 ·· 331

第七章　翻译市场差异与成因分析 ································· 334
　　第一节　翻译市场差异 ·· 334
　　第二节　成因分析 ·· 343
　　第三节　本章小结 ·· 391

第八章　翻译市场的发展趋势 ········· 392
第一节　市场规模扩大 ············· 393
第二节　市场的分级化 ············· 401
第三节　经营方式创新 ············· 404
第四节　语言技术革新 ············· 412
第五节　市场环境改善 ············· 419
第六节　校企合作加强 ············· 425
第七节　市场国际化程度提高 ········· 426

第九章　结论 ···················· 429
第一节　主要研究发现 ············· 429
第二节　研究局限 ················ 436
第三节　研究建议 ················ 438

附录一　60年新中国翻译服务大事记 ········ 442
附录二　翻译市场关键词对照表 ············ 451
附录三　翻译市场研究要目索引 ············ 470
参考文献 ······························ 485
索　引 ······························· 506

图 目 录

图 1-1　翻译市场的构成要素

图 1-2　翻译市场研究方法架构

图 1-3　翻译市场理论分析模型

图 2-1　全球翻译公司和自由译者数量及其所占市场份额

图 2-2　不同规模翻译公司数量及其所占市场份额

图 3-1　语言信息的转换传播过程

图 3-2　全球语言服务市场各板块所占比例

图 3-3　全球语言服务市场地区分布

图 3-4　语言服务市场的全球分布

图 3-5　2005年全球语言市场需求

图 3-6　热门语言对的译员人数及所需工作量

图 4-1　邓小平在办公室阅读《参考消息》

图 5-1　一汽-大众汽车有限公司成立大会

图 5-2　翻译公司业务流程

图 5-3　翻译质量控制流程

图 6-1　2000—2011年全国语言服务企业发展数量及未来4年发展预测

图 6-2　全国语言服务企业分类统计

图 6 – 3　全国内资私营语言服务企业分类统计

图 6 – 4　全国内资非私营语言服务企业分类统计

图 6 – 5　1980—2011 年港澳台资及外资企业占全国语言服务企业比例

图 6 – 6　按注册资本规模划分的企业数量统计

图 6 – 7　全国语言服务企业注册资本规模统计

图 6 – 8　2000—2011 年新增企业注册资金总额统计

图 6 – 9　全国语言服务企业区域分布统计

图 6 – 10　全国语言服务企业注册资本规模与消亡率统计

图 6 – 11　2000—2011 年消亡企业生命周期统计

图 6 – 12　语联网示意

图 6 – 13　语联网驱动逻辑示意

图 6 – 14　语联网框架示意

图 6 – 15　美国可口可乐公司广告

图 6 – 16　一般本地化翻译项目流程示意

图 6 – 17　文思海辉公司的服务外包交付模式

图 6 – 18　艾朗公司的项目流程控制程序

图 6 – 19　有道词典查词结果示意

图 6 – 20　有道词典网页翻译示意

图 6 – 21　原文、译文左右表格对照翻译界面示意

图 6 – 22　原文样式示意

图 6 – 23　译稿样式示意

图 8 – 1　中国企业对外直接投资快速增长

图 8 – 2　"翻译服务诚信单位"铜牌

图 8 – 3　软件敏捷本地化模式

图 9 – 1　翻译市场理论分析修正模型

表 目 录

表 2-1　全球和欧洲翻译市场规模估计数字

表 3-1　2011 年全球语言服务提供商排名

表 3-2　国内重要的翻译公司和本地化公司

表 6-1　人民文学出版社获奖翻译图书统计

表 6-2　十大文学经典 60 年翻译分布情况

表 6-3　笔译价目（表中"字数"指中文字数）

表 6-4　口译价格

表 6-5　2003 年北京地区各语种口笔译价格

表 6-6　2003 年上海地区主要语种口笔译价格

表 6-7　2003 年广州地区主要语种口笔译价格

表 6-8　2003 年武汉地区主要语种口笔译价格

表 6-9　国内翻译公司与本地化公司业务运作方式比较

表 6-10　职业译员与非职业译员翻译速度等对比

表 7-1　众包翻译模式与传统翻译模式比较

表 8-1　语言服务业主要业务领域市场份额变化

表 8-2　语联网翻译与传统翻译比较

第一章 绪论

据《中国语言服务业发展报告 2012》（以下简称《报告 2012》），2011 年我国语言服务业年产值达约 1576 亿元，语言服务企业共有 37197 家，从业人员约 119 万，另有兼职人员 330 余万。[①] 这表明，我国的语言服务作为一项产业已初具规模。在经济全球化背景下，语言服务作为一种新兴的服务形态已渗透社会经济生活的所有领域，成为我国加大改革开放、加速融入全球一体化经济的关键产业和基础性产业，也是中国文化走向世界的战略性产业。语言服务的产业实力已成为国家软实力的一部分。

20 世纪八九十年代以来出现的信息技术革命和全球化浪潮给人类古老的翻译活动带来了深刻的变化。翻译已走出书斋，进入市场，由传统翻译演变成语言服务，由作坊式加工变成产业化经营，由一元化的口笔译活动发展成多元化的整套语言服务、整体化解决方案。一切翻译问题、语言信息工程技术问题似乎都可由翻译公司、本地化公司以及服务外包公司解决。翻译的职业化、专业化、技术化、市场化、产业化、规模化、信息化、全球化和多元

---

① 参见中国翻译协会、中国翻译行业发展研究院发布的《中国语言服务业发展报告 2012》，第 9—10 页。另据《2016 中国语言服务行业发展报告》，截至 2015 年年底，我国语言服务业年产值达到约 2822 亿元，语言服务企业共有 72495 家。

化，催生了现代意义上的翻译市场。当下的翻译市场正朝着语言信息服务市场、服务外包市场演变。

遗憾的是，面对人类翻译实践活动的剧烈变化，国内外翻译学界并未做出应有的反应，研究主流话语仍然围绕翻译活动本身，以语言服务为核心的翻译市场研究一直处于边缘地位，参与研究者寡。不过，值得欣慰的是，中国翻译研究界的权威期刊《中国翻译》杂志近年来开辟了"行业研究"栏目，对语言服务行业的研究逐渐加强。综观现有的为数不多的相关研究成果，虽然视角新颖，但多停留在就事论事的现象描述，多微观和局部研究，少历时的系统的全面的宏观研究。鉴于蓬勃发展的翻译市场在社会经济生活中必将发挥越来越大的作用，对其进行充分的研究，了解其历史发展演变脉络和原因，把握其演进方向，是非常必要的。

我们选择"新中国翻译市场发展60年研究"这一课题，有三方面的理由。其一，从学科意义上讲，本研究在某种程度上能够填补翻译学在翻译市场研究方面的空白。翻译研究者对翻译服务产业给予的关注不多。直到今天，仍然未见对某一国家或地区的整个翻译市场做较大历史跨度的宏观研究。其二，从理论意义上讲，本研究可以验证翻译研究领域的有关发现。例如，巴西学者弥尔顿（John Milton）经过研究发现，巴西的高关税壁垒与翻译出版量的急剧增长存在密切关系。中国作为与巴西类似的新兴经济体，其翻译市场的发展变化或许与后者有某种相似之处。其三，从实践意义来看，本课题的研究成果可以为我国政府有关部门规范翻译市场，为企业、出版社等单位部门实施翻译业务外包，为语言服务企业正当地进行市场竞争，为高校培养符合市场需求的翻译人才，为专职和兼职译者更好地适应市场提供参考。

第一节　研究问题

　　研究中华人民共和国成立60年来中国（大陆）翻译市场的发展变化轨迹属于翻译史研究的范畴。为了更清晰地认识这一翻译市场，我们采用史学研究中"历史分期"的方法将其分为计划经济时期的翻译市场（1949—1977）、经济转型时期的翻译市场（1978—1992）和市场经济时期的翻译市场（1993—2009），以期找出各阶段质的差别，并从中发现各时期的特点与规律。我们关于翻译市场的阶段划分基于如下假设：中国政治经济体制在各时期的变化以及一些外部因素的变化导致翻译服务生产方式的变化，使三个时期的翻译市场具有各自鲜明的特点。而将计划经济、经济转型和市场经济时期的翻译活动统一纳入市场维度进行研究，又涉及本研究中的一个关键问题：计划经济时期是否存在翻译市场？在我们的研究中，"市场"是一个动态的、广义的概念，既指商品交换如金钱与服务之间的交换，又指包括供求、价格、竞争、产权、激励、信用所构成的完整机制的经济体系；既指受限（如国家垄断）的交换关系，又指具有一定规模的交易双方自由讨价还价、自由竞争的关系。三个时期"翻译市场"的内涵存在很大差异。计划经济时期，我国的翻译工作存在于各行各业且规模较小。这种零散性特点掩盖了翻译活动的行业性特征。但是，如果我们将这个时期数量可观的专兼职翻译工作者的劳动与国家工资之间的固定交换关系视为一个整体，那么这种交换还是具有一定规模的，因此可以将其看作一个封闭型的、非常低级的同质翻译市场。进入经济转型时期后，我国翻译工作的行业性特征开始显现，一个证据是中国翻译协会（以下简称"中国译协"）和各省、市、自治区翻译协会大都是在

20 世纪 80 年代建立起来的。虽然这些协会在开始阶段偏重于学术研究,但其会员大都从事同类型的劳动服务——翻译服务。这符合"行业"的定义,即"按生产同类产品或具有相同工艺过程或提供同类劳动服务划分的经济活动类别"①。换言之,这些协会实际上是行业协会。由于面向社会服务的翻译公司的出现,计划经济时期无差别的公益性翻译市场过渡到经济转型时期的公益性与营利性翻译服务并存的异质翻译市场。90 年代后,我国开始全面实行市场经济。这使我国的翻译工作由行业升级为产业,营利性市场板块迅速发展壮大,超越公益性市场板块并在市场经济时期的翻译市场中占据越来越大的比重。中国译协分别于 2002 年和 2009 年增设翻译服务委员会和本地化服务委员会两个分支机构。这表明,我国的翻译工作已经完全市场化、产业化,同时翻译服务的内涵已扩展到本地化领域。结合对新中国翻译市场 60 年来发展变化的思考,我们拟将以下问题作为本研究的主要内容:

(1)我国计划经济时期是否存在翻译市场?若存在,这一市场具有什么性质和特点?

(2)我国经济转型时期是否存在翻译市场?若存在,该市场具有什么性质和特点?与计划经济时期的翻译市场有何异同?

(3)我国市场经济时期是否存在翻译市场?若存在,这一市场具有什么性质和特点?与计划经济时期、转型时期的翻译市场有何异同?

(4)各阶段翻译市场的构成要素,如译者生态、翻译服务方式等具有什么表现形态?

(5)中国翻译市场如何由封闭型的定向服务走向开放型的自由竞争?

(6)中国翻译市场如何由传统翻译行业升级为现代语言服务业?

(7)造成计划经济时期、经济转型时期、市场经济时期翻译市场差异的

---

① 360 百科词条"行业"(http://baike.so.com/doc/5387429.html)。

内部和外在原因是什么？

（8）我国翻译市场的发展趋势是什么？

第二节 研究假设

欧洲翻译研究协会主席、西班牙学者安东尼·皮姆（Anthony Pym）博士指出，翻译行为从来就是一种市场行为，译者的行为总是受到市场因素的影响，特别是在专业技术领域。[①]可以说，翻译市场贯穿于人类历史，已经过去的 60 年历史也不例外。新中国翻译市场经历了 1949—1965 年的初步发展期、1966—1977 年的相对沉寂期、1978—1992 年的转型期以及 1993—2009 年的迅速发展期。基于对有关文献的初步研究和对国内翻译市场的现象观察，我们提出如下研究假设：

（1）翻译市场是一种以翻译服务供求关系为基本特征的语言信息服务市场，可粗略分为两种类型：定向服务的封闭型市场和面向全社会的开放型市场。

（2）新中国翻译市场经历了一个由相对封闭到完全开放的过程。前 30 年的市场是一种以政府部门和企事业单位翻译为主要形式的、直接或间接向国家提供翻译服务的、具有计划性质的封闭型市场；后 30 年封闭型市场逐渐让位于开放型市场，翻译服务由计划走向市场化、专业化、标准化、技术化、网络化和全球化，成为语言服务的重要组成部分，以自由选择和自由竞争为

[①] 在 2007 年西班牙罗维拉—依维尔基里大学跨文化研究所（Intercultural Studies Group, Universitat Rovira i Virgili）"翻译与跨文化研究"博士项目网上课程中，笔者作为博士生与导师皮姆教授在谈到有关中国翻译市场的问题时，他表达了上述看法。

主要特征。

（3）中国翻译市场经历了一个由卖方市场向买方市场转变的过程。计划经济时期的翻译市场，由于翻译和外语人才缺乏，翻译服务求大于供；市场经济时期，由于外语教育的普及，职业和业余译者数量激增，翻译服务虽然质量参差不齐，但在中低端翻译市场有供大于求的趋势。

（4）计划经济时期的翻译服务，因为翻译审查严格，质量相对有保证；市场经济时期的翻译市场，由于翻译服务的提供者成分复杂，以及市场恶性竞争，质量无法保证。

（5）政党和政府的方针政策影响翻译服务形态的性质以及翻译出版物的类型。

（6）翻译市场形态影响译者心态与翻译策略。翻译服务方式的变化首先影响译者心态，进而影响其所采用的翻译策略。

（7）翻译理论话语影响翻译规范，译者的翻译策略从归化走向异化。

（8）网络信息技术的发展、经济全球化与文化多样性对翻译市场的发展有很大影响。

第三节　研究内容

从时间维度看，翻译市场研究既可探究某一阶段的翻译市场，也可跨阶段地审视翻译市场。例如，60年来中国翻译市场的发展研究，是一种跨阶段研究。我们可将这60年分为三个阶段，即计划经济时期的翻译市场、经济转型时期的翻译市场以及市场经济时期的翻译市场。然后，再对这三个阶段翻译市场的性质、特点和具体内容做历时和共时研究。

从构成要素的维度看,翻译市场可分为主体要素和客体要素(图1-1)。主体要素指具有行为能力的人,包括译者、客户、翻译中间人、管理与服务人员等。译者包括职业译者与兼职译者等。客户指作为主体的需要翻译服务的人。企业作为法人,可视为具有行为能力的主体。翻译中间人指连接译者和客户的中介。管理与服务人员指翻译实体的行政管理人员,以及翻译实体中为译者提供翻译辅助服务的专业人员。客体要素包括翻译要素、实体要素、经济要素、服务要素等。翻译要素指翻译实践活动的构成要素,如翻译策略、目的与功能等;实体要素指与翻译活动相关的各种实体,如国家机关、政府部门、企事业单位等;经济要素包括翻译成本和价格等;服务要素包括翻译服务流程、翻译质量标准等。

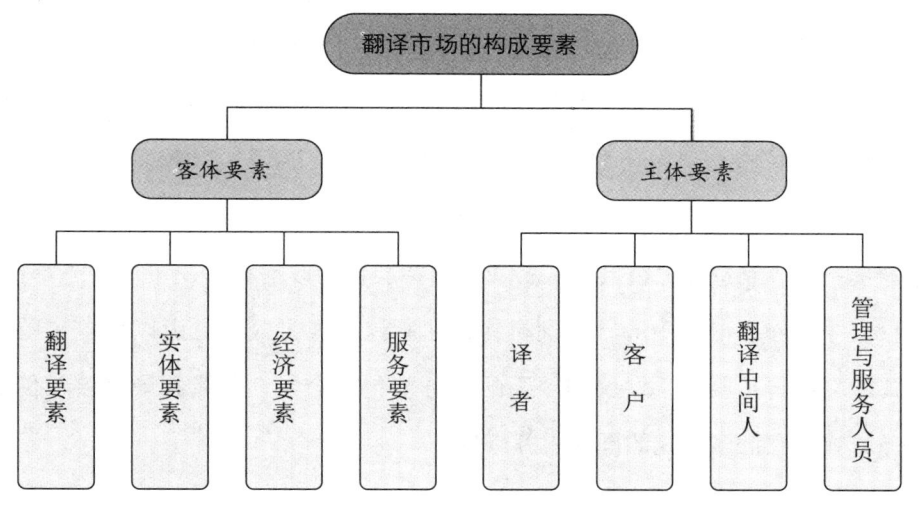

图1-1 翻译市场的构成要素

从发展的维度看,翻译市场在不同历史阶段具有不同的内容,因此研究翻译市场不仅要考察各历史阶段翻译市场的具体构成要素,还要研究不同历史阶段翻译市场的发展变化及其原因。例如,我国计划经济时期的翻译活动,从主体看,主要是在政府部门和企事业单位工作的专兼职译者,也包括数量稀少的自由职业译者如傅雷等。从翻译的内容看，主要包括外交翻译、政治文献翻译、科技外贸翻译、社会科学和文学翻译等。这些翻译工作集中在政府机关、企事业单位和出版机构。而在市场经济时期，翻译市场发生了巨大变化。从服务的主体看，以前在政府部门和企事业单位工作的专兼职译者仍然存在，但是合资和私营企业的译者，翻译公司的专兼职译者，市场上的自由职业译者，社会上的兼职译者、短工译者、隐形译者等，使译者的成分变得极为复杂。从翻译服务的内容看，已从过去单纯的口笔译工作发展成为全方位的语言信息服务，包括本地化和全球化服务。翻译服务的范围和内涵也在不断扩大。翻译教育与培训、翻译技术、翻译服务标准化与专业化等是翻译市场的新生成分。语言服务产业已成为翻译服务产业的同义词。语言服务的内容涵盖了语言文字信息内容设计与开发、文字信息内容翻译与本地化、语言技术软件开发、语言技能教育与培训、语言行业研究与咨询以及语言服务行业管理等。[①]翻译市场已拓展为由核心层、相关层和支持层构成的三层产业组织结构。[②]核心层包括翻译公司、本地化公司、翻译工具开发公司、翻译研究和咨询机构；相关层包括国家外事外宣、对外传播部门，翻译出版、信息通信产业，制造业，公共服务行业；支持层包括政府相关决策和管理部门、高校人才培养、考试中心、培训机构。从翻译服务方式看，由以前单一的封闭式的自给自足服务，发展到今天的服务外包与众包、在线翻译服务与传统服务方式并存等多元化的翻译服务市场。

[①] 参见崔启亮《翻译行业与翻译管理》，PPT 课件，2012 年。
[②] 参见崔启亮《产业化的语言服务新时代》，《中国翻译》（增刊）2013 年。

第四节 研究方法

翻译市场研究首先需要厘清研究的对象,对研究的内容划定清晰的边界。在研究方法上,单一的方法,不论是经济学、翻译学,还是其他学科领域的研究方法似乎都不适合对翻译市场进行比较宏观的、系统的、全面的探究。方法的整合应是翻译市场研究的合理取向。同样,在理论分析工具的运用上,跨学科理论的结合、发展与深化,是构建翻译市场学理论的可取途径。

一 研究框架

首先,翻译市场的"翻译"和"市场"属性要求研究者运用定性分析和定量分析的方法,可以是先定性,然后用数据佐证,也可以是先摆出数据,然后进行定性。第一手数据可通过调查统计法获得。调查统计法包括访谈、问卷调查、资料查阅等手段。第二手数据则可通过对现有相关研究文献的分析统计获得。除此之外,历时和共时研究法可分别用于跨阶段和同一阶段翻译市场的研究。历时和共时研究有助于找出市场的发展变化和各市场板块之间的差异。对于市场差异与发展变化的成因,可尝试运用经济学、翻译学或其他学科的有关理论进行分析。例如,可运用翻译研究学派的规范理论对翻译市场进行社会、文化、翻译规范层面的深度研究。中华人民共和国成立60年中国翻译市场研究的方法似可依循图1-2所示框架。

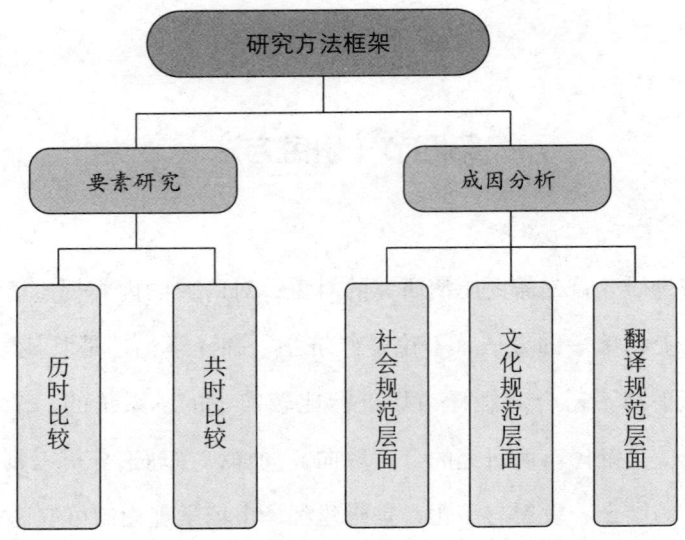

图 1-2 翻译市场研究方法架构

要素研究除了分析翻译市场各要素本身的性质与特点外,还应研究客体要素之间、主体要素之间以及主客体要素之间在各历史阶段的相互作用关系,考察翻译市场要素在相同和不同历史阶段的共时与历时差异。同时,翻译市场要素不是一成不变的。翻译市场要素的变化必然会引起整个翻译市场性质的变化。因此,应通过对要素的微观研究,探讨翻译市场如何由一种形态演变为另一种形态,描述其宏观特征,确定其性质。成因分析旨在探究要素演变的原因,可将翻译市场置于广阔的社会文化的宏观环境中,从规范视角,如意识形态规范和翻译规范,探析翻译市场发展变化的原因,然后依据这种分析,预测市场发展的未来方向。

二 理论分析工具

在人文社会科学领域,特别是翻译学和经济学领域,有许多理论分析工具可用来对翻译市场进行现象或成因分析。翻译市场的社会属性可运用翻译研究学派的规范理论等进行分析;翻译市场的市场属性可利用价值规律理论、计划与市场理论等进行探究。

（一）规范理论

人文社会科学的许多学科都有自己的规范理论，如社会学、政治学、经济学、法学、文学、翻译学等。规范理论从本质上看是一种植根于价值判断的理论。①

社会学者赫奇特将规范看作"特定环境中规约和排斥行为的文化现象"②，霍恩则将规范理解为"约束行为的表述"或是"对视为理想的具体行为的口头描述"③，而埃里克森将规范描述为"指导个人行为的规则，由国家之外的第三方通过社会奖惩形式来实施"④。沃斯将社会规范定义为在群体 P 中个体行为的规律性 R，具有以下特征：第一，R 产生于 P 中成员经常性的交往；第二，在 P 中在几乎所有成员都遵守 R 的情况下，P 中几乎所有成员都希望遵守 R；第三，在 P 中几乎每个成员都相信其他成员都遵守 R；第四，R 是经常性交往中的纳什均衡（Nash Equilibrium）⑤。规范是群体中个体自觉遵循的行为模式，并且以群体共同期待和接受为基础。⑥

在翻译学领域，规范研究发端于列维（Jiří Levý）和波波维奇（Anton Popovic），而由图里（Gideon Toury）、切斯特曼（Andrew Chesterman）、诺德（Christiane Nord）、赫曼斯（Theo Hermans）等人将规范理论发展成熟。图里

---

① 参见李开盛《规范理论：批判与评估》，转引自中国国际关系学会编《国际关系理论：前沿与热点——2006 年博士论坛论文集》，世界知识出版社 2007 年版，第 19 页。

② Michael Hechter and Karl Dieter Opp, "Introduction", In Michael Hechter and Karl Dieter Opp (eds), *Social Norms* (p. xi), New York：Russell Sage Foundation, 2001.

③ Christine Horne, "Sociological Perspectives on the Emergence of Social Norms", In Michael Hechter and Karl Dieter Opp (eds), *Social Norms* (p. 4), New York：Russell Sage Foundation, 2001.

④ Robert Ellickson, "The Evolution of Social Norms：A Perspective from the Legal Academy", In Michael Hechter and Karl Dieter Opp (eds), *Social Norms* (p. 35), New York：Russell Sage Foundation, 2001.

⑤ Thomas Voss, "Game - theoretical Perspectives on the Emergence of Social Norms", In Michael Hechter and Karl Dieter Opp (eds), *Social Norms* (p. 108), New York：Russell Sage Foundation, 2001.

⑥ 参见廖七一《翻译规范及其研究途径》，《外语教学》2009 年第 1 期，第 95 页。

(1980/1995) 将规范理解为社会文化对翻译的约束力。[1] 规范（norms）处于客观性极强的总体性规则（rules）和主观性极强的纯粹个人风格的（idiosyncrasies）两极之间，在两极的连线之间因翻译任务不同而产生差异。例如，笔译和口译、法律翻译和一般翻译等规范不同。图里认为，规范是解释社会活动最根本的概念，是社会秩序赖以建立的基础，因此也是解释包括翻译在内的文化活动的关键。[2]他将翻译规范分为预规范（preliminary norms）、元规范（initial norms）和操作规范（operational norms）。

预规范又称原型规范，是在两个明显不同但又相关的领域之间确定的：第一，特定历史时期目的语文化的翻译政策，如对某些作家、文类和流派的青睐；第二，是否允许以另外一种语言的译本作为源文本进行翻译，可接受的媒介或中间语言是什么。根据预规范，特定的目标文化决定了选择何种源文本进行翻译。元规范又称初始规范，是影响翻译宏观抉择的因素。元规范与译者自觉或不自觉地选择翻译目的有关，而翻译目的决定翻译过程的种种决策。图里把元规范定义为反映译者对原文忠实程度的规范。译者面临三种选择：从内容到形式囿于源语语篇规范；译者恪守目的语的语言和文学规范，不考虑源语的相应规范；两者兼顾。图里认为，大多数译文都是在两种语言文化规范之间寻求折中，即第三种选择的结果。操作规范指翻译过程中的微观抉择，亦指对具体翻译技巧和方法的选择，如译文针对不同对象选择语言变体、翻译过程中的层次转换、形式对应、行文等值和创造性等。由此可见，操作规范决定了翻译方式的选择。操作规范又可分为文本规范（textual norms）和矩阵规范（matricial norms）。文本规范指所依据的选择源语文本项目中翻译对等语的规范。所选择的材料在性质上可能是语言的或文学的，可

---

[1] Gideon Toury, *In Search of a Theory of Translation*, Tel Aviv: Porter Institute for Poetics and Semiotics, 1980. Gideon Toury, *Descriptive Translation Studies and Beyond*, Amsterdam and Philadelphia: John Benjamins, 1995.

[2] 参见方梦之主编《中国译学大辞典》，上海外语教育出版社2011年版，第24页。

以包括词项和押韵格式等特征。文本规范可以是与各类翻译相关的普通规范，也可以是与特定翻译模式或体裁有关的特定规范。矩阵规范支配译者如何决定对句子层面之上的文本进行组织。例如，这类规范的操作将决定可以在多大程度上省略源语文本材料、文本章节可否移动以及对文本如何进一步划分。①

翻译规范研究的另一位重要学者切斯特曼将翻译规范分为期待规范（expectancy norms）和过程规范（process norms）。期待规范亦称产品规范，它反映读者对翻译或特定类型的翻译样式的期待，如译文文本类型样式及其体裁、风格、语法正确性的程度，文本性以及某些文体中的搭配甚至某些词类的分布。读者，包括翻译任务委托人，其期待受到译语文化中主流的翻译传统、译语文化中同一文本类型的平行文本样式的制约，同时还受到所涉及的两种文化间及其内部的经济、意识形态、权利关系等因素的制约。过程规范又称专业规范，指由专业的合格译者的职业行为所体现的制约翻译过程的规范，它受到期待规范的制约。专业规范可进一步分为责任规范（accountability norms）、交际规范（communication norms）和关系规范（relation norms）。责任规范属于职业道德规范，即译者在翻译中应对原文作者、委托人、读者及自己负责；交际规范属于社会规范，指译者应致力于使翻译活动所涉及的各方获得最大限度的交际成功；关系规范属于语言规范，指译文文本和源文本之间应保持一种适当的相似关系。②

美国学者勒菲弗尔（André Lefevere）所讨论的译文社会影响因素，如意识形态、诗学和赞助人，也可纳入规范理论的范畴。③勒菲弗尔认为，意识形态决定了译者基本的翻译策略，决定他对原文中语言以及与文化万象有关问

---

① 参见方梦之主编《中国译学大辞典》，上海外语教育出版社2011年版，第24—26页。
② 同上书，第25—26页。
③ 参见廖七一《翻译规范及其研究途径》，《外语教学》2009年第1期，第97页。

题的处理方法。他认为,翻译并非在两种语言的真空中进行,而是在两种文学传统的语境中进行。译者于特定时间的特定文化之中运作。他们对自己和自己文化的理解,是影响他们翻译方法的诸多因素之一。意识形态常常是赞助人、翻译委托人和出版机构强加给译者的。译者必须在目的语的意识形态和自己作为职业工作者的地位之间取得妥协。一方面,他要使其他译者相信,他无愧于翻译家的职业;同时,其译作必须不能违反自己的意识形态。勒菲弗尔认为,翻译实践是与一定的历史现实相联系的实践,是在新的历史环境中按照某一社会群体的利益对原文进行重新阐释的实践,它本质上是文化政治的实践。翻译者不仅译词,而且译意,译与不译常常是基于意识形态的考虑。[1]作为翻译影响因素之一的诗学,指在翻译过程中译者会受到目的语中(主流)文学观念的影响,以至于对原作情节进行增删并改,甚至转换体裁形式。勒菲弗尔的赞助人概念,指能推动或阻碍对文学进行阅读、写作或重写的权利机构或个人,或任何有助于文学作品产生、传播或可能妨碍、禁止、毁损文学作品的力量。勒菲弗尔提到两种制约文学系统的因素。一个因素由译者、教师、批评家或评论家构成文学系统中的专业人士,他们会抑制与社会的主流诗学和意识形态相抵触的文学作品。另一个因素是赞助人,包括政党、阶级、宫廷、出版商、媒体、宗教团体和个人等。赞助人通过学术团体、出版审查机构、批评杂志、高等院校等机构,调节文学系统与社会其他系统的关系。赞助人通过三种成分实施对文学的操控:意识形态、经济地位和社会地位。这三种成分可以由同一赞助人支配,即所谓的无差别的赞助人制度(undifferentiated patronage),也可相互独立,即经济上的成功有时与意识形态无直接关系,也不一定能提高社会地位,亦即有差别的赞助人制度(differentiated patronage)。[2]

---

[1] 参见方梦之主编《中国译学大辞典》,上海外语教育出版社 2011 年版,第 31—32 页。
[2] 同上书,第 87 页。

赫曼斯指出，研究翻译规范可从经典化范型及边界案例、选择与排除、基本态度以及符码及注意点四个方面切入。其中，基本态度（discursive stance）主要指源语文化和文本对目的语文化可能产生的影响，不同的文化和社群会持有不同的态度。第一种是和睦态度（transdiscursive attitude）：外来文化能与本土文化和睦相处，外来文本的输入不会使译入语文化产生焦虑和惊恐；第二种是补足的态度（defective attitude）：外来文化的输入能够弥补本土文化自身的不足；第三种是防范态度（defensive attitude）：外来文化会对自我身份构成威胁，因而禁止输入外来文本；第四种是帝国主义态度（imperialist attitude）：将外来文化完全归化，并赋予本土文化视为当然的价值观。[①]

翻译规范理论对翻译市场研究具有很大的启发意义。具体地说，我们可运用翻译规范剖析翻译市场上的各种翻译现象以及对各种现象的成因进行社会文化分析。例如，图里的预规范理论、切斯特曼的期待规范理论以及勒菲弗尔的意识形态理论有助于分析计划经济和市场经济时期外国文学翻译出版市场，乃至社会科学和自然科学翻译出版市场选择某些文类和作品而排斥另一些文类和作品翻译的原因。埃里克森关于作为规范核心内容的社会奖惩形式使我们联想到翻译的奖惩可能是政治的、经济的、法律的等各种形式。图里的元规范可用于探究译者的翻译目的。他的操作规范又可指导我们分析中华人民共和国成立60年翻译策略与方法的历时变化，如归化翻译向异化翻译的转向。他的矩阵规范有助于探察翻译市场上千变万化的各种翻译形式，包括全译特别是变译诸形式，如摘译、编译、译述、缩译、阐译、改译、仿译等。切斯特曼的期待规范可用于考察翻译概念的历时变化，如中国译界在计划经济时期仍然将翻译看作纯粹的两种语言间的文字转换，但是到了市场经济的今天，翻译行业人士已将翻译的概念扩大至全面的语言服务，包括本地

[①] 参见廖七一《翻译规范及其研究途径》，《外语教学》2009年第1期，第98页。

化技术服务，似已达成共识。他的过程规范有助于观察、分析和总结职业译者所共有的行为规律。勒菲弗尔的有差别与无差别赞助人制度理论对于研究中华人民共和国成立60年中国翻译市场各阶段的性质具有启发意义。计划经济时期的翻译市场可以看作无差别的市场，因为当时几乎所有译者的赞助人都是国家、政府或中国共产党，因为他们无一例外领取国家付给的工资，他们的意识形态、经济和社会地位紧密地联系在一起。而到了市场经济时期，译者的赞助人，亦即赖以为生的客户，呈多元化趋势。这个时期的翻译市场已演变成为有差别的翻译市场，译者的意识形态、经济和社会地位不再由同一赞助人所控制。

（二）布尔迪厄的资本理论

法国社会学家布尔迪厄（Pierre Bourdieu）在《资本的形态》一文中将资本划分为三种类型：经济资本，即金钱、资产等经济资源；社会资本，即基于种群资格、关系、势力网络的资本；文化资本，即知识、技能、教育等一切予人以更高社会地位的优越条件的资本。[①]后来，布尔迪厄又提出了象征资本，即作为一种权利之源的诸如声望、荣誉、被倾听的权利等形态的资本。[②]

布尔迪厄的资本论发展了马克思关于资本的概念，将资本从物质交换的经济形态扩展到非物质的、非经济的资本形态。他阐述了各种资本形态的获得、交换以及向其他形态的转换。他指出，各种资本形态可以通过不同转化努力从经济资本中产生。文化资本和社会资本本质上植根于经济资本，但它们却无法完全还原为经济资本。相反，社会和文化资本因其很好地屏蔽了与经济资本的联系而能有效地发挥自身的作用。布尔迪厄的资本论可用来研究人类各种行为背后隐藏的动机，包括翻译行为的动机及其本质。

---

① Pierre Bourdieu, "The Forms of Capital", In John Richardson (ed.), *Handbook of Theory and Research for the Sociology of Education* (pp. 241-258), New York: Greenwood, 1986.

② 参见维基百科全书词条"Bourdieu"（http://en.wikipedia.org/wiki/Bourdieu）。

翻译市场上各种主体和客体的行为都存在一定的动机或目的，表现为对各种资本形态的追求。以译者为例，可分为宏观、中观和微观三个层面。宏观层动机围绕"为何而译"，与具体翻译工作无关；中观层动机位于翻译的筹划阶段，围绕"翻译什么"以及"为谁而译"，其核心是译者希望译文实现何种功能；微观层动机贯穿于整个具体的翻译过程，隐藏在译者的文本阐释和翻译策略的选择之中。译者动机的本质隐藏在追求各种形式的资本之中，包括经济资本、文化资本、社会资本和象征资本。①

（三）社会交换理论

市场行为从根本上讲是一种交换行为。翻译市场上主体之间、客体之间以及主客体之间的交换行为形式多样，极为复杂。美国学者霍曼斯（G. C. Homans）的社会交换理论对于分析翻译市场上的主客体交换行为，特别是对市场主体行为的心理因素分析具有一定的借鉴意义。该理论主张人类的一切行为都受到某种能够带来奖励和报酬的交换活动的支配，因此人类一切社会活动都可归结为一种交换，人们在社会交换中所结成的社会关系也是一种交换关系。②许苏明指出，"社会交换这个概念一旦使我们对它敏感起来，我们就到处都能看到它，不仅在市场关系中而且在友谊中，甚至在爱情中，以及在这些以亲密性形式出现的极端之间的多种社会关系中"③。交换理论包含以下假设：第一，一切社会行为都能依照报酬这一标准解释，这种报酬可以是物品，也可以是服务，只要它是为了满足某个人的需要或目的；第二，任何人总是力图最大限度地获得报酬，最小限度地遭受损失或惩罚；第三，社会互动之所以发生，原因在于有些人控制着有价值的东西或必需品，并因

---

① 参见田传茂《译者动机的类型与本质》，《山东外语教学》2013年第1期。
② 参见百度百科词条"社会交换理论"（http://baike.baidu.com/view/367754.htm）。
③ 许苏明：《论社会交换行为的类型及其制约因素》，《南京大学学报》（哲学·人文科学·社会科学版）2000年第3期，第144—145页。

此能够给他人以报酬，一个人为了使他人给自己报酬，往往不得不给他人提供报酬；第四，应当视社会互动为一种相互报酬活动的交换，在此交换中，一种有价值的东西（无论是物品还是服务）能获取的收益视它能带来多少优惠回报而定。①

以上这些假设是现代交换理论考察人类社会行为的基本原则。许苏明认为，这些假设的基础是经济学的而非社会学的，因此这种交换理论实际上是经济交换理论。②交换理论不仅有助于分析以货币为媒介的市场交换行为，还可分析准货币或非货币的交换行为的本质，如公益性质的翻译服务或为亲朋好友提供免费翻译服务等比较特殊的翻译服务行为。

（四）价值规律理论

价值规律是商品经济的基本规律。它对研究翻译市场的市场属性，包括市场性质与特征、市场运行机制、供求关系、商品交换与服务形式等具有较大的理论指导作用。

价值规律有狭义与广义两层含义。狭义的价值规律指社会必要劳动量决定商品价值、价格必须符合价值的规律；广义的价值规律包括供求规律，指各种商品的价格通过供求关系而围绕价值这个中心不断运动。③在生产发展中，各种商品的社会必要劳动量不断发生变化，因此它们的价值量就不断发生变化。而且，社会对各种商品的供给和需求量也不断发生变化，因此许多商品的价格经常背离它们的价值。商品供不应求时价格上升到高于价值，于是生产上升，需求下降，供不应求变为供过于求，价格随之下落，有可能降到低于价值，这时生产就下降，需求就上升，使价格朝着另一个方向变化。价格

---

① 参见许苏明《论社会交换行为的类型及其制约因素》，《南京大学学报》（哲学·人文科学·社会科学版）2000 年第 3 期，第 145 页。
② 同上。
③ 参见薛暮桥《试论广义的价值规律》，《中国社会科学》1989 年第 1 期，第 3 页。

背离价值引起供求关系的变化，而供求关系的变化又使价格朝着价值方向移动，达到符合价值甚至产生反方向的偏离。所以，各种商品价格符合价值不会自己实现，它要通过供求关系的变化来实现。

商品的价值在市场上表现为商品的价格，市场上商品的价格由生产同一类商品的行业或部门的平均成本加上平均利润构成。[①]一般来说，等价交换是商品交换中必须遵循的原则，是价值规律的基本内容。但在实际生活中，存在商品交换的不等价现象。例如，供求关系会使价格偏离价值，形成不等价交换，这是价值规律的正常作用。而各种社会强制力，如国家强制，也会造成不等价交换，这种商品交换超出了价值规律作用的范围。在国家资本雇佣劳动的条件下，资本的所有权与使用权完全统一于国家手中，而劳动者由于缺乏必要的生产资料，用自己的劳动力所有权换取劳动力的使用权。换言之，在这种条件下，劳动力的所有权与它的使用权相分离，形成了劳动力市场。这时的社会分工超出商品交易的范围，而扩大到劳动力的交易。[②]

价值规律的内容有助于分析翻译市场的运行机制、供求关系的变化、市场规模的变化以及翻译市场的竞争机制、风险机制、激励机制等。它还有助于分析翻译价格、成本、利润等经济要素。

（五）计划与市场理论

研究中华人民共和国成立60年中国翻译市场各阶段的特点以及发展变化离不开有关计划与市场关系的理论。计划与市场都是资源配置的手段，二者不同的结合方式决定经济体制的差异。当计划作为资源配置的主要方式运用到经济体制时，就是计划经济；市场作为经济运行的主要调节机制运用到经

[①] 参见王邦义《价值规律表现形式的图示分析与现实意义》，《思想政治课教学》2012年第6期，第54页。

[②] 参见张义柱《刍议交换类型的演进及其交易性质变化》，《商业时代》2009年第21期，第9页。

济体制中时就是市场经济。①邓小平曾指出，资本主义有计划，社会主义有市场。这说明市场中有计划，计划中有市场，计划与市场密不可分。计划指国家对经济实行调节、控制、干预和管理的总称。其内涵包括：第一，通过国民经济计划形式引导经济的发展；第二，通过形成国家对经济管理的某种机制和制度来调节经济的发展；第三，通过政策的制定与实施，来确保经济目标的实现；第四，经济运行过程中的某些缺乏系统性但有针对性的具体干预。市场指由价值规律的特性所决定的商品交换关系。其内涵包括：第一，供给与需求的不断变化构成了市场的外在形式；第二，供求变动主要由价格调节；第三，市场机制构成其作用的核心。②

计划与市场理论认为，计划不等于计划经济，资本主义经济也有计划；市场不等于市场经济，社会主义经济也有市场。在我国计划经济时期，行政命令是资源配置的主要形式，市场只能存在于无所不包的计划的缝隙之中。③由于计划经济体制自身具有先天的缺陷，需要利用市场或亚市场，即介于计划和市场之间的运行机制，进行调节作为补充。④计划与市场辩证关系的理论有助于审视计划经济和转型时期我国翻译行业的特性。我们似可将计划经济时期的翻译活动纳入市场的范畴进行讨论。同时，计划与市场理论还可用于分析中国翻译市场60年来的发展变化轨迹，如分析由劳动力市场向服务外包市场的演变过程。

三 翻译市场研究模型

翻译市场涉及众多的主客体要素。对新中国60年来翻译市场的发展变化进行历时研究还涉及经济体制的变化。这决定了单一理论工具无法有效而全

---

① 参见王琢《计划与市场：社会主义市场经济的思考》，中国数字图书馆1992年版，第 i 页。
② 同上书，第2—3页。
③ 同上书，第 ii 页。
④ 参见向新、苏少之《1957—1978年中国计划经济体制下的非计划经济因素》，《中国经济史研究》2002年第4期，第3页。

面地分析和研究中国翻译市场。我们可从翻译市场的双重属性角度，即翻译的社会属性和市场属性角度研究翻译市场。规范理论、布尔迪厄的资本理论以及社会交换理论主要用来研究翻译的社会属性；价值规律理论以及计划与市场理论主要用于分析翻译的市场属性（图1-3）。

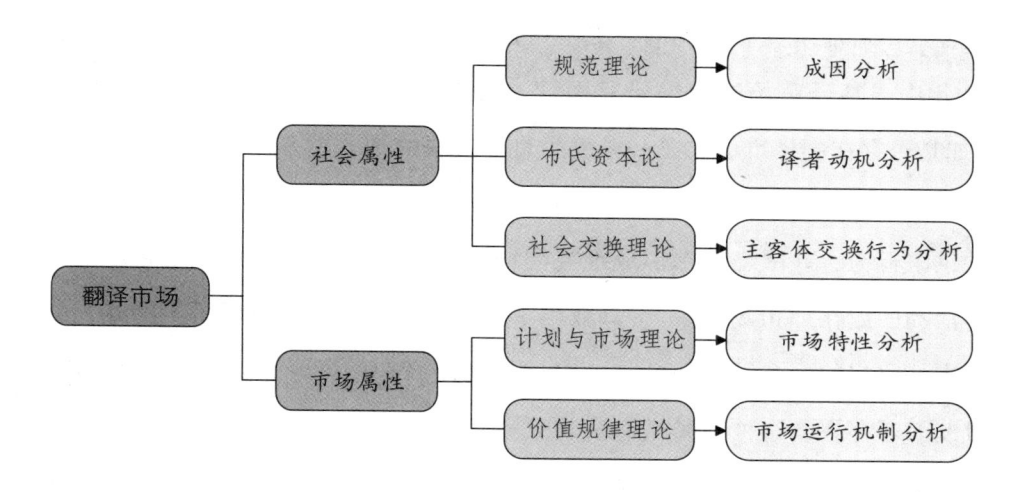

图1-3 翻译市场理论分析模型

翻译市场的社会属性，或曰翻译属性，与翻译的实际操作全过程紧密相关，从翻译源文本的提供或选择，到翻译策略与方法的确定，到翻译产品的完成、提交、接受和使用，与翻译活动所处的社会文化环境密切相关。探究宏观和微观层面的翻译现象背后的原因可以从规范理论入手，然后剖析各种现象发生、变化和发展的原因。例如，在职业翻译中，忠实于原文不再是唯一的翻译原则，而忠实于客户或翻译委托人的要求变得更为重要，这与翻译的职业规范密切相关。又如，软件或网站本地化为什么纳入语言服务甚至翻译服务的范畴，图里的翻译规范理论有助于分析这一问题。翻译市场上的各种主体与客体，包括译者、客户、翻译委托人、翻译管理与辅助人员、翻译公司、本地化公司、企业和机构内部的翻译部门等，其相互交往形成了翻译市场的生态圈。这些主客体的交换行为可能隐藏着某种目的或动机。布尔迪厄的资本理论和社会交换理论似乎有助于描述、解释和揭示翻译市场上主客体交往行为现象的本质与规律。

翻译市场作为一种既古老又年轻的语言服务市场必然存在自身固有的市场逻辑与规律。目前已颇具规模的中国翻译市场必然有它萌芽和产生的过程，不可能是突然出现的，更不可能无中生有。就中华人民共和国成立60年中国翻译市场的发展研究而言，考察计划经济时期翻译活动的性质（如是否存在翻译市场）是一个极为重要的理论课题。完整的市场构成要素首先需要有需求方和供应方，这两者之间形成抽象的供求关系，发生具体的供求行为，并围绕供求形成现象层面的交易活动。市场要素同时包括交易活动的内在"市场机制"，即亚当·斯密所谓"看不见的手"。因此，翻译市场研究的一个重点问题是考察计划经济时期的翻译市场是否存在市场机制。若存在，这种市场机制表现是否明显，其作用的强弱程度如何，这是决定计划经济时期是否存在严格经济学意义上的翻译市场的关键。翻译市场研究不能机械地将计划经济与市场经济二元对立起来，否则我们就会片面地将亚当·斯密"看不见的手"理解为"只在市场经济中才有的手"。对于这一重要问题，价值规律等商品经济理论以及计划与市场关系理论有助于我们认识新中国翻译市场60年来发展的轨迹。此外，价值规律理论还可用于探讨翻译价格等经济因素。

在翻译市场研究中，应注意翻译市场社会属性和商业属性的交叉重叠现象。例如，翻译市场主客体的交往关系，既可看作一种社会现象，也可视为一种市场现象。那么，理论分析工具的运用就不能僵死地局限于某一种属性。例如，布尔迪厄的资本理论可用于研究翻译主客体经济层面的动机，这似乎属于商业属性的范畴。而运用计划与市场理论对中华人民共和国成立60年来各时期的翻译市场进行定性，似乎超越了翻译市场的社会和商业属性，上升到政治属性的高度。同时，也应注意翻译的商业属性和社会属性是一种对立统一的辩证关系，既存在相互对立的一面，也存在相互促进的一面。总之，翻译市场研究需要进行方法、理论的整合与创新，需要微观与宏观研究结合，需要开拓有特色的翻译研究新领域。

第二章 翻译市场研究方法概览

关于翻译市场研究，国内报刊上的文章一般都是零星的、随感式的评论，不过近年来《中国翻译》《上海翻译》等学术期刊上所发表的相关文章对翻译市场现象的剖析已具有一定的理论深度。国外一些学术期刊如比较权威的翻译专业期刊 *Target* 中的个别文章，以及一些专著、论文集中的文章对翻译市场直接或间接地有所论及。下面主要对国内外相关研究成果的研究方法进行简要的描述和分析。

第一节 国外研究方法综述

翻译研究、翻译服务行业以及其他领域的学者和人士对翻译市场有一些零散的关联研究。例如，罗伯特·斯普兰等从企业内部专职语言服务人员的视角介绍了企业语言服务部门的翻译业务管理[①]；杰弗里·萨缪尔逊－布朗则

[①] Robert C Sprung, *Translating into Success: Cutting – Edge Strategies for Going Multilingual in a Global Age*, Amsterdam and Philadelphia: John Benjamins, 2000.

从职业译者、翻译公司经理和公司所有者的角度对如何成为职业译者、如何开办翻译公司进行了详细的经验介绍[①];弗兰德·博科站在翻译公司协会主席的高度对欧洲乃至全球翻译市场的现状进行了定量定性分析[②];约翰·赫曼斯和裘斯·兰伯特则从翻译学者的视角通过访谈法对比利时商务翻译市场进行了调查分析[③];法国著名社会学家皮埃尔·布尔迪厄利用调查问卷法并结合其资本理论对法国外国文学出版市场进行了系统的数据收集和分析[④];约翰·弥尔顿利用现有文献数据,从经济的视角探讨了巴西政府的关税政策在20世纪30—70年代的变化对巴西翻译出版市场的影响[⑤];安东尼·皮姆从翻译学者的视角提出了翻译市场模型[⑥];丹尼尔·古尔代克从翻译职业角度对语言服务行业做了全景式描述[⑦];道格拉斯·罗宾逊运用有关理论对译者的职业心理进行了现象学解剖。[⑧]

除了不同领域学者的研究外,还有一些机构,如美国的联合商业情报公司(Allied Business Intelligence, Inc.)、卡门森斯顾问公司(Common Sense Advisory, Inc.)以及欧盟翻译总司的语言行业网络平台(LIND-Web)等对

---

① Geoffrey Samuelson-Brown, *A Practical Guide for Translators*, Clevedon: Multilingual Matters, 2010.
② Fernand Boucau, *The European Translation Market: Facing the Future*, Brussels: EUATC EEIG, 2005.
③ Johan Hermans and Josè Lambert, "From Translation Market to Language Management: The Implications of Translation Services", *Target*, No. 1, 1998.
④ Pierre Bourdieu, "A Conservative Revolution in French Publishing", *Actes de la recherche en sciences socials* (pp. 3-28), No. 126-127, 1999.
⑤ John Milton, "The Importance of Economic Factors in Translation Publication", In Anthony Pym, Miriam Shlesinger and Daniel Simeoni (eds), *Beyond Descriptive Translation Studies* (pp. 163-174), Amsterdam and Philadelphia: John Benjamins, 2008.
⑥ Anthony Pym, *Training Translators and European Unification: A Model of the Market*, Paris: The European Commission's Translation Service "Theory Meets Practice" Forum, 2000.
⑦ Daniel Gouadec, *Translation as a Profession*. Amsterdam and Philadelphia: John Benjamins, 2007.
⑧ Douglas Robinson, *Who Translates? Translator Subjectivities Beyond Reason*, New York: State University of New York Press, 2001. Douglas Robinson, *Becoming a Translator* (2nd Edition), London and New York: Routledge, 2003.

全球翻译市场进行一年一度的市场规模调查。这些学者和研究机构运用了各具特色的研究方法，对构建翻译市场学的理论体系具有较大的启发意义。

一　调查法

调查法是翻译市场研究较为常用的方法，包括问卷调查法和访谈法。问卷调查有两种形式：纸质问卷和网上问卷。学者们以及研究机构一般通过调查法收集有关数据，然后对数据进行分析，得出结论或者印证有关研究假设。

（一）布尔迪厄的传统问卷调查法

布尔迪厄对法国外国文学出版市场进行了调查。[①]他采用的总体研究方法是通过调查问卷收集有关数据，然后对数据进行定量定性分析。布尔迪厄的调查始自1996年，选择61家与外国文学相关的出版社进行调查。他通过个人关系，向这些出版社寄去调查问卷。但他只收到56家出版社的反馈信息，而且信息不够全面。他在调查中设计了16个变量，然后将这些变量分为5组，并对每个变量进行了取值。

第一组是"法人和财务状况"。法人状况包括三个量值：公共有限责任公司，取值为（SA [$n=24$]），私人有限责任公司，取值为（SARL [$n=23$]），以及其他类型的公司（如有限合伙公司、一般合伙公司、外国公司等），取值为（[$n=9$]）。公司规模是调查的另一个指标，包括资本储备和营业额。在某种程度上，董事会成员人数也是公司规模的构成部分。该指标将调查对象分为5种类型，由大到小分别取值为 $n=14$，$n=12$，$n=10$，$n=8$ 和 $n=6$。有4家出版社未提供该指标的相关信息。除了以上两个变量外，还有一个变量是雇员的数量。在被调查的出版社中，有15家的雇员人数为1—3名，14家为4—9名，11家为10—40名，6家为40—100名，5家为100—400名。

[①] 参见布尔迪厄的文章《法国出版业的保守革命》（A Conservative Revolution in French Publishing），载于 Actes De La Recherche En Sciences sociales 杂志1999年第126—127期，第3—28页。

有 5 家出版社未提供相关信息。

第二组是"与其他出版社的财务或商务依存关系"。依存变量指某出版社资本中是否有其他出版社参股。它有两个量值：20 家出版社的股东中含有其他出版社；36 家出版社的股东中没有其他出版社。另一个变量是依靠出版社资本进行营运的经销商数目。该变量包括 7 种类型：经销商 Harmonia Mundi 利用 11 家出版社的资本经销书籍，CDE 为 5 家，Le Seuil 为 11 家，Hachette 为 9 家，Interforum–Dil 为 7 家，其他经销商如 Ulysse 和 Belles Lettres 为 11 家，Flammarion–Gallimard 为 7 家。

第三组是"市场份额"。市场份额的调查由于数据收集困难而没有着眼于图书出版的平均册数，而是围绕畅销书、文学大奖、政府出版资助三个方面来评价出版社的商业能力。布尔迪厄对《快报》（*L'express*）和《图书周刊》（*Livres–Hebdo*）的畅销书排行榜进行了量化处理。在两榜中若排名首位，则取值 15 分，排名第二取值 14 分，依此类推，然后计算出两榜的平均数值，以便建立相关指数。最后得出了 5 组量值：未上榜单的出版社有 28 家，上榜 1—11 次的有 8 家，14—100 次的有 8 家，100—300 次的有 6 家，超过 400 次的有 6 家。法国国家文学奖也被作为衡量出版社商业能力的一个依据。法国最有影响的文学奖有 6 个：龚古尔奖（Goncourt）、费米娜奖（Femina）、美第奇奖（Médicis）、国际记者联合奖（Interallié）、法兰西学院奖（Grand Prix du Roman de l'Académie française）和勒诺多奖（Renaudot）。然后以此确定"出版获奖作者"变量。该变量有两个量值：获奖和未获奖。获奖出版社有 13 家，其余 43 家出版社未获奖。该变量还有一个补充变量：是否出版过文学奖评委的作品。该变量也有两个量值：是（12 家）和否（44 家）。政府资助也可作为衡量出版社商业影响力的一个指标。布尔迪厄选取了 1993—1996 年从法国文化部获得翻译出版基金的法国文学出版社名单，以及 1990—1997 年从法国外交部获得翻译出版基金的出版社名单。两份名单上都列出了获得资助的著作标题。据此,布尔迪厄围绕"政府资助"变量建立起 5 组量值:未获政府资助(25 家),获得 500—4000 法郎资助(16 家),获得 4000—8000 法郎资助(6 家),获得 8000—20000 法郎资助(5 家),超过 30000 法郎资助(4 家)。

第四组是"象征资本"。所谓象征资本,在布尔迪厄看来,指作为一种权利之源的诸如声望、荣誉、被倾听的权利等形态的资本。出版商的象征资本可以通过各种指标评估,如资历、地理位置、已出著作书单的声誉(即累积象征资本),以及是否获得诺贝尔文学奖。"建社日期"变量即资历变量,包括 4 个时间段:1708—1945 年(19 家),1946—1975 年(11 家),1976—1989 年(17 家),1990—1995 年(9 家)。累积象征资本可通过约瑟夫·朱特(Joseph Jurt)的当代法国作家表单建立评价指标。该表单依据第二次世界大战后出版的文学史、文学词典及文学概论三种形式的 28 本教材中的被引次数,对作家们进行了分类。首先,布尔迪厄统计出被引频次最高的 80 位作家。其次,出版社出版的这些作家的著作被引一次,就给一分。据此,朱特指标被分成三组:3 分(44 家),100—350 分(7 家),超过 360 分(5 家)。诺贝尔奖变量根据 1930 年以来法国出版社是否出版过法国诺贝尔奖作家作品来确定,共有两个量值:是(10 家)和否(46 家)。出版社总部的地理位置被分成以下 5 个量值:位于巴黎第五、六、七区(29 家),位于巴黎塞纳河左岸的其他行政区(4 家),位于右岸的其他行政区(9 家),位于外省(9 家),总部在国外(5 家)。

第五组是"外国文学重要性",即文学翻译出版在出版社出版业务中的重要性。该变量由翻译图书在图书出版总量中所占百分比构成,形成 4 组量值:1%—5%(17 家),5%—10%(12 家),10%—25%(16 家),超过 25%(19 家)。有两家出版社未提供相关信息。所建立的另一个变量是"出版外国诺贝尔奖作品"。此变量相较于象征资本涉及更多的经济资本,包括两个量值：是（14家）和否（42家）。所译语言反映出版社的立场。布尔迪厄据此建立相关出版社所译语言变量，将提供相关信息的56家出版社分成10个语言组（从第一组到第十组）。然后，他根据语言和地理的亲缘关系的统计数据，建立了标题为"出版哪一种语言？"的一个包括六个量值的表格：英语与罕见语言（5家），只有英语（9家），英语、欧洲及其他地区语言（16家），英语和欧洲语言（7家），英语除外的其他语言（9家），无外语（8家），未回答此问题（2家）。

对于以上数据，布尔迪厄运用多重对应分析方法建立了4个示意图。图1中的双轴以及图3中的轴1和轴3分布形态对该研究所运用的59种微观方法进行了直观图解。图2和图4中的轴形态则是对56家出版社情况的图解。布尔迪厄运用SPSS 8.0 1F软件和ADDAD 97L8软件对数据进行了编码，运用EyeL1D 2.0进行后阶乘（post-factorial）分析。图1和图3中的小字表示该图中对两轴贡献较小的量值；图2和图4中的小字表示在该图分布形态中代表性较低的出版社。最后，依据这些图表和所搜集到的信息，布尔迪厄进行了描述分析和原因探究。

布尔迪厄的《法国出版业的保守革命》（1999）是目前极少见到的从翻译角度对外国文学出版市场进行社会学分析的重要成果。他所运用的问卷调查法以及定量分析方法值得我们借鉴，但也存在问题。首先，从实证研究的角度看，布尔迪厄并未交代选择61家出版社（图表中只显示了56家）作为调查和研究对象的原因，因为法国专业出版协会的会员单位共有279家之多。[①]其次，他的研究的结构主义倾向无法解决结构自身的问题，亦即并非掌握了结构就掌握了研究对象的全部内容。再次，该研究的历史定位忽视了技术因素如因特网对外国文学出版的影响。最后，布尔迪厄的研究对象虽然是

---

① 参见布尔迪厄的文章《法国出版业的保守革命》英文版前言（http://isg.urv.es/library/papers/bourdieu/bourdieu_revolution.pdf.）。

法国文学出版界，但文章的许多地方谈到的却是国际出版界，特别是美国出版界的情况。而对于美国出版模式的评论，他并未发表自己的看法，只是引用信息提供者的意见。

（二）卡门森斯公司的网上问卷调查法

卡门森斯顾问有限公司是一家总部位于马萨诸塞州洛威尔市的美国著名语言服务行业调查机构。其宗旨在于帮助各国语言服务企业扩大国际业务，进入新市场，赢得新客户。换言之，它旨在帮助自己的客户在翻译、本地化、口译、全球化和国际化诸领域规范化、标准化、优化和创新行业最佳实践模式。卡门森斯的一个主营业务是翻译市场调查与研究。自 2004 年以来，该公司每年发布一次全球翻译市场的调研报告，并排出全球翻译公司 100 强（最初是 20 强，发展到后来的 50 强和 100 强）。卡门森斯对全球翻译市场规模的预测有一套完善的程序和方法，可分四部分进行描述。

1. 参加排名的翻译公司情况

到 2012 年 3 月底，卡门森斯建立了一个全球范围的、包含 26104 家翻译公司的数据库。[①]该公司主要预测全球翻译（语言服务）市场的规模总量，以及对全球最大语言服务提供商进行排名。邀请翻译公司参加排名的方法是：在本公司网站和博客上发布调查信息，并通过电子邮件和社会媒介宣传，尽可能地让全球语言服务供应商广泛参与，同时通过公司的语言服务商信息库数据进行个人联系和调查。

卡门森斯对语言服务提供商（Language Service Provider，LSP）的定义是：两个或更多雇员组成的公司，提供语言间信息转换的服务或技术。只有参与该公司年度调查的供应商，才有资格进入排名。该公司一年一度地更新语言

---

① 参见该公司网站网页（http://www.commonsenseadvisory.com/AbstractView.aspx?ArticleID=2887）。

服务商数据库，以适应每年全球语言服务商进入和离开语言服务行业的动态性，其收集的语言服务商信息全面而可信。自由译者或只有一个雇员的翻译公司不在排名之列。

2. 排名的具体方法

为了保证数据的可靠性，卡门森斯的网上调查问卷辅以书面证明材料，即一家翻译公司的年营业额及其他所有数据只有经过该公司授权代表的书面确认，才会进入排名数据库，并予以公布。有些上市公司数据未列入排名，其原因是这些公司未提供所要求的数据，即所提供的数据未经公司负责人确认，因而可信度不高。是否参加排名完全由翻译公司自行决定。只有经过翻译公司授权人同意，才会发布该公司信息。有的翻译公司出现在某一年度的排名中，而在另一年度却消失不见，其原因是多方面的。第一种可能是该公司被一家更大的公司收购，第二种可能是数据上报结构发生变化，第三种可能是该公司失去排名资格。

当一家公司提供营业额收入数据时，它以书面方式确认被授权提供该数据，且所提供的数据是准确和正确的。如果遇到以下重复提交信息的情形，如同一家语言服务商的重复数据，一家公司的子公司的数据，或者多家语言服务商合资公司的数据，则会与所涉各方沟通，弄清情况，要求各关联方提供更为详细的信息。进入排名的数据并未加以审核，但要求提交数据的公司以书面形式确认该数据的正确性和准确性。发布排名数据之前，卡门森斯会联系所有审定合格的语言服务商，将要发布的数据返回给它们，让其逐条复核信息，确保准确无误。在信息审核过程中，有些公司因下列情形失去排名资格：提交重复数据，提交自相矛盾或不充分的数据，未按要求澄清有关问题。一旦参与排名的网上调查活动窗口关闭，只能等待下一年度排名。即使某公司能提供证据证明自己的公司有排名资格，也没有二度排名的机会。排名数据可能与其他来源的数据有所区别，这是由不同公司对营业额的计算和上报方法的差异所致。

3. 关于子公司、营业机构和联合企业实体的排名

如果母公司的营业额有50%及以上来自语言服务，则要求该公司将所有子公司的营业额汇总后提交，参加全球和地区排名。如果母公司的营业额中语言服务所占比例不足50%，则容许其子公司提交有关数据，参加地区排名。这有助于避免"语言服务提供商"概念的泛化，排除了非语言的技术或专业服务。如果一家母公司只有一家分公司或营业机构从事语言服务，则该分公司或营业机构可以单独参加全球或地区排名。如果一家母公司有多家分公司或营业机构从事语言服务，且欲参加排名，则该母公司汇总其所有分公司或营业机构的营业额，并以此数据参加排名。这可避免一家语言服务商在排名榜上多次出现，同时让一家只有一个分公司或营业机构的公司有机会参加排名。

如果一家联合企业由多家公司联合组成，且这些公司的总营业额中有50%及以上来自语言服务业务，那么这些公司可分别参加排名。这种排名方式有助于让这些公司的营业收入数据清晰地显示出来。但如果这些公司的总营业额中语言服务所占比重不到50%，那么它们可让其所有人或股东参加排名或者由作为母公司的联合企业单独参加排名。如果联合企业参加排名，则不容许其成员公司分别参加排名。对于合资公司，必须披露参加排名时的合资状况。作为联合实体的合资公司或合资公司中的单个实体均可参加排名，但二者不能同时参加排名。若欲同时参加排名，则须分割营业收入，避免上报数据时重复。

4. 关于全球语言服务市场规模的预测

为了预测全球语言服务规模，卡门森斯运用其专有的运算方法获得有关数据。该方法包括24个不同的计算区块和三个数据库。其完整的计算方法只向客户披露，但不对外公布。全球市场规模的预测数字是对全世界语言服务商所提供数据的代表样本数据进行计算后所得的结果。预测范围包括语言间

信息转换的所有外包服务及技术。具体说来，包括笔译、软件本地化、网站全球化、口译、解说翻译、配音翻译、字幕翻译以及桌面出版、多语言转换等产品中的典型附加服务。语言学习、语言水平测试等单语言服务被排除在预测范围之外。市场规模增长率的计算方法是过去两年间营业收入同比变化与去年和本年度营业收入预期变化的平均值。卡门森斯可提供基于地区、国家或具体服务领域的预测数据。调查发现，超过十分之一的语言服务商的营业收入中至少有一半来自为政府提供的服务。还有很大一部分语言服务商的营业收入与为政府提供服务有关。卡门森斯的市场规模预测包括所有外包服务，但不考虑这些服务的需求方是来自公营或私营部门。许多语言服务商相当大的一部分业务来自非营利部门，这部分的营业收入也包含在预测数据之中。另外，卡门森斯的市场预测数据只包括有偿的语言服务，不包括自愿的、无偿的翻译服务。

卡门森斯关于全球翻译市场的调查数据是目前各国翻译市场研究者或研究机构广泛采用的数据。但是该公司的调查数据存在一些问题。第一，关于全球语言服务商的数量。由于是自愿参加调查，因此不参加调查的公司肯定存在。卡门森斯的数据库中只有26000多家语言服务提供商，而我国目前从事语言服务业的公司就有3万多家。这说明，该调查公司的全球翻译市场规模远不是真实的规模。第二，营业额属于公司的商业机密，各公司所呈报的数据，虽然有公司负责人的书面保证，但由于该调查公司没有可资利用的审核手段，这些数据的可信度值得怀疑，特别是一些营业税和所得税制度不完善国家的翻译公司数据。第三，翻译公司的营业额是否全部来自语言服务也是一个问题。例如，我国进入前100强的公司——文思海辉，除了语言服务，还从事企业应用与开发等业务。

（三）欧盟翻译司 LIND–Web 调查组的网上问卷调查法

欧盟翻译司语言行业网络平台（LIND–Web）自2009年以来开始进行语

言行业网上问卷调查。①该调查工作发端于2009年欧盟翻译司所委托的语言行业规模研究,其目的是要强调该行业的经济重要性和战略关联性,描述欧盟语言行业的范围和规模,提高该行业的可见度和认同度。2009年LIND-Web的语言行业规模研究报告将语言行业细分为8个领域:笔译、口译、字幕翻译与配音翻译、软件本地化与网站全球化、语言技术工具开发、国际会议组织、语言教学以及语言咨询。

LIND-Web调查组2012年调查问卷主要针对那些完全或部分地在欧盟内运作的语言服务供应商,包括公司、自由译者、团体和其他实体。有关公司的问卷包括4个部分:背景信息,公司所在地,服务、员工和营业额,公司发展规划。

背景信息包括公司简介、联系人、电子邮箱地址和主要语言服务业务。语言服务业务包括上面所列举的8个领域以及一个"其他"选项。公司所在地包括4个选项:欧盟成员国、非欧盟成员国的欧洲国家、美国或加拿大、其他国家。服务、员工和营业额包括公司员工人数、营业额和以上9个领域在公司营业额中所占比例。员工人数和营业额为分段选项,如员工人数有以下5个选项:9人以内、10—49人、50—249人、250—1249人、1250人以上。营业额亦如此设计,包括10万欧元以内、10万—50万欧元、50万—200万欧元、200万—1000万欧元、1000万—5000万欧元、5000万欧元以上。公司发展规划包括两个方面,一是本公司在过去财政年度发展最快的语言服务领域,包括上面所列笔译等8个领域;二是未来几年公司营业额可能变化的预测,年数包括1年、2年、3年和10年。营业额变化的可能性分为5种:大幅下滑、小幅下滑、不变、小幅增长、大幅增长。"小幅"指25%以内,"大幅"指25%以上。

---

① 参见该调查平台网站关于语言行业调查的介绍(http://ec.europa.eu/language-industry)。

与卡门森斯一样，LIND – Web 调查组的网上问卷调查法虽然快捷、方便、经济，但在数据的可信度以及参与调查的研究对象的全面性等方面存在固有的弊端。

（四）赫曼斯和兰伯特的访谈法

在比利时天主教鲁文大学翻译研究中心（CETRA）同事们的帮助下，赫曼斯和兰伯特对比利时的翻译市场，主要是佛兰德语和法语的商务翻译市场进行了持续数年的研究。他们的研究问题是：某一翻译策略选择与某一商务语境之间可能存在什么关系？然后他们确立的研究假设是：翻译可以以多种不同的方式进行，所以不可能有"必要"或"完美"的翻译。他们的研究重点是各种商务语境中各主体间的关系网络，所以他们研究的目的不在于搜集广泛的、准确的数据，而在于寻找人际关系的规律性。因此，考察翻译市场日常运转的实际情况就显得非常重要。

他们搜集数据的方法是与研究对象进行面对面的交谈。研究对象包括译者、其他翻译从业者、翻译公司以及翻译协会。翻译公司包括一些大型和小型的跨国公司以及一些小型的国内公司。译员包括公司的专职译者和公司外的兼职译者。有些公司只有兼职译者，这些译者以个人或团队方式为公司服务。因此，翻译公司与译者的关系比较复杂。

访谈工作依据既定规则由相同的或既定的调查者实施。访谈内容包括以下几个方面：工作满意度、译者工作指南（即翻译指南）、指南所隐含的规范、给出或收到的反馈意见。访谈形式为单个访谈，受访者事先不知道访谈内容。所谈论的话题比较简单，受访者可以任意发表意见。访谈问题之间的关联度较高，其目的是可以相互检验和印证。访谈结束后得出初步结论。这些结论在后面的访谈中进一步检验。最后得出的一般结论在固定召开的一次商务研讨会上再次进行检验。访谈的问题也进行了分类，分别置于不同标题之下。例如，在"从业者的商务语境"标题下涉及 4 个方面的问题，即个体译者、专职译者、兼职译者和辅助人员。下面是与译者和翻译公司相关的访谈问题。

（1）与译者相关的主要问题：

——何时成为真正的职业译者？

——与公司有何种法律关系？

——是专业翻译公司还是其他类型公司的一个部门？

——是个人独资还是合伙开办？

——谁负责翻译项目？

——翻译指南是书面形式还是口头方式？

——合同为何种类型？

——所涉语种有哪些？

——谁评定从业者的能力，谁挑选译者、译校人员，谁挑选专职译者、兼职译者、校对人员和专业人员？

——从以下方面看，工作性质如何？

A. 从技术、职业角度看

B. 从时间限制看

C. 从付酬方式看

D. 从翻译项目实施前后从业者之间的接触看

E. 从译文质量评估手段看

——有无既定翻译规划？

——规划从一开始就是整个翻译项目设计的一部分，还是某一商务项目后期发展的结果？

——翻译委托人是否将其要求等强加于翻译公司或译者？

——翻译委托人是一次性委托翻译任务还是作为众多商业伙伴的代理人？

——在翻译订单达成的前后所涉各方是否有任何直接接触？

——从下列情况看，翻译市场有无任何发展？

A. 从所涉语种看

B. 从翻译客户或雇主看

C. 从市场产品或领域看

D. 从与其他译者或翻译公司的竞争看

（2）翻译公司访谈所涉问题：

——对贵公司来说，翻译在业务活动或预算中是否占有重要地位？

——在贵公司的业务结构中，翻译属于哪一部分？

——翻译决策由谁做出，在什么时候、什么地点？

——翻译过程的前后阶段由谁与翻译团队保持联系？

——限制翻译预算的因素有哪些？翻译预算是怎样制定出来的？

——若将翻译服务作为一项商业活动，能否对其做一总体评价？

——能否介绍一下有关具体困难的实例？

——翻译服务对贵公司的市场份额有何影响？对贵公司形象有何影响？

——贵公司曾收到译者的反馈信息吗，或者曾将有关信息反馈给译者吗？贵公司与客户之间的信息反馈情况如何？

——以前的翻译经历影响贵公司的规划吗？若有影响，贵公司在总体政策上有何重大调整？

赫曼斯和兰伯特（1998）根据访谈所获得的数据对比利时商务翻译市场进行了分析，总体结论是该国商业界对翻译的认可度不高，并未意识到翻译对商务活动的重要性。同时他们指出，翻译研究界对翻译市场的关注度太低，翻译的商业化应成为翻译研究的一个重要内容。两位学者的文章是较早有关翻译市场的研究成果，其所设计的问题对后续相关研究有借鉴作用，而其研究发现是否具有普遍性有待其他国家的研究者通过类似研究来证明。

二 文献研究法

翻译市场的另一种重要研究方法是文献研究和分析的方法。比较重要的相关研究成果有比利时学者博科对欧洲翻译市场的宏观研究报告和巴西学者弥尔顿对巴西翻译图书出版市场的研究。

（一）博科的欧洲翻译产业研究报告

弗南德·博科的《欧洲翻译产业：面向未来》（2005）是翻译市场研究的重要文献。博科是前欧洲翻译公司协会主席，也是世界排名前50的翻译公司 Telelingua International 集团的创始人和前任董事长。他的欧洲翻译市场报告对整个欧洲地区的翻译产业做了详细而系统的分析。该报告的撰写有两个目的：一是描述和明确翻译行业在整个欧洲经济中的重要性，并对其未来发展提出建议，同时勾勒欧洲翻译产业的宏观图景；二是考察和分析翻译产业的主要领域和存在的主要问题，从而提供解决方略，并找出该产业的优势与弱势。博科研究报告中的数据主要来源于以下文献：

1. 巴黎范戴克信息管理局（Bureau Van Dyck Paris）1999 年基于调查问卷的欧共体研究文献《欧洲多语社会的经济社会影响评价》。

2. 美国联合商业情报公司 1999 年报告《语言翻译全球市场评估》。

3. 比利时优质翻译协会（BQTA）国家统计数据研究所的 2005 年数据。

4. 英国翻译公司协会（ATC）2002 年英国翻译市场报告。

5. 瑞士日内瓦 2004 年世界语言峰会会议文献。

6. 德国波恩 2005 年本地化全球会议文献。

7. 匈牙利翻译公司协会（MFE）2001 年匈牙利翻译市场网上报告。

8. 西班牙翻译公司协会（ACT）2005 年西班牙翻译市场报告。

9. 德国优质语言服务协会（QSD）2001 年德国翻译市场报告。

10. 葡萄牙翻译公司协会（APET）2001 年葡萄牙翻译市场报告。

11. 意大利翻译公司协会（SEB）2005 年意大利翻译产业报告。

12. 美国翻译协会（ATA）现代语言学院（EIM）荷兰中心（ATA）1998 年报告。

13. 法国全国翻译公司协会（CNET）法国翻译观测台 2005 年报告。

14. 世界银行 2004 年翻译产业报告。

15. 英国普里姆索尔公司（Plimsoll，UK）报告《2004 年翻译与秘书行业财经分析》。

16. 美国卡门森斯公司 2004 年报告《全球产业信誉调查：翻译》。

除了从有关文献中获取数据外，博科还利用访谈和调查问卷从翻译公司经理或股东中搜集信息。然后，他选择研究所需的数据进行编辑。例如，他将卡门森斯公司 2005 年全球翻译总产值的预估数字和 1999 年欧共体研究报告中 18 个欧洲国家翻译产值的预估数字制成表格进行直观比较。他将欧洲 18 个国家的翻译产值占欧洲翻译产业总值的比例制作成分解式扇形图，从而清晰地反映出每个欧洲国家在整个欧洲翻译市场中所占的份额。他根据美国联合商业情报公司 1999 年报告的估计和预测，将 1999 年和 2004 年全球翻译市场各领域的数据进行对比。整个市场被分成人工翻译、软件本地化、网站本地化和机器翻译 4 个部分，然后将人工翻译细分为欧洲、亚洲、北美洲、拉丁美洲、俄罗斯、非洲和大洋洲 7 个部分。最后根据这些信息，博科得出全球和欧洲翻译市场的大致规模（见表 2-1）。

表 2-1　　　　　全球和欧洲翻译市场规模估计数据

数据来源 \ 市场类型	全球翻译市场	欧洲翻译市场
美国卡门森斯顾问有限公司估计的 2005 年数据	7,300	2,850
美国联合商业情报有限公司估计的 1999 年数据	9,500	3,712
美国联合商业情报有限公司预测的 2004 年数据	13,200	5,150
欧共体 18 国 1999 年估计数据（口译除外）	\	3,188
1999 年欧共体研究报告 18 国 2004 年估计数据（口译除外）	\	4,777

（注：表中数字单位为"百万欧元"）

最后，博科对有关信息进行分析，得出三大发现，并用扇形图、表格、条形图等直观手段佐证自己的发现，然后勾勒出欧洲乃至全球翻译行业的概貌，指出过去10年本行业的变化、存在的问题以及2006—2010年翻译市场规模发展的预测数字。他认为，从全世界范围看，翻译公司所占翻译市场的份额呈金字塔形，处于塔顶的是大约3000家公司，占据全球市场20%的份额，位于塔底的是20万自由译者，占据全球市场80%的份额（图2-1）。

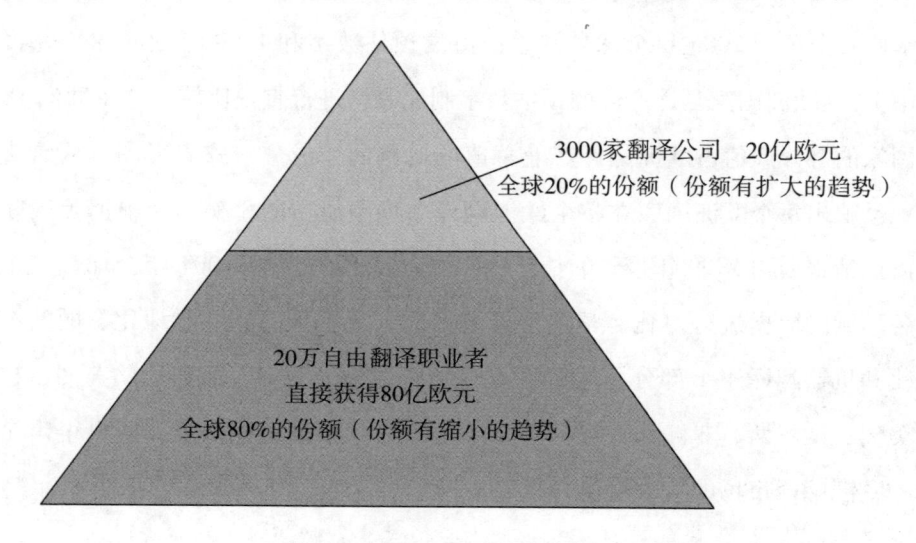

图2-1　全球翻译公司和自由译者数量及其所占市场份额

（资料来源：*The European Translation Industry：Facing the Future*，p. 28）

同时，上述3000家翻译公司所占份额同样呈金字塔形。位于塔顶的是20家公司，占全部翻译公司营业额的一半；位于中间的有100家公司，位于底部的大约有2880家公司（图2-2）。

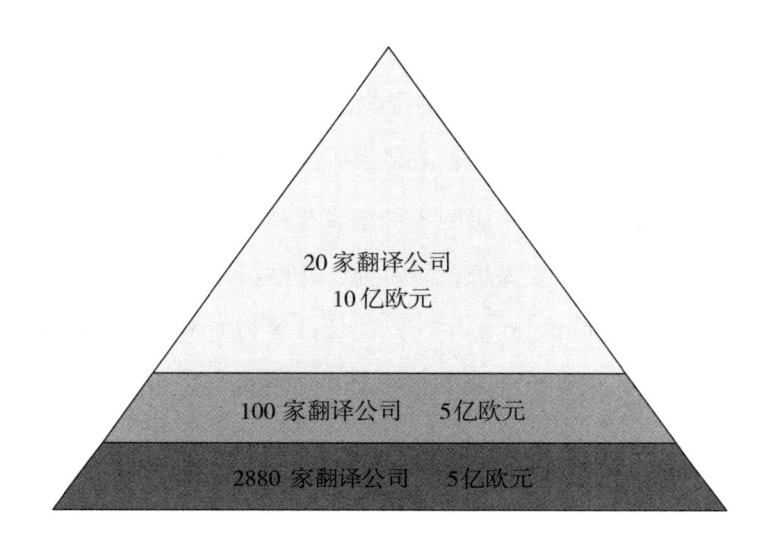

```
        ╱╲
       ╱  ╲
      ╱    ╲
     ╱ 20家翻译公司 ╲
    ╱   10亿欧元    ╲
   ╱──────────────────╲
  ╱ 100家翻译公司  5亿欧元 ╲
 ╱──────────────────────────╲
╱ 2880家翻译公司    5亿欧元   ╲
──────────────────────────────
```

图2-2 不同规模翻译公司数量及其所占市场份额

（资料来源：*The European Translation Industry：Facing the Future*，p. 29）

博科所引用的市场数据主要来自一些调查机构。如前所述，这些调查机构的数据可信度不高，从不同机构对同一年度全球和地区翻译市场统计数字的显著差异可见一斑。但是，博科报告的结论还是比较有洞察力的，反映了目前翻译市场的真实状况。该报告的第一个发现是目前翻译市场的统计数字差异较大，其原因是无官方统计数字；第二个发现是翻译产业从全球角度看已成为重要的经济发展助推器；第三个发现是翻译产业已成为一个主要的劳动力雇佣行业。博科认为，翻译行业是全球最分散的行业之一，虽然增速较快，但人们对翻译的看法比较偏颇：翻译只是一种消费品，价格比质量重要，公司客户不了解翻译的过程，也不将翻译作为一种战略投资，只是将其视为一种昂贵的交流手段。

（二）弥尔顿的巴西翻译图书出版市场研究

在《论翻译出版中经济因素的重要性：以巴西为例》一文中，约翰·弥尔顿借助于从政府有关部门获得的翻译图书出版数据，对巴西20世纪政府关税政策的变化对翻译图书出版市场的影响进行了历时研究。[①] 1930 年以前，巴西经济主要依靠咖啡和牛奶，出口到欧美，工业基础十分薄弱。巴西政府由盛产咖啡的圣保罗州和盛产牛奶的米纳斯吉拉斯州的政客轮流执掌。因为基本上没有什么民族工业需要保护，同时为了让欧美市场对巴西咖啡与牛奶保持开放，巴西政府对进口的欧美工业品采取低关税政策。这一政策使得进口图书，特别是从法国和葡萄牙进口的图书（包括翻译图书），几乎垄断了巴西图书市场，本国图书没有存在的基础。

1930 年，巴西发生革命，政府转而发展民族工业，开始对进口商品征收关税。因此，进口图书价格上涨，国内图书具有了价格优势。另外，政府加强基础教育，改善公共图书馆图书发行渠道，帮助发展本国图书产业。在当时形势下，翻译图书无须缴纳版税，而且民众喜爱的外国图书比不知名的国内作家的原创作品具有更大的市场前景。因此，1930—1945 年间出现了巴西历史上翻译图书市场的"黄金时代"。1937 年，巴西实行具有法西斯色彩的新国家体制，取缔了巴西共产党的活动，加强了国内图书审查。在当时的巴西，图书版权保护意识较差，经常出现出版商侵犯版权的现象，这都使得翻译出版外国图书成为一项有利可图的产业。因此，图书出版商大量涌现，图书数量特别是翻译图书的数量急剧增长。

1945 年，独裁者瓦加斯下台，巴西政府的政策发生了变化。在第二次世界大战后的巴西，政策重新向咖啡生产商倾斜。进口图书在很多领域都享受关税上的优惠，其价格甚至比原产国还要便宜。整个20世纪50年代，巴西进口图书销售的美元汇率价格一直保持在官方价格的33%—60%，以至于进

---

① John Milton, "The Importance of Economic Factors in Translation Publication", In Anthony Pym, Miriam Shlesinger and Daniel Simeoni (eds), *Beyond Descriptive Translation Studies* (pp. 163 – 174), Amsterdam and Philadelphia: John Benjamins, 2008.

口图书甚至比其纸张的价格还要便宜。而翻译图书需要购买图书版权和支付翻译费用。由于巴西以葡萄牙语为官方语言，因此从葡萄牙进口翻译图书比在本国翻译出版图书要便宜得多。这一时期是巴西本土出版业增长缓慢的时期，更是翻译图书出版发展的低潮期。1964 年，巴西出现政权更迭，右翼政府加强了对新闻出版业的管制，禁止出版苏联及其他社会主义国家的书籍。不过，这一阶段是巴西创造经济奇迹的时期，也是出版业发展迅速的时期。1960—1980 年，图书数量增长了 4 倍，超过其他行业的 3 倍增度。传统上，巴西主要从法国和葡萄牙进口图书，但 20 世纪 60 年代后，美国取代法国成为巴西进口图书的主要国家。1967 年巴美之间的技术、科学、教育出版物协定，确定了美国作为巴西最大图书进口国的地位，美国图书因此在巴西大量被翻译出版，翻译图书出版业的发展并未因左翼图书的禁令而受到影响。

弥尔顿的文章是极少数从经济角度研究翻译的成果。目前，翻译研究界对翻译的经济因素关注不多。而翻译市场、翻译行业是翻译研究的一项新内容，是翻译市场研究的主要对象。这一研究有可能形成一门新的交叉学科——翻译市场学。

三 现象学方法

有些翻译研究者从不同角度审视、分析和探究翻译市场上的各种现象，如结合自己的亲身经历进行经验总结，或通过深入观察描绘翻译市场的全貌，或结合有关理论原理对翻译市场现象进行反省，或通过观察和思考建立翻译市场的有关模型等。我们将这些方法统称为现象学的描述研究方法。

（一）萨缪尔逊－布朗的经验总结法

杰弗里·萨缪尔逊－布朗具有 30 多年的职业翻译经历，包括机构译者和自由译者的经历。他曾于 20 世纪 90 年代开办过一家翻译公司。因此，他具有译者、翻译项目经理和翻译公司所有人的三重经历。在《译者实用指南》(2010) 前言中，他说"我愿将我的经历与大家分享"。因此，该书可看作他的现身说法。在书中，萨缪尔逊－布朗对翻译行业做了全方位的介绍，主要包括以下10个方面的内容：

（1）如何成为一名译者。包括译者一天的工作流程；译者类型，如文学译者、非文学译者、口笔译者、机构译者和自由译者；翻译公司与翻译社的区别；与客户的关系；翻译能力测试；竞聘译者岗位。

（2）双语环境。包括源语与译语、译语缺失、强化语言能力、本地化、文化震撼、思维定式。

（3）客户须知。包括寻找合适的译者、翻译服务供应商和对市场行情不了解的翻译服务需求商、寻找翻译服务商的方法、翻译价格与翻译质量的关系、与翻译服务商的沟通。

（4）如何开办翻译公司。包括开办翻译公司的程序、字数统计、翻译报价、家庭作坊式的翻译公司、安全网络、与推销员打交道、广告、财务上的考虑、营销、业务发展。

（5）译者工作与翻译工具。包括工作环境、设备添置、用眼卫生、设备价格与购买、工作方式等。

（6）参考文献来源，以及信息检索与文件管理。包括各类词典、各类标准、研究机构与专业以及行业组织、术语库编辑、产品资料检索与文件管理、数据库应用等。

（7）翻译质量控制与责任制。包括原文难点，翻译质量与翻译目的、价格及紧迫性的关系，本地化，法律用途翻译，译文生产能力，对客户诚实，自由译者的问题，质量要求和盈利，优先措施，质量控制程序，提交译文期限，翻译任务分派，翻译工作汇报。

（8）译文提交与送达。包括译文排版、文本扩充、宏观布局、桌面出版、不同种类PC机软件包之间的兼容、电子出版、将译文送达客户。

（9）如何应对麻烦。包括预防措施、设备保险、设备维修、损失赔偿保险、客户拖延付款或破产、借口推迟付款、及时付款、客户争端、仲裁。

（10）译者的职业组织。包括国际国内口笔译组织，如国际译联等。

（二）古尔代克的综合法

丹尼尔·古尔代克在《作为职业的翻译》一书中，分17章从翻译职业化的角度对翻译市场进行了比较全面、系统的研究，包括翻译概览、翻译的类型、翻译的过程、翻译职业、翻译标准与规范、翻译方式转变、译员培训等，勾勒出翻译行业的完整图景。①正如作者在书的前言中所说，该书的内容是作者1991—2006年对翻译职业所进行的长期调查、观察和分析的结晶，其研究方法包括调查、分类、描述、分析等。在该书的第四章，古尔代克辟专节讨论了翻译市场的有关问题，例如，从不同角度对翻译市场进行了分类。

第一种分类是对全球发展最迅速地区翻译市场的分类，包括3类市场，即多语言服务实体进行联合的国家（如欧洲）、发展中国家（如中国）以及印度。第二种是基于语言对和翻译方向的分类，如英译汉翻译市场、汉译英翻译市场等。第三种是按地域分类，包括国际市场和地方市场。地方市场可指一个城市、一个地区或一个国家的翻译市场。第四种分类是按专业性划分，有6类市场，包括一般翻译市场、有专业倾向的一般翻译市场、专业化的翻译市场、高度专业化的翻译市场、特殊翻译市场以及高端翻译市场（即本地化市场）。这些不同类型的翻译市场的划分主要依据所翻译材料的技术性和复杂性的程度、原文媒介形式和翻译过程与工具的专业化程度。第五种分类基于翻译对象，包括本地化市场、多媒体翻译市场以及自主材料翻译市场（即无多媒体的传统翻译市场）。本地化市场又可分为软件本地化、网站本地化和电子游戏本地化市场。多媒体翻译市场包括字幕翻译市场和配音翻译市场。第六种分类基于翻译语境，有4类市场，即出版翻译市场、机构翻译市场

---

① Daniel Gouadec, *Translation as a Profession*, Amsterdam and Philadelphia: John Benjamins, 2007.

（包括法庭翻译）、社区翻译市场、开放翻译市场。开放翻译市场包括所有前三种市场不能包括的翻译市场成分。第七种分类基于翻译规模，有 2 类市场，即产业化翻译市场和艺术性翻译市场。前者为大规模的工业化翻译市场，后者为传统的个体翻译市场。第八种分类按照市场可否进入而分为封闭市场和开放市场。封闭市场又称为受限市场或"狭窄"市场，只有少数被挑选的人才能进入；开放市场则向所有人敞开。在这两种市场之外，古尔代克又增加了一种"灰色市场"或曰"黑市"，指不交税、罔顾社会安全法则的不正当竞争的翻译市场。古尔代克分析了翻译黑市存在的 3 个原因：第一，人们大多认为，学习了两种或多种语言，就具备了做翻译的充足条件；第二，翻译服务需求方的指导原则是"越便宜越好"；第三，就业指导中心乐意将翻译业务推荐给失业的学生，而翻译专业毕业生因为手头缺钱也会从事黑市翻译。第九种分类基于翻译数量，分为 4 种，即大型翻译市场、"连贯"翻译市场（中型）、杂合翻译市场和零碎翻译市场。第十种分类着眼于翻译是否有附加服务，有 2 类市场，即纯翻译市场和延伸服务翻译市场。延伸服务包括以下内容：

——分解和操控原材料和支撑媒介

——提取符码、图像、菜单、插图等

——抄录音带文字

——抄录磁带文字

——检测时间码

——将文件转换为其他格式

——创建特殊翻译环境

——升级翻译记忆库

——建立术语库

——改进术语库

——通过拷贝文本改进翻译

——译文出版准备工作或摄像材料准备工作

——制作翻译光盘

——"克隆"翻译网站

——利用搜索引擎查找网上参考文献

古尔代克分析了客户需要附加服务的3种原因：第一，在服务中，译者要翻译或项目经理所承接的内容格式千差万别，内容管理系统多种多样，因此处理文本格式和载体是翻译服务的固有工作；第二，软件的日趋复杂使译者有机会向客户提供翻译之外的更多服务；第三，译者时刻留心准备为客户提供增值服务。他还指出，数据在翻译市场研究中非常重要，但研究者在考察全球不同翻译市场的数据时，需要特别谨慎，其原因如下：

（1）我们不可能识别所有的翻译实践工作者，因为许多译者都没有在官方注册或者与其他职业联系在一起，并被其所屏蔽。

（2）调查人员对翻译行业往往不熟悉，因此在推测数字时可能会做出错误的判断。

（3）市场调查报告的作者经常喜欢照抄以前调查的数据。

（4）在许多数据调查中，分包商的营业额被计算了两次，一次是分包商自己的计算，一次是总承包商的计算。

（5）我们不应支持译者和本地化工程师做其他人员，如行政辅助人员、综合业务人员、排印工人、出版商、项目经理等的工作。

翻译市场数据传统上指由自由译者和翻译公司完成的翻译业务，不包括企业或机构内部专职译者的翻译。机构译者的翻译产出属于整个企业或机构营业总额的一部分。当然，有时这些企业或机构的翻译有一部分会承包给外部译者。因此，古尔代克认为，机构外包翻译业务应计算在翻译市场营业总额之内。

古尔代克对翻译市场的划分对我们研究翻译市场有一定的参考价值,但他将政府机构和企业内部的翻译排除在翻译市场之外,是一种比较狭隘的翻译市场观,与本研究中所界定的翻译市场有较大区别。

(三) 罗宾逊的现象解剖法

美国翻译学者道格拉斯·罗宾逊(2001/2003)对翻译市场主体要素之一的译者进行了比较全面深入的研究。在其两部有影响的著作《谁翻译?》[①]和《成为一名译者》[②]中,罗宾逊专注于译者现象,对译者主体性和译者所处的职业网络进行了独到分析。在《谁翻译?》中,罗宾逊结合唯理主义理论,批评性地探讨了译者的决策在当代翻译市场话语环境下不再是个人理性的产物,而是复杂社会网络合力作用的结果。

在《成为一名译者》中,罗宾逊对关系到译者的众多因素进行了比较全面的分析。该书分为11章。第一、二章讨论了翻译的外部和内部知识。外部知识指翻译用户如何看待翻译,包括文本与译者的可靠性、翻译的及时性与成本、翻译交易等;内部知识指译者如何看待翻译,包括译者为何人、职业操守与可靠性、职业伦理、译者收入、翻译速度、翻译记忆软件、翻译项目管理、译者地位提升、职业乐趣等。第三章围绕译者作为学习者进行讨论,包括译者智识能力、记忆力、再现与程序记忆力,智识与情感记忆力,语境、关联与多重编码,译者学习风格,依靠或不依靠现实环境,动态或固定环境,依靠、不依靠与相互依靠,关系或内容驱动,输入,视觉、听觉与动觉,加工,宏观语境,程序的细节因素,具体与抽象事物,反应,内外参照,匹配或不匹配,冲动、实验、分析、反思等。在第四章,罗宾逊结合皮尔斯

---

① Douglas Robinson, *Who Translates? Translator Subjectivities Beyond Reason*, New York: State University of New York Press, 2001.

② Douglas Robinson, *Becoming a Translator* (2nd Edition), London and New York: Routledge, 2003.

（C. S. Peirce）的"本能，经验，习惯"以及维克（K. Weick）的"规范，选择，保持"等概念探究了译者的翻译过程，包括双语转换的经验与习惯，以及翻译过程中的推导、归纳与演绎等。第五章分析了译者的工作经验，包括经验类型、直觉的跃进、模式的构建、规则与理论的应用等。第六、七章讨论了译者如何处理好人际关系问题，包括一般人际关系以及与专业人士之间的关系。与专业人士之间的关系有助于译者对专业知识和术语的有效把握。第八章探讨了翻译活动中的语言问题，主要运用语言学特别是言语行为理论，研究译者灵活掌控语言的问题。第九、十章研究译者与社会文化的关系，认为译者首先是社会中的存在，除了翻译的本职工作，还需要与两种语言文化打交道，需要反思和总结翻译的原理，需要培养跨文化意识。最后一章探讨了译者的职业习惯，强调分析的重要性，鼓励译者保持良好的习惯，并按规范工作。

罗宾逊是不多见的从理论高度分析翻译现象本质的翻译市场研究者。他的研究成果对我们探究翻译市场中最重要的主体要素——译者，具有很大的启发意义。但他的研究囿于翻译市场的社会属性，忽略了其商业属性，因而没有意识到经济学等领域的有关理论对翻译市场研究的重要作用。

（四）皮姆的社会文化分析法

在 2000 年欧盟翻译司组织的"理论与实践相遇"论坛上，安东尼·皮姆从一个职业译者和翻译学者的视角提出了语言服务的市场模型。[1]他认为，全球化加速了翻译市场结构的分化。据此，他将翻译市场分成三个板块。

第一板块是位于翻译劳动力市场底端的为数众多的译者。欧洲不断增长的大规模跨境旅游以及劳动力更加自由的流动提供了数量庞大的报酬低廉的

---

[1] Anthony Pym, *Training Translators and European Unification：A Model of the Market*, Doctoral Thesis, Paris：The European Commission's Translation Service "Theory Meets Practice" Forum, 2000.

翻译工作。这些翻译工作的承担者是在校或刚离校的大学生、客户的熟人以及形形色色不称职或缺乏热情的业余译者。这些人在大学里可能接受过作为职业译者或非职业译者的语言训练。这一数量巨大的底层译者通常所获得的报酬仅能够供其继续大学学业。

第二板块包括许多合同制的文学译者、有身份的自由译者、非技术领域工薪阶层中的语言专业工作者、业余会议口译员、中层及以上的双语秘书以及拥有终身教职的学者。位于这一板块顶端的大概是欧盟的机构译员。该板块译者生活舒适，是大多数大学教师们培养译员的目标所在，也是他们自己的栖息地。

第三板块包括拿高薪的高水平的语言专业工作者。他们经常从事语言间的双向转换。这类人员多在信息、技术、经济、营销、跨国企业之类的全球化领域工作，其工作内容超出翻译的范畴。此类人员的需求量目前正在扩大。他们所拿的工资是有教职的大学翻译教师优厚薪水的2—4倍。他们知道工作从什么时间开始，但不知道在什么时间结束。他们夜以继日地工作，没有周末。他们能拥有奢侈品，但无暇消受。

翻译市场第二板块人员的聘用期相对较长，而第三板块人员则几乎没有保障且灵活性要求很大。翻译行业的发展近年来极为迅速，其结构表现为很强的动态性和分散性特征。译者薪水很高，几乎没有官方的规则约束，同时也缺乏有组织的活动。在翻译行业，人们工作并获得报酬，而不管其来自何处，毕业于哪所大学，有什么学位，或者具有何种社会背景。

然后，皮姆对这三个板块译者的构成特点做了深入分析。他认为，不论是翻译的性质，还是译者的职业身份，这三个板块之间均有显著的区别。从文化角度看，翻译市场的一个维度是地域性。译者所属类型与地理政治空间有关。例如，法国文化属于法国，德国文化属于德国，依此类推。在地域文化的交叉点或重复地带，存在另外一种类型的属性，即跨文化类属。这一维度与某些职业的关系更为密切，而非地理政治空间。翻译市场的三个板块与这两个维度存在映射关系。

位于翻译市场第一板块的译者将其工作看作不同地域文化之间或不同语言系统之间的信息转换，此即他们本能地认为的或者通过学习认知的所谓翻译本质，也是各地区或国家教育制度的产物。他们的翻译观念与这些制度所捍卫的观念相一致。令人忧虑的是，这一板块实际上与翻译的非专业化相一致。鉴于所有大学生都懂一点外语，结果就形成了这样一种现象：在诸如酒店菜单翻译的日常翻译活动中，客户就更愿意依靠朋友的朋友，而不是去求助于职业译者。西班牙就是这样的一个典型国家。目前，该国大约有 27 所大学从事各种形式的译员培训，培养出来的学生超过 7000 名。这些过剩的翻译专业毕业生有可能涌入翻译市场的第一板块，并使专业标准下降。

位于翻译市场第二板块的译者，即那些拿着能使自己生活舒适的薪水的译者，将自己看作不同地域文化之间的中介，而且越来越多的这类译者认为其工作是提供服务，帮助读者理解或参与专门化的专业文化活动。这一译者群体包括跨文化的专业群体，如医学专家、经济学家、跨国公司有关部门的雇员等。在这里，翻译的限制因素不在沟通不同的语言或文化方面，而在群体内部的运作机制方面。欧盟机构内的许多翻译活动大概就是这种状况。各地区或国家的教育机构对这类译员的培训一般效率不高。这些机构优先考虑的常常是地区性或国家性问题。译者一般是通过在岗位上经过最初的翻译任务锻炼而掌握其大部分的翻译技能以及巨量的专业术语。当然，也有一些幸运者通过雇用单位组织的培训项目获得翻译技能和专业知识。不过，由于小型翻译公司和网上自由译者的涌现，企业和机构对其内部翻译部门的依赖正在逐步减少。位于这一市场板块的大多数译者基本上对翻译来者不拒。他们向各种领域提供服务，但一般不会将自己视为所服务群体中的一员。

位于翻译市场第三板块的译者一般不会将其职业活动与其所属地域文化

混为一谈。他们的专业知识使他们成为某一专业性互联文化的真正参与者。以软件本地化领域的译者为例，他们不仅担任语言转换工作，同时参与本地化产品制造与营销的全过程。因此，译者成为整个团队的一部分，具有与其他成员一样的文化和职业地位。这类译员培训与目前大学里大多数培训项目有很大的不同。实际上，一些最为有效的译员培训是在 IT 行业进行的。例如，爱尔兰的 IT 部门对语言问题比较关注。翻译市场的第三板块与目前将翻译看作保护语言和文化的必要手段这一主流思维模式相一致。该板块高度商业化的性质使人们的翻译观念发生了急剧变化，与翻译市场第一板块的翻译观念大相径庭，并对其产生越来越大的影响。第一板块不增不减的忠实翻译观是传统上所谓的得体翻译，存在无法满足时代需要的局限性。这种观念对第三板块的译者活动几乎不构成限制。

除了以上研究方法，国外学者还运用了一些其他方法，如对比研究法。对比研究方法不但可以让人们看清两个事物的优缺点，还可以帮助人们看清同一事物的发展变化。前者是共时对比法的优点，后者是历时对比法的长处。在《全球翻译行业的历史与现状》（2006）一文中，国际翻译家联盟主席谢莉（Sheryl Hinkkanen）为了帮助人们了解翻译市场的飞速发展，将 2004 年的全球翻译市场同 1999 年的市场进行了对比分析，让人们看清翻译市场发生的巨大变化以及广阔的发展前景。[①]

第二节 国内研究方法综述

国外学者常用的调查法和文献研究法也被国内翻译市场研究者广泛使用。

---

① 参见谢莉《全球翻译行业的历史与现状》，《中国翻译》2006 年第 4 期。

除此之外，历时研究法、问题研究法、个案研究法、要素研究法等也见诸翻译市场研究文献。

一 问题研究法

改革开放，特别是中国加入 WTO、北京奥运会以及上海世博会的举行，推动中国翻译市场快速发展，同时也带来了很多问题。我国的翻译市场研究者多聚焦于问题，有的还提出了解决问题的对策。在《加强行业管理，推动我国翻译产业的可持续发展》一文中，刘习良首先指出了中国翻译市场存在的普遍问题[1]，包括五点：第一，缺乏对翻译工作行之有效的监督体制和机制；第二，国家翻译资格考试制度刚刚建立，翻译服务的国家标准尚未形成体系，且仍未完全得到社会的充分认可和接受，相关配套的管理办法尚未出台；第三，高水平的翻译专业人才和翻译专业师资队伍严重匮乏；第四，翻译工作的作用和价值未能得到社会的充分认可和重视；第五，我国的翻译资源相对分散，没有得到有效的整合和利用，更没有形成相对稳定、独立且具相当规模的产业链。为了应对以上问题，他提出了七点建议：一是进一步加强翻译行业自律和行业管理；二是推动与翻译工作相关的各项行业标准和国家标准的制定和完善；三是建立翻译监督评估机制；四是有效整合翻译资源，实现翻译产业的规模化发展；五是优化翻译专业人才和翻译师资队伍；六是大力宣传翻译事业，维护译者的合法权益；七是加强对翻译产业的全面深入调查。

除了对整个翻译市场的宏观研究外，也有对区域性翻译市场问题、原因及对策的探讨。在《浅谈西安翻译市场存在的问题及其解决方案》一文中，史馨红结合西安市双语标识语的翻译现状总结出西安翻译市场存在的三个问

---

[1] 参见刘习良《加强行业管理，推动我国翻译产业的可持续发展——当前我国翻译工作中存在的问题与对策建议》，《中国翻译》2006 年第 4 期。

题①：第一，缺乏优秀翻译人才；第二，缺乏统一的市场管理；第三，缺乏翻译质量监督体系。为此，他提出如下建议：其一，这些问题应引起有关部门的高度重视，规范广告公司的翻译标准，加强有关部门对双语标识语翻译的管理；其二，某些翻译错误为翻译教学提供了一线素材，可以请教外籍教师对这些翻译做出评价，找出问题并进行修改矫正；其三，总结相关翻译公司、翻译协会、培训机构和高等院校等对当前翻译市场和人才培养的看法，结合翻译市场现状和未来发展趋势，进一步研究如何更好地进行翻译教学；其四，建议以西安市大型翻译公司为依托，建立严密、有效的翻译质量监督体系，统一对西安市双语标识语翻译进行全面的考查、考核，将错误的翻译更正为专业规范的译文。②

除了对翻译市场进行宏观和微观研究外，还有对市场中某一翻译出版项目出现的问题进行的研究和反思。这种研究也可看作个案研究。在《从季羡林一场官司的胜诉想到的》③ 和《萧乾与金隄翻译〈尤利西斯〉的恩怨》④ 两篇文章中，李景端介绍并探究了翻译出版界的两件往事。一件是季羡林等11名学者和翻译家诉中国物价出版社侵犯署名权、使用权和获得报酬权。北京市第一中级人民法院判定被告中国物价出版社立即停止侵权，在报纸上公开赔礼道歉，向11位原告共计赔偿55万元，诉讼费由被告承担。李景端进而分析了此案发生的两个原因：第一，出版社见利忘义，明知故犯；第二，被侵权人息事宁人，客观上纵容了侵权现象的蔓延。因此，他建议必须加强对侵权惩罚的力度，以有效遏制侵犯著作权的现象。另一件是萧乾夫妇和金隄在翻译出版《尤利西斯》上的摩擦。两个译本几乎同时问世，但萧乾夫妇译本在中国大陆的市场销售量远高于金隄译本。因此，后者在报上撰文说前者

---

① 参见史馨红《浅谈西安翻译市场存在的问题及其解决方案》，《大观周刊》2012年第11期。
② 同上书，第282页。
③ 参见李景端《从季羡林一场官司的胜诉想到的》，《中国翻译》2001年第5期。
④ 参见李景端《萧乾与金隄翻译〈尤利西斯〉的恩怨》，《出版史料》2004年第6期。

有抄袭之嫌，几至酿成一场官司。翻译出版中的剽窃和盗版现象是我国20世纪八九十年代以来的一大怪现象，很多学者都曾撰文批评。问题研究法还经常见诸对具体语言翻译问题的批评。

二 历时研究法

为了庆祝中华人民共和国成立60周年，《中国翻译》杂志邀请外交外事、对外传播、教育科技等领域的资深翻译家和学者撰写专稿，回顾、展现和审视我国翻译界60年来取得的成就和发展历程。施燕华的《外交翻译60年》[①]分"文化大革命"前、"文化大革命"期间和改革开放之后三个阶段，介绍了我国外交翻译队伍的产生与发展。解放初期，外交部翻译人员是以赴朝回国的翻译和速记人员为基础建立起来的。他们不但担任中央领导人的口译，还担任国家和政府重要文件的翻译工作。我国外交翻译人员的成长得到周恩来的关怀。十年动乱期间，外交翻译工作受到冲击，大部分外交干部下放干校改造，造反派进驻外交部，同时由于四面树敌导致对外关系除了交涉，几乎无事可做。改革开放后，我国外交政策进行了调整，同各国关系得到很大发展，涉及领域也不断扩大，外交活动日益频繁，翻译工作量激增。以2008年为例，外交部翻译室英、法两个语种完成了涉及奥运火炬传递、两会、抗震救灾、奥运会、残奥会、亚欧首脑会、金融峰会、亚太经合组织领导人会议等多项重大外交外事活动的翻译，全年累计口译出差任务达到2705天，单场口译为2179场，完成笔译603万字左右。[②]

黎难秋的《新中国科学翻译60年》[③]将60年科技翻译分为两个时期：特殊发展期和全面发展期。前者指"文化大革命"前阶段（包括"文化大革命"时期），后者指改革开放阶段。1949—1966年，我国共出版自然科学与

[①] 参见施燕华《外交翻译60年》，《中国翻译》2009年第5期。
[②] 参见施燕华《外交翻译60年》，《中国翻译》2009年第5期，第9—12页。
[③] 参见黎难秋《新中国科学翻译60年》，《中国翻译》2010年第1期。

技术工程类译著约 1.6 万种,1967—1976 年为 766 种,1977—2008 年据估计约为 2.5 万种。①陈众议的《外国文学翻译与研究 60 年》(2009)则将 60 年文学翻译分为 1949—1959 年、1960—1976 年和 1977—2009 年三个阶段。在第一阶段,文学翻译蓬勃发展,共翻译出版外国文学艺术作品 5356 种,其中苏联(包括俄国)文艺作品达 3500 余种,占这个时期翻译出版的外国文艺作品总数的 60% 以上。在第二阶段,外国文学研究进入了休克期,但外国文学并没有销声匿迹,它以非常形式,如手抄、口传等隐秘方式存在着。第三阶段为改革开放时期,出现了外国文学翻译的黄金时代,被"文化大革命"打断的三套丛书即"外国文学名著丛书""外国文艺理论丛书"和"马克思主义文艺理论丛书"的翻译出版得以继续和扩充。到 1999 年,该丛书已基本将国外重要的经典文学及理论著作翻译出版。②

中国民族语文翻译局前局长吴水姊于 2009 年 11 月 10 日接受中国网访谈,在"民族语文翻译事业 60 年"访谈节目中以 1978 年为界,将民族语文翻译分为两个时期。③第一阶段没有统计数字,第二阶段仅国家民族语文翻译局就翻译了 3000 多种图书和著作,以及国家领导人的讲话,字数为 3 亿 2 千万字。翻译目的是为了少数民族群众的学习,贯彻落实党和国家的政策。在《翻译出版风雨三十年》一文中,李景端将改革开放 30 年我国的翻译出版活动分为三个阶段:打开"窗口"阶段(1978—1988)、整顿调整阶段(1989—1993)和面向市场阶段(1994 年以后)。第一阶段突破了一些翻译出版的禁区。第二阶段主要整顿出版领域混乱无序的状态。为此,有关部门采取了一系列措施。在第三阶段,为了适应社会主义市场经济,出版业开始向市场转型,逐

---

① 参见黎难秋《新中国科学翻译 60 年》,《中国翻译》2010 年第 1 期,第 27—32 页。
② 参见陈众议《外国文学翻译与研究 60 年》,《中国翻译》2009 年第 6 期,第 13—19 页。
③ 参见中国网访谈节目"民族语文翻译事业 60 年"(http://www.china.com.cn/fangtan/2009-11/09/content_ 18851970.htm)。

渐摆脱对国家的依赖，实行财务独立，按市场模式运作。①这一阶段我国翻译出版事业得到快速发展。在《新中国60年翻译出版的马列著作》一文中，陈有进从全集、选集、单行本、线装本、书信集、专题论述汇编本、绘图本、网络新传媒等12个类别，系统全面地介绍了新中国60年来翻译出版马列著作的辉煌成就。②在《中国本地化行业二十年（1993—2012）》中，崔启亮对作为翻译行业组成部分的本地化行业在我国的产生和发展做了三个阶段的划分：本地化行业的产生（1993—1995）、本地化行业的发展（1995—2009）以及本地化行业的规范化（2009—2012），指出了本地化行业国际化和服务创新的发展趋势。③

三　个案研究法

翻译市场研究中的个案研究法包括的范围比较广。如果我们将新中国翻译市场作为研究对象，那么各地区翻译市场可以看作个案。更具体地说，一家翻译公司、一次重大活动的翻译也是个案。在《电话口译在我国的一次重要实践》一文中，詹成和索若楠对2010年广州亚运会、亚残运会多语言服务中心的电话口译服务活动进行了全方位的探讨，介绍了该活动的背景、译员选拔与培训、翻译工作流程、相关译员的反思，并探究了本次翻译实践对电话口译的启示。④

四　调查法

问卷调查法是我国翻译市场研究者较常运用的一种研究方法。陈走明、陈群对义乌翻译市场的主体——译员和客户，分别设计问卷进行了调查。⑤结果发现，译员的业务素质偏低，客户与译员之间对翻译薪酬分歧较大，译员

---

① 参见李景端《翻译出版风雨三十年》，《中华读书报》2008年5月14日。
② 参见陈有进《新中国60年翻译出版的马列著作》，《中共云南省委党校学报》2009年第5期。
③ 参见崔启亮《中国本地化行业二十年（1993—2012）》，《上海翻译》2013年第2期。
④ 参见詹成、索若楠《电话口译在我国的一次重要实践》，《中国翻译》2012年第1期。
⑤ 参见陈走明、陈群《义乌翻译市场的调查分析》，《时代经贸》2007年第82期。

的职业不稳定程度较高。王伟和周卫红选择北京、上海、青岛和烟台四个城市对专兼职翻译人员进行了问卷调查①，得到以下发现。

1. 从业人员中男性明显多于女性。

2. 专职人员多于兼职人员。

3. 有88%的译员曾经提供过免费翻译服务。

4. 外语专业出身的译员占多数，被调查的译员全部具有本科及以上学历。

5. 译员的工作语种以英语为主，其余依次为日语、韩语、法语/西语（并列）、德语、阿拉伯语、俄语、其他语种。

6. 接近半数的译员日平均工作时间为3—5小时。

7. 译文类型以商业资料和科技文献为主，文学著作和新闻报道所占比重较低。

8. 在"主攻方向"一栏中，55.4%的译员从事"外语—汉语翻译"，选择"二者同时并重"的译员占30.1%，而专攻"汉语—外语翻译"的译员仅占14.5%。

9. 有92.8%的译员主要依赖电子邮件进行工作。

10. 有61.4%的译员认为译文应当准确、可靠。

11. 针对国内翻译行业的突出问题，37.3%的译员认为"译者水平参差不齐，译文总体质量较差"，33.7%的译员认为"规模较小，难以形成竞争力"，28.9%的译员认为"行业混乱，恶性竞争，缺乏自律"②。

关于译员收入，王伟和周卫红通过SPSS分析发现，影响译员年收入的因素主要是"工作类型""日工作时间""译文类型"以及"语种"。具体说来，专职译员的收入远高于兼职译员，拥有外语专业本科及以上学历的译员收入

---

① 王伟、周卫红：《一项对中国专职兼职翻译人员的问卷调查和统计结果分析》，《思茅师范高等专科学校学报》2012年第1期。

② 参见王伟、周卫红《一项对中国专职兼职翻译人员的问卷调查和统计结果分析》，《思茅师范高等专科学校学报》2012年第1期，第132页。

高于拥有非外语专业本科及以上学历的译员。不同语种的译员收入相差较大，其中工作语言为法语的译员平均收入最高，阿拉伯语次之，以下依次为韩语、日语、德语、英语、西语/俄语、其他语种。

随着互联网的普及，研究机构和个人越来越多地使用在线调查问卷搜集有关信息。调查者一般通过电子邮件、网站上的文字链接，让被调查者进入调查问卷所在网页填写问卷，填写时间一般不超过 20 分钟。也有研究者将问卷作为电子邮件附件让被调查者下载填写。在线调查问卷具有方便、快捷、经济、覆盖面大等优点。2007 年，传神联合信息技术有限公司（以下简称"传神"）协同中国科学院科技翻译协会，首次对中国地区译员的生存状况进行了网上调查。[①] 调查内容包括译员的基本状况、翻译工作相关情况、工作强度、身体状况、心理状况以及压力承受度、收入满意度、业余生活、培训情况等方面。该调查在翻译行业主要网站的相关频道、论坛投放文字链接，将问卷放置在中科院科技译协的网站上，于 2007 年 3 月 1 日至 5 月 31 日三个月时间内由用户填写问卷，共计回收调查问卷超过 1.5 万份，经处理排除无效问卷后，最终得到分析样本数 1.46 万份。

传神公司通过对回收问卷的统计分析有以下发现。

1. 译员性别比例基本持平，中青年译员所占比例接近 70%，从事翻译工作 3—10 年的译员是翻译队伍的中坚力量。本科学历占大多数，外语专业背景的译员超过 60%，其他专业背景译员仅占 2%。擅长笔译者超过 80%，笔译能力普遍强于口译能力。近 70% 译员为兼职译员。译员擅长领域居前三位的是金融、电子、政府部门，其特点是涉外交流频繁或进出口贸易活跃，居后三位的是纺织、航空航天、农林牧，其特点为行业性强或非热门行业。英语仍然是译员最擅长的语种，其次为日、韩、法、德、俄等，小语种译员仍

---

① 参见传神公司报告《中国地区译员生存状况调查报告》，百度文库（http://wenku.baidu.com/view/3ff59c88d0d233d4b14e6964.html）。

然缺乏。

2. 译员一般选择居家翻译，其他收入高于翻译收入。译员普遍对翻译公司满意度和服务质量评价不高。在译员素质中，语言能力仍居首位，其他如语际转换能力、心理素质、运用工具能力、专业知识等也比较重要。

3. 译员工作强度较大。

4. 由于长期伏案工作，身体状况不容乐观。

5. 译员心理压力大，65%的译员做翻译是为了谋生而非爱好，更无职业自豪感。

6. 译员对收入不满意，认为付出与收入不成正比。

7. 看书、上网成为译员主要的休闲方式，缺少译员圈子。

8. 只有不到20%的译员愿意培训，大多数译员不知道翻译专业的课程设置。

近年来，中国译协为了加强对我国语言服务行业的整体把握、监督和指导，以电子邮件形式进行了多次网上问卷调查。例如，2011年中国译协进行的行业调查，从3月20日开始以电子邮件的方式向提前选定的120家企业发送调研问卷，至2011年5月25日共获得65份有效答卷。[①]该调研问卷共有16题，涉及被调研企业的基本背景、2011年语言服务用人需求特征（包括数量、岗位、专业背景、工具技能、性别、招聘过程中的主要困难等）、专职翻译薪酬与培训、语言服务需求领域（含是否外包）四大模块。被调研企业包括翻译公司（含本地化公司）、出版社等语言服务企业，也包括最终产品与语言服务没有任何关联的非语言服务企业。通过对问卷的统计分析，调研组对2011年中国企业语言服务人才需求得出如下结论：

1. 求职者对本地化/语言服务行业的认知度不高。

---

① 参见中国译协《2011年中国企业语言服务人才需求问卷调研分析报告》。

2. 在语言与技术方面具备出色能力同时愿意从事这一行业的人员有限。

3. 高素质翻译人才培养周期较长。

4. 国内缺乏语言服务人员招聘启事的有效发布渠道。

5. 总的来说，企业普遍认为"在语言与技术方面具备出色能力同时愿意从事这一行业的人员有限"是影响招聘的最关键因素；"高素质翻译人才培养周期较长"的影响也比较大；"求职者对本地化/语言服务行业的认知度不高"和"国内缺乏语言服务人员招聘启事的有效发布渠道"的影响次之。

调研组据此给外语专业学生适应翻译市场的人才需求提出如下建议：

1. 除了夯实语言基本功外，还要广泛涉猎其他领域的知识，最好能够对某一专业比较精通，让自己成为复合型人才。

2. 时刻不能忽视对语言基本功的巩固和语言应用能力的提高，语言功底深厚能缩短企业的培训时间，也能使自己工作效率更高。

3. 时刻保持对和语言有关的新兴行业和新概念的敏感程度。例如，本地化就是近几年基于翻译而建立起来的新兴行业。语言服务行业也是近年来出现的新名词。只有保持对与语言有关行业动态的关注，并根据行业的变化随时完善自身，才能做到"知己知彼，百战百胜"。

此外，作为调查法之一的访谈法也是研究者搜集信息的途径之一。在《企盼合作，共创机译大业》一文中，李亚舒通过对天津通译计算机有限公司董事长陈光火的采访，介绍了该公司在翻译软件开发方面所取得的进展。[①]该公司与中国石油天然气总公司等 10 多个单位合作开发出适合本单位的专业语料库。经过合作开发的翻译软件在庞大的专业语料库的支持下，翻译质量有了明显提高，而且译文非常专业，完全像一个专业译员的工作成果。但该作者同时指出了翻译软件在开发费用等方面有很多问题需要解决。

---

① 参见李亚舒《企盼合作，共创机译大业——记天津通译公司的翻译软件》，《中国科技翻译》1999 年第 1 期。

五 文献研究法

基于现有文献的研究方法是自然科学和人文社会科学的共同研究方法。翻译市场研究也不例外。在《翻译服务标准化对产业发展的意义及趋势》一文中,张南军对三部国家翻译标准,即《翻译服务规范(第一部分):笔译》《翻译服务译文质量要求》和《翻译服务规范(第二部分):口译》进行了详细解读,分析了翻译服务标准化的内外成因,并预测了其发展趋势。①

六 要素研究法

还有一些翻译市场研究文献,其研究方法不够明确。我们可以将其归类于要素研究法,即对翻译市场中某一种或几种要素进行分析探讨。例如,在《翻译项目管理与职业译员训练》一文中,王传英、闫栗丽和张颖丽结合译员培训对翻译项目管理这一翻译市场客体要素进行了研究,探讨了其内涵、特点、基本流程与实战训练。②

翻译市场研究者有时综合几种方法进行研究。例如,在《湖北翻译市场及人才的现状和展望》中,胡德香和姚振新通过网络搜索、电话采访、面谈等形式,搜集有关湖北省翻译公司的情况。③在这些方法中问卷调查是主要方法。他们发现,湖北省的翻译公司登记注册的有 50 家左右,规模较小。年营业额一般在百万元以下,公司员工大多在 10 人以内,从业人员流动性大,待遇较差,翻译业务以英语为主,涉及法、德、日、俄等几十个语种,领域涵盖建筑工程、机械、电力、汽车等几十个专业领域。他们发现的问题包括译员队伍不稳定,口笔译不分家;翻译装备落后;缺乏对翻译质量的有效监督和管理,翻译行业缺乏系统化运作;翻译市场有待进一步开发。

---

① 参见张南军《翻译服务标准化对产业发展的意义及趋势》,《上海翻译》2006 年第 4 期。
② 参见王传英、闫栗丽、张颖丽《翻译项目管理与职业译员训练》,《中国翻译》2011 年第 1 期。
③ 胡德香、姚振新:《湖北翻译市场及人才的现状和展望》,《教育广角》2011 年第 8 期。

第三节　研究局限与研究难点

通过对比，不难发现国内外翻译市场研究在研究方法上有很多相似之处，如传统的纸质问卷调查、在线问卷调查、访谈、个案研究、文献研究、现象观察以及统计分析等方法是研究者们常用的方法。研究视角也比较相似。从翻译公司的翻译项目管理、译员培训、翻译市场现状等研究翻译市场是要素研究法的主要内容。但二者也存在一些差异。国外研究者比较侧重于翻译市场的宏观方面，如翻译公司的创建、翻译市场的分布状况、翻译职业的内容与特点等。国内研究者的问题意识较强，谈论翻译市场问题特别是翻译质量问题的报纸杂志文章非常多。相对而言，国外研究更加系统、全面一些，在某些方面如译者研究方面有一定的理论深度。

一　现有研究局限

总体来看，目前的研究多为现象观察、经验之谈，是一种感性的、碎片化的、印象式的探讨。来自翻译研究领域的学者较多地关注翻译的语言层面、技巧层面、译员培训等，市场管理者则更倾向于探讨翻译市场的某一运作环节或方面。因此，整体上研究比较肤浅、片面。现有研究局限具体表现在以下三个方面。

（1）研究方法的局限。翻译市场，除了翻译本身的一些构成要素外，还涉及市场要素。但目前的研究文献很少从经济学特别是市场经济学的角度探究翻译市场问题。因此，翻译市场研究者有必要跨出翻译学的学科局限，用经济学的眼光探索有关问题。

（2）研究深度的局限。当下有关翻译市场的研究文献多为囿于现象层面的经验之谈，或者是观察心得，或者是文献解读，甚至是道听途说。结合有关理论探讨翻译市场的研究凤毛麟角，更谈不上构建翻译市场研究的特色理论。因此，现有文献的理论深度、逻辑严密性、科学性等均比较欠缺。

（3）研究缺乏系统性和完整性。现有的历时研究一般比较粗线条，仍然未见对某一国家或地区的整个翻译市场做较大历史跨度的宏观研究。

二 研究难点

翻译市场研究有很多令研究者感到棘手的难题，如数据收集、研究方法、理论基础等。

（一）数据收集

首先，市场数据的收集比较困难。从微观层面看，包括以下几个方面。

1. 译者数量难以确定

能够确定的译员主要是那些在政府有关部门登记注册的、具有翻译专业职称的译员。可以统计的译员还包括在各种机构如政府翻译部门、翻译公司等从事专职翻译工作的译员。但即便是这部分译员，由于工作性质变动、跳槽等原因，人员数量也在不断变化之中。不易统计的译员是那些合法和非法的隐蔽译者。所谓"合法"，指译者根据自己的翻译所得按时足额地向国家缴纳所得税。所谓"隐蔽"，指从事翻译的人员不具有译者身份。各行各业都存在许多以其他职业身份从事专职或兼职翻译工作的人员。严格说来，古尔代克[1]译者分类中的临时译员（temping）、机构职员（agency staff）、自由译者（freelance translator）、第二职业译者（second-job translator）、业余译者（part-time translator）、偶尔从译者（occasional translator）、远程译者（remote translator）等，均可纳入隐蔽译者的范畴。

---

[1] Daniel Gouadec, *Translation as a Profession* (pp. 92 – 102), Amsterdam and Philadelphia: John Benjamins, 2007.

有些经常、有时或偶尔从事翻译工作的人员，不按照国家税法按时足额地缴税。这些人都可视为非法译者，即古尔代克所说的翻译黑市或灰色市场上的非法者（outlaws）。如果他们以其他职业身份或者以自由职业身份利用翻译牟利，他们就是非法的隐蔽译者。

2. 翻译机构数量难以确定

专业翻译机构，包括政府部门中的翻译机构、企事业内部的翻译部门、翻译公司等，其数量不易确定。以翻译公司为例，有些专业翻译机构，并非以"翻译"命名，而是冠以"信息""技术""咨询""教育""通信"等名称。有些翻译公司没有在工商等有关政府部门登记注册。即便注册，翻译公司的动态性也很大，因为进入或退出翻译行业的公司每年都大量有，使其统计数据不够准确。还有一些涉及翻译业务的组织机构，如本地化公司、服务外包公司、信息情报部门等，就更难以识别统计，其隐蔽性更强。

3. 翻译营业额难以确定

翻译公司的年营业额属于商业机密，很难通过调查获得。有些公司特别是未注册的公司纳税意识薄弱，经常偷税漏税。因此，即便翻译公司愿意提供营业额数据，其可信程度也不高。还有一些企事业单位、本地化公司、服务外包公司的翻译业务与其他业务混杂在一起，很难准确地计算翻译收入。此外，网上翻译、需要保密的军事翻译以及包括外交外事翻译在内的口译活动的信息等同样难以全面收集。

这些微观层面的数据收集障碍使不同的研究者或统计机构有关翻译市场的宏观数据差别较大，或者根本就是印象式的估计，从而使翻译市场研究不够严谨。就本研究而言，还有另外一个研究难点，即关于计划经济时期翻译市场的文献非常少，因此只能利用有限文献和访谈收集有关信息。

（二）研究方法

综观国内外翻译市场研究文献，研究方法大都局限于经验主义的或现象学的方法。基于个人经验或现象观察似乎是目前翻译市场研究者所采用的比较普遍的研究方法。问卷调查、访谈等市场调查方法用得比较多,基于现有文献的文献分析法用得比较多。

这些研究方法都有自身的缺陷,其最根本的问题是研究数据的可信度不高。例如,卡门森斯公司有关全球翻译市场规模以及翻译公司排名等相关数据的准确性值得商榷,因为该公司所获得的数据完全建立在各翻译公司负责人或语言服务供应商的自愿和诚信基础之上,这些公司或供应商所提供的数据没有经过政府审计和公证部门的审核和公证。

现有研究方法也影响了研究成果的理论深度。着眼于数据收集的市场调查法、基于现有文献的文献研究法、建立于经验或现象观察之上的实证研究法,几乎都未形成有深度的翻译市场研究成果。例如,博科关于欧洲翻译市场的研究,整合了现有文献中的有关数据,然后进行定性分析,指出翻译市场当前存在的问题,提出相关建议,预测未来发展趋势。这样的研究,给人的感觉是定量分析和定性分析的关联度不高。换言之,定性分析并不是完全建立在定量分析的基础之上,其研究结论也不能给人以理论上的启迪或反思。

(三)理论基础

现有市场研究文献基本上没有运用理论分析工具。罗宾逊的译者研究尝试运用皮尔斯、维克以及理性主义等的有关理论来探究译者的主体性。[1]因此,他的研究还具有一定的理论深度。其他学者的市场研究文献大都停留在就事论事的层面,翻译市场研究没有现成的理论可以套用。翻译学理论、经济学理论以及其他相关学科的理论应当是翻译市场研究的理论源泉,跨学科理论整合似乎是翻译市场研究的理论取向。

---

[1] Douglas Robinson, *Becoming a Translator* (2nd Edition), London and New York: Routledge, 2003. Douglas Robinson, *Who Translates? Translator Subjectivities Beyond Reason*, New York: State University of New York Press, 2001.

(四) 我国翻译市场研究的理论问题

如果我们对中华人民共和国成立 60 多年来的中国翻译市场进行研究，那么首先需要回答的一个问题是：我国社会主义计划经济时期是否存在翻译市场？如果存在，其性质与特点是什么？这些理论问题需要我们从经济学、政治学、社会学、翻译学等多学科角度进行探讨和论证。鉴于此，本研究整合了翻译规范理论、布尔迪厄的资本理论、价值规律理论、社会交换理论以及计划与市场理论，尝试构建出研究中国翻译市场的理论分析模型（见第一章绪论之"研究方法"）。

第三章 翻译市场概述

翻译是一种古老的职业，翻译市场自古有之。著名翻译理论家巴斯奈特和勒菲弗尔在讨论"贺拉斯模式"时有这样一段描述：

> 贺拉斯经常为人们所引用但并不总是被理解的"忠实的译者"，所忠实的并非文本，而是他的顾客……在贺拉斯时代，忠实的口笔译者是可以信赖的人。他们按时完成翻译工作，令双方都满意。如果是口译员，他必须在两位顾客之间和两种语言之间进行协调；如果是笔译者，则须在赞助人和两种语言之间进行协调。这里，"协调"这一中心概念与传统上与等值相联系的忠实概念相抵牾。实际上，我们完全可以设想（如果不是不可避免的话），一位希望成功协调一笔商业交易的口译员，有时可能会非常明智地翻译得不那么"忠实"，以避免协调失败。[1]

贺拉斯（公元前65—前8年）是古罗马著名诗人。巴斯奈特和勒菲弗尔以上关于"忠实"概念的讨论暗示古罗马帝国时期就已存在翻译市场。到了21世纪的今天，随着全球化的不断加速，各语言文化在政治、经济、科学、

---

[1] Susan Bassnett and André Lefevere, *Constructing Cultures: Essays on Literary Translation* (pp. 3 – 4), Shanghai: Shanghai Foreign Language Education Press, 2001.

文化、教育、体育等领域的交往越来越频繁。翻译作为跨文化交往的桥梁在不同国家和文化的交流中变得越来越重要。在全球范围内，商业化、产业化的翻译活动目前已形成颇具规模的市场。

第一节 翻译市场的定义、性质与特点

人类社会在生产力发展到一定阶段后，出现了社会分工和商品生产，市场也随之出现。列宁说："哪里有社会分工和商品生产，哪里就有市场。"[①]最早的市场可追溯到原始社会后期，表现为商品和劳动交换，具有场所性特征，这是狭义的市场概念。随着商品经济的发展，市场逐渐超出了具体的时空界限，贯穿于整个交换过程。广义的市场概念是商品交换关系的总和。

一 翻译市场的定义

在本研究中，我们不拟采用经济学意义上的狭义的市场概念，因为在此概念框架下的市场关注的是交易的双方自由讨价还价，具有一定的规模和完整的机制，包含供求、价格、竞争、产权、激励、信用等基本机制。这一概念不适合我国计划经济时期的市场形态。因此，我们拟采用广义的市场概念，指社会分工下的各种形式的商品交换关系。

翻译是"把已说出或写出的话的意思用另一种语言表达出来的活动"[②]。作为一种社会分工，以语言转换为核心内容的翻译职业很早就存在。古代典籍《周礼》中提到"象胥"，是四方译官的总称。[③]《礼记·王制》记载：

---

① 参见《列宁全集》第1卷，人民出版社1984年版，第83页。
② 《中国大百科全书》CD1《语言·文字》卷"翻译"条目。
③ 参见罗新璋编《翻译论集》，商务印书馆1984年版。

"中国、夷、蛮、戎、狄皆有安居，和味，宜服，利用，备器，五方之民，言语不通，嗜欲不同，达其志，通其欲。东方曰寄，南方曰象，西方曰狄鞮，北方曰译。"这说明，远在周朝，我国就出现了职业译者群体。同样，在西方，很早就产生了译者与客户进行翻译服务交换的市场。这是一种原始的、规模很小的翻译市场。20世纪八九十年代以来，随着全球化的迅速发展，各国间的交流急剧增多，对翻译的需求不断增加，翻译作为一种产业，开始迅猛发展，形成了规模可观的现代意义上的市场。

本研究中的翻译市场，指以语言信息服务供求为主要特征的市场，包括翻译服务和其他语言信息服务如语言技术及其工具研发、语言教育与培训、多语信息处理与咨询、本地化服务等各种形式。从本质内涵看，本研究中的翻译市场概念基本上与翻译行业对应。我们之所以不用"翻译行业"，是因为在计划经济时期，翻译服务尚未形成规模和产业，但已具备了市场的雏形。用翻译市场来描述计划经济、转型和市场经济时期的翻译交换活动似乎与我国当下市场经济的理论话语环境更趋一致，同时也可将中华人民共和国成立60年我国的翻译活动纳入市场这条主线，揭示翻译市场形成的整个过程，描述各个阶段翻译市场的形态、性质与特点。

二 翻译市场的形成

跨文化交际活动需要翻译。换言之，不同语言文化之间的人们在政治、经济、贸易、科技、文化、文学、艺术、教育等领域的交流产生了对翻译有需求的个人和机构，可称为翻译服务需求方或客户。那么，如果存在个人或机构为翻译服务的需求者提供翻译服务，即围绕供求关系发生了翻译服务和翻译报酬的交换活动，且这种交换活动具有一定的规模，那就形成了翻译市场。至于翻译市场机制，即亚当·斯密所谓"看不见的手"，在本研究中并不将其作用的强弱作为衡量是否存在翻译市场的依据，因为本研究的着眼点是市场而非市场经济。计划经济时期，由于翻译活动像其他所有活动一样受到国家干预，翻译市场机制表现并不明显；市场经济时期，翻译市场机制得到了较为充分的体现。计划经济时期的翻译市场是一种封闭式的规模受限的劳动力市场，即专兼职译者的工作岗位完全由国家分配和调度，翻译服务对象指向国家；市场经济时期的翻译市场主要是一种开放型的自由竞争的外包市场，翻译服务面向全社会。

三 翻译市场的性质

翻译市场与其他市场的本质区别在于它是以语言信息媒介转换及其延伸服务满足客户对信息内容和形式的需求。其核心是语言翻译服务供求关系。翻译服务的需求方包括机构和个人；翻译服务的提供方包括个体译者和翻译机构。

对翻译服务需求方来说，由于语言的障碍，使得需求方或其他关联方无法获取现有文件中的信息。这就需要有翻译能力的个人或机构将此文件的语言转换为目标语言，即需求方或其他关联方能看懂的语言。所以，翻译服务从表面形式上看是一种语言转换的技术工作。翻译服务中所包含的交换关系是翻译服务提供方向客户或翻译中介出卖自己的翻译劳动成果，获得货币形式（有时表现为非货币形式）的报酬。翻译成果能够实现信息的传递，但不构成"信息"权利的转移。因此，翻译市场交换的商品不是信息本身，而是翻译服务提供方的翻译成果以及隐藏于其中的"劳动"。据《现代汉语词典》（修订本），"服务"指"为集体（或别人的）利益或为某种事业而工作"[①]，而"工作"指"从事体力或脑力劳动"[②]。换言之，"服务"就是"劳动"。我们认为，"语言翻译服务"是翻译市场的本质特点，翻译市场可定性为一种服务业市场。

[①] 中国社会科学院语言研究所词典编辑室：《现代汉语词典》（修订本），商务印书馆1999年版，第386页。

[②] 同上书，第433页。

从翻译服务的供需关系特点来看，一般说来，翻译服务的需求量决定译者和翻译机构的数量。当翻译服务的需求量大于译者和翻译机构所能提供的翻译服务量时，就会形成卖方市场，此时翻译服务提供方或曰卖方在交易上处于有利地位；反之，则会形成买方市场，此时翻译服务需求方或曰买方在交易上处于有利地位。

四　翻译市场的特点

翻译产业属于第三产业服务业，是一种服务业市场，与信息市场既有联系，也有区别。信息市场指主要以各种信息服务作为交换客体的市场。[①]信息服务包括信息的生产、加工、处理、传输，以及相关的软件、硬件服务。翻译作为一种信息媒介转换服务，并不生产信息，而是从事信息的加工、处理，是将信息的一种语言介质转换为另一种语言介质，内容保持不变或者根据客户的要求调整内容，同时可能需要转换媒介形态，如将文字转换为音像或网页形式，这是翻译延伸服务的一部分。翻译的内容可根据客户要求进行摘、编、缩、扩。翻译的信息覆盖面很广，政治、经济、文化、科技、贸易等信息无所不包；翻译的信息在很多情况下具有保密性；翻译服务质量以译者或翻译机构的信誉作为保证。翻译市场还包括翻译技术工具、译员培训设备等软硬件服务。

（一）宏观特点

从国内来看，翻译市场具有动态性、分散性、无序性、异质性以及商业属性与社会属性、工作属性与职业属性的二元对立等宏观特点。

1. 动态性和分散性

从存在状况看，翻译服务提供方具有较强的动态性特征。一方面，个体译者成分复杂，包括职业译者、兼职译者、临时译者、偶尔从译者等形形色

[①] 参见刘树成主编《现代经济辞典》，凤凰出版社2005年版，第1110页。

色的译者。这些译者构成了翻译市场的主体，但因为缺乏国家对翻译从业者强制的准入限制，人员变动较大。由于薪酬较低，甚至连专职译者也会跳槽。另一方面，翻译机构，特别是近30年来涌现的翻译公司，由于缺乏准入制度，自生自灭，也是一种常态。翻译市场至今仍然缺乏稳定的译者群体以及全国或地区性的真正龙头翻译企业。计划经济时期，我国的翻译市场虽然相对稳定，但在译者变动方面也具有这种特征。

从经营方式看，翻译服务提供方的另一个特征是分散性。其他行业的服务相对比较集中，如教育行业集中在学校，餐饮业集中在餐馆和酒店，网络服务业集中在网络公司。翻译行业的翻译行为则具有较强的个体性，除了政府机关、有关企业、科研机构以及相关事业和组织单位内部设立的翻译机构以及翻译公司、本地化公司、服务外包公司外，还有大量翻译业务由自由译者承担，而这些自由译者分散在不同的地区、不同的领域，以不同的方式从事不同性质的翻译工作。

2. 无序性

从我国当前的翻译市场来看，翻译公司和自由译者之间的竞争呈无序状态。虽然国家和行业组织出台了相关规范文件，但由于没有强制性手段，翻译行业的混乱状况并未改观。价格竞争导致翻译质量失控，翻译报酬与译者所付出的劳动不对称，高端翻译人才缺乏，低端翻译人才相对过剩，加剧了这种混乱状态。

3. 异质性

其他物质资料行业的生产与销售相对比较单一和稳定，有固定的厂商和产品，有明确的销售商和销售渠道，有固定的商品价格。翻译行业没有自己的专属产品，服务多为"顾客定制"，翻译行为多为一次性行为，不可重复。翻译市场具有鲜明的异质性特征。从市场性质看，有定向服务、公益属性较强的封闭型翻译市场，如政府机关、企事业单位与组织团体内部的翻译活动。

有面向全社会、经济属性凸显的开放型翻译市场，如翻译公司和自由译者的商业化翻译活动。从翻译内容看，文学艺术、天文地理、政治经济、科技文化、工程技术、教育学术无所不包。从翻译主体看，有专兼职译者、临时译者、隐形译者、网上译者等，主体成分复杂。从翻译服务实体看，有国内公司、国外公司、合资公司、网上公司、国家和政府机关所属翻译部门、企事业单位所属翻译机构等，翻译实体性质迥异。从服务方式看，有个体之间的交易、企业翻译服务外包、在线翻译服务、协作式或众包式翻译（如无偿字幕组翻译）等。从市场板块看，有政府机关部门和企事业单位的公共机构翻译如外事外宣翻译、工程科技翻译、翻译出版等，有翻译公司和自由译者的营利性翻译，有翻译服务的新业态——本地化翻译，有语言技术工具研发、语言培训与咨询服务等。

4. 商业属性与社会属性

改革开放以来逐渐形成的商业化翻译市场具有明显的经济或商业属性，追求商业利益以及利益最大化是翻译服务提供方的主要追求。而翻译服务需求方在很多情况下想方设法以最低价格获取最好的服务质量。讨价还价和自由竞争是翻译市场商业属性的典型表征。

但是，翻译工作还具有非商业的社会属性。翻译行为作为人类的精神文化创造活动，并不能完全受到市场调节，自身有其非经济行为的特征和规律，如文学艺术作品的翻译必须遵从文学艺术创作的一般规律与要求。即使到了市场经济体制时期，翻译行为也不能完全受价值规律和供求规律的调节，否则会出现大量违背精神文化创造规律的负面产品。20世纪90年代以来，我国外国文学翻译出版市场上出现的混乱现象就是违背了翻译市场的社会属性。计划经济时期，翻译家们怀着强烈的事业心和责任感，把翻译当作崇高而又严肃的艺术创造和科学研究，创造了大量优秀的文学艺术作品。而到了市场经济时期，这样的译者越来越少，"向钱看"的粗制滥造的低端译者相对过剩。高级翻译人才的严重缺乏制约着我国由翻译大国向翻译强国迈进，也制约着我国文化"走出去"战略的顺利实施。当下翻译市场高端翻译人才紧缺与低端翻译人才过剩的矛盾，是翻译市场的商业属性与社会属性矛盾的突出反映。

5. 工作属性与职业属性

在市场框架内，我国计划经济和市场经济时期翻译市场的一个主要区别是将翻译作为工作或者作为职业的区别。计划经济时期，翻译之于译者主要是一项"革命工作"。不论是专职译者，还是兼职译者或者临时译者，都是为了完成国家分派的任务，领取国家付给的固定工资。这里面的工作与工资的关系也是一种交换关系，但不是自由交换，而是受国家管制的交换。翻译市场主要体现为一种由国家"计划"的劳动力市场形式。译者的工作由国家安排，工作岗位的性质如专职、兼职或临时译者，完全由国家决定。在计划经济的环境下，翻译职业等同于工作，属于公益性劳动，无商业化的市场取向。

市场经济时期的翻译服务，除了计划经济时期遗留下来的公益性翻译服务外，具有了新的内涵。翻译公司、私营企业、外资企业等的专兼职译者，以及社会上的自由译者，完成的翻译工作不再是国家的任务，而是一种交易行为，译者通过出卖自己的专业技能获取报酬。这种职业背景下的翻译服务，不再受政府的管制，是一种自由选择，一种自由竞争，一种自由的讨价还价。这就是翻译市场的职业属性。

（二）微观特点

作为翻译市场的核心构成，翻译服务具有知识密度高、专业技术性强、专属产品缺失、生产方式特殊等微观特点。

1. 知识密集型和技术性

翻译活动与语言、文化、专业知识密切相关。美国著名翻译学者奈达指出，一名合格译者应具备四个方面的能力，即双语能力、双文化能力、专业知识能力和表达能力。[1]译者不仅需要精通翻译所涉及的两种语言，还要对源语和译语文化有充分的了解，具备某一专业领域的知识，具有较强的写作能力，能游刃有余地表达思想。翻译，特别是专业翻译，对译者的知识储备要求很高。所谓隔行如隔山，某一领域的专业译者很可能无法胜任另一专业领域的翻译。译者不可能是万事通，什么翻译都能做。翻译不仅对专业知识有很高的要求，而且涉及面广。正如英国文论家理查兹（I. A. Richards）所言，翻译可能是宇宙间最为复杂的工作。[2]人类翻译活动的内容从宏观上看无所不包。这就要求译者有宽广的知识面。除了对语言、文化和专业知识的要求，翻译还需要语言转换的技能。双语能力强并不等同于会翻译，语言转换有其内在的规律。不同的语言对如英汉、日汉等，其转换规律不一样，没有相当的学习、培训和实践，译者无法完整地掌握和内化语言转换的方法与规则。总之，翻译是一项需要专业知识的技术性工作，属于高度密集的知识型服务业。[3]

2. 专属产品的缺失

翻译服务是一种语言信息媒介转换服务，并不涉及信息权利的转移。信息储存于原文之中，信息权利属于客户或其他关联方。客户或关联方之所以看不懂原文，是因为语言的障碍，翻译服务提供方的任务就是消除这一障碍。所以翻译工作只是信息处理或加工，即信息介质或形式转换，转换成翻译服务需求方能看懂的语言。翻译活动的这一特点决定了翻译服务供应方手头没有现成的统一规格的产品。翻译服务产品的产生必须依靠客户所提供的材料，可能是语音材料（如口译）、文字材料（如文学翻译）或音像材料（如影视

---

[1] Eugene A. Nida, *Language, Culture and Translating* (pp. 134-137), Shanghai: Shanghai Foreign Language Education Press, 1993.

[2] 同上书，第1页。

[3] 参见邱果等《2011成都翻译产业发展定位与对策建议》，《成都大学学报》（社会科学版）2011年第4期，第19页。

翻译）。打个不恰当的比方，翻译好比理发，都是为顾客服务。理发师手头有各种发型供客户挑选，也可通过协商确定新发型。然后，理发师通过自己的理发技能加工出新产品——客户的发型。理发师的工作有一个前提：客户提供自己的头发作为原始材料。翻译也一样。译者或翻译机构手头可能有一些现成的翻译样本，如公证书翻译样本，可供客户参考。客户也可对如何翻译提出要求。客户的要求被德国功能主义翻译理论称为"翻译要求"（Translation Brief）。翻译要求可以看作客户对翻译操作所给出的框架，译者必须在此框架内翻译。如果客户没有要求，则根据惯例翻译。根据客户要求或惯例，翻译服务提供者加工出新产品——译文。译文形式可能需要进一步处理，如制作成影视文件或网页等，这是翻译的延伸服务。最后形成的译文形式与理发师修剪出的发型在服务方式上很相似，都是服务者通过自己的技能加工出顾客满意的产品。可以说，每一次翻译都是一次特殊的客户定制服务，创造出一种特殊商品，此商品不可复制。即便是相同的原文，不同译者，甚至同一译者，在再生产过程中不可能翻译出一模一样的译文。批量生产对于人工翻译而言不可能存在。

3. 生产方式的特殊性

翻译市场用于交换的商品是译者的劳动产品。不同的翻译服务提供者所提交的服务及其产品的品质不可能完全相同。翻译服务的内容具有不可知性的特征。在承接翻译项目之前，译者或翻译机构不可能知道要翻译的材料是什么样的内容和形式，只有在承接客户文件之后才能进行翻译服务，这与物质资料的生产完全不同。同时，翻译服务形成的产品具有不可储存性，特别是口译和保密资料的翻译。翻译服务供应商不应当也没有必要储存客户资料，因为每一次的翻译内容不可能完全相同。当然，在客户同意的前提下，可以将现有译文作为未来客户的参考样本。翻译，特别是口译，还具有即时性和直接性，是瞬间发生的与客户面对面的翻译事件，在很多情况下不可回溯。

五　翻译市场机制

计划经济时期，因为受到国家对社会生活的全面管制，翻译的市场机制作用并不明显。译者的翻译服务无价格可言，更谈不上价格随供求关系波动，其劳动价值在国家付给的工资中体现。而工资也是固定的，翻译的额外劳动可能在福利补贴、荣誉或职位升迁等方面得到体现。在市场经济环境下，翻译的市场机制才得以体现出来。

就供求、竞争、价格等要素而言，翻译市场通过市场价格的波动、市场主体对利润的追求、市场供求数量的变化来调节翻译经济活动。当翻译服务需求大于供给时，翻译价格就会上涨；反之，就会下降。例如，20 世纪八九十年代，随着我国改革开放的深入，对翻译服务的需求快速增长，而翻译人才供不应求，翻译价格处在相对高位。随着外语教育规模的扩大，外语翻译人才不断增多。近年来，在英汉翻译市场上特别是低端翻译市场上，翻译价格不断下降，迫使许多专兼职译者跳槽。据报载，与 1998 年相比，目前广州市的翻译价格降低了将近一半。[①]当然，在翻译人才紧缺的同声传译、传统文化经典外译、翻译人才稀少的小语种等领域翻译价格仍然居高不下。翻译价格受多种因素影响。例如，近年来，随着地缘政治格局的变化，包括东盟国家语言在内的许多语种的需求越来越大，而翻译人才培养有一个周期，这决定了这些语种的翻译价格由低变高或居高不下。

翻译市场的竞争表现在以下几个方面：自由译者之间的竞争、翻译公司（包括本地化公司等）之间的竞争、翻译公司与市场化的国家机关和企事业单位所属翻译部门之间的竞争、市场化的公共翻译机构之间的竞争、自由译者与包括翻译公司在内的翻译机构之间的竞争。竞争手段包括价格和非价格两

---

① 参见中央编译局翻译服务部文章《翻译市场浅析》（http://www.tac-online.org.cn/fyhy/txt/2005-06/26/content_79902.htm）。

个方面。价格方面的竞争情况较为复杂。由于一般客户不了解翻译市场行情，认为懂外语的人都能做翻译，所以很多客户提供中低端的价格，但期望高端质量。①在这种情况下，一些低端译者和翻译公司为了争取客户，竞相压价，导致恶性价格竞争，翻译质量下降，翻译行业出现混乱状况。但是一些有资质的实力雄厚的翻译公司和本地化公司，如文思海辉技术有限公司、创思立信科技有限公司、北京元培世纪翻译有限公司、江苏钟山翻译有限公司、传神公司等，其竞争手段不是价格，而是翻译的标准化、译员的高水平、严格的项目管理流程和质量管控体系以及承接大型翻译项目的能力，以此在市场上立于不败之地。这些公司都有规定的翻译价格，凭借高质量的专业服务赢得客户，并与客户保持长期固定的合作关系，承接其翻译服务外包业务。例如，江苏钟山翻译公司在完成大型翻译项目后，会派出专人进行译文跟踪修改服务，同时建立了适当的赔偿制度，对因为译件的翻译错误而已经造成的客户损失，在与客户协商的基础上，进行适当的赔偿。②

  翻译市场的风险机制对于个体译者而言几乎不存在，因为无产权可言。没有翻译工作可做，译者可以跳槽，即便发生翻译事故也没有问责机制。目前国内只有极少数翻译公司和本地化公司具有明确的产权，能承担一定的风险。例如，文思海辉和博彦科技公司都是上市公司，在全国甚至海外都有分支机构，语言服务业务发展迅速，分别位列全球语言服务和服务外包提供商100强。不过，绝大多数翻译公司实力差，5000元资本就可在工商部门注册。③一间办公室，几张办公桌，一台电脑，一部电话机，一名文员往往就组建了一家翻译公司。④未注册的地下翻译公司或工作室在各省市都大量存在。

---

  ① 参见赵杰《翻译市场准入之我见》（http：//www.71ab.com/Readnews_3695.html）。
  ② 参见该公司网站"公司简介"（http：//www.ctss.net.cn/sl_gongsijs.html）。
  ③ 检索武汉市工商局网站（http：//gssoso.whhd.gov.cn：8086/soso/search）发现，专营或兼营翻译业务的不少公司注册资金只有5000元。
  ④ 参见吴家彤《中国西部地区翻译市场环境浅析与竞争策略》，《译苑》2011年第3期，第61页。

这样的公司，没有任何翻译记忆工具、术语管理工具、管理程序与规范以及辅助翻译工具等，专职人员很少，具有丰富经验的专职人员更少，基本都是雇用兼职翻译，或者层层转包，因此其风险承受能力差。在中国翻译市场上，因为没有准入或资格的限制，大量的中小翻译公司和自由译者怀着"空手创业""轻松致富"的梦想自由地出入市场。这是低端翻译市场的运行图景。

六 翻译市场的类型

翻译市场从不同角度可细分为不同的板块。根据市场性质，翻译市场可分为垄断型翻译市场和自由竞争型翻译市场。我国计划经济时期的翻译市场就是一种国家垄断的翻译市场，因为由国家决定安排谁做翻译，在什么地方做翻译，翻译什么内容，且翻译服务只能提供给国家，不向社会开放，报酬也是固定的；同时，这个时期的翻译工作像其他一切工作一样，都是为国家做贡献，为人民服务，所以也可将这种市场称为封闭型或公益性翻译市场。自由竞争型市场是在市场经济环境下产生的，其特点是翻译服务供求双方可以自由地选择对方，自由地讨价还价，翻译服务供应商可以自由地竞争客户，自由地入市或退市。按照美国翻译理论家勒菲弗尔的赞助人制度理论，翻译市场按性质也可分为无差别翻译市场和有差别翻译市场。勒菲弗尔认为，赞助包含三个要素：经济、意识形态和地位。①当这三个要素统一由赞助人决定时，就会产生无差别的赞助人制度；如果经济上的成功不依赖意识形态因素和地位因素时，就会出现有差别的赞助人制度。人与人之间，以及人和组织、政党、国家之间的依赖关系可以看作一种赞助关系。例如，计划经济时期，我国的全体人民依靠党和国家生活，因而人民与国家之间形成了一种赞助关系，译者也不例外。译者的翻译报酬、翻译意识形态和身份地位都由国家决

---

① André Lefevere, *Translation, Rewriting, and the Manipulation of Literary Fame* (pp. 16 – 18), Shanghai: Shanghai Foreign Language Education Press, 2004.

定，因此计划经济时期的翻译市场是无差别的同质性市场，服务对象、服务方式、服务报酬、服务内容都没有什么区别。市场经济时期的翻译市场成分比较复杂。在这一时期，计划经济时期的翻译市场板块依然在国家和政府机关、企事业单位内部存在，同时依托社会的翻译公司和自由译者大量出现，他们的服务面向全社会。他们在经济收入上的成功与其意识形态不一定有关，也不一定带来相当的身份地位。所以，这种依附于中国市场经济环境的翻译市场可视为有差别的市场。换言之，市场经济时期，无差别和有差别的翻译市场同时存在于我国，中国的翻译市场还没有完全步入有差别的开放型市场阶段。

从地理位置看，翻译市场可分为国内市场和国外市场。也可按区域划分为全球翻译市场、大地区（如欧洲、北美、东盟）翻译市场、国别翻译市场、小地区（如省、区、州、市、县）翻译市场。根据服务方式，翻译市场可分为自给市场和外包市场，即翻译服务由公共机构译者完成的市场或承包给自由译者和翻译公司的市场。从服务内容看，翻译市场可分为口笔译服务、语言技术工具研发、语言培训与咨询、本地化服务、服务外包等市场板块。从翻译服务层次看，翻译市场可分为高端、中端和低端市场。从翻译内容看，翻译市场可细分为文学艺术类翻译市场、工程技术类翻译市场、法律经贸类翻译市场、IT类翻译市场等。这些市场还可进一步细分，如工程技术类翻译市场可分为机械制造类、能源工程类、石油化工类、航空航天类等翻译市场。从翻译服务产品的最终形式看，翻译市场还可分为出版类和非出版类翻译市场。日常生活资料和应用翻译一般不需要出版，属于非出版翻译市场。而文学艺术作品、社会科学和自然科学学术著作以及教材、工具书、音像制品等的翻译一般都需要出版，属于图书和音像出版类翻译市场。

第二节 翻译市场的要素

翻译市场的成分比较复杂。从二分法的角度，翻译市场要素可分为主体要素和客体要素。

一 客体要素

客体与作为人的主体相对，指一切客观事物。翻译市场的客体要素主要包括翻译要素、实体要素、经济要素、服务要素等。翻译要素指与翻译实践活动直接相关的要素，如国家有关方针、政策和规范，以及翻译目的与功能、翻译原则与标准、翻译过程、翻译策略与方法、翻译质量评估、翻译规范、翻译职业道德等。这些要素的含义如下：

> 国家政策：包括与翻译活动直接或间接相关的方针、政策、制度和规范。例如我国计划经济时期以阶级斗争为纲的指导思想决定了当时译者的文本选择局限于社会主义国家和第三世界国家的文学作品。如果是资本主义国家的作品，必须是社会现实主义作品，必须是对资本主义黑暗进行揭露和批判的作品。阶级斗争的思想甚至影响到译者的翻译策略选择，例如增加原文没有的阶级斗争内容或使用具有阶级斗争色彩的词汇。20世纪九十年代以来中国的对外开放导致对翻译的需求呈爆炸式增长，对翻译人才的需求量越来越大，出现了数量众多的翻译公司。顺应这一变化，国家设置了翻译专业本科和硕士学位教育以及翻译专业资格考试体系，颁布了《翻译服务规范》《翻译服务译文质量要求》《翻译专业资格（水平）考试暂行规定》等文件。

翻译目的：决定翻译过程的最主要因素是整个翻译行为的目的。目的决定手段（The end justifies the means）。翻译行为包含三种目的：译者的基本目的、目的语环境中译文的交际目的和使用特定翻译策略和程序的目的。①

翻译功能：使译文在目的语环境中按照预定方式运作的因素。②

翻译原则：译者应当遵循的法则。③我国译界最有名的翻译原则是严复的"信、达、雅"。翻译原则是对译者翻译实践提出的主观要求。

翻译标准：衡量译文的准则和依据（同上）。翻译标准是为译文制定的客观评判依据。

翻译过程：翻译活动所经过的程序，一般包括三个阶段：理解原文，用目的语表达，校验修改译文。其中，理解是表达的基础或前提，表达是理解的结果。④

翻译策略：指译者或翻译服务关联方（如客户、翻译公司）为完成翻译工作而制定的一个系统化的、有一定计划步骤的并通过一定手段才能实现的方法。⑤策略不同于方法并高于方法，具有明确的目的性。策略包含方法。

翻译方法：指翻译的理解和表达具体操作过程中所运用的手段。不同于策略，方法无明确的目的和目标取向。

翻译质量评估：根据《翻译服务译文质量要求》国家标准，译文质量主要根据以下因素评定：译文使用目的，原文文体、风格和质量，专

---

① 参见张美芳、胡雯雯《目的论》，转引自方梦之主编《中国译学大辞典》，上海外语教育出版社2011年版，第20页。
② 参见杨榕、黄勤《功能加忠诚》，转引自方梦之主编《中国译学大辞典》，上海外语教育出版社2011年版，第20—21页。
③ 参见田传茂《略议翻译研究中的几个概念》，《语言与翻译》2011年第3期，第52页。
④ 参见方梦之主编《中国译学大辞典》，上海外语教育出版社2011年版，第11—12页。
⑤ 参见田传茂《略议翻译研究中的几个概念》，《语言与翻译》2011年第3期，第52页。

业难度，翻译时限。其中，译文使用目的又分为四类：作为正式文件、法律文书或出版文稿使用，作为一般文件使用，作为参考资料使用，作为内容概要使用（见 GB/T19682 - 2005）。

翻译规范：译者的翻译行为所遵循的原则。翻译法令、翻译标准、翻译规则和翻译常规等都是翻译行为准则。它们对翻译行为的约束力有强弱差异，但都属于翻译规范范畴。[①]

翻译职业道德：指翻译机构和译员在从事翻译服务时必须共同遵守的准则和规范。中国译协翻译服务委员会为提高翻译行业的法治化、规范化和市场化水平，于 2005 年 10 月制定了《翻译服务行业道德规范》，包括总则、满足顾客需求、合作双赢、行业自律、有序竞争以及附则等共五章。

翻译市场的实体要素指涉及翻译服务供需的各种法人实体，如国家机关、政府部门、企事业单位、高校和科研院所等内部的翻译部门，翻译公司、翻译产业基地、在线语言服务平台、本地化公司、翻译技术工具开发商、语言培训与咨询机构、翻译服务需求商等。这些实体主要是翻译服务的中介和辅助机构。其核心构成是翻译公司和本地化公司。翻译和本地化的主要区别在于：

翻译：指把一种语言或语言变体的内容变为另一种语言或语言变体的过程或结果，或者说把一种语言材料构成的文本用另一种语言准确而完整地再现出来。[②]

本地化：指将一个产品按特定国家或地区语言市场的需要进行加工，

[①] 参见方梦之主编《中国译学大辞典》，上海外语教育出版社 2011 年版，第 24 页。
[②] 参见林煌天主编《中国翻译词典》，湖北教育出版社 2005 年版，第 167 页。

使之满足特定市场上的用户对语言和文化的特殊要求的软件生产活动。①

翻译市场的各种实体内涵如下：

翻译机构：各种形式的翻译服务组织中介的总称，是促成译者与客户交易的纽带，包括翻译公司、本地化公司、服务外包公司、政府部门和企事业单位内部的翻译部门等。

翻译公司：在工商部门注册的、主要经营翻译业务的公司。广义的翻译公司包括兼营翻译业务的其他类型公司、未注册的翻译公司、翻译工作室、翻译服务部等。在本研究中，翻译公司和翻译企业内涵相同。

本地化公司：在工商部门注册，以经营软件、网站等本地化业务为主的公司。翻译是其业务的一部分。

翻译部门：特指未脱离国家机关、政府部门、企事业单位、高校、科研院所等行政管辖的从事翻译、情报或信息收集与开发的下属部门。计划经济和市场经济时期的许多情报室、外事处、联络处、信息研究所等都可划入广义的翻译部门。

语言服务提供商：包括翻译服务在内的语言信息服务企业的总称，涵盖了翻译公司、本地化公司以及其他类型的语言服务机构，其对应英文缩写是 LSP（参见本书第二章有关卡门森斯公司介绍）。

语言培训与咨询机构：从事语言翻译人才教育与在职培训、多语咨询服务的单位，包括高校翻译专业本科和硕士培养单位、翻译公司译员培训班、翻译协会翻译师资和译员培训班、涉及译员培训的语言教育与咨询机构等。

翻译技术与软件供应商：从事翻译记忆工具、术语管理工具、辅助翻译工具、翻译项目管理系统等的设计、开发、生产、销售的公司。

---

① 参见 2011 年中国译协中国语言服务行业规范——《本地化业务基本术语》（崔启亮，2012b）。

翻译服务需求商：指向自由译者、翻译公司、本地化公司等提供翻译业务的单位、机构或组织，包括政府部门与事业单位、国有企业、民营企业、合资企业、外资企业、非政府组织（NGO）等。

翻译市场的经济要素包括翻译成本、翻译价格、翻译利润、翻译产值、翻译年营业额、市场规模等翻译服务所涉及的经济因素。这些要素的含义如下：

翻译成本：翻译或语言服务产品加工所耗费的全部费用。亦可理解为"为翻译或语言服务过程增值和结果有效已付出或应付出的资源代价"。翻译产品所消耗的资源包括人力资源、物力资源、财力资源和信息资源。已付资源代价指翻译服务产品加工和交付过程中所付出的资源代价。应付资源代价指可预见应该付出但还未付出的资源代价，如售后服务等。

翻译价格：翻译或语言服务商品价值的货币表现形式。影响翻译价格的因素除了供求关系外，还包括语种、翻译方向、文稿内容难度、交稿时间、翻译质量要求、地域因素、附加服务等。翻译价格从翻译服务提供商的翻译报价中体现出来。

翻译利润：翻译或语言服务总收入减去总成本的差额。

翻译产值：一定时期内翻译或语言服务的总收入或总价值量。其表现形式可以是一家翻译公司或一个地区一年或某一时段的翻译营业总额。

市场规模：翻译市场中购买翻译或语言服务的需求者之总和。换言之，翻译市场规模是所有语言服务供应商收入的总和。一般以年为单位来计算翻译市场规模。

翻译市场的服务要素与为实现翻译或语言服务供需关系所提供的辅助和延伸服务相关，如翻译服务供需双方互动协商、翻译服务管理、翻译技术工具研发、译员培训等。主要服务要素的含义如下：

语言服务：指以帮助人们解决语际信息交流中出现的语言障碍为宗旨，通过提供直接的语言信息转换服务及产品，或者是提供有助于转换语言信息的技术、工具、知识、技能等，协助人们完成语言信息的转换处理；或者，指通过直接提供语言信息转换服务和产品，或提供语言信息转换所需的技术、工具、知识、技能，帮助人们解决语际信息交流中出现的语言障碍的服务活动。①在语言服务中，语言信息转换是其核心（图 3 – 1）。

图 3 – 1 语言信息的转换传播过程

（资料来源：袁军《语言服务的概念界定》，载《中国翻译》2014 年第 1 期，第 18 页）

翻译服务：指为顾客提供两种以上语言服务的有偿经营行为。②中国国家标准《翻译服务规范》将"翻译服务"定义为"为政府、社团、法人和自然人提供有偿的两种以上语言转换服务的经营行为"。广义的翻译服务包括本地化服务在内的各种形式的语言信息服务。

公益性翻译服务：指国家机关、政府部门、事业单位、国有和集体企业等公共机构中具有公益性质的翻译服务。这种翻译服务直接或间接地面向国家，译者领取国家工资，因此又可称为公共机构翻译服务、公

---

① 参见袁军《语言服务的概念界定》，《中国翻译》2014 年第 1 期，第 22 页。
② 参见方梦之主编《中国译学大辞典》，上海外语教育出版社 2011 年版，第 326 页。

共部门翻译服务或公共领域翻译服务。这种服务所形成的市场可称为公益性翻译市场或传统翻译市场。

商业化翻译服务：指建立在契约关系上的有偿翻译服务。这种服务面向社会，以盈利为目的，经营主体为自由译者、翻译公司、本地化公司等，因此又可称为营利性翻译服务、有偿翻译服务或经营性翻译服务。这种服务所形成的市场可称为商业化翻译市场或新兴翻译市场。

翻译服务管理：指翻译公司为顺利完成翻译服务所实施的一系列措施或制度，包括翻译项目管理、人员管理、翻译流程和质量监控、翻译售后服务等。

翻译技术工具：指完成翻译服务所需要的辅助工具，包括翻译记忆工具、术语管理工具、词典、网络平台等。

二 主体要素

主体指具有认识和实践能力的人。翻译市场的主体主要包括译者、客户、翻译中间人、管理与服务人员、专业辅助人员。广义的主体包括翻译服务的所有参与者，如翻译市场研究者和管理决策者。基本主体要素的内涵如下：

译者：根据翻译服务需求方或翻译中介的要求将一种语言转换为另一种语言的行为主体。译者有多种类型，如自由译者、翻译机构聘用的专职译者、兼职译者等。

客户：指有翻译服务需求的个人。广义的翻译客户包括企业、社会团体、政府部门、国家机关等。

翻译中介：译者和客户之间的纽带，可以是个人，也可以是翻译公司等机构。作为个人的中介可能是熟人、朋友或同事，可能不收取中介费；而翻译公司等则会收取中介费。

管理与服务人员：翻译机构的行政管理人员如公司或项目经理，以及一般文秘和打字员等后勤人员。

专业辅助人员：包括翻译记忆和术语管理专家、信息技术专家、译文审校人员、排版人员、质量监控人员等。

第三节　翻译市场现状

直到 20 世纪 90 年代之前，翻译行业主要还是在各国国内市场发展，其服务供应链中的大多数或几乎所有的环节都还是直线联系。但 90 年代之后，翻译市场迅速演变成为一个全球市场。[①]翻译市场电脑化工具繁多，国际竞争激烈，形成通常跨国的漫长的服务供应链。

一　国际翻译市场

作为跨文化交际的工具，翻译随着不同语言文化的人们在经济社会各方面交往的日益频繁而变得越来越重要。国际组织是翻译业务的一个重要来源。全球化的加速发展从国际政府与非政府组织数量的急剧增长可见一斑。1909 年，全世界只有 37 个政府间国际组织和 176 个非政府国家组织；到了 20 世纪末，出现了 300 个政府间国际组织和 4200 个非政府国际组织。[②]以欧盟（其前身为欧共体）为例，截至 2013 年 7 月，共有 29 个成员国。这意味着欧盟理事会和欧洲议会的决策文件需要翻译成 20 多种语言；同样，各成员国的大量文件也需要译成欧盟的主要官方语言英语。例如，欧盟理事会 2012 年 6 月 21 日发布的一份名为《欧盟民调：98% 的人认为语言学习对孩子有好处，但测

[①]　参见谢莉《全球翻译行业的历史与现状》，《中国翻译》2006 年第 4 期。
[②]　Michael Cronin, "Globalization", In Mona Baker and Gabriela Saldanha (eds), *Routledge Encyclopedia of Translation Studies* (pp. 127), London and New York: Routledge, 2009.

试表明孩子们欠缺语言技能》的文件,被译成英语之外的 22 种语言。①

为此,欧盟设立了专门的翻译机构——翻译司。该司现仅笔译人员就有 2500 多人,堪称世界上最大的公共翻译服务机构,每年的文字翻译量大约为 230 万页,年财政支出 11 亿欧元。欧盟的口译服务数量也极为可观。根据官方数据,欧盟所属机构平均每天开会 50—60 场,一年共计 1.1 万场。因此,除了笔译大军外,欧盟还有一个专门为会议提供语言服务的口译司,其正式固定口译人员 600 人,每天还需要非正式的自由口译人员 300—400 人,而持有欧盟口译执照的自由译员则多达 3000 人。2010 年,欧盟用于口译方面的总开支为 1.3 亿欧元。②

除了国际组织数量的增长,大规模的国际移民、跨国企业数量和规模的扩大、通信技术的飞速进步,使得翻译的数量从 20 世纪 50 年代中期开始有了突飞猛进的发展。③以中国为例,到 2010 年,海外华人华侨数量超过 4500 万,而在国内短期或长期居住的外国人超过 100 万。④这些移民的出国文件、国外工作与生活等都需要大量的口笔译服务。跨国公司数量和经济实力急剧增长。以 2010 年为例,跨国公司控制了全球 40% 的生产活动,当年创造了 16 万亿美元的产值,约占全球 GDP 总量的 25%。⑤国际大型企业如西门子公司、IBM、微软等,其产品的全球化和本地化,意味着超量的翻译服务需求。例如,微软大百科全书 Encarta 需要翻译成多种语言,所涉及的翻译内容包括约 3.3 万篇文章、1000 万字、1.1 万个多媒体文件、7600 张图片和插图、2000

---

① 参见欧盟翻译总司网站网页(http://ec.europa.eu/public_opinion/archives/eb_special_en.htm)。

② 参见《欧盟:文山会海造就一支翻译大军》,德勤翻译网(http://www.bodt.com.cn/a/fyzx/hydt/2012/0528/280.html)。

③ Theo Hermans, *Disciplinary Objectives*, 2006, The Translation Research Summer School (http://www.researchschool.org)。

④ 参见《〈中国国际移民报告 2012〉综述》(http://www.360doc.com/content/13/0121/11/3045304_261524064.shtml)。

⑤ 参见王传英《语言服务业发展与启示》,《中国翻译》2014 年第 2 期,第 78 页。

个音像文件、1200 张地图、1500 个网络链接地址以及 3500 个参考文献。①这些企业不仅有自己的翻译人员，还将翻译业务外包，从而为国际翻译市场提供了巨量的语言翻译业务。而因特网等通信技术的发明与普及，使软件和网站本地化业务成为翻译市场的重要组成部分。近十多年来，国际翻译市场的发展变化具有以下特点。

(一) 市场规模迅速扩大

同 20 世纪 90 年代相比，21 世纪头十年的翻译市场规模有了明显扩大。据美国两大市场调查机构联合商业情报公司和卡门森斯公司的调查数据，1999 年全球语言翻译市场规模约为 95 亿欧元，2005 年达到 120 亿欧元。1999 年，从事语言翻译服务的专职译者全球约为 15 万人，兼职译者约为 26 万人，2005 年分别达到 25 万人和 40 万人。翻译市场的平均年增长速度在 5%—7%。从翻译市场构成来看，2005 年翻译公司的总产值占 20% 的市场份额，自由译者的总收入占 80%。不过，从发展趋势看，翻译公司的份额会逐渐扩大到 50%。②据卡门森斯公司对全球翻译市场的调查，2012 年全球共有翻译公司 26104 家，翻译总产值达到 293.53 欧元。③

(二) 市场分布不平衡

翻译市场的不平衡分布表现在以下几个方面：领域分布不平衡、翻译公司收入分布不平衡以及地区分布不平衡。从市场板块看，人工翻译所占份额最大，其次分别是软件本地化、网站本地化、机器翻译。据联合商业情报公司数据，2004 年以上板块的年营业总收入分别为 93 亿美元、52 亿美元、

---

① Michael Cronin, "Globalization", In Mona Baker and Gabriela Saldanha (eds), *Routledge Encyclopedia of Translation Studies* (pp. 126 – 129), London and New York: Routledge, 2009.

② Fernand Boucau, *The European Translation Market: Facing the Future*, Brussels: EUATC EEIG, 2005.

③ 参见该公司 2012 年全球语言服务市场调查报告 "The Language Services Market: 2012" (www.commonsenseadvisory.com)。

11.6亿美元和4.47亿美元,机器翻译所占比例很小(图3-2)。

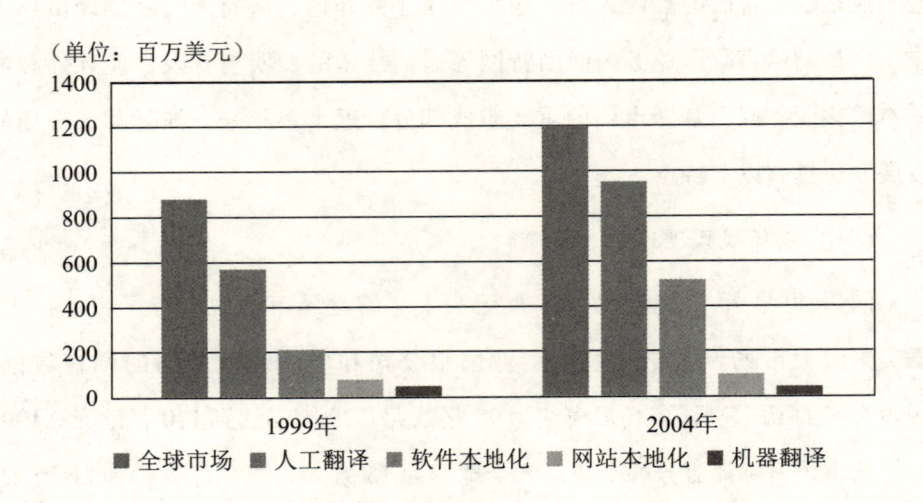

图3-2 全球语言服务市场各板块所占比例

(资料来源:谢莉《全球翻译行业的历史与现状》,载《中国翻译》2006年第4期,第8页)

从翻译公司收入看,一半以上的翻译公司收入集中在全球最大的100家翻译公司中,另外一半又可分为大致相等的两个部分,分别集中在3000家中型公司和余下的小公司中。国际翻译市场虽然出现了少数规模较大的品牌语言服务企业,如Lionbridge和SDL,但分散化经营仍然是其主要特点之一。这与其他类型的市场有较大差别。2011年营业额排名全球前10位的翻译公司如表3-1所示。

表3-1　　　　　　　　　2011年全球语言服务提供商排名

排名	公司名称	总部所在国	年营业额(百万美元)	雇员人数	分公司数量	公营/私营
1	Mission Essential Personnel	美国	725.50	83000	20	私营

续 表

排名	公司名称	总部所在国	年营业额（百万美元）	雇员人数	分公司数量	公营/私营
2	Lionbridge Technologies	美国	427.88	4500	45	公营
3	HP ACG	法国	418.00	4200	15	公营
4	TransPerfect/Translation.com	美国	300.60	1763	74	私营
5	SDL	英国	282.85	2700	70	公营
6	Star Group	瑞士	148.00	890	43	私营
7	Euroscript International S.A.	卢森堡	133.71	1400	27	私营
8	ManpowerGroup	美国	113.00	350	11	公营
9	RWS Holdings PLC	英国	105.06	529	10	公营
10	Welocalize, Inc.	美国	82.20	615	12	私营

（资料来源：卡门森斯公司2012年全球语言服务市场调查报告）

从表3-1可以看出，除了Welocalize公司外，其他9家公司的年营业总收入都在1亿美元以上。10家公司的总收入之和超过25亿美元。其中，排名第一的Mission Essential Personnel公司是一家服务于美国军方的语言服务供应商，未出现在卡门森斯公司2013年榜单之中。该调查公司推测认为，美国军方退出伊拉克以及大量削减军费，严重影响了该公司的业务。这说明翻译市场的动态性很强。从地区分布来看，据卡门森斯公司2005年数据，美国和欧洲占据了整个翻译市场80%以上的份额，亚洲只占12%，其他地区仅为5%。近年来，由于中国等亚洲国家语言服务行业的迅速发展，亚洲所占份额明显增大（图3-3）。

(单位：百万美元)

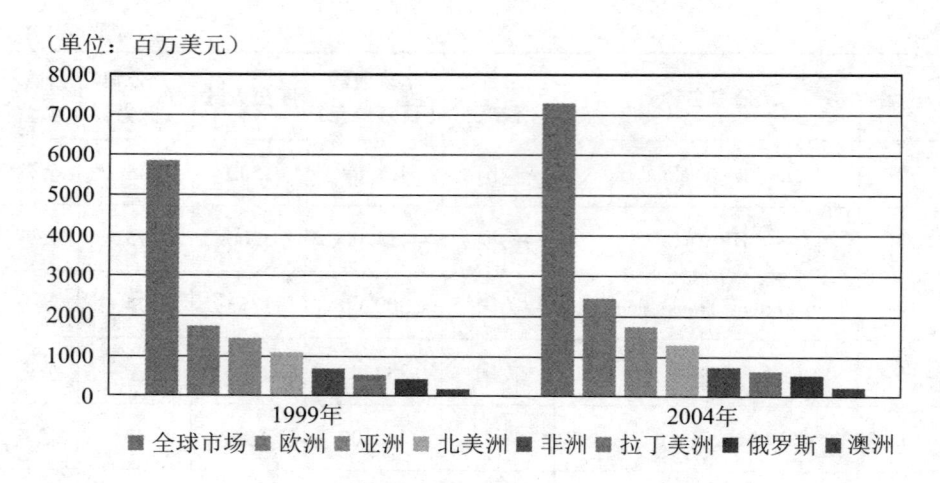

图3-3 全球语言服务市场地区分布

（资料来源：谢莉《全球翻译行业的历史与现状》，载《中国翻译》2006年第4期，第9页）

图3-3中所示为联合商业情报公司2004年数据，与卡门森斯公司数据有所出入（图3-4）。但该图显示，亚洲语言翻译市场发展迅速，已成为仅次于欧洲的全球第二大市场。

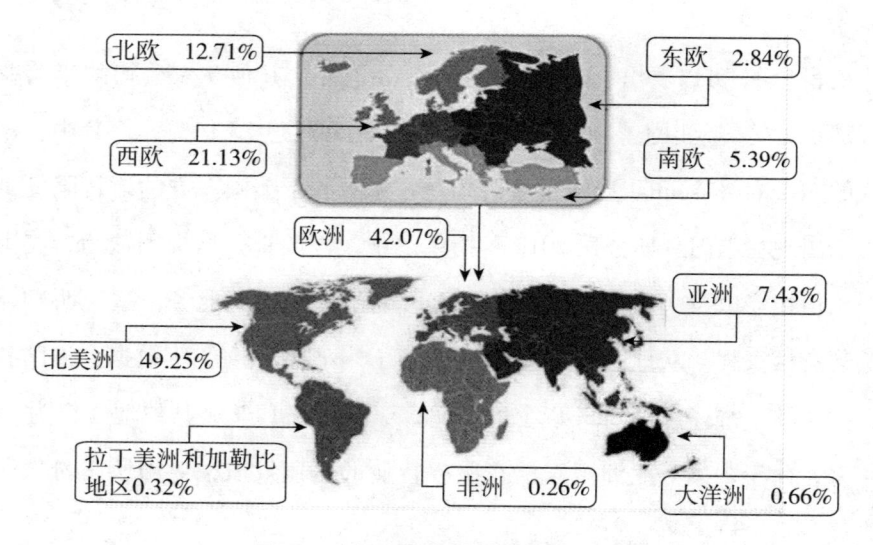

图3-4 语言服务市场的全球分布

（资料来源：卡门森斯公司2011年全球语言服务市场调查报告）

（三）翻译服务的国际化

自 20 世纪 90 年代开始，各国大型翻译公司的业务开始向国外渗透。以中国为例，外国大型语言服务供应商如 Lionbridge 公司、TransPerfect 公司、SDL 公司、RWS 集团、Welocalize 公司、Telelingua International 集团等在中国设立了分部或者合资公司。例如，Lionbridge 公司在北京设有北京莱博智环球科技有限公司，主要服务内容包括翻译、在线营销、全球内容管理等，服务的主要行业包括航空航天、汽车、消费品、教育、金融服务、政府、生命科学、制造业、技术和移动电信。[①] 又如，总部位于比利时的 Telelingua International 集团，在北京、上海、深圳的翻译公司中占有 40% 的股份，如深圳比蓝翻译公司。

（四）翻译公司的并购重组

为了实现服务资源的优化配置、增强市场竞争力，语言服务企业展开了并购和重组。据卡门森斯公司 2013 年报告显示，总部位于中国北京的海辉软件国际集团和文思信息有限公司合并成为文思海辉技术有限公司，各占新公司股份的 50%。由于此次合并，文思海辉的国际排名由 2012 年海辉集团的第 19 名上升为 2013 年的第 16 名。英国口笔译服务商 Capita 公司的母公司 2012 年收购了英国另一家语言服务商 Applied Language Solutions 公司，排名因此上升到 2013 年的第 25 位。美国本地化公司 Welocalize 与另一家美国公司 Park IP Translation 合并，因此使其年营业额超过 1 亿美元，排名由 2012 年的第 10 名上升到 2013 年的第 8 名。2012 年所发生的其他重要的兼并重组还包括 2013 年全球翻译公司 100 强中的 OMNIA、TranslateMedia 和 STP Nordic。2014 年，谷歌、Welocalize 和 Keywords 公司分别收购了 Guest Visual、CD Language Solu-

---

[①] 参见 360 百科词条"莱博智"（http://baike.so.com/doc/661444.html）。

tions 和 Binari Sonori。①

(五) 翻译服务内容和方式的多样化

20 世纪 90 年代以前，翻译服务还仅仅局限于口笔译等比较狭窄的领域。例如 INK，即目前全球语言服务供应商巨头之一的 Lionbridge 以及 IDOC（即现在的 Bowne），诞生于 20 世纪 80 年代中期，致力于提供全球多语言服务，主要是科技文件和软件的管理和翻译。但由于当时的软件规模较小，需要翻译的内容很少，因此这些多语言服务商的业务以科技文献的翻译为主，软件翻译只占较小比例。

90 年代以来，随着计算机和互联网的快速普及和国际电子商务市场的日渐成熟，信息内容的容量成几何级数增长，使得软件行业开始迅猛发展。为了提高产品的核心竞争力，降低开发成本，大型国际软件公司从完全依赖内部资源，转而充分利用外部资源，将一些非核心的软件内容外包给其他公司。例如，西门子公司每年在手机软件上的翻译投入达到数百万美元，而微软公司每年在本地化方面的投入更是达到数十亿美元。②这一变化给传统的翻译行业带来机遇，许多翻译公司在传统翻译业务的基础上增加了本地化服务。

软件本地化是指将某一产品的用户界面、联机文档、帮助文件等从其原产国语言向另一种语言转化，使之适应另一外国语言和文化的细微差别的过程。随着网站技术的日益成熟，井喷式的海量网站和网页以及多媒体文件等也成为本地化的对象。本地化服务主要包括三个方面的内容：本地化翻译、本地化开发和本地化测试。本地化翻译部分基本上属于传统的翻译服务，而本地化开发和本地化测试则是翻译服务的扩展部分。本地化工作流程大致包括以下几个步骤：第一，利用 Alchemy Catalyst、Passolo 等资源提取工具从源

---

① 参见 *Multilingual* 杂志 2014 年 7—8 月号第 10 页。
② 参见孙集宽《入世潮头谈翻译》，2004 年，本地化网（http://www.globalization.com.cn/news/view.asp? id = 198&keyword = DTP）。

语言软件版本中提取资源文件，即提取翻译数据库；第二，翻译工程师 Trados 等翻译记忆软件翻译提取的翻译数据库，同时翻译软件中的其他各类文档，然后排版工程师进行印刷手册等的排版；第三，软件编译工程师根据编译指导文档和版本编译环境，把翻译过来的翻译数据库导出为本地化的资源文件，把翻译过来的在线帮助等文档复制到编译环境中，编译成本地化版本；第四，在生成本地化版本之后，进行本地化版本的测试；第五，软件编译工程师动态跟踪本地化测试报告的软件缺陷，及时确认并修复，形成最终编译版本，并交付客户。由此可见，本地化工作需要使用大量的专业化软件工具和专业技术人员，从而使得语言转换在整个项目的价值构成中所占比重下降到三分之一左右。

除了本地化服务，翻译市场还向翻译工具或翻译软件开发、语言服务人才培训、多语信息服务咨询等领域拓展。翻译服务方式也由外包（outsourcing）发展到众包（crowdsourcing），即客户从将翻译业务承包给单一的翻译公司或译者到承包给多个翻译公司或译者。成熟的互联网和信息技术为众包翻译和社区翻译（community translation）服务模式的产生提供了强大的支持。多个语言服务供应商或众多自由译者合作完成大型翻译项目已成为目前一种重要的翻译服务方式。

（六）翻译技术的广泛运用

很早人们就梦想用机器翻译来减轻或替代人工劳动。20 世纪 40 年代末，随着计算机的出现，机译的梦想才逐渐变成现实。被誉为机译鼻祖的美国数学家、工程师沃伦·韦弗（Warren Weaver）于 1949 年 7 月发表了有着广泛而深远影响的备忘录——《翻译》，正式提出了机译问题。1954 年，美国乔治敦大学在 IBM 公司协助下，利用 IBM – 701 型计算机首次完成了英俄机译试验，向公众和科学界展示了机译的可行性，从而拉开了机译研究的序幕。当时由于人们忽略了自然语言和翻译本身的复杂性以及机器自身的局限性，机译系统的翻译质量很差。1964 年，为了对机译的研究进展做出评价，美国科学院成立了语言自动处理咨询委员会（ALPAC），开始了为期两年的综合调查分析和测试。ALPAC 于 1966 年 11 月公布了一个题为《语言与机器》的报告。该报告全面否定了机译的可行性，并建议停止对机译项目的资金支持。这份报告的公开发表给了正在蓬勃发展的机译当头一棒，各国的机译研究陷入了近乎停滞的僵局。[1]

但是，自 20 世纪八九十年代以来，随着全球化进程的加速以及国际交流的日趋频繁，人们对翻译的需求空前增长，而互联网的发展让机译迎来了一个全新的机遇。从 80 年代中期开始，基于语料库或多引擎的机译方法在研发中得到广泛运用，机译系统的性能、效率和译文质量都有了明显的提高，各式各样的翻译软件层出不穷。

如今功能较强、方便易用的在线翻译工具有谷歌翻译、雅虎翻译、脸谱翻译、巴比伦翻译等，其中谷歌翻译最具特色。谷歌翻译目前可提供 60 多种主要语言之间的即时翻译，它可提供所支持的任意两种语言之间的互译，包括字词、句子、文本和网页翻译。谷歌翻译主要是采用统计翻译模型，将大量的文字文本输入计算机，包括源语言的文本以及对应目标语言人工翻译的文本，通过海量统计数据来提高翻译精确度。谷歌翻译之所以采用统计翻译模型，一个重要原因就是谷歌的云计算架构，该架构拥有谷歌研发的分布式计算系统（MapReduce）和分布式存储系统（BigTable）。

除了在线翻译工具，职业译者在翻译实践中为了提高翻译质量和效率还使用各种各样的翻译工具和资源，如专门设计的各种媒介形式的文献资源、术语库（如 Le Grand Dictionnaire Terminologique、IATE 和 Lexpro – CD Databank）、各大网站以及各国译协网站的译者论坛和邮件列表（如 www：// groups. yahoo. com、www. fit – ift. org/en/news – en. php 等）、各大网站搜索引擎与指南及入口站点、各种术语管理系统、各种翻译记忆管理系统（TM）和特

---

[1] 参见李浩、金文《机器翻译的前世今生》，2011 年，中国译协网（http：//www. tac – on-line. org. cn/ch/tran/2011 – 09/28/content_ 4531176. htm）。

殊软件。① 翻译记忆管理系统又称为计算机辅助翻译工具（computer – aided tool，简称 CAT），是译者翻译操作中运用最多的一种工具。这种工具可使所有的译文均按源文字—目标文字的句子对为单元存入专门建立的翻译记忆库中。当相同或类似的文字再次出现时，TM 会自动对翻译记忆库进行搜索，按所设定的匹配率对该句和记忆库中翻译单元进行对比和匹配，选出匹配率最高的翻译单元，供翻译参考。更为重要的是，这一系统还能够对需要翻译的文件进行分析，按百分比列出与记忆库内存的匹配率、不匹配率（即需要翻译的工作量）等内容，然后可根据指令将完全匹配的文字自动翻译，从而避免了重复劳动。目前，国际上知名的翻译记忆工具有 SDL 公司的 Trados™、IBM 公司的 Translation Manager™、Logos 公司的 Mneme™、Lionbridge 公司的 Translation Workspace 和 Maestro™，以及 Star Transit™、Similis™、DéjaVu™、Wordfast™、Catalyst™、TranSuite 2000™、MetaTexis™、TR – Aid™、Passolo™、OmegaT、MultiTrans™、ACROSS™等。

（七）市场供求现状分析

据卡门森斯公司 2005 年以来对全球翻译市场调查的报告内容来看，北美、欧洲、亚洲三个地区对翻译服务的需求非常旺盛。亚洲是全球范围内市场需求最为强劲的地区；汉语与其他外语的互译以及阿拉伯语与其他外语的互译成为驱动该地区翻译市场迅猛发展的引擎。

英国国家语言中心（CILT）2005 年对语言需求趋势的调查报告显示，对语言需求最大的三个行业是金融、IT 和法律服务。②从对语言服务的市场需求来看，2005 年前后需求量最大的三种语言是法语、西班牙语和德语。

从需求趋势来看，德语的需求将会减少，而汉语、阿拉伯语、俄语、日

---

① Daniel Gouadec, *Translation as a Profession*（pp. 265 – 276），Amsterdam and Philadelphia：John Benjamins, 2007.

② 参见英国国家语言中心《2005 年语言文化供应商调查报告》（http://data.cilt.org.uk/research/languagetrends/2005/providers.htm）。

语、东欧国家语言的需求将会增长（图3-5）。在未来市场对语言服务的需求中，西班牙语、法语和汉语将会是需求量最大的三种语言。从具体的语言对来看，不同语言对的译员人数和所需要的工作量有较大区别。据知名翻译网站 TranslatorsCafé.com 调查显示，在最热门的60个语言对中，英语和西班牙语的译员人数最多，共有27507人，其次为英法，有21775人，从事英俄和英德互译的译员总数也超过万人。较为突出的是英语和阿拉伯语互译的译员总数达到8926人，超过英汉互译的6532人（图3-6）。

需求量最大的三种语言：法语、西班牙语、德语

汉语、阿拉伯语、俄语、日语、东欧国家语言呈上升趋势

德语需求量下降

预期将来需求量最大的三种语言：西班牙语、法语、汉语

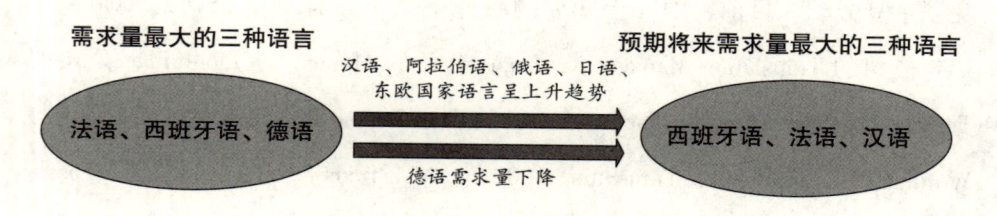

图3-5 2005年全球语言市场需求

（资料来源：英国国家语言中心《2005年语言文化供应商调查报告》）

正如图3-6所显示，译员数量多虽然暗示了相关语言对的巨大市场需求，但并不表示每个译员有足够的工作可做。正好相反，译员人数少的语言对反而为译员提供了更多的工作机会。从该图可以看出，从事英语和缅甸语、英语和索马里语、英语和库尔德语翻译的人数很少，其中以英缅译员人数最少，但正是这些译者获得了比那些大语种多得多的工作机会。这当然不表明英缅等小语种的翻译市场很大，而是说明与英西、英法等大语种相比，小语种的译员相当稀缺。[①]

---

① TranslatorsCafé.com 提供的全球翻译市场供求分析（Translation Market: Supply and Demand Analysis）数据是一种实时动态数据，详情见相关网页（http://www.translatorscafe.com/cafe/translation-market.htm）。

Language Pair	TC注册译员数量	已发布工作数量	工作数量与译员数量的标准化比率
英语>缅甸语（此语言对需求高）	55	17	1.00
索马里语>英语	64	11	0.56
英语>索马里语	92	13	0.46
普什图语>英语	162	20	0.40
达里语（阿富汗波斯语）>英语	166	20	0.39
库尔德语>英语	94	10	0.34
英语>挪威语	514	31	0.19
国语>英语	503	28	0.18
英语>拉脱维亚语	322	16	0.16
英语>韩语	913	42	0.15
英语>他加禄语	397	18	0.15
英语>爱沙尼亚语	240	11	0.15
韩语>英语	791	34	0.14
英语>国语	506	21	0.14
挪威语>英语	462	20	0.14
英语>孟加拉语	328	12	0.12
英语>泰语	581	19	0.11
越南语>英语	472	16	0.11
泰语>英语	450	15	0.11
英语>旁遮普语	307	10	0.11
英语>日本语	2247	68	0.10
瑞典语>英语	937	25	0.09
英语>芬兰语	674	18	0.09
英语>越南语	689	18	0.08
英语>丹麦语	612	15	0.08
捷克语>英语	721	15	0.07
英语>乌尔都语	680	14	0.07
希伯来语>英语	580	12	0.07
丹麦语>英语	578	13	0.07
德语>法语	1560	29	0.06
英语>瑞典语	1272	23	0.06
印度语>英语	1205	23	0.06
英语>捷克语	837	17	0.06
英语>汉语	3485	70	0.06
英语>斯洛伐克语	555	10	0.06
英语>英语	3287	67	0.06
日本语>英语	3107	62	0.06
英语>荷兰语	2093	32	0.05
汉语>英语	3098	45	0.05
荷兰语>英语	1700	27	0.05
英语>印度语	1594	22	0.05
法语>俄语	1032	16	0.05
英语>匈牙利语	1000	15	0.05
希腊语>英语	996	13	0.04
英语>阿拉伯语	4731	52	0.04
德语>英语	6811	72	0.04
英语>葡萄牙语	3476	42	0.04
英语>德语	6706	85	0.04
葡萄牙语>英语	2709	29	0.04
英语>巴西葡萄牙语	1575	19	0.04
波兰语>英语	1822	24	0.04
土耳其语>英语	2083	20	0.03
英语>印尼语	1653	15	0.03
英语>土耳其语	2686	24	0.03
意大利语>英语	4513	40	0.03
德语>俄语	1508	13	0.03
英语>波兰语	2345	23	0.03
英语>法语	11275	107	0.03
德语>西班牙语	1896	11	0.02
俄语>英语	5933	33	0.02
其他语言对	...	...	...

图 3-6 热门语言对的译员人数及所需工作量

（资料来源：TranslatorsCafé.com 数据"翻译市场：供求分析"，检索时间为 2013 年 11 月 6 日）

二 国内翻译市场

中华人民共和国成立60多年来，我国的翻译行业发生了巨大的变化。首先是翻译行业的市场性质和市场成分发生了根本性的变化。其次是翻译服务的需求量在改革开放特别是加入世贸组织之后，呈几何级数增长。适应这一变化，翻译公司和本地化公司大量涌现，承接政府和企事业单位的翻译服务外包业务，满足社会上对翻译服务日益增长的需求。同时，国内翻译市场与国际翻译市场接轨和融合，翻译服务的国别界限随着互联网的发展和普及逐渐消失。翻译服务内容的日益多样化和翻译技术研发的迅猛势头使中国翻译市场成为全球翻译市场的重要组成部分。

（一）市场性质的变化

我国翻译服务市场的形成和发展经历了一个渐进的过程。改革开放之前，由于受当时的国际国内环境的限制，国家的经济发展实行一种高度计划的模式，对翻译工作制订了统一的计划，进行统筹布置。中央和各级政府设立了专门的机构和部门对有关翻译人员进行培训，承担国家机关和政府部门的翻译任务。这种模式对繁荣我国的翻译事业起到了积极的作用，如从事翻译工作的人员数量大幅度增加，翻译涉及的领域更为广泛，翻译质量得到提高。但是这种现实却造成了两个后果：首先，与专业结合的翻译人员大部分都依附于政府机关、企事业单位、高等院校和研究机构，较少从各自承担的翻译工作中独立和分离出来，分散中无法形成规模化效应；其次，翻译在很大程度上成了一种个人化的行为，翻译人员只能在工作之余对外承接一些零散的翻译服务任务，缺乏开放性和可比性。可以说，翻译服务在计划经济时期没有作为一个专门的行业独立存在和发展。概而言之，我国计划经济时期的翻译活动基本上是政府主导的具有公益性质的封闭型的公共机构翻译。

改革开放以后，随着中国对外交往活动的扩大，翻译活动也随之增多，呈现出纷繁复杂的多样性。在社会转型的大背景下，与整个社会的急剧变化状态相适应，同时又受制于翻译本身的特点，翻译活动基本上处于一种纷乱杂陈的自发状态。一方面，政府各机关、有关公司和科研机构以及相关单位内部设立的翻译机构仍在继续运作，它们除了完成国家布置的有关翻译工作或分内的工作任务之外，往往会以集体或个人的名义接受单位之外的翻译工作。经过几十年的积累，这些机构培养了一批专职翻译人员，在社会转型的过程中，他们是中国翻译从业者中的核心力量。另外，面对社会需求情况的变化，这些机构都或早或晚地成立了面向社会服务的翻译公司，成为中国翻译服务形式转化和翻译市场形成中的一支重要力量。另一方面，随着对外开放和市场化的全面展开和进一步深入，与日益增大的翻译需求量相呼应，一些纯粹以社会为依托、面向市场的翻译公司应运而生。[1]由面向国家服务的封闭型公共机构翻译向面向社会的以翻译公司为主体的商业化翻译转变，是我国近二三十年来翻译市场发生的基本变化。市场的性质由原来非营利性的公益性翻译转变为现在的公共机构翻译与自由竞争的翻译服务外包并存的局面。

（二）翻译服务需求迅速增长

我国计划经济时期的翻译活动不多，局限于国家的外交外事外贸等领域。随着改革开放，我国对外交流的国家、领域和规模都在不断扩大。随着我国2001年正式加入世贸组织，我国国际贸易发展提速，现在已成为仅次于美国的世界第二大进出口国。一方面，中国企业走出国门；另一方面，国外企业进入中国市场，如西门子、诺基亚、微软等在中国设立了分部。除此之外，国内发生的许多重大事件也促进了翻译市场的繁荣，如2008年北京奥运会、2010年上海世博会以及其他重要的商业和体育盛会如亚运会、大运会、广交

---

[1] 参见中央编译局翻译服务部文章《翻译市场浅析》（http：//www.tac－online.org.cn/fyhy/txt/2005－06/26/content_ 79902.htm）。

会、京交会等创造了大量的翻译服务机会。而互联网内容的增长是语言服务需求增长的另一个源头。电子商务的国际化，带来了软件、网站、网页、产品内容的国际化需求，这方面的翻译和本地化服务需求越来越大。到目前为止，国内翻译市场的产值已超过300亿元人民币。据中国译协数据，到2011年年底，我国有语言服务业专职从业人员119万，其中翻译人员占53.8%，约为64万，"十二五"期间将以15%的速度增长，预计到2015年专业人员数量将达到200万，中国语言服务企业的年产值总量将超过2600亿元。[①]

翻译市场的重要组成部分——翻译出版市场近年来也出现了表面的繁荣。在以前的计划经济体制下，国内出版企业依靠政府财政支持运转。随着企业改制，出版企业开始实行自负盈亏，独立核算和经营。为了在市场竞争中生存，许多出版社走翻译外国经典名著的路子，使得20世纪90年代以来出现了外国文学名著大量重复出版的现象，这反映出选题不科学，导致名著重译过多过滥，而且出现名著盗版盛行、篡改原作署名权等问题。不过，翻译出版现在仍然受到国家政策的大力支持。在中国文化"走出去"的战略支撑下，翻译出版市场的持续繁荣可期。

（三）翻译公司的大量涌现

改革开放以前，我国还没有市场化运作的翻译公司。改革开放之后，翻译公司开始出现，同时已有的翻译机构逐渐转向市场化运作。我国最早的翻译企业大概是1979年成立的江苏省工程技术翻译复制公司和中国对外翻译出版公司。随着经济社会的发展，个人对翻译服务的需求越来越多，国家和政府机关、国有企业、合资企业、私营企业等也开始将翻译业务外包，因此催生了大量的翻译公司。目前，我国在工商部门注册且企业名称中包含"翻译"的语言服务企业有3000家左右。如果将经营范围中包含"翻译"的企业计算

---

① 参见《中国语言服务业发展报告2012》。

在内，我国的语言服务企业多达近 2 万家。①这些公司大多产生于 90 年代中后期。从翻译公司的地区分布看，北京的翻译公司最多，仅注册的就有 400 多家，而未注册的地下翻译公司多达 800 家左右。②目前，国内比较重要的翻译和本地化公司大概有 11 家（表 3－2）。

表 3－2　　　　　　国内重要的翻译公司和本地化公司

公司名称	总部	成立时间	专职员工	性质
艾朗	深圳	2002	60	私营
博芬	深圳	1996	60	私营
博彦	北京	1995	7000	私营
成都语言桥	成都	2000	200	私营
传神	北京	2005	700	私营
创思智汇	北京	1997	350	私营
文思海辉	北京	1995	23000	美国上市
江苏舜禹	南京	1996	250	私营
精艺达	厦门	2000	150	私营
元培	北京	2002	400	私营
中国对外翻译出版公司	北京	1974	300	国有

（资料来源：崔启亮"翻译行业与翻译管理"PPT 课件，2012b）

----

① 据崔启亮（2012b）统计的数据，2009 年年底，全国成立的各类翻译公司有 19520 家，在营企业 15039 家，其中企业名称中包含"翻译"的有 2853 家，经营范围中包含"翻译"的有 12432 家，本地化公司占 1%。而根据多语工程技术研究中心 2013 年报告，我国目前有翻译公司 1.8 万多家。比较权威的数据是《中国语言服务业发展报告 2012》。根据该报告，我国目前共有语言服务企业 3 万多家。

② 参见郭薇薇等《关于中国四大城市翻译公司的调查报告》（http://www.tac－online.org.cn/fyhy/txt/2005－06/26/content_ 79916. htm）。

在翻译公司竞争中，一些公司脱颖而出，建立了自己的品牌，如传神、元培、中国对外翻译出版公司（以下简称"中译"）等。这些公司实力日益强大，有能力承接大型翻译项目，并在全国各地建立了分支机构。有些城市还出现了大型翻译服务产业基地，如武汉多语言信息处理中心、成都全球多语信息转换中心等。这些翻译基地在政府的大力支持下目标远大，规划了百亿年产值的语言服务产业蓝图。

（四）翻译服务的国际化

国内翻译市场的国际化表现在两个方面：国外语言服务企业进入国内市场；国内翻译服务企业走出国门。改革开放以来，特别是近10多年来经济的飞速发展，使得国内企业对翻译服务的需求快速增长，这不但使国内翻译公司大量涌现，同时也吸引国外语言服务企业进入中国市场。Lionbridge 公司、TransPerfect 公司、SDL 公司、RWS 集团、Welocalize 公司等国际知名语言服务企业，包括台湾的中国统一数位翻译公司，都在中国大陆建立了分公司。同时，国内翻译企业也开始走出去，在国外建立分公司，2013 年排名全球100 强的国内翻译公司如文思海辉公司（Pactera，第 16 名）、华软通联软件技术有限公司（CSOFT，第 24 名）、传神公司（Transn，第 33 名）、创思立信公司（EC Innovations，第 69 名）以及元培公司在海外都设有分部。以纳斯达克上市公司文思海辉为例，该公司将战略总部设在中国，并在北美、亚太地区、欧洲设立地区总部，通过位于美国、欧洲、澳大利亚、日本、新加坡、马来西亚和中国的交付中心，为客户提供企业应用服务、商业智能、应用开发与维护、移动解决方案、云计算、基础设施管理、软件开发与全球化、业务流程外包的一站式服务。[①]国内公司翻译服务的国际化还表现在与国外大型企业建立固定的业务关系。例如，2013 年 5 月 31 日，总部位于北京的创思立信科

---

① 参见 360 百科词条"文思海辉技术有限公司"（http://baike.so.com/doc/5401862.html）。

技有限公司正式加入全球知名的企业管理和协同化商务解决方案供应商 SAP PartnerEdge 合作伙伴计划，成为其语言服务合作伙伴。

（五）翻译工具的开发与运用

翻译工具通常指协助翻译人员进行翻译工作的软件包，包括文字处理软件、个人术语管理系统、基于 CD – ROM 的术语库、文档数据库、计数器、拼写检查工具、搜索工具、翻译对比工具等。广义的翻译工具包括机器翻译系统，如通用翻译系统、专用翻译系统以及翻译记忆器。[1]

我国的机器翻译研究始于 20 世纪 50 年代。1957 年，中国科学院语言研究所、计算技术研究所与中国科学技术情报研究所合作研制出我国第一个俄汉机译系统。上述情报所、计算所和语言所于 1978 年研制了英汉全文机译系统——JYF – Ⅱ型系统。1987 年，中国软件公司研制出"科译 1 号"机译系统。1988 年，"科译 1 号"实现商品化，取名为"译星 1 号"。中国科学院还研制出 863 智能型英汉翻译系统，具有面向多语种翻译软件的环境。还有一些大学也开展了机器翻译技术研究，如哈尔滨工业大学、南京大学、国防科技大学、清华大学、北京大学等。

进入 90 年代后期，各种比较实用的、大众化的翻译软件开始出现。1997 年，金山软件公司推出金山词霸。之后，交大铭泰软件有限公司陆续推出"东方快车""雅信 CAT""东方卫士"等 20 多款翻译软件。此外，还有北京的"高立"、陕西的"郎威"、天津的"通译"、深圳的"桑夏"等机器辅助翻译系统。灵格斯词霸和有道桌面词典也是近年来开发的较为知名的翻译软件工具。各种专业翻译工具更是不计其数，如"石油英汉汉英词典"单机版。还有大量网上翻译词典数据库，如中国知网翻译助手、微软亚洲研究院开发的必应词典、郑州大学开发的在线英汉—汉英科技大词典、全国科学技术名

---

[1] 参见方梦之主编《中国译学大辞典》，上海外语教育出版社 2011 年版，第 328 页。

词审定委员会网站的汉英术语库等。我国的门户网站如百度、网易、新浪还推出了在线翻译服务。

国内一些知名的翻译企业也推出了自己的翻译工具或在线翻译服务平台，如传神的翻译实训平台、语联网和云翻译服务平台，以及元培的多语言服务平台等。这些翻译技术工具不仅给译者和翻译公司的服务带来了极大的方便，也对翻译服务的经营方式产生了巨大的影响。例如，近年来，我国语言服务企业开始尝试众包翻译、云翻译、社区翻译、敏捷本地化等服务模式，探索译后编辑服务以及口译服务模式创新等。

（六）市场的无序化现状

目前我国的翻译市场已经具备了一定的规模，出现了大量的翻译公司和数量庞大的各类译者，但市场竞争一直处于混乱状态。虽然一些品牌翻译服务企业如传神、元培、中译等在国内具有一定的影响，政府也出台了一些行业文件，如《翻译服务规范》国家标准，且各种报刊媒体也在呼吁市场的理性化，但这并没有从根本上改变我国翻译市场的现存问题。比较突出的问题表现在以下四个方面。

第一，我国目前还没有翻译从业人员资格准入和认证标准。由于人们认为翻译市场有利可图，大量不具备翻译能力和经验的人混入了译者之列，因此翻译质量难以得到保证。这种状况极大地损害了翻译服务企业的整体形象和信誉。

第二，缺乏整体质量控制和有效全面的评判标准。翻译服务企业内部和客户无法对翻译产品的品质高低进行"有根有据"的准确判断，从而无法做到奖优罚劣、优胜劣汰。虽然翻译服务行业制定了《翻译服务译文质量要求》国家标准，但面对翻译市场纷繁复杂的翻译文本，该标准不仅操作难度较大，而且对有些译文的质量无法进行科学的评价。

第三，缺乏行之有效的行业指导和统一的管理。翻译服务市场竞争十分激烈，但翻译服务企业采用主要是压低成交价格等低层面的竞争手段，导致市场陷入始终无法做大做强的恶性循环。

第四，缺乏对翻译从业人员权利的保障。因为鱼龙混杂，具备专业能力的翻译工作者获得合理报酬的权利受到损害。[①]

无论是国内翻译市场，还是国际翻译市场，由于人们对翻译活动本身的看法存在偏见，这在一定程度上制约着语言服务业的发展。前欧洲翻译公司协会主席博科（2005）总结了五点翻译的负面形象：企业将翻译看作一种消费成本而不是一种投资；企业没有将翻译提升到战略高度；翻译被看作是一种日用商品；顾客优先考虑的是价格，而非质量和技术；翻译用户不了解翻译过程的复杂性。到目前为止，政府没有出台对翻译行业进行专门化管理的措施，对翻译市场产值也没有进行官方统计。语言服务市场目前仍然处在自然发展的状态之中。

---

① 参见中央编译局翻译服务部《翻译市场浅析》（http：//www.tac-online.org.cn/fyhy/txt/2005-06/26/content_ 79902.htm）。

第四章 计划经济时期的翻译市场

刘习良认为,"新中国成立以来,我国的翻译工作虽然具有若干市场因素,但更为突出的是翻译工作的公益性,翻译机构属于我国特有的事业单位"①。依据这一观点,我国计划经济时期似乎不存在翻译市场,只存在某些市场交易的萌芽。

改革开放之前,我国的翻译活动,基本上在计划经济所设定的范围内进行。整个社会对翻译服务的需求主要体现为公共机构用户所提交的口笔译工作。机构用户包括国家机关、政府部门、企事业单位和社会团体。社会上个人对翻译的需求很少。这是因为,在20世纪50—70年代,中国受到以美国为首的西方国家在政治、经济、外交、科技、文化等方面的封锁和遏制,国际交往仅限于苏联等社会主义国家和第三世界国家。那时,没有私营企业,没有互联网,没有电子商务,商贸、科技、文化方面的国际交往主要是一种国家间的行为。极少数个人和团体出国资料的翻译,也在有关部门指定的机构办理。翻译也像其他事物一样被"计划",但这并不能说明计划经济时期没有翻译交易发生。

---

① 参见刘习良《加强行业管理,推动我国翻译产业的可持续发展——当前我国翻译工作中存在的问题与对策建议》,《中国翻译》2006年第4期,第5页。

以著名翻译家傅雷为例，在泓峻有关傅雷文学翻译的文章中，有这样一段描述："回国后他的第一份工作是在刘海粟开办的上海美术专科学校做艺术史教师。但是，由于看不惯好友刘海粟做事的专断与他在经营美专方面的商人气，两人多次发生冲突，最后离开了这所学校。之后，傅雷便成了一个靠稿费为生的'自由职业者'，一生不再属于任何一个'单位'。"① 30 年代初从法国求学归国后，傅雷在上海美专工作了一段时间。中华人民共和国成立后，他成为一名真正的自由职业者。他的职业就是文学翻译。正如泓峻所言，文学翻译活动对他来讲首先是一份养家糊口的职业，翻译所得的稿费是他一生最主要的经济来源。因为楼适夷的关系，傅雷与人民文学出版社建立了长期的翻译业务关系。得益于50年代和60年代前期实行的"印数定额制"，傅雷的稿酬相当优厚，过着相当优越的生活，住着洋楼，喝着咖啡，抽着烟斗。② 这成为"文化大革命"期间批斗他的把柄。当时同为自由译者的朱曾汶后来回忆说"文化大革命"前的稿费一般是千字 5—11 元，"傅雷先生 20 多元是特例，吾辈后生小子是想也不敢想的"③。像这种译者与出版社之间的翻译交易行为，虽然翻译价格被"计划"，但买卖双方可以自由选择，是一种准自由市场的交易行为。可是，这种自由交换方式只是极个别现象，不足以形成市场，当时绝大多数翻译活动是在机构或单位中进行的。④

计划经济时期的翻译活动为政府所主导，几乎所有的翻译工作都由拿着政府工资的单位员工完成。当时的翻译工作大致包括以下内容。

---

① 参见泓峻《〈约翰·克利斯朵夫〉与傅雷文学翻译的境界》，《晶报·读书周刊》2009 年 9 月 5 日（http://jb.sznews.com/html/2009-09/05/content_765604.htm）。

② 参见陈明远《知识分子与人民币时代：文化人的经济生活续篇》，文汇出版社 2006 年版；叶永烈《解读傅雷一家》，金城出版社 2010 年版。

③ 参见朱曾汶《苦译六十年，稿费知多少》，转引自柳鸣九主编《译书记》，金城出版社 2011 年版，第 35—37 页。

④ 整个计划经济时期，翻译活动基本上都在公共机构中进行，非国营或非集体单位的翻译活动极少。直到 70 年代中期，非公共机构的翻译活动在极个别地方开始出现。据银恭喜（2001），1975 年山西太原市出现了第一家面向社会的翻译服务单位。

（1）专职翻译，如外交部、外贸部等国家机关部委中的日常翻译联络工作，包括相关事业单位如中科院、中央编译局、中国外文局、中国民族语文翻译局、新华社、中国国际广播电台等的翻译工作。

（2）企事业单位的专兼职翻译，如国有大型企业和科研院所等事业单位有专门的翻译或情报部门，有专职或兼职从事翻译工作的人员。

（3）高等院校和出版机构的兼职翻译，他们从事著作、教材、工具书等文献资料的翻译。

由于单一机构的翻译力量较少，遇到国际经贸科技合作项目、大型技术引进项目、大规模翻译项目如"毛著"翻译，不同部门和单位的专兼职翻译人员经常被借调，形成翻译团队，完成国家大型的翻译项目，这是计划经济体制的优势。

这些"单位"译者，拿着国家支付的固定报酬，并不因为单位时间（如每天、每月或每年）内工作量的变化而引起报酬的变化，因此可称为工薪译者。从表面上看，这些工薪译者并非按劳付酬，即一件翻译工作完成之后获取等价的报酬，或者在一定时段内获取多件工作的累积报酬。他们的薪酬与所完成的翻译量基本上无关，而是与身份级别、国家工薪体制有关。他们的翻译服务具有定向性，固定地提供给服务的买方——国家或政府，而不是向全社会开放。工薪译者通过自己的劳动，换取政府的薪酬。这种翻译服务与翻译报酬之间的关系，包含了构成狭义市场的三要素：国家或政府提供翻译业务，是翻译服务的买方或需求方；工薪译者提供翻译服务，是翻译服务的卖方或供应方；工薪译者通过出卖自己的劳动获取政府的工资，这是商品交换关系。这种交换关系在上述的诸多部门和领域普遍存在，这就构成了一种特殊的翻译市场。我们称为定向服务的封闭型市场，以区别于市场经济时期的面向社会的开放型市场。

第一节　市场的性质与特点

计划中有市场，市场中有计划，这是现代世界国家经济体制的一个共同特点。我国社会主义计划经济时期也存在各种市场，翻译市场是其中比较特殊的一种，打上了中央计划的烙印，是计划经济体制的产物。我国计划经济时期的翻译市场是以政府部门和企事业单位翻译为主要形式的、直接或间接向国家提供翻译服务的、具有计划性质的封闭型市场。如果我们用勒菲弗尔（2004：1-24）的赞助人制度理论审视该翻译市场，那么新中国这个国家或政府或中国共产党这个政党，就是所有工薪译者的赞助人，是他们的衣食父母。根据勒菲弗尔的观点，如果意识形态要素、经济要素和身份要素都由同一赞助人支配时，那么这种赞助关系就是无差别的赞助关系（undifferentiated patronage）。我国计划经济时期政府与译者的关系就是这样一种赞助关系，即国家在政治、经济、身份地位等各方面支配着这个国家的劳动者，包括专兼职译者。因此，无差别的单一的公益性翻译服务是这个市场的根本性质之一，这与市场经济时期有差别的翻译市场形成了鲜明对比，因为后者既有面向政府部门的公共翻译服务，也有面向私营企业、个人等的非公共的经营性翻译服务，其性质复杂、服务对象多元。总体来看，计划经济时期的翻译市场在交换方式、供需关系以及市场机制方面具有显著特点。

一　交换方式及其实现形式

国家计划主导的翻译服务与自由市场的翻译服务本质上都是交换关系，其主要差别在于交换的机制安排和支付手段。其中，机制安排决定交易的范围。例如，谁可以做翻译，谁可以得到翻译服务，翻译在哪里做，可以翻译什么，翻译多少等。而支付手段可以是100%的货币，也可以是部分货币和部分准货币，还可以是完全非货币。在计划经济的反货币化时代，多数交换是以行政地位、级别、福利待遇、退休保障、子女教育、医疗等"准货币"来支付的，但这些也是交换关系，只是受到极大限制、约束的非自由交换，是非货币化的交换。甚至基于"人情"的翻译服务也可视为交换，只是计价和支付的方式以"人情"为手段，即所谓"欠人情"或"还人情"。换言之，"人情"也是准货币的一种，是跟具体的人联系在一起的，而不是像人民币这样的"硬通货"。①

在我国计划经济时期的翻译市场中，工薪译者除了得到政府的工资这种纯货币外，还享有职位升迁、福利补贴、医疗保健、子女教育和接班等准货币形式的报酬。这都应包括在作为翻译业务供应方的政府的翻译报酬之中。而计划经济时期的专兼职译者为亲朋好友和同事做翻译，得到的回报一般不是货币，而是非货币形式的某种物质补偿，如一顿饭、一支笔等，或者用作感情投资，以换取未来某种准货币或非货币形式的回报。②从本质上看，这些都是交换关系，只不过交换的手段比较特殊和隐蔽，迥异于自由市场中的纯货币化的交换关系。

二 价值规律的作用

中央计划削弱了价值规律对市场供求关系和价格的调节作用，削弱了市场的资源配置作用。我国计划经济时期的翻译市场同样受到计划的严格管制。例如，在1951年国家出版总署召开的第一届全国翻译工作会议上，中宣部副部长胡乔木和出版总署编译局局长沈志远在做专题报告时都把制订全国翻译计划放在首位，会议确定了《一九五二年全国翻译选题计划》。③国家层面的

---

① 参见田传茂《我国计划经济时期翻译市场的性质与特点》，《语言与翻译》2014年第3期。
② 参见田传茂、丁青《翻译经济学刍议》，《桂林电子工业学院学报》2004年第1期。
③ 参见《出版总署召开第一届全国翻译工作会议》，《中国翻译》（增刊）2013年。

计划实际上是一种国家垄断，因此计划经济话语环境下的翻译市场是一种垄断市场。换言之，翻译服务交换关系受到政府的垄断，受到政府的"计划"。译者个体和译者之间并不因翻译数量和质量的差别获得差额的报酬。在这种政府垄断的翻译服务中，价值规律的作用并不明显。政府的垄断主要表现在以下三个方面：译者只能向政府提供翻译服务；翻译价格被计划和规定；翻译数量和质量基本上与翻译报酬无关。这种垄断扼杀了自由选择、公平竞争、按劳分配和优胜劣汰。

三 市场机制

市场不同于市场经济。只要有专业化，就有市场。也就是说，有供给和需求就会有市场。但市场经济还需要价格机制，也就是要通过价格调配稀缺资源，这是市场经济与计划经济的核心区别。市场成为一种经济体系，发育过程由低到高，形成了完整的机制，由供求、价格、竞争、产权、激励、信用六个基本的机制构成。计划经济时期，翻译活动遵循计划管理，供求关系是固定的、指定的，价格是规定的、不浮动的，因此竞争关系没有或者很弱，产权不明确，激励主要是非物质性的，信用也是不确定的，主要建立在国家信用和个人道义之上。因此，可以这样说，在计划经济体制下，像其他经济活动一样，翻译活动也具有市场的表面形式，但是由于受到计划的全面管制，市场机制无法发挥调节翻译行为的作用。

总体来看，我国计划经济时期存在初级形态的、一定规模的封闭型翻译市场。这种市场具有服务对象的定向性、翻译报酬的固定性、市场性质的单一性等特点。翻译服务对象为国家或政府，翻译服务不向社会开放。翻译交换关系为国家所垄断、规定。在翻译报酬上，基本上没有翻译量和质的区别，排斥多劳多得；没有自由选择与竞争，没有翻译价格机制，价值规律在这种市场中发挥的作用很小，或者基本上不发挥作用。认为计划经济时期存在翻译市场的观点符合邓小平"计划中有市场，市场中有计划"的辩证思想。

第二节　市场概述

计划经济时期，我国虽然受到以美国为首的西方国家的封锁，以及"文化大革命"等政治运动的影响，但翻译活动仍然以一定规模广泛存在于许多领域。政府部门、企事业单位以及个体译者进行着外交、外贸、科技、工程项目、文化、教育、文学等领域的翻译活动。

虽然当时的客观环境不利于我国发展对外交流，但我国政府一直保持向外国学习的开放态度。在国家纲领性文件《论十大关系》（1956）中，毛泽东指出，"我们的方针是，一切民族、一切国家的长处都要学，政治、经济、科学、技术、文学、艺术的一切真正好的东西都要学"[①]。当时与我国保持交流的国家主要是苏联、东欧社会主义国家以及第三世界发展中国家。所以，毛泽东又说，"必须很好地继续发展同伟大的先进社会主义国家苏联和各人民民主国家的亲密合作，也要发展同资本主义世界一切爱好和平的国家和人民的合作"[②]。我国计划经济时期的对外翻译活动虽然主要集中在与以苏联为代表的社会主义国家的交往之中，但西方古典著作的翻译仍然以一定的数量存在于我国的外国哲学、自然科学、社会科学和文学翻译出版领域。此外，我国民族语文的翻译，包括汉语与各少数民族语言之间的翻译以及各少数民族语言之间的翻译在计划经济时期的翻译活动中占有相当的比例。

在文学翻译领域，"文化大革命"之前，特别是50年代，一度出现了苏俄文学翻译出版的繁荣景象。例如，在1949—1958年，我国翻译出版的外国

---

① 参见《毛泽东选集》第五卷，人民出版社1977年版，第295页。
② 同上书，第139页。

文学作品共计 5356 种，其中俄苏文学作品达到 3526 种。①这个时期的文学翻译具有以下特点：一是文本选择范围比较狭窄，主要是苏联和其他社会主义国家的作品，以及西方资本主义国家具有批判现实主义的经典作品；二是翻译出版的规模小且比较零散，除了著名的"三套丛书"外，很少见到外国作家的选集、文集或系列丛书。这个时期汉语文学外译不多，主要集中在革命题材作品的翻译，如《暴风骤雨》《青春之歌》等。本阶段涌现了大量文学翻译家，俄苏文学翻译家主要有金人、韦丛芜、余振、戈宝权、岳麟、满涛、陈冰夷、刘辽逸、汝龙、魏荒弩、李俍民、叶水夫、草婴、任溶溶等，英美文学翻译家主要有董秋斯、方重、张友松、朱维基、孙大雨、周煦良、朱维之、裘柱常、侍桁、海观、卞之琳、赵萝蕤、林疑今、冯亦代、荒芜、曹庸、查良铮、黄雨石、杨苡、杨必、屠岸、王科一、王仲年等，法语文学翻译家主要有傅雷、赵少侯、罗玉君、罗大冈等，德语文学翻译家主要有张威廉、冯至、田德望等，其他欧洲语言翻译家主要有罗念生、叶君健、孙用、杨周翰等，亚非拉文学翻译家主要有钱稻孙、丰子恺、楼适夷、金福、卞立强、季羡林、吴晓玲、纳训、潘庆舲、王央乐等。②

　　计划经济时期的科学翻译也相当活跃，有一大批在各领域工作的翻译家。这些翻译人才大致有四个来源：一是中华人民共和国成立前至 20 世纪五六十年代从西方和苏联先后归国的留学人员，他们一般从事科研与教育工作，许多人因科教需要，参与了科学翻译工作；二是中华人民共和国成立前上海、北平一些外国人所办高校的毕业生，其中一些人既有科学背景，外语又很好；三是中华人民共和国成立初一批外语院校或外语专业（主要是俄语）培养的外语人才，但一般并非专门培养的翻译人才；四是中华人民共和国成立前与解放初从科学专业培养的外语纯熟的毕业生，因工作需要改行从事翻译工作。

---

① 参见查明建、谢天振《中国 20 世纪外国文学翻译史》，湖北教育出版社 2007 年版，第 567 页。
② 同上书，第 606—753 页。

这四类翻译工作人员虽非专门培养的科学翻译人员，但在计划经济时期，他们在我国经济、国防、科教等领域承担了主要的翻译工作，为这一时期科学翻译事业做出了重要的贡献。①在经济与国防建设领域工作的翻译家主要有蔡樟桥、蔡中琨、陈必清、陈焕章、丁亚梅、丁昌第、高志坚、顾丽兰、韩玉珊、郝永昭、黄纪明、蒋慧明、金常政、李次公、李占松、林春梅、刘秉仁、刘德馨、刘国良、刘品廉、栾治平、马国基、牟焕坤、倪明谦、沈剑渊、沈正芳、石志忠、程蔚梅、孙克昌、孙文俊、孙振洲、王征尘、夏培厚、谢振中、邢麟、杨振荫、于胜军、周兆萍等；在军事科学领域工作的翻译家主要有常汝楫、丁锡鹏、林在德、刘克璋、尚世魁、申庞海、沈鸣岐、宗如璋、唐炳鑫、王麦林、王树森、王希昌、王演存、吴国桂、忻芝卿、张杏珍等；在科技情报领域工作的翻译家有艾克定、安思忠、蔡孝顺、蔡兆庆、曹瑞、常青、常叙平、陈兰芳、陈启德、陈婉冰、陈其本、陈兴华、陈守双、狄政、刁元康、丁一、冯鉴平、冯秋明、何大智、何洋生、胡德生、胡济世、胡景春、胡明忠、胡旗振、胡素珠、滑天顺、黄伙强、皇甫烈魁、纪海德、江善之、姜继、李清华、林彻、刘静华、陆昌熙、牟传文、裴壮吾、尚尔和、陶绪铨、藤建刚、王光间、王作龄、魏建辉、谢桂荣、许国权、徐乃娟、于钰、袁绍渊等。②

在社会科学翻译方面，中华人民共和国成立初期最突出的现象是苏联译作的兴盛。人民出版社、三联书店、商务印书馆等专业出版社相继制订了翻译出版规划，走上有组织、有计划、有规模的社科翻译道路。中华人民共和国成立后的"一五"期间，共出版马列、哲学、政法、经济、文教、史地等方面的译作 2796 种。1956 年在中宣部和文化部领导下，人民出版社主持编制了一份《外国名著选译十二年规划总目录（1956—1968）》，选列了 1614 种书

---

① 参见黎难秋《新中国科学翻译 60 年》，《中国翻译》2010 年第 1 期，第 28—29 页。
② 同上。

目，由三联书店、商务印书馆等出版社承担，最终出版 437 种。①"文化大革命"期间，翻译活动进入相对沉寂期。例如，1965 年，全国图书出版共计 20143 种，杂志 790 种，报纸 343 种，而到了 1968 年，图书下降到 3694 种，杂志 22 种，报纸 42 种。②但"文化大革命"期间也有翻译亮点，这就是"毛著"的翻译组织与实施。"毛著"的翻译持续时间长，涉及的政府行政事业单位和人员多，规模大，是计划经济时期重要的社科翻译组成部分。参与"毛著"翻译的著名翻译家有徐永煐、姜椿芳、程镇球、杨承芳、陈龙、吴景荣、方钜成、王佐良、金岳霖、李赋宁、钱行、王麟进、刘习良、康大用、赵仲元、尹承东等。③另外，还有一定数量的外宣材料的翻译，包括党代会、人代会和政协文件。党代会文件的外译始于 1956 年党的"八大"，1969 年的"九大"以及 1973 年的"十大"文件均由外交部和新华社牵头组织各单位的翻译干部集中到人民大会堂译出。④

民族语文翻译在计划经济时期由于各少数民族汉语教育普及不够而变得非常重要，在中央政府直属机构以及各省市自治区的外事翻译部门都存在大量的汉语与各民族语言，特别是藏语、维吾尔语、蒙古语、哈萨克语和朝鲜语之间的互译。民族语文翻译活动所涉及的中央级别的单位包括国家民族语文翻译局、民族出版社、中央人民广播电台等。此外，天山电影制片厂的影视翻译也涉及大量的民族语文翻译活动。

不以政府工薪为生的自由译者的翻译活动在计划经济时期处于十分零散的状态，人数极少，主要依附于出版社为生，如著名法语文学翻译家傅雷。

计划经济时期，一个值得注意的现象是译者的兼职身份。除了外交部、

---

① 参见黄忠廉、李亚舒《科学翻译学》，中国对外翻译出版公司 2004 年版，第 119—120 页。
② 参见李亚舒、黎难秋《中国科学翻译史》，湖南教育出版社 2000 年版，第 547 页。
③ 参见尹承东《从毛泽东著作的翻译谈建国以来的中译外工作》，《中国翻译》2009 年第 4 期，第 13—14 页。
④ 同上。

中央编译局、外文局等少数单位有专职翻译人员外，绝大多数的译者是兼职性质。他们都有自己的本职工作，身份不是翻译，而是其他类型，如干部、教师、编辑、作家、研究员、秘书、技术员、科员等。例如，长期从事科技外事工作的原国家科委老干部张韵之，在 50 年代初，其身份是中央财政经济委员会计划局综合计划处专员兼长远计划组组长。因为英语好，所以她的相当一部分工作是翻译。如中华人民共和国成立之后我国第一个对外合作项目是与捷克斯洛伐克进行科技合作，该项目的启动是捷驻华大使与当时中财委副主任薄一波进行会谈，充当英文翻译的就是张韵之。[①]后来，我国派代表团访问捷克斯洛伐克，商定该项目的签署。当时代表团没有专职翻译，团员自己用外语与对方交流，或临时为领导充当翻译，只有遇到正式接见场合，大使馆才派译员陪同。[②]这一事例反映了计划经济时期翻译活动以兼职为主要形式的特点。在政府行政和事业机构、科研院所、大专院校等广大领域，存在着偶尔从译、有时从译的兼职翻译大军。他们为我国的国民经济建设和对外交流做出了重大贡献。以国际科技合作领域为例，那些默默无闻的兼职翻译工作者的名字是我们不应当忘怀的，他们是张韵之、果绍先、李存、朱永行、陈冰、徐新民、马怡玢、沈光邃、臧乃光、陆献林、方均、刘君礼、彭春乔、梅金芳、汤卫城、吴贻康、石广长、严宏谟、潘葆铮、须浩风、董跃先、李泽民、周传典、骆继宾、刘敬华、陈继炎、李国玉、陈仁慧、曹佩渊、刘驯刚、朱丕荣、王鸿熙、杨乃畴等。[③]

一　政府部门的翻译活动

政府部门的翻译活动是计划经济时期翻译市场的主要内容之一。国家机

[①] 参见王绍祺、于鹰主编《国际科技合作征程》第一辑，科学技术文献出版社 2002 年版。
[②] 参见张韵之《我的片段经历》，转引自王绍祺、于鹰主编《国际科技合作征程》第一辑，科学技术文献出版社 2002 年版，第 18 页。
[③] 参见王绍祺、于鹰主编《国际科技合作征程》第一辑，科学技术文献出版社 2002 年版。

关、政府行政机关以及政府直属事业单位拥有一定数量的口笔译人员从事外交、政治文件、科技文献、文学艺术作品等的专兼职翻译工作。此外，各省市人民政府的外事部门，各科研院所的联络、情报和翻译部门以及出版部门，也有一定数量的翻译工作，这些构成了政府行政部门和事业单位翻译活动的主体。

(一) 政府行政机关

计划经济时期，我国政府的大多数部委与翻译直接或间接有关，如外交部、对外联络部、外贸部、机械部、工业部、高等教育部、中宣部、文化部、国家计委、国家科委、国家基建委等。其中外交部是与口笔译活动直接相关的部门，其主要职责是负责国家重要外事活动以及外交文件和文书的翻译工作。①中华人民共和国刚建立时，外交部没有专门的翻译单位，只是在办公厅秘书处下设立编译科，由部内其他部门的人员兼职英俄文定稿工作。1954年朝鲜战争结束后，从外交部抽调的翻译与速记人员回国，成为外交部翻译队伍的骨干。1955年，外交部成立了专职的翻译部门，即办公厅一科（翻译科）。②随着翻译工作量的增加，1964年正式成立翻译处，下设英、法、俄、西、阿五个语种，一批刚从外语院系毕业的年轻人充实了外交部翻译队伍。到"文化大革命"前，外交部翻译处人数达到100人左右。③即便如此，当时的翻译工作量因为美国侵越战争而变得极为繁重，需要加班工作到深夜。"文化大革命"期间，外事工作受到冲击，外事干部都下放到各地劳动改造，翻译处只保留了不到10人，每个语种两人。④外交部翻译室除了担任日常的口译工作外，还担任大量的笔译工作。例如，1960年10月29日《毛选》定稿组成立，裘克安等同志参加，每天去半天。外交部译员参加重要文件的翻译工

---

① 参见外交部网站有关介绍 (http://www.fmprc.gov.cn/chn/pds/wjb/zzjg/fys/)。
② 参见施燕华《外交翻译60年》，《中国翻译》2009年第5期，第9页。
③ 参见李景贤《我在外交部翻译处的日子》，《世界知识》2007年第11期，第54页。
④ 参见施燕华《外交翻译60年》，《中国翻译》2009年第5期，第9页。

作从此成为传统,保持至今。①

我国的外事翻译工作得到周恩来等当时国家领导人的重视和指导。例如,1951年缅甸驻华大使出现两个中文名:吴敏敦和吴敏登。周总理指示要注意译名统一。②当然,外事翻译也不可避免地打上时代的烙印。例如,"文化大革命"期间,常用的外交语言"最最最强烈的抗议"也曾一度被生硬地译成"strongest and strongest protest"。③

此外,各省市政府及所属部门的外事机构也存在一定数量的翻译活动。省市行政部门的外事活动大多与中央的对外交流与合作紧密相关,地方性独立的外事活动不多。以云南省科技厅为例,从1954年到60年代初,云南累计派出30多人前往苏联开展科技考察和实习,接待以执行中苏友好合作协议援华项目为主的各类苏联专家200多人,另外还有包括捷克斯洛伐克在内的许多其他社会主义国家的技术专家。④

(二) 政府事业单位

我国政府机构中有许多事业单位直接从事翻译工作的组织、管理与实施。计划经济时期,主要涉及翻译活动的中央级别的事业单位有中共中央编译局、中国外文出版发行事业局、中国科学院、新华通讯社、中国国际广播电台、中央人民广播电台、国家外国专家局等。

1. 中共中央编译局

中央编译局成立于1953年,最初名称为中共中央马恩列斯著作编译局,首任局长为著名翻译家师哲,其主要职责是编译和研究马克思主义经典著作。1962年,该局设立毛泽东著作翻译室,1982年改称中央文献翻译部,先后翻

---

① 参见施燕华《外交翻译60年》,《中国翻译》2009年第5期,第9页。
② 同上。
③ 同上。
④ 参见黄科《云南省国际科技合作与交流发展历程和丰硕成果》,转引自于鹰、靳晓明主编《国际科技合作征程》第三辑,科学技术文献出版社2006年版,第450页。

译出版了毛泽东、周恩来、朱德、邓小平、陈云等党和国家领导人的著作以及党代会、人代会、政协会议等重要文件的多种外文译本。

该局在"文化大革命"之前的十多年间，与人民出版社密切合作，以马恩列斯著作的编译出版成绩最为显著，仅《马克思恩格斯全集》和《列宁全集》就达到4700万字。该局拥有一大批著名翻译家，如师哲、陈昌浩、姜椿芳、张仲实、林基洲、岑鼎山、周亮勋、尹承东等。尹承东还是我国21世纪以来翻译市场的行业组织和管理的开拓者之一。

2. 中国外文出版发行事业局

中国外文出版发行事业局成立于1963年，其前身可追溯到1949年成立的国家新闻总署国际新闻局。该局为国务院直属单位，业务方针由国务院外事办公室指导，政治理论书籍的出版发行工作由中宣部和中共中央对外联络部领导。其主要任务之一是对我国外文书刊的出版进行总体规划，因此此前成立的外文出版社以及《人民中国》《人民中国报道》《人民画报》《中国文学》《中国建设》（1990年改名为《今日中国》）《北京周报》等杂志社以及1966年成立的新世界出版社划归该局管理。该局所属出版社和杂志社所发行的外文图书，以多种外语翻译出版，特别是外文出版社，当属我国计划经济时期发行外文图书最多的出版机构，共计出版各类翻译图书近万种。该局拥有爱泼斯坦、杨宪益等著名翻译家。

3. 中国科学院

计划经济时期的科学翻译活动与中国科学院密切相关。中华人民共和国成立一个月后，即建立了中国科学院。该院汇聚了300多位解放初期从海外回国的科学家。他们既是我国科学研究的生力军，又是科学翻译的主力或译审指导者。他们当中许多人都专门或兼职做过科学翻译工作。[①]为了给科学家

---

① 参见黄忠廉、李亚舒《科学翻译学》，中国对外翻译出版公司2004年版，第118页。

们的科研成果包括科学译著建立一个出版平台，1950年1月，中科院成立了中科院编译局，即中科院编辑出版委员会。1954年，该局与上海私立龙门联合书局合并为科学出版社。[①]

中科院编译局虽然存在时间不长，却取得了显著成绩。该局出版了三种院属综合性学术期刊，即《科学通报》《中国科学》《科学纪事》。前两种期刊都有英文版，而《科学纪事》的论文都译成外文发表，深受国外科学家的好评。此外，该局还出版院属各研究所的期刊，协助各专门协会和研究会出版期刊，编订科学名词，出版"现代中国科学论著丛书"。[②]科学出版社在计划经济时期翻译出版了数以百计的科学译著、工具书和杂志。

4. 新华通讯社

新华通讯社的前身是1931年成立于江西瑞金的"红色中华通讯社"，1937年在延安改为现名。中华人民共和国成立后，新华社逐步统一和调整了全国各地的机构，成为统一的国家通讯社。该社不仅播发国内新闻，同时采编翻译国外新闻。换言之，该社不仅将国内新闻翻译成外文，而且将国外新闻翻译成中文。以将外文翻译成中文的《参考消息》为例，《参考消息》是新华社主办的重要报纸，创刊于1931年。1949年，《参考消息》由新华社总社翻译部负责翻译编排。1953年前后，《参考消息》除了正常出版外，还根据每日《参考消息》摘要编成《参考资料》，每日三四千字，电发各大行政区、省级报社及各分社抄收，供领导干部阅读（图4-1）。从1956年起，原《参考资料》和《参考消息》的全部内容改为由《参考资料》出版，每天从《参考资料》中选出要闻约3万字，仍为16开20多页出版《参考消息》。1957年，经新华社编委会讨论通过了关于改进《参考消息》的决定，并且得到中央的同意。同年，《参考消息》以全新的面目出现。《参考消息》改版

---

① 参见李亚舒、黎难秋《中国科学翻译史》，湖南教育出版社2000年版，第513页。
② 同上书，第514—516页。

后，每天出 4 开 4 版，约 2 万字。从此，《参考消息》由书刊型改为报纸型。这种 4 开小型报纸后来增刊为 8 版、16 版，但 4 开的形式历经 50 多年沿用至今。①

图 4-1　邓小平在办公室阅读《参考消息》

以每期平均 2 万字计算，《参考消息》年均总字数达到数百万字，这还不算《参考消息》中未摘录的消息。该报纸每天选载世界各国和地区通讯社、报刊上的最新消息、评论的精华，全面报道世界各国以及中国香港、澳门、台湾等地区的政治、经济、军事、科技、体育、文化及对华反应等各方面的最新情况。它是一份以提供"境外的声音"为特色的主要涉及国际时政的报纸。对外电、外报的翻译讲究"原汁原味"，力求全方位、多视角、立体化地报道国际新闻，突出"参考"特色，为国人提供一个用"外人"眼光看世界、看中国的窗口。②《参考消息》的出版发行受到毛泽东、周恩来等党和国家领导人的重视。1964 年，毛泽东提出，《参考消息》的发行量今后增加到

---

① 参见张海祥《〈参考消息〉的创刊与发展》，《中国档案》2011 年第 1 期，第 81—82 页。
② 参见百度百科词条"参考消息"（http://baike.baidu.com/view/44116.htm）。

100万份。①

5. 中国国际广播电台

中国国际广播电台是中国向全世界广播的国家广播电台,其历史可追溯到1941年延安新华广播电台的日语广播节目。1950年之前,对外广播与对内广播均由中央广播事业管理局领导。1950年之后,对外广播不再使用"中央人民广播电台"呼号,改用"北京人民广播电台"呼号。与此同时,中央广播事业管理局国际广播编辑部成立,专管对外广播节目。1953年,我国政府制订了第一个发展广播事业的五年计划,确定了"先中央台,后地方台,先对国外广播,后对国内广播"的建设方针,中央要求"在不太长的时间内,达到仅次于美国、苏联的第三位"②。1955年,梅益在第三次全国广播工作会议上提出,"在第三个五年计划期间,必须完成用41种语言对外广播,并需保证全世界都能清楚地听到我国的短波广播"③。为此,国际台除了进行广播发射机和发射电力等物质方面的准备外,还引进了大批外国专家,抽调并培养了各种外语翻译和播音人才。到1985年,国际台共使用32种语言对外广播,每周播出节目总时长达到696小时。④在五六十年代,我国新闻节目的播音速度在每分钟160—180字。⑤按此计算,除开节目插播音乐等节目所占用的时间外,国际台每周播出的字数达到500万字左右,每年更是达到惊人的2亿字左右,可见其翻译工作量之大。

6. 中央人民广播电台

中央人民广播电台是中华人民共和国国家广播电台,其前身是1940年成

---

① 参见王晓莉《〈参考消息〉的风雨历程》,《档案天地》2009年第4期,第32页。
② 参见中国国际广播电台史志编委会编《中国国际广播电台史志(上)》,中国国际广播出版社2001年版,第6—7页。
③ 胡耀亭主编《中国国际广播电台大事记》,中国国际广播出版社1996年版,第49页。
④ 参见中国国际广播电台史志编委会编《中国国际广播电台史志(上)》,中国国际广播出版社2001年版,第9页。
⑤ 参见邢立、王莹《说说新闻播音速度的快与慢》,《新闻传播》2009年第2期,第3页。

立的延安新华广播电台，1949 年改名为中央人民广播电台。中央台早期的对外广播和民族广播与翻译密切相关。民族广播涉及藏、蒙古、朝鲜、维吾尔、哈萨克 5 种语言。1950 年 5 月 22 日，根据中央人民政府的决定，中央台藏语广播开始播音，这是中央台开办的第一个少数民族语言广播节目。藏、蒙古、朝鲜、维吾尔、哈萨克语的播音分别创办于 1950 年 5 月、1950 年 8 月、1956 年 7 月、1956 年 12 月、1971 年 5 月。①

民族广播起步艰难。1950 年藏语广播开始时，每周广播三次，每次半小时；蒙语广播则每天一次，每次半小时。②当时民族广播遇到的最大困难是翻译问题。以蒙古语和藏语为例，由于物质条件差，当时没有蒙汉、藏汉字典和词典。中央台的蒙语译员，只得每天收听莫斯科、乌兰巴托、新德里等电台的蒙语广播节目，参考他们的翻译用语。而对新名词术语的翻译，藏语的困难更多一些。例如，"合作社"，藏语只能译成"合伙铺"，把"帝国主义"译为"恶霸"。当时藏语广播的整个编播过程如下：北京大学的于道泉教授与中央民族学院的藏语教师土登尼玛合作，于道泉用藏语将汉文稿的大意口译给土登尼玛听，后者根据意思写成藏文，两人经过推敲后形成藏语广播稿。广播节目录音后，再送给国家民委同志审听，然后播出。③

1960 年后，中央台的民族广播曾一度停播，改由地方台播出，直到 1971 年才开始恢复藏蒙等 5 种语言的广播。显而易见，民族语言的广播涉及大量的翻译工作。以每种语言每天播音半小时计算，5 种民族语言的播音时间为 2.5 小时。按每分钟 160 字保守计算，除开非语言类节目所占用的时间，5 种民族语言每天播出的字数至少有 2 万字。换言之，中央台的民族广播字数每年达到数百万。

---

① 参见范国平《贺中央人民广播电台民族广播 60 周年》，《中国广播》2010 年第 6 卷。

② 参见左漠野《回顾与展望——纪念中央人民广播电台民族广播创办四十周年》，《中国广播电视学刊》1990 年第 3 期，第 13 页。

③ 同上书，第 13—14 页。

（三）"毛著"的翻译

"文化大革命"期间，我国的翻译事业进入了"冰冻期"。[①]但翻译活动并未完全停止，其间一个重要的翻译事件是毛泽东著作的翻译。"毛著"翻译是中央的决定，是一项政治任务，其内容主要是《毛主席语录》，时间为1966年9月至12月，以及《毛泽东选集》第一、二、三、五卷，时间大致为1966年12月至1968年9月（翻译第一、二、三卷）和1975年10月至1977年11月（翻译第五卷）。[②]《毛泽东选集》第四卷已于1962年翻译出版。此外，还翻译了《毛泽东著作选读》甲种本和《红灯记》《沙家浜》《红色娘子军》等现代京剧和舞台样板戏。[③]"毛著"的翻译由中联部、外交部、外文局、中央编译局等联合领导。从各单位抽调的精英翻译力量先是住在北京友谊宾馆南配楼夜以继日地工作，后由于受到干扰便搬到中央编译局新办公楼继续工作。《毛泽东选集》第五卷的翻译则是在厂桥中职招待所完成的。

"毛著"的翻译不仅是当时的头等政治大事，而且规模庞大、时间长。所译语种包括英、法、俄、西、日等30多种，直接参与翻译工作的人数超过千人，翻译总字数超过3000万字。以西班牙语为例，就有30多名翻译人员以及7名外籍工作人员。[④]"毛著"的翻译要求非常严格，全书译文要经过五稿才算最后完成。第一步是每个译员领到任务后完成初稿，然后翻译组集体讨论形成二稿。第二步是定稿组成员分别审读二稿，然后和外籍工作人员一起讨论，提出修改意见，拿出第三稿。当一卷书的译稿全部完成后，交给外文出版社，在规定时间内外文出版社退回长条。第三步是定稿组成员审读长条，集体讨论并修改译文，形成第四稿。第四步是将第四稿交出版社印刷厂打成

---

① 参见黄忠廉、李亚舒《科学翻译学》，中国对外翻译出版公司2004年版，第121页。
② 参见刘习良《追忆"毛著"翻译》，《中国翻译》2009年第4期，第5页。
③ 参见尹承东《从毛泽东著作的翻译谈建国以来的中译外工作》，《中国翻译》2009年第4期，第14页。
④ 参见刘习良《追忆"毛著"翻译》，《中国翻译》2009年第4期，第5页。

清样，然后定稿组成员通读清样，在必要之处做小的改动，这是第五稿。①"毛著"的翻译花费颇巨。据前国家广电部副部长刘习良回忆，60年代刚毕业的大学生每月工资49元，转正后为56元，大多数人的工资止于62元。②按平均每人每月工资56元计算，仅翻译人员的工薪报酬每年总计就有百万元。这还不算译员的食宿费用和翻译工作的协调、组织与管理以及编辑出版费用。在当时极低的物价水平下，"毛著"翻译的费用是一笔巨大的数字。

（四）国家大型工程项目的翻译

大型工程项目的翻译指字数不低于1000万字的大型工程技术资料翻译。③其特点是规模大、字数多、专业覆盖面广。在五六十年代，我国虽然受到英美等西方国家的封锁和禁运，但还是得到以苏联为代表的社会主义国家的大力支持。"一五"期间，国家实际施工了921个大中型项目，其中有苏联援建的156个重大项目。④这些项目涉及煤炭、电力、石油、冶金、化工、机电、汽车、轻工、纺织和军事等许多专业领域。这些苏联援助的项目工程，人们有时称为"苏联成套设备援助项目"⑤。这些项目的实施涉及成套技术设备的引进、海量技术资料的翻译、数以万计的苏联技术专家的口译协助。例如，1954—1959年，苏联在援建过程中向我国提供的资料包括1100套工业企业及其他建设项目的设计资料、3500套各类机械设备的制造图纸、950套技术资料与2950个专题的各种技术说明书。⑥因此，李亚舒和黎难秋在《中国科学翻

---

① 参见刘习良《追忆"毛著"翻译》，《中国翻译》2009年第4期，第6页。
② 同上。
③ 参见池建文、顾小放《大型工程技术资料翻译的问题与对策》，转引自全国翻译企业协作网领导小组秘书处编《全国首届翻译经营管理工作研讨会论文集》，江苏钟山翻译有限公司2001年版，第41页。
④ 参见连彩云《提升科技翻译工作对山西技术引进消化吸收再创新作用的对策研究》，山西省科学技术情报研究所2008年版，第3页。
⑤ 参见臧乃光《我经历的国际科技合作的始创期》，转引自王绍祺、于鹰主编《国际科技合作征程》第一辑，科学技术文献出版社2002年版，第29页。
⑥ 参见黎难秋《新中国科学翻译60年》，《中国翻译》2010年第1期，第30页。

译史》中指出,"50 年代,大量的苏联文献需要翻译,大量的苏联专家需要生活翻译和技术翻译"①。据沈志华的调查统计,到中国工作过的苏联顾问和专家总计超过 1.8 万人次。这些苏联顾问和专家分布在我国国民经济建设各领域和政府各部门。以公安部为例,总共聘请了苏联专家 30 多人,每人配备一部专车、一个翻译。那时为专家服务的编译处用钱非常方便,只要说明是为专家开销的,从来都是畅通无阻。②

这表明,当时需要大量的口笔译俄语翻译人员,这些人员的来源大概有三个渠道。第一是学校培养,当时有北京俄专、哈尔滨俄专、大连俄专以及上海俄专等院校培养俄语专业人员,但数量毕竟有限且培养周期长。第二是很多俄语专业人才是靠自学成才的。③第三个渠道是出国进修学习。整个 50 年代,我国派出大量工程技术人员、教师、干部、学生等到苏联等社会主义国家学习和进修。1950 年,《中苏友好同盟互助条约》的签订为中国派遣留学生铺平了道路。中国政府决定从 1952 年开始每年向苏联和东欧国家派遣和交换留学生,并与这些国家的政府相继签订了派遣和交换留学生的协定,任命了驻苏联大使馆主管留学工作的参赞,设置了使馆留学生管理处并成立了中共留学生党委。为了培训俄语和做其他准备,1952 年 2 月在北京俄文专修学校的基础上成立了专门的留苏预备部。

中国政府向苏联派遣留学生大致可分为几个阶段。第一阶段是 1950—1953 年,共派遣 1708 名留学生。第二阶段是 1954—1956 年,共派遣 5853 名留学生,其中研究生 1213 名、大学生 4640 名,另有进修教师 135 名、实习生 6802 名。第三阶段为 1957—1958 年,共派出 1654 名,其中研究生 544 名、大学生 60 名、进修教师 176 名、实习生 874 名。第四阶段是 1959—1965 年,

---

① 参见李亚舒、黎难秋《中国科学翻译史》,湖南教育出版社 2000 年版,第 597 页。
② 参见沈志华《苏联专家在中国》,新华出版社 2009 年版,第 224 页。
③ 参见李亚舒、黎难秋《中国科学翻译史》,湖南教育出版社 2000 年版,第 597 页。

派遣留学生数量很少。1960年后，每年派往苏联的留学生仅有数人至数十人。另据郑竹园统计，1950—1960年，中国在苏联受教育的人数有3.8万人，技术人员有8000人，科学家有1300人，教师有1300人，学生有7500人，工人有2万人。[1] 这些留苏人员，其中包括后来的党和国家领导人江泽民、李岚清、尉健行等，不仅成为我国计划经济时期生产建设管理和科学研究的骨干力量，也是俄文技术资料翻译和苏联专家口译工作的一支重要力量。

"文化大革命"前期，我国大型工程技术项目的引进一度停顿，但是到了"文化大革命"后期，以尼克松访华为契机，中央政府又开始引进国外大型成套设备。1973年1月，国家计委向国务院提交了《关于增加设备进口、扩大经济交流的请示报告》，对前一阶段和今后的对外引进项目做出总结和统一规划。报告建议，利用西方处于经济危机、引进设备对我国有利的时机，在今后三五年内引进43亿美元的成套设备，其中包括13套大化肥、4套大化纤、3套石油化工、10个烷基苯工厂、43套综合采煤机组、3个大电站、武钢一米七轧机以及透平压缩机、燃气轮机、工业汽轮机工厂等项目。这个方案被通称为"四三方案"，是继50年代的156个引进项目之后的第二次大规模引进计划，也是打破"文化大革命"时期经济贸易领域被封锁局面的一个重大步骤。以后，在此方案基础上，又陆续追加了一批项目，计划进口总额达到51.4亿美元。利用这些设备，通过国内自力更生的生产和设备改造，兴建了26个大型工业项目，总投资额约200亿元。到1982年，26个项目全部投产，其中投资额在10亿元以上的有武钢一米七轧机、北京石油化工总厂、上海石油化工总厂一期工程、辽阳石油化纤厂、黑龙江石油化工总厂等。[2] 不言而喻，这些大型项目的引进涉及巨量的口笔译工作，均由当时的项目建设指挥部下

---

[1] 参见张久春、蒋龙、姚芳《新中国初期向苏联派遣留学生》，《百年潮》2008年第11期，第56—57页。

[2] 参见刘振华《外交战略转变下的"四三方案"》，《中国档案》2009年第5期，第82—83页。

设的外事处组织完成，如上海石化一期工程翻译的图纸达数吨重。

二　企事业单位的翻译活动

计划经济时期，除了政府行政和事业机构存在规模较大的翻译活动外，我国的一些企事业单位，如大中型企业、出版社、杂志社、科研院所以及大专院校等也存在一定规模的翻译活动。

（一）企业的工程技术翻译

陈忠良将工程项目翻译定义为"工程建设、技术交流、技术和工艺引进、工业设备引进等涉外工程项目建设中各类口译和资料笔译……简言之，涉外项目从立项至结束过程中所有的口译和笔译"[①]。计划经济时期，由于受到西方国家的封锁，无论是信息交流还是国内外企业间的交流都受到极大限制，因此翻译活动不多。据我们对成立于50年代的中国石油化工集团洛阳石油化工工程公司的调查，该公司50年代的翻译量约为2万字，主要为俄文，60—70年代大约为3万字，主要是英、日、俄技术情报资料翻译。该公司改革开放前的翻译活动主要是外译中，目的是让中国了解国外。在中华人民共和国成立初期的50年代，中国的石油和石油化工工业几乎是一张白纸。由于西方国家的技术封锁，翻译活动只局限于俄文。在60—70年代，为了发展中国的石油和石油化工工业、了解西方发达国家先进的科学技术，翻译工作主要是技术情报翻译，从有限的英、俄、日、德文杂志上摘译或翻译科技文章，供科技人员参考使用。

工程技术翻译除了涉及国家大型工程项目和企业内部的翻译外，还涉及援外项目的翻译。这些援外项目与国内一些企业密切相关。例如，"文化大革命"初期中国的援非项目——坦赞铁路，是迄今为止中国最大的援外成套项

[①] 参见陈忠良《工程项目口译的组织实施和经营管理》，转引自全国翻译企业协作网领导小组秘书处编《全国首届翻译经营管理工作研讨会论文集》，江苏钟山翻译有限公司2001年版，第32页。

目之一。该铁路东起坦桑尼亚首都达累斯萨拉姆,西至赞比亚的新卡比利姆博希,全长1860公里,是连接坦桑尼亚、赞比亚等国与东非出海口的重要通道。中国先后派遣工程人员5.6万人次,高峰时期中国在场工程人员达1.5万人。投入物资机械83万吨,提供无息贷款9.88亿元人民币。[①]齐齐哈尔车辆厂参与制造的货运篷车便是该铁路所需运输设备的一部分。为了解决铁路建设、管理与沟通等问题,中方累计派出包括翻译人员在内的专家近3000人次。

(二) 出版机构的人文与科学翻译

出版社和杂志社的出版翻译在计划经济时期翻译市场中占有较大比例。"文化大革命"前,特别是50年代,我国的翻译出版相当繁荣。例如,1956年,全国图书出版28773种,翻译外国书籍16309种。[②]文学翻译,特别是苏俄文学的翻译,在这一时期显得相当活跃。从翻译数量上看,1949—1958年,翻译出版的外国文学作品达到5356种,其中俄苏文学作品为3526种,占这一时期翻译出版外国文学艺术作品品种总数的65.8%强,总印数逾8千万册,占外国文学译本总数的74.4%强。[③]其中,苏联文学更是受到特别的重视,占这一时期俄苏文学翻译总数的九成以上。[④]到了60年代,随着中苏关系的恶化,俄苏文学翻译数量开始逐年递减。据有关统计,1960年公开出版49种,刊物登载58篇;1961年公开出版22种,内部出版4种,刊物登载32篇;1962年公开出版16种,内部出版4种,刊物登载22篇;1963年公开出版10种,内部出版10种;1964年以后不再公开出版俄苏文学作品。[⑤]

[①] 参见360百科词条"坦赞铁路"(http://baike.so.com/doc/5354205.html%20%20360)。
[②] 参见李亚舒、黎难秋《中国科学翻译史》,湖南教育出版社2000年版,第525页。
[③] 参见卞之琳、叶水夫、袁可嘉、陈燊《艺术性翻译问题和诗歌翻译问题》,罗新璋编《翻译论集》,商务印书馆1984年版。
[④] 参见查明建、谢天振《中国20世纪外国文学翻译史》,湖北教育出版社2007年版,第577页。
[⑤] 同上书,第578页。

在社会科学方面，中华人民共和国成立后我国翻译出版了大量马列著作和其他名著，共计512种，18644万册，其中《马克思恩格斯全集》56卷，3200万字；《列宁全集》39卷，1500万字；《列宁文摘》10卷；《斯大林全集》13卷，340万字，《斯大林文集》一卷。①同时，翻译出版了毛泽东、周恩来、刘少奇、朱德、邓小平、陈云等老一辈无产阶级革命家的选集或文集以及党中央、全国人大、国务院的大量重要政治文献和政策、法令文献。翻译出版的外国古今重要学术论著共约1200种，其中有300余种属于世界各国名著，近一半已汇编成《汉译世界学术名著丛书》。分别从22种外语翻译出版了外国哲学、经济、历史等方面的学术著作和有关国际共产主义运动的文献共1500多种，还出版了《简明不列颠百科全书》10卷。从70年代起，每年翻译联合国的各类文件、报告1200万字，书籍700万字，刊物300万字。②

在自然科学方面，根据统计，1949—1966年，我国共出版自然科学与技术工程类译著约1.6万种，年均约950种；1967—1976年，此类译著出版766种。③在中国文化对外译介宣传方面，这一时期我国共用44种外语翻译出版了13类中国文化图书，总品种数量达到9356种。④这对当时财力、物力极为短缺的中国来说是一个不小的成就。

1. 出版社

计划经济时期，从事翻译出版工作的出版社不多，主要包括外文出版社、商务印书馆、人民文学出版社、人民出版社、民族出版社、科学出版社、上海新文艺出版社等。外文出版社主要负责对外宣传方面的出版工作，商务印书馆主要翻译出版外国哲学和社会科学著作，人民文学出版社和新文艺出

---

① 参见姜椿芳《团结起来，开创翻译工作新局面》，转引自中国翻译协会编《中国翻译年鉴2005—2006》，外文出版社2007年版，第764页。
② 同上书，第578页。
③ 参见马祖毅《中国翻译通史·现当代（第三卷）》，湖北教育出版社2006年版，第214页。
④ 参见何明星《中国文化对外翻译出版60年》，《出版发行研究》2013年第6期，第28页。

社主要从事外国古典文学著作的翻译出版，人民出版社主要负责马列著作的编辑出版，科学出版社主要出版国外自然科学方面的著作。

（1）外文出版社

外文出版社成立于 1952 年，其前身是成立于 1949 年的新闻总署国际新闻局，为我国重要的对外翻译出版机构，读者对象主要为外国读者。60 年来，外文社用 43 种文字翻译出版了 3 万余种图书。[①]在 1949—1977 年的 29 年间，外文社共出版各类翻译图书 9614 种。[②] 1949—1951 年，国际新闻局以"外文出版社"的名义出版图书 38 种。外文社编译图书所涉及的语种由最初的英、法、俄、印尼 4 种外文发展到六七十年代的 30 多种。图书内容包括领导人著作、党和政府重要文献、中国国情读物、中国文化典籍和中国文学经典等。以毛泽东著作翻译为例，外文社于 1967 年成立了德、阿、意、印地、葡等 17 个语文的《毛泽东选集》翻译室[③]，可见规模之大。同时，外文社的图书发行规模也相当可观，如 1977 年外文社共出版各类图书 897 万余册。

（2）商务印书馆

商务印书馆成立于 1897 年，至今已有 100 多年历史，是我国历史最为悠久的出版社。严复翻译名著《天演论》即由该馆于 1905 年出版。计划经济时期，商务印书馆的翻译出版活动集中在外国哲学和社会科学著作以及工具书方面。1958 年，商务印书馆由文化部领导，中央确定该馆的出版任务为"以翻译外国的哲学、社会科学方面的学术著作为主，并出版中外文的语文辞书"[④]。从此，商务印书馆逐渐形成了以"汉译世界学术名著""世界名人传记"为代表的翻译作品，以及《辞源》《新华字典》《现代汉语词典》《英华大词典》等为代表的中外文语文辞书为主要支柱的出版格局。

[①] 参见百度百科词条"外文出版社"（http://baike.baidu.com/view/49499.htm）。
[②] 该数字根据林煌天主编《中国翻译词典》附录一"中国翻译大事记"统计。
[③] 参见林煌天主编《中国翻译词典》，湖北教育出版社 2005 年版，第 1152 页。
[④] 商务印书馆网站栏目"百年大事记"（http://www.cp.com.cn/ht/ht.cfm?iCntno=470）。

1962 年，商务印书馆编印出版了《外国哲学社会科学译书信息》。1963年，该馆制订了《翻译和出版外国哲学社会科学重要著作（1963—1972）规划》，把包括哲学、经济学、社会主义各流派、政治学、法律学、社会学、语言学、历史学和地理学等学科，列入选题 1378 种。[①]据不完全统计，商务印书馆在 1958—1976 年间共出版各类翻译图书 500 余种。[②]该馆出版的工具书《英华大词典》和《牛津高阶英汉双解词典》在我国外语教学界有较大影响。

（3）人民文学出版社

人民文学出版社成立于 1951 年，为国家级专业文学出版机构，除了用本名出版大量图书外，还先后使用过作家出版社（1953—1958、1960—1969）、艺术出版社（1953—1956）、文学古籍刊行社（1954—1957、1987—1989）、中国戏剧出版社（1954—1979）、外国文学出版社（1979—2009）等副牌出版各类文艺书籍。

1958 年，中科院文学研究所组建编委会，与人民文学出版社、上海新文艺出版社合作，翻译编辑出版《外国文学名著丛书》，后来增加《马克思主义文艺理论丛书》和《外国文艺理论丛书》。这三套丛书是国内迄今最系统、规模最大的丛书。编辑委员会成员包括巴金、钱钟书、朱光潜、季羡林、李健吾、楼适夷、杨宪益等。主持编委会工作的先后有冯至、蔡仪、卞之琳、罗大冈、戈宝权和叶水夫。为了确保选题的精当，编委会商定只选那些已经过时间考验、有定评的作品。该系列丛书集中了中国最优秀的翻译力量。当时拟定选题 120 种，丛书翻译出版在"文化大革命"期间被打断，70 年代末得以恢复，并改进了选题。到 90 年代，人民文学出版社与上海译文出版社共同完成了 160 种中的 150 种。[③]

[①] 参见林煌天主编《中国翻译词典》，湖北教育出版社 2005 年版，第 1152 页。
[②] 参见黎难秋《新中国科学翻译 60 年》，《中国翻译》2010 年第 1 期。
[③] 参见查明建、谢天振《中国 20 世纪外国文学翻译史》，湖北教育出版社 2007 年版，第 567 页。

人民文学出版社这个时期的文学翻译出版有两件事值得一提。一是苏联作家奥斯特洛夫斯基作品《钢铁是怎样炼成的》的出版。该小说在1952—1995年的44年间，一共印刷出版57次，印数达250万册。[①]小说主人公保尔·柯察金的名言"人最宝贵的东西是生命，生命属于人只有一次。人的一生应该是这样度过的……"影响了一代又一代中国人。二是1962年，人文社出版了朱生豪译《莎士比亚戏剧集》，共12册，也在国内读者界和文学界产生较大影响。

（4）人民出版社

人民出版社成立于1950年，主要出版中国共产党和中国政府政治、意识形态方面的书籍，与中央编译局马列著作的翻译出版密切相关。1977年之前，该社共出版马恩列斯著作超过100卷，包括《马克思恩格斯全集》《列宁全集》等。[②]这些翻译的著作卷帙浩繁、时间跨度大。例如，《列宁全集》从1959年开始翻译，1963年完成，共39卷，1500万字；《马克思恩格斯全集》共50卷，3200万字，从1956年开始翻译，一直持续到七八十年代。需要指出的是，在人民出版社成立前的1949年，上海实践出版社出版了马克思的《剩余价值学说史》，北平解放出版社出版了马克思、恩格斯、列宁的著作共10卷（册）。

（5）科学出版社

计划经济时期，出版科学类翻译图书的出版社主要有科学出版社、中国青年出版社、化学工业出版社、地质出版社、科学普及出版社、国防工业出版社、原子能出版社等。此外，中国科学技术信息研究所（原中国科学技术情报研究所）等机构也出版过许多翻译或编译的外译汉著作。科学类图书的

---

① 参见袁爱国《走进名著馆之〈钢铁是怎样炼成的〉选择坚强：在烈火与骤冷中铸造》，《新语文学习》（初中版）2009年第3期，第31页。

② 参见林煌天主编《中国翻译词典》，湖北教育出版社2005年版，第1149—1154页。

翻译出版包括汉外科学著作的互译、科学资料的翻译、工具书的编译以及科学刊物的翻译。"文化大革命"之前的科学图书翻译出版主要是外国科学著作和工具书的汉译。

科学出版社是中华人民共和国成立以来出版外文版科技图书最多的出版社。① 该社于1954年成立，由中科院编译局与上海私营龙门联合书局合并而成，受中科院和国家出版总署联合领导。到改革开放之前，该社翻译出版了数以百计的中外文科技图书、资料、工具书和刊物，包括美国著名刊物《科学的美国人》以及中科院刊物《中国科学》和《科学通报》英文版。

2. 报纸杂志

中华人民共和国成立之后的20多年间，虽然西方国家对我国采取了包围和封锁的政策，但我国政府并未被吓倒，而是千方百计让世界了解中国，其中一个重要手段就是创办了许多对外宣传的杂志，主要包括《人民中国》（1950）、《人民中国报道》（1950）、《人民画报》（1951）、《中国文学》（1951）、《学习译丛》（1951）、《中国建设》（1952）和《北京周报》（1958）。

这些杂志在创办之后陆续增加了多语种版本。以《人民画报》为例，最初只有英文版，1953年增加了朝鲜文（延边语）版，1954年增加了日文版、法文版和西班牙文版，1956年增加了越文版和德文版，1957年增加印地文版，1960年增出瑞典文版，1964年增出朝鲜文（平壤语）版，1977年增出罗马尼亚文版。② 这些杂志发行量大，如《人民画报》1972年期印总数突破100万册，创造了中国期刊发行的历史之最。③ 同时，这些杂志的创办还受到党和国家领导人的高度重视。例如，1950年，毛泽东主席为《人民画报》中

---

① 参见李亚舒、黎难秋《中国科学翻译史》，湖南教育出版社2000年版，第702页。
② 参见林煌天主编《中国翻译词典》，湖北教育出版社2005年版，第1149—1154页。
③ 参见百度百科词条"人民画报"（http://baike.baidu.com/link?url=WGZQORXuvT_YF-sZYY-zboDLA2uXhFMrsuAHCGK8rnpKGa_BtV0c4Ae_5986hegHK）。

文版创刊号题写刊名；《中国建设》创刊时，宋庆龄亲自选定 China Reconstructs 作为英文刊名，并为刊物制定了编辑方针："使国外最广泛的阶层了解新中国建设的进展，以及人民为此所进行的努力"①；1962 年，周恩来为《中国建设》创刊 10 周年题词，"把中国人民对全世界各国人民的友好愿望传播得更广更远，并且加强我们同他们之间的团结"②。

"文化大革命"前，我国文学翻译方面的杂志似乎只有 1951 年创刊的《中国文学》(*Chinese Literature*) 以及 1953 年创办的《译文》。英文版《中国文学》初期为不定期丛刊，1954 年起改为季刊，1958 年改为双月刊，1959 年改为月刊，1964 年增加法文版，此后英法两种版本并存。该杂志译介的内容不仅涵盖了古典和现当代文学作品，有小说、诗歌、散文、戏曲、电影剧本等，还对外介绍文艺界的动态，艺术家、作家的专访以及古今著名画家的作品，是外国读者了解和研究中国文化的一个重要窗口。③另一本杂志《译文》主要致力于外国文学的汉译。1959 年，该刊改名为《世界文学》。1964 年改由中国科学院外国文学研究所主办。1966 年停刊，1977 年恢复出版，内部发行一年，1978 年正式复刊。

（三）科研院所的情报翻译

黎难秋指出，20 世纪五六十年代成立的数以百计的科技情报研究机构的科学翻译成果，在字数上几乎可与同时期公开出版的科学译著相比。④ 1956 年，我国第一个科技发展规划提出"建立科技情报机构，发展科技情报事业"的要求。计划经济时期，除了国务院直属的科研院所中国科学院外，各省市和部门大都设置了情报研究机构，搜集和翻译国外情报资料，为政府有关部

---

① 参见林煌天主编《中国翻译词典》，湖北教育出版社 2005 年版，第 1149—1150 页。
② 中国外文局网站有关介绍（http://www.cipg.org.cn/jjgl/lsyg/）。
③ 参见林文艺《英文版〈中国文学〉作品翻译选材要求及影响因素》，《龙岩学院学报》2011 年第 4 期。
④ 参见黎难秋《新中国科学翻译 60 年》，《中国翻译》2010 年第 1 期，第 29 页。

门服务。例如,陕西省科学技术情报研究所,原为省科委编辑报道室,1959年由省科委分出,正式建立陕西省科技情报研究所,从事文献服务、情报研究、编辑报道、学术研究等工作。该所能为各种研究人员提供外文文献及其翻译服务,收藏有外文图书 2.17 万册,其中原版图书 0.6 万册,影印图书 1.57 万册;报刊 24.42 万册,其中中文版 3.93 万册、外文原版 1.89 万册,外文影印件 18.6 万册、特种文献 313.71 万册、专利 2938521 件,其中外文原版 602620 件、外文影印 2335901 件。①

(四)大学的翻译活动

计划经济时期,我国大专院校的教职员工是我国翻译队伍的一个重要组成部分。许多大学教师在教学之余从事业余翻译工作,这一特点与我国政府部门和企事业单位从事翻译工作的人员性质相似。大学的翻译所涉及的领域多种多样,有自然科学和社会科学方面的翻译,文学艺术方面的翻译,教学工具书如词典、教材、教辅资料等的翻译。解放初期,大中学教材和工具书极为缺乏,因此从苏联翻译了大量的大中学教材。

(五)影视翻译

我国计划经济时期的影视翻译包括外语和少数民族语言翻译两个部分。此阶段的影视翻译大致始于 1952 年的四家国营电影制片厂开始用蒙古、维吾尔、朝鲜等民族语文译制国产和进口电影。② 主要译制外国影片的机构有两家:上海电影译制厂和天山电影制片厂。上海电影译制厂成立于 1957 年,其前身是 1949 年成立的上海电影制片厂的翻译片组。初创期的翻译片组,设在江西路、福州路路口的汉弥尔登大楼的一间办公室内,基本成员只有组长陈叙一和翻译陈涓、杨范;译制导演周彦、寇嘉弼;演员姚念贻、张同凝、陈

---

① 参见百度百科词条"陕西省科学技术情报研究所"(http://baike.baidu.com/view/6296745.htm)。

② 参见林煌天主编《中国翻译词典》,湖北教育出版社 2005 年版,第 1150 页。

松筠、邱岳峰以及录音师、放映员十余人。该厂虽然遭到"文化大革命"冲击，但依靠当时所谓"内参片"渠道，译制出《创伤》《宁死不屈》《地下游击队》《广阔的地平线》《第八个是铜像》等阿尔巴尼亚影片系列，以及《简·爱》《红菱艳》《鸽子号》《魂断蓝桥》《巴黎圣母院》《基度山恩仇记》《鸳梦重温》《罗马之战》《音乐之声》《警察局长的自白》《冷酷的心》等世界经典名片。

天山电影制片厂成立于 1979 年，其前身是乌鲁木齐电影制片厂和新疆电影制片厂。1959 年元旦，成立乌鲁木齐电影制片厂，同年 3 月更名为新疆电影制片厂。1962 年，由文化部报经国务院批准，撤销新疆电影制片厂，保留民族语译制生产。在这个电影厂工作着众多的不同民族的电影工作者，其中有维吾尔、哈萨克、塔吉克、乌孜别克、塔塔尔、锡伯、回、满和汉族。少数民族占电影工作者总人数的一半，占电影创作人员的 80%。天山电影制片厂最大量的工作是用不同的少数民族语言译制影片，年平均译制量高达 40 余部。至今该厂总共译制了 2600 余部维吾尔语、哈萨克语故事片、电视剧和广播剧。

翻译让许多经典影片的经典台词和歌词永驻中国观众的心间，如北京电影制片厂 1973 年译制的南斯拉夫影片《瓦尔特保卫萨拉热窝》中的台词"天空在颤抖，仿佛空气在燃烧！是啊，暴风雨就要来了"，《桥》中的歌词"啊朋友再见，啊朋友再见，啊朋友再见吧再见吧再见吧，假如我在战场上牺牲，请把我埋在山岗上"等，是七八十年代国内观众的美好记忆。

三　民族语文翻译活动

我国是一个多语言、多语种的国家，有 55 个少数民族，现有 80 多种语言，现行的文字有 40 种，其中 22 个民族使用 28 种文字，使用人口有 3000 多万。汉族与各少数民族之间的交流、各少数民族之间的交流、各少数民族的经济文化生活、中央和地方政策文件的上传下达，都离不开翻译。为此，

1953年成立了民族出版社，1955年创办了汉、藏、蒙古、维吾尔、哈萨克、朝鲜6种文字版本的《民族画报》，1956年又设置了中央民族事务委员会少数民族语文翻译局。各少数民族省区各级政府也成立了翻译机构。据2000年的调查数据显示，从中央到地方以及各自治州所有的党政机关、人大、政协、法院、院校都有少数民族语文翻译人员，人数将近10万人。[①]由此可见，少数民族语文翻译数量之巨大。

计划经济时期，除开各省区的少数民族语文翻译工作（如西藏一年翻译量有5000多万字），在中央层面也有大量的翻译活动。1953年，包尔汉翻译编著的《维汉俄辞典》由民族出版社出版。这是新中国第一部维吾尔文辞书。1954年，《中华人民共和国宪法》以及第一届全国人民代表大会的各种文件用蒙古、藏、维吾尔、哈萨克、朝鲜5种文字翻译出版。1957年，重要的民族文化遗产《五体清文鉴》用满、藏、蒙古、维吾尔、汉5种文字对照出版。1961年年底至1962年年初，文化部和中央民委先后举行9次座谈会，邀请《毛泽东选集》编辑出版委员会、在京语言学家、《毛泽东选集》外文版及民族文字版负责人，就《毛泽东选集》第四卷民族文字版翻译中提到的问题座谈讨论，以解决少数民族文字翻译问题。1965年，中央民族语文翻译局出版了《毛泽东选集》第一至第四卷的蒙古、藏、维吾尔、哈萨克以及朝鲜文版。1970年，毛泽东的《实践论》《矛盾论》《关于正确处理人民内部矛盾的问题》等著作由中央民族语文翻译局译成蒙古、藏、维吾尔、哈萨克以及朝鲜文。1974年，国务院科教组在北京召开少数民族语文教材工作座谈会，就少数民族语文教材的改革、编写、编译、印刷、出版、发行和加强领导等问题进行了讨论。1975年，青海、甘肃、四川、云南、西藏五省区首次藏文图书

---

① 参见中国网2009年对中国少数民族语文翻译局局长吴水姊的访谈："民族语文翻译事业60年"（http://www.china.com.cn/fangtan/2009-11/09/content_ 18851970.htm）。

翻译出版协作会在拉萨举行。1977 年，藏文《毛泽东选集》第五卷出版。①

四 自由译者的翻译活动

自由译者指以翻译为生的译者。在古尔代克看来，自由译者是自我雇用或者说工作"独立"的译者；从法律角度看，这些译者不受客户或翻译服务需求商的"约束"；他们要么直接与客户打交道，要么承担翻译公司或中介机构分包或转包给他们的翻译业务。②

计划经济时期，我国的劳动者大都依附于政府部门、国有企事业单位以及村镇集体而生存，游离于国营或集体单位之外的个体很少，自由职业译者更少。计划经济时期的自由译者来源可能是因中华人民共和国成立而失去原有工作或之前就没有工作的人员，他们不愿在新中国的国营或集体单位工作，因为外语好而成为自由的职业译者。例如，傅雷在中华人民共和国成立前曾任教于上海美专，因不愿从流俗而弃职，转而闭门译书，成为自由职业者，这一身份在中华人民共和国成立后一直未变。又如，朱曾汶中华人民共和国成立前在美国华纳影片公司上海分公司工作，1951 年，该公司解散，朱曾汶便"从此走上了漫长的单干翻译道路"③。

计划经济时期，整个社会由于受到当时客观条件的限制，对翻译的需求不大。社会个体对翻译的需求大概只局限于出国文件翻译等方面。不过这类翻译数量有限，且被国家"计划"，由外交部或各省市外事部门（当时叫作"省政府交际处"）负责翻译。解放初期，出国的都是华侨和侨眷，海外无亲属的中国人想因私出国，基本上是不可能的。据统计，1949—1978 年，全国

---

① 参见林煌天主编《中国翻译词典》，湖北教育出版社 2005 年版，第 1150—1154 页。
② Daniel Gouadec, *Translation as a Profession* (pp. 99), Amsterdam and Philadelphia: John Benjamins, 2007.
③ 参见朱曾汶《苦译六十年，稿费知多少》，转引自柳鸣九编《译书记》，金城出版社 2011 年版。

颁发因私普通护照21万本。①自由译者在计划经济时期的翻译机会很少，因为绝大部分的口笔译工作，都是由政府各级部门和单位的专兼职译者承担的。自由译者的生存空间基本上局限在出版领域，特别是文学翻译出版领域。例如，傅雷一直为人民文学出版社翻译法国文学经典作品，朱曾汶则为多家出版社做翻译，如作家出版社、人民文学出版社、群众出版社等。

（一）傅雷个案研究

傅雷是我国现代翻译史上著名的法国文学翻译家，其所译巴尔扎克、罗曼·罗兰等人作品不仅在翻译界，而且在中国现当代文学界和读书界，均有很大影响。他的自由职业译者的身份也是计划经济时期一种特有的现象。泓峻指出，傅雷之所以成为多产的文学翻译家，与生计有关，文学翻译活动对他来讲首先是一份养家糊口的职业，翻译所得的稿费是他一生最主要的经济来源。他之所以选择翻译为业，是因为它具有较强的独立性——生性耿直与孤傲的傅雷总是无法学会圆通地处理与上级、同事之间的关系，只好躲进书房，躲进艺术的象牙塔里。②

1908年，傅雷出生于江南望族，幼年丧父，在寡母严教下，养成严谨、认真、一丝不苟的性格。早年留学法国，学习艺术理论，得以观摩世界级艺术大师的作品，大大提高了他的艺术修养。30年代初回国后曾任教于上海美专，因不愿从流俗而闭门译书，几乎译遍法国重要作家如伏尔泰、巴尔扎克、罗曼·罗兰的重要作品。他数百万言的译作成为中国译界备受推崇的范文，形成了"傅雷体华文语言"。他多艺兼通，在绘画、音乐、文学等方面，均显示出独特的高超的艺术鉴赏力。1957年被打成"右派"，但仍坚持自己的立场。"文化大革命"中因不堪忍受污辱，他与夫人朱梅馥双双含冤自尽。1979

---

① 参见周海民《出国护照话沧桑》，《上海滩》2010年第4期。
② 参见泓峻《〈约翰·克利斯朵夫〉与傅雷文学翻译的境界》，《晶报·读书周刊》2009年9月5日。

年得以平反。

1. 文本选择

傅雷从 1949 年中华人民共和国成立到 1966 年去世，翻译或重译了以下主要作品：《欧也妮·葛朗台》（1949）、《贝姨》（1951）、《高老头》（1951/1963）、《邦斯舅舅》（1952）、《约翰·克利斯朵夫》（1952/1953）、《嘉尔曼》（1953）、《夏倍上校》（1954）、《老实人》（1954）、《于絮尔·弥罗埃》（1955）、《查第格》（1956）、《赛查·皮罗多盛衰记》（1958）、《艺术哲学》（1958）、《搅水女人》（1959）、《都尔的本堂神甫》（1961）、《比哀兰德》（1961）、《幻灭》（1964）以及《猫儿打球号》（1965）。在这些作品中，除了罗曼·罗兰的《约翰·克利斯朵夫》、伏尔泰的《老实人》和《查第格》以及丹纳的《艺术哲学》外，其余均为巴尔扎克的作品。傅雷的文本选择倾向与当时的社会环境紧密相关。

1949 年中华人民共和国建立之后，马克思主义成为国家的主流意识形态。在文学艺术领域，马克思主义与毛泽东在延安文艺座谈会上的讲话成为指导文学艺术生产活动的指导思想，并由此形成了一些新的文学规范。[①]当时苏联对中国的强大影响也表现在文学艺术领域。在"政治标准第一，艺术标准第二"的规范影响下，苏联文艺作品以及俄罗斯古典作品成为当时文学翻译家的第一选择。当时有出版社做出硬性规定，苏俄文学应占整个外国文学的 60%。[②]社会主义的现实主义成为当时文学创作的主旋律，同时是文学翻译文本选择的主要标准。西方资本主义国家的作品，只有古典作家的现实主义作品才有可能进入翻译家的选择范围。巴尔扎克是无产阶级革命导师推崇的作家。1848 年，恩格斯在给玛格丽特·哈克尼斯的信中称赞巴尔扎克为现实主

[①] 参见查明建、谢天振《中国 20 世纪外国文学翻译史》，湖北教育出版社 2007 年版，第 561—565 页。

[②] 同上书，第 564 页。

义大师，并指出其《人间喜剧》向我们展示了一幅19世纪上半叶法国社会的现实主义美妙画卷。[①]同时，巴尔扎克在"老大哥"苏联那里也受到推崇。[②]因此，翻译巴尔扎克作品符合当时国内占统治地位的意识形态规范。

在傅雷所译的多位作家中，与傅雷性情接近的作家并非巴尔扎克，而是罗曼·罗兰。泓峻（2009）认为，傅雷译巴尔扎克作品只能算是第二层境界，他翻译的罗曼·罗兰的《约翰·克利斯朵夫》才真正达到了最高境界。傅雷之所以选择巴尔扎克的作品，其原因正如其子傅敏所言，"那主要是出于政治上安全的考量"[③]。傅雷并非思想激进的左派人士，但受当时特殊的政治氛围的影响，他的思想也刻上了那个时代的印痕。1958年，傅雷夫人朱梅馥在给傅聪的信中有这样一段谈论傅雷的话："你知道他向来是以工作为乐的，所以只要精神身体吃得消，一面努力学习马列主义，作为自我改造的初步，来提高自己的政治认识，理论基础；一面作些翻译的准备工作。"（见《傅雷家书》第30页）傅雷之所以翻译巴尔扎克，除了思想上受到当时社会环境的影响外，也涉及文学翻译出版在译本质量和意识形态倾向上的严格审查制度。选择与主流意识形态不符的作品翻译，很难出版，这意味着会切断傅雷的经济来源。简言之，当时的社会主流意识形态决定了傅雷翻译文本的选择。思想开明民主的傅雷都没有摆脱主流意识形态的影响，可以想见当时其他译者文本选择的倾向性。

2. 翻译思想

罗新璋（1984）在梳理我国自古以来的译论话语时，提出了"案本—求信—神似—化境"的翻译理论发展路径，其中"神似"就是傅雷的核心翻译

[①] 参见恩格斯给哈克尼斯的信（http://www.marxists.org/archive/marx/works/1888/letters/88_04_15.htm）。
[②] 参见查明建、谢天振《中国20世纪外国文学翻译史》，湖北教育出版社2007年版，第564页。
[③] 参见泓峻《〈约翰·克利斯朵夫〉与傅雷文学翻译的境界》，《晶报·读书周刊》2009年9月5日。

观。包括《傅雷家书》在内，傅雷直接或间接探讨翻译理论的研究文字不多，但其翻译思想对后世影响很大。《高老头》重译本序开篇第一句就标举出他的翻译"神似"思想："以效果论，翻译应当像临画一样，所求的不在形似而在神似。"①他以画理阐译道，指出了不同艺术门类的共性，也与当代西方的等效译论相应和。在该序中，他又提出了文学翻译的标准："理想的译文仿佛是原作者的中文写作。"这不禁使我们产生遐想，他翻译《约翰·克利斯朵夫》时，自己幻化成罗曼·罗兰，或者说罗曼·罗兰变成了傅雷，才有了如此上佳的译品。

他还指出翻译中过与不及的现象。他说："而即使是最优秀的译文其韵味较之原文仍不免或过或不及。翻译时只能尽量缩短这个距离，过则求其勿太过，不及则求其勿过于不及。"翻译之过与不及存在于从词语到篇章的各个层面。例如，译词在意义传递、情感表达、笔调仿拟、风格重摹、精神再现等方面都不可避免地与原文存在距离。译者的任务就是尽可能缩小这个距离。傅雷其意大概就是美国翻译理论家奈达和泰伯著名翻译定义中的"closest natural equivalent"（最切近的自然对应物）之意。②

从傅雷的翻译实践看，他追求译文的完美，这突出表现在他对译文的反复修改和对旧译的修订与重译上。《老实人》的译文据他本人介绍，前后修改过8遍。③《约翰·克利斯朵夫》四卷本于1937年和1941年分别初次翻译，1952年和1953年两次重译；《高老头》初译于1946年，1951年和1963年分别第二次、第三次重译。关于傅雷对译文的修改提炼，现略举一例。《高老头》里有这样一句描写伏盖公寓所谓"公寓味道"：Elle pue le service, l'office, l'hospice。傅译1946年版译文为"它教你想起杯盘狼藉收拾饭桌的气

---

① 参见罗新璋编《翻译论集》，商务印书馆1984年版，第558页。
② Eugene A. Nida and Charles R. Taber, *The Theory and Practice of Translation*, Leiden: E. J. Brill, 1969.
③ 参见罗新璋编《翻译论集》，商务印书馆1984年版，第626页。

息，医院的气息"；1951年版译文为"那是刚吃过饭的饭厅味道，救济院味道"；1963年版译文为"那是刚刚吃过饭的饭厅的气味，酒菜和碗盏的气味，救济院的气味"。①修改的译文不仅意思更准确，而且译文中重复的三个"气味"与原文三个形容词词尾同音有异曲同工之妙。这表明，好的译文是改出来的。傅雷对艺术的完美追求无止境，即便是《高老头》重译本，他也不满意。他说："这次以三月的功夫重译一遍，几经改削，仍未满意。艺术的境界无穷，个人的才能有限；心长力绌，唯有投笔兴叹而已。"②他的精益求精的翻译精神值得当下浮躁、追逐名利的译者学习，也是翻译的社会属性的最佳诠释。

从傅雷的翻译理论话语看，他当属意译派，如他说"译文必须为纯粹之中文"。但事实并非如此。杨绛在《傅译传记五种》代序中有这样一段话："我最厌恶翻译的名字佶屈聱牙，而且和原文的字音并不相近，曾想大胆创新，把洋名一概中国化，历史地理上的专门名字也加简缩，另作'引得'或加注。我和傅雷谈过，他说'不行'。"③他的否定态度说明他主张"洋名"不能归化，这表面上与他"纯粹的中文"的观点相矛盾，其实说明他的意译思想是有底线的，与傅东华那种将外国人名地名全部中国化的做法是完全不同的。换言之，傅雷的翻译观应是一种直译与意译相结合的思想。

3. 译作影响

傅译作品，在当代中国文学翻译界，甚至文学界和读者界，都有很大的影响。"傅雷措辞贴切，译笔优美，译文清新朴实，自然流畅……文字脉理清晰，繁而不杂。"④傅译语言自成一派，有学者称为"傅雷体"。著名作家叶兆

---

① 参见周克希《译边草》，百家出版社2001年版，第41—42页。
② 参见罗新璋编《翻译论集》，商务印书馆1984年版，第559页。
③ 参见杨绛《忆傅雷（代序）》，转引自傅雷译著《傅译传记五种》，生活·读书·新知三联书店1983年版，第9—10页。
④ 参见查明建、谢天振《中国20世纪外国文学翻译史》，湖北教育出版社2007年版，第670页。

言指出，现代汉语的发展壮大、文学语言的日趋成熟，是由作家原创的作品和翻译文学的语言这两种力量同时推动的，而傅雷恰恰是翻译文学领域中最突出的一位，他不仅向我们推介了外国文学，还把第一流的汉语范本展现在读者面前，直接影响了很多有志于从事文学创作的人。①叶兆言本人就是其中的一位。早在20世纪70年代末80年代初，傅译《欧也妮·葛朗台》就进入中学语文课本。其细致入微的描写，影响了一代又一代的中国青年；"葛朗台"人物形象深入人心，几乎成了"吝啬鬼"的代名词。

4. 生活状况

受益于国家实行的"印数定额"制度，50年代成为傅雷家庭经济生活的黄金时期。出版社提供的优厚报酬为傅雷埋头于翻译工作打下了坚实的基础。傅雷的家庭条件连当时身为著名教授学者的钱钟书、杨绛夫妇都感到羡慕。②按照当时的出版社报酬制度估计，傅雷的收入要远远高于当时的一级教授。所以他拥有自己的小洋楼，舒适的书房，满是书籍的书柜，名贵的钢琴，喝着咖啡，抽着烟斗，用着西式餐具。③这些都成为傅雷"文化大革命"期间被批斗的把柄。不过，正是得益于当时优厚的翻译报酬，才有了像《约翰·克利斯朵夫》这样优秀的文学经典。出版社是他的衣食父母。他与人民文学出版社的关系值得探究。

中华人民共和国成立后，傅雷一直为人民文学出版社翻译法国文学作品，这得益于他与楼适夷的关系。楼适夷于40年代初结识傅雷，并很快成为他家常客，这种亲密关系一直保持到中华人民共和国成立后（见《傅雷家书》序言）。中华人民共和国成立后，楼适夷成为人民文学出版社副社长和副总编辑。由于傅雷没有工作，因此被楼适夷邀请为人民文学出版社译书。楼适夷

---

① 参见叶兆言《怀念傅雷先生》，《中国翻译》2008年第4期。
② 参见杨绛《忆傅雷（代序）》，转引自傅雷译著《傅雷传记五种》，生活·读书·新知三联书店1983年版。
③ 参见苏立群《傅雷别传》，生活·读书·新知三联书店2002年版。

在给叶永烈的信中说:"全国解放后,傅雷译书最早由平明出版社出版。1952年,我从抗美援朝部队由中共中央宣传部调回北京,进入人民文学出版社,即亲赴上海,与傅雷订约,其译书全归人民文学出版社出版,并作为特约译者,预先经常支付优厚稿费,以保证他的生活。他没有工资。直到'文化大革命'中他逝世时,人民文学出版社支付他的稿费,是他唯一生活来源。"[①]傅雷所得稿酬极为优厚,甚至超过了当时国家规定的上限。当时,同为自由译者的朱曾汶回忆说,计划经济时期,他拿的"稿费一般是千字5—11元。傅雷先生20多元是特例,吾辈后生小子是想也不敢想的"[②]。按照当时的稿酬制度,翻译稿基本稿酬每千字最高12元,而傅雷的稿酬大大超过规定的上限。

美国翻译学者勒菲弗尔的赞助人理论有助于我们全面分析傅雷与人民文学出版社的关系。勒氏在《翻译、重写和对文学名声的操纵》[③]一书中指出,有两种因素制约着文学系统,使其与社会的其他次系统保持一致。一个因素是由译者、教师、批评家或评论家构成文学系统中的专业人士,他们会抑制与社会的主流诗学和意识形态相抵触的文学作品。另一个因素是赞助人,包括政党、阶级、宫廷、出版商、媒体、宗教团体和个人等。赞助人通过学术团体、出版审查机构、批评杂志、高等院校等机构,调节文学系统与社会其他系统的关系。赞助人利用三种成分实施对文学的操控:利用意识形态制约文学形式和主体的选择与发展;为作家和重写者提供谋生手段,在经济上予以控制;给予作家一定的社会地位,使其融入某种圈子和生活方式。意识形态、经济和社会地位这三种成分可以由同一赞助人支配,也可以相互独立,

---

[①] 参见叶永烈《解读傅雷一家》,金城出版社2010年版,第56页。
[②] 参见朱曾汶《苦译六十年,稿费知多少》,转引自柳鸣九主编《译书记》,金城出版社2011年版,第35—37页。
[③] Andrè Lefevere, *Translation, Rewriting, and the Manipulation of Literary Fame*, Shanghai: Shanghai Foreign Language Education Press, 2004.

即经济上的成功有时与意识形态无直接关系，也不一定能提高社会地位。①

计划经济时期的文学译者包括傅雷，在意识形态、经济和社会地位上都受到国家或中国共产党的支配。楼适夷表面上是代表人民文学出版社，实际上是代表党和政府雇请傅雷翻译有助于强化党的意识形态的作品。傅雷在文本选择上必须听从出版社的安排，一个反例是他自作主张翻译的作品《幻灭》直到"文化大革命"结束后才得以出版。他虽然不热衷于政治，但其思想逐渐向主流意识形态靠拢，其翻译文本选择倾向就是一个明证。他被邀请参加中央宣传工作会议，担任上海市政协委员，表明他有一定的社会地位。这都保证了他50年代优越的经济地位。但随着国家稿酬制度的变化以及他的译作被禁止发行，他的家庭经济状况日益恶化。虽然在楼适夷的帮助下可以预支稿费，但傅雷病情的恶化使其生活难以为继，最后在红卫兵的冲击下忍辱自杀。

(二) 翻译稿酬

翻译价格是翻译市场的基本经济要素。计划经济时期的翻译价格主要体现在翻译出版领域。在非出版领域，如领取政府固定工资的专职译者或兼职译者，无翻译价格可言，因为他们的报酬是固定的，并不因翻译数量的变化而变化。在"文化大革命"后期，政府机构译者因出差开始获得政府补助，如一次出差给予几美元或数十美元的补助，也应视为翻译报酬的一部分，甚至政府配备的服装等因翻译工作结束而归译者所有，也应看作翻译间接报酬的一部分。同理，专业译者或兼职译者，出于亲朋好友或熟人关系而为社会上个人翻译有关材料，获得的物质形式（如一只钢笔）的回报，也应视作间接报酬形式。

计划经济时期，直接的可计算的翻译价格主要体现在翻译出版领域。解

---

① 参见方梦之主编《中国译学大辞典》，上海外语教育出版社2011年版，第87页。

放初期，我国借鉴苏联的"印数定额"制，放弃版税制，制定了印数定额制的付酬标准。当时制定的基本稿酬原则如下：基本稿酬以作品的字数，或诗歌的行数，或著作页作为计算单位，通常是以1000字，或以若干诗行（如10行或20行），或一个著作页为计算单位，付给作者或译者报酬。通常的计算标准是：著作稿每千字老人民币6万—18万元（新人民币6—18元，合今60—180元），翻译稿每千字老人民币4万—13万元（合今40—130元）。[①]当时的老人民币1万元（新人民币1元）的购买力，合1997年人民币10—12元。国家出版社按基本稿酬再加上相应的印数定额，向作者或译者付酬。

"印数定额"则指图书由国家出版时，根据不同作品的具体情况，每印1万册（2万或3万册），作为一个"定额"。一般为发行量大的作品，如小说散文类的畅销书，定额就大；发行量小的作品，如学术理论专著的定额就小。1953年国家规定，1—4个定额，每个定额按全部"基本稿酬"支付。从第5、6个定额开始，每个定额按基本稿酬的80%付给。递减至第13个定额以下均按基本稿酬的40%计算，付给作者或译者稿酬。依据这种"按基本稿酬加印数定额付酬"的办法，那么一部20万字的书稿，以每千字老人民币15万元的平均标准计算，基本稿酬为旧币3000万元（合今3万元）。通常以1万册为一个定额。若印2万册，作者可得稿酬6000万元（合今6万元）；若印4万册，付酬12000万元（合今12万元），约相当于当时一级教授（月薪约300万元）三年半的工资。[②]

1958年7月，文化部颁发《书籍稿酬暂行规定草案》，正式制定了统一的稿酬标准。当时的稿酬标准是：著作稿每千字为4元、6元、8元、10元、12元、15元，翻译稿为每千字3元、4元、5元、6元、8元、10元，比1953年的标准有所降低。1958年10月，文化部颁发《关于文学和社会科学书籍稿

[①] 参见陈明远《知识分子与人民币时代：文化人的经济生活续篇》，文汇出版社2006年版。
[②] 同上书。

酬的暂行规定》，采用"基本稿酬加印数稿酬"的付酬原则。"基本稿酬"决定于稿件的质量和篇幅（字数、行数或页数），不受印数的影响。一般报刊上发表的作品，只计算基本稿酬。1958—1962 年，基本稿酬的标准以每千字计算，著作稿为 4—15 元，翻译稿为 3—10 元。"印数稿酬"专对书籍而言。在基本稿酬之外，再根据图书的实际印数，按基本稿酬总额的百分比支付给作者或译者。1958—1961 年，印数稿酬以千册为计算单位，实行累计递减的办法。印 1—5 千册，每千册按基本稿酬的 8% 付给。例如，一部 20 万字的书稿，印 4 万册，每千字以 15 元计算，则作者可得稿酬减少 40%，只有 7350 元（约合今人民币 7 万元）。

1964 年"四清"运动开始。当年 7 月，宣布停止实行印数稿酬，稿酬标准维持每千字著作稿 4—15 元，翻译稿每千字 3—10 元。1966 年 1 月，国家认为虽然取消了印数稿酬，但稿酬标准依然过高，于是又决定降低基本稿酬标准，减少 50%。著作稿降为每千字 2—8 元，翻译稿每千字 1—5 元。同年 5 月，再度取消了印数稿酬，只付基本稿酬。从 1966 年 6 月起，各出版单位自动取消稿酬。文章在报刊上发表，或图书出版，一律不付报酬。稿酬制度实际上已被废止。[①]

从"文化大革命"前我国基本稿酬制度来看，50 年代可以看作作家和翻译家的黄金年代。他们中的佼佼者只需稿酬就能过上相当优裕的生活。以傅雷为例，他一生译著约 600 万字[②]，翻译成就集中在中华人民共和国成立后，译著字数估计有 400 万字，印数更是不计其数。按当时的稿酬制度，中华人民共和国成立后的 10 余年间，傅雷所获得的翻译稿酬有数十万元之多，平均每年有几万元，这在当时是相当高的收入，是他安适生活与安心翻译工作的

[①] 参见陈明远《知识分子与人民币时代：文化人的经济生活续篇》，文汇出版社 2006 年版。
[②] 参见泓峻《〈约翰·克利斯朵夫〉与傅雷文学翻译的境界》，《晶报·读书周刊》2009 年 9 月 5 日。

保障。据朱曾汶回忆，在整个计划经济时期，每千字翻译出版稿酬在5—11元之间，一般文本翻译为7元，畅销小说可达9元。直到1983年，每千字翻译稿酬也只有8元左右。①

第三节 本章小结

　　计划经济时期，翻译市场的封闭性特征决定了它属于非现代意义上的翻译市场。除了翻译出版领域的专业译者和兼职译者与出版社之间有契约关系和直接的货币支付外，其他领域的翻译活动仅具有供需关系特征，契约关系不明显，也不存在具有市场特征的翻译服务买卖关系。在政府部门工作的专职与兼职译者，其翻译报酬是政府发给的工资以及少许的货币或非货币的补助。译者与个体翻译需求者之间的经济关系多为象征性的物质酬劳或人情的投资与偿还。

　　虽然计划经济时期的翻译市场比较低级，甚至连行业性特征都不明显，但译者与翻译服务需求方之间的翻译劳动交换关系决定了该时期具有一定规模的翻译市场。如果我们将译者的工资看作国家给予的翻译报酬，那么，政府部门、企事业单位以及自由译者的翻译活动，按当时的物价估计，规模应该每年以亿元计。从当时两三千亿元的国民生产总值以及几十亿元的进出口贸易额来看，规模上亿元的翻译市场在当时来说已经相当可观。另外，出版社将翻译业务承包给个人，如自由译者傅雷，属于翻译服务外包性质。因此，计划经济时期的翻译出版领域已出现了外包市场的萌芽。

---

　　① 参见朱曾汶《苦译六十年，稿费知多少》，转引自柳鸣九主编《译书记》，金城出版社2011年版，第35—37页。

第五章　转型时期的翻译市场

我国计划经济时期的封闭型翻译市场发展成为市场经济时期的成熟的、现代意义上的翻译市场，其间必然存在一个过渡的市场形态。该市场兼具计划经济和市场经济两种类型翻译市场的特点。我们把这个过渡时期界定在1978—1992年之间。随着1978年十一届三中全会的召开，改革开放成为不可逆转的历史潮流。对外贸易的扩大增强了对翻译的需求，一些依附于政府部门和国有企事业单位的翻译机构应运而生，如1979年成立的江苏省工程技术资料翻译复制公司（现为江苏省工程技术翻译院有限公司），当时隶属于江苏省建设厅，主要从事进口药品说明书等文件资料的翻译，此外，还有少量的对私翻译业务。这些从事翻译服务的企业基本上仍然属于国营性质，除了少数港澳台资和外资翻译企业，内资私营翻译企业在经济转型时期极为少见，如天津于1979年由离退休工程技术人员组成的一家翻译所。[1]

1992年，我国确立了社会主义市场经济体制。从此以后，完全面向社会、面向市场的私营翻译公司开始大量出现，如黑龙江省信达雅翻译有限公司、海南翻译公司等。

---

[1]　参见胡毅《浅析建立翻译服务行业相关规范的必要性和可能性》，转引自全国翻译企业协作网领导小组秘书处编《全国首届翻译经营管理工作研讨会论文集》，江苏钟山翻译有限公司2001年版，第14—19页。

第一节 市场的性质与特点

从 1978 年十一届三中全会决定实行改革开放到 1992 年中央正式确立社会主义市场经济，这一阶段中国经济仍然以计划经济为主体，处于体制转型时期。我国的国民生产总值在 70 年代末 80 年代初仍呈缓慢增长的态势，直到 80 年代末 90 年代初才出现迅速增长的趋势。在这个时期，我国的对外经济文化交流特别是与美英等西方国家的交流开始明显增多，但大都属于国家机关、政府部门以及国有企事业单位层面，社会上个人以及私营企业的涉外交往仍然不多。这一状况决定了这个时期的翻译工作仍然围绕国家和政府这个轴心展开。无论是国家机关、政府部门的翻译活动，还是企事业单位的翻译以及大中型工程项目的翻译，基本上属于公共性质。翻译服务的对象是国家，仍未向社会开放，几乎所有的专兼职译者都是国家雇用的劳动者。翻译市场基本上仍属于国家垄断的劳动力市场。转型时期翻译市场的封闭性在 90 年代初国内商品经济领域个体化、私营化大潮的作用下开始松动，并逐渐开放。其标志是以社会为依托、服务面向全社会的翻译公司的出现，这使翻译市场由劳动力市场开始向服务外包市场转型。

虽然转型时期翻译市场的性质仍然是一种劳动力市场，但在改革开放之初，个别公共翻译机构的服务中已包含了外包性质。例如，中译公司成立于 1979 年，属于国有性质，在整个 70 年代后半期和八九十年代，一直是联合国资料在中国的唯一指定翻译机构。联合国将大量的资料外包给中译翻译，并付给大量外汇。不过，这些外汇没有支付给中译，而是给了中央政府，因此可以认为是中译代表国家承接联合国的翻译服务，这可看作一种特殊形式的翻译服务外包。而成立于1979年的江苏省工程技术翻译复制公司，隶属于省建筑厅，在早期从事一些国有医药企业进口药品说明书的翻译。国有企业将翻译服务外包给翻译公司，这是外包服务方式的早期萌芽。

一　交换方式及其实现形式

转型时期的翻译市场，其交换方式基本上与计划经济时期一样，专兼职译者大都是国家机关、政府部门或国有企事业单位的工作人员。他们向国家直接或间接地提供翻译服务，得到国家发给的工资以及偶尔提供的货币形式、准货币形式或非货币形式的补助。个人之间零星的翻译服务交换形式表现为服务与物质、服务与感情的交换。

计划经济时期固定的翻译服务供需关系也是转型时期翻译市场在供求关系上的主要表现形式。翻译服务的需求方是代表国家的政府机关、部门、组织以及企事业单位，翻译服务的提供方则是广大被国家雇用的专兼职译者。这种特殊的供求关系决定了建立在契约关系、货币支付基础上的现代翻译市场的交换方式在计划经济时期不可能出现，而在转型时期的后期由于翻译公司的出现才随之产生。

二　价值规律的作用

由于计划在国民经济各领域仍然占据主导地位，转型时期的翻译市场主要还是一种国家垄断市场。翻译服务基本上不对社会开放，因此没有形成翻译服务的市场价格。翻译价格不由市场决定，而是由相关部门或单位决定。在我国国家机关、政府部门、大多数企事业单位以及大型工程技术翻译中，翻译的单位价格根本不存在，专兼职译者的翻译服务劳动只是模糊地体现在其工资和福利之中。在个别涉及翻译价格的领域，如出版社的翻译出版活动，翻译价格是根据国家的出版政策和规定由出版机构自行确定，基本不受市场供求变化的影响，因此价值规律影响很小。对于少数具有外包性质的翻译机构而言，价值规律的作用则比较明显。例如，承接联合国资料翻译的中译公司，在与国外类似的翻译公司或自由译者的竞争中获得翻译服务机会，因此联合国确定的翻译价格，即每千字33美元，毫无疑问受到了全球翻译市场价格的影响。[①]面向国内服务的少数翻译公司，其翻译价格的确定也要考虑翻译服务所付出的社会必要劳动时间。到了90年代初，随着完全市场化的翻译公司的出现，价值规律开始充分地、正常地发挥作用。

三 市场机制

从构成市场的六个基本机制来看，转型时期的翻译市场，其供求关系总体上仍然像计划经济时期一样是固定的，供需双方相互选择的空间不对称。作为雇用劳动者的译者，以及作为国家服务单位的翻译机构，其服务对象单一地指向国家，毫无选择余地。而国家却拥有无限制的选择权，可以任意调配其所掌控的翻译资源，为国家服务。换言之，国家掌握着翻译服务的供与求，因此无法形成供求双方的自由选择。在市场价格方面，翻译报酬仍然表现为译者的工资和福利，翻译服务的价格只是在非常狭窄的领域存在，而且受国家"计划"。例如，在出版领域，出版社按一定字数付给包括自由译者在内的来自政府部门、企事业单位、科研院所等领域专兼职译者报酬，出版社翻译价格的确定受到国家相关政策的指导和约束，因此这个时期的翻译价格基本上不是由市场决定的。国家对翻译市场的垄断排斥了自由竞争，也没有明确的产权关系，因为个体译者只是出卖劳动力来提供翻译服务，无产权可言，而翻译机构均为国家所有，也没有独立的产权支配权。虽然转型时期实行按劳分配，但"吃大锅饭"的实质大大减弱了激励机制。即使有激励，也只是非货币的象征性的物质或荣誉激励，信用只是建立在一种国家信用和个人道义与责任心之上，而非建立在现代企业的资本和品牌之上。不过，到了20世纪90年代初，随着完全市场化的翻译公司的出现，激励机制逐渐体现出来，而在市场经济时期成为驱动中国翻译市场发展的主要动力。

---

① 参见赵晏彪《"联合国资料小组"诞生始末》，《中国艺术报》2013年7月26日。

第二节　市场概述

经过近 30 年的发展，到 70 年代末，我国的翻译市场已有一定规模。从译者潜在资源看，《中国翻译年鉴 2005—2006》（2007：714）指出，"1978 年召开的党的十一届三中全会是直接推动中国译协成立的动力。……据当时国家人事局印发的《全国外语人员基本情况普查资料汇编》的最新统计，我国的外语翻译工作者约有 23.5 万人（56 个语种），其中从事外语工作的现职人员约 19 万，用非所学的外语人员 3.3 万人，闲置在社会上的外语人员约 1.3 万人"。转型时期，翻译市场的发展，虽然像当时的改革开放一样，步伐缓慢，但与计划经济时期相比，有明显的变化。这一变化不仅体现在译者数量的增加，也体现在翻译机构的增多、翻译规模的扩大、翻译服务内容的日渐丰富，特别是该阶段后期纯粹市场化运作的翻译公司的出现。计划经济时期翻译市场的运行模式在转型时期得以延续，政府部门、企事业单位的翻译活动构成了这一时期翻译市场的主要内容。

在文学翻译方面，解放初期苏俄文学作品翻译的繁荣景象已不复存在。这个时期的头几年是外国文学翻译的恢复阶段，即恢复"文化大革命"中一度停顿的文学翻译，不论是重版旧译，还是新译作品，基本沿袭了五六十年代的翻译选择规范标准。但是随着改革开放，文学翻译领域开始突破"禁区"，西方资本主义国家的古典和现当代作品开始被大量翻译或重译。到 80 年代末 90 年代初，在人民文学出版社、上海译文出版社、译林出版社等品牌出版社以及《世界文学》等知名外国文学刊物的合力推动下，掀起了西方经典文学作品重译的高潮，这一高潮一直延续到 21 世纪。这一时期除了文本选择呈现多元化的趋势外,文学翻译的政治意识形态逐渐淡化,文学性和审美价值成为译者和出版社选择文本的主要标准。在文学翻译出版方面,丛书化、系列化以及外国作家作品的结集出版逐渐成为其主要特点。[①]在1978—1985年的八年间,各类外国文学的新译本达到将近3000种。[②]文学翻译的热潮不仅使老翻译家焕发青春,也造就了一大批年富力强的中青年翻译家。此外,汉译外工作也取得丰硕成果,我国四大名著等经典著作被译成英语等外国语言。

这个时期的科技翻译也有较大的发展,到80年代中期,我国已形成相当规模的科技翻译队伍。姜椿芳在1986年召开的中国翻译工作者协会第一次全国代表大会上指出,"据不完全统计,目前从事科技翻译工作的人员已有二三十万人。语种之多,学科之广,都是前所未有的"[③]。从自然科学翻译看,1977—1987年,总计出版自然科学与技术工程类译著10688种,平均每年出版自然科学与技术工程类译著约1200种。[④]至于翻译过来的全世界每年发表的科学论文、科技资料和信息更是难以计数。[⑤]在社会科学翻译方面,"文化大革命"时期大规模的"毛著"翻译在1978年后逐渐减少,但马列著作的翻译仍以一定的规模进行着。1978—1985年,每年都有马恩列斯重要著作的翻译出版,如1984年开始出版的《列宁全集》第二版,到1986年出版了12卷。1986年,中央批准中央编译局重新编译《马克思恩格斯全集》中文本,计划用25年完成,编辑60卷,每卷55万—60万字,总字数3300万—3600万字。[⑥]在外国文艺理论翻译方面,"三套丛书"中的"马克思主义文艺理论丛

---

① 参见查明建、谢天振《中国20世纪外国文学翻译史》,湖北教育出版社2007年版,第771—785页。
② 参见姜椿芳《团结起来,开创翻译工作新局面》,转引自中国翻译协会编《中国翻译年鉴2005—2006》,外文出版社2007年版,第765页。
③ 同上书,第765—766页。
④ 参见马祖毅《中国翻译通史·现当代第三卷》,湖北教育出版社2006年版,第248页。
⑤ 参见姜椿芳《团结起来,开创翻译工作新局面》,转引自中国翻译协会编《中国翻译年鉴2005—2006》,外文出版社2007年版,第765页。
⑥ 参见林煌天主编《中国翻译词典》,湖北教育出版社2005年版,第1156—1160页。

书"和"外国文艺理论丛书"在 1978 年后都进行了选题更新，共出版 30 种。① 在党和政府重要文件翻译方面，党的十一大文件翻译由当时的"毛选"翻译班子完成；1985 年以后，党代会、人代会和政协文件的翻译均由中央编译局完成。国家领导人著作的翻译，在改革开放之前主要是毛泽东的著作。但 80 年代后，周恩来、刘少奇、朱德、邓小平、陈云等党和国家领导人的著作陆续被翻译出版，主要由 1982 年成立的中央编译局中央文献翻译部（其前身为毛泽东著作翻译室）完成。

民族语文翻译工作与计划经济时期的情况基本相同，主要集中在中央和地方政府的民族事务与翻译部门、出版机构、电影译制、广播电台等领域。

政府部门和企事业单位的兼职翻译现象仍然广泛地存在于各行各业。它为我国的对外宣传、合作、交流做出了巨大贡献。以国际科技合作领域为例，许多干部都是兼职译者身份，如徐新民、靳晓明、潘志远、吴永祺、戚德余、沈庆鉴、梅定国、林盛通、孙万湖、魏玉明、许社全、张春、徐光华、蔡忠保、刘惠斌、申一立、司学武、陈慧仁、臧乃光、晏勤、卢敬叁、吕国良、方均、卢继才、刘才铨、曹丕富、焦永科、汪兆椿、黄科、王守仪、秦冬初、刘春林、徐慧明、范英姿、吕林昌等。②

自由译者的数量在这一时期有了明显扩大。但这些译者中的大多数并不是国家工作人员"下海"单干，而是各行各业懂外语的退休人员摇身一变，成了翻译单干户，有的还组建了翻译公司。而翻译公司的出现，改变了计划经济时期翻译市场的结构，增添了新的翻译服务内容和形式，如地方政府部门文件与企事业单位资料的翻译、出国文件的翻译等。这些内容是随着改革开放产生的，基本上为传统翻译市场所无。

---

① 参见陈众议《外国文学翻译与研究 60 年》，《中国翻译》2009 年第 6 期，第 17 页。
② 参见于鹰、靳晓明《国际科技合作征程》第三辑，科学技术文献出版社 2006 年版。

一 政府部门的翻译活动

转型时期政府部门的翻译活动与计划经济时期在性质上基本一致，从事翻译工作的人员大多是兼职译者，只有少数部门有专职译者，如外交部、中央编译局等单位。但是随着时代的发展、地缘政治格局的变化，翻译活动也发生了一些变化。以语种为例，计划经济时期，特别是1965年中苏关系破裂以前，俄语在我国的政治外交中占有举足轻重的地位。中央在1949年专门成立了中央俄文编译局，各领域俄语翻译需求量很大，外交部门的俄语翻译居多，如师哲、李越然、阎明复等都是党和国家领导人的著名口译员。1965年以后，俄语的地位开始为英法等语言所取代。计划经济阶段的后期，随着中国恢复在联合国的合法席位、与美国、日本建交，以及与西方国家建交或邦交正常化，我国在外交、政治、经济、文化等领域的国际交往迅速增加，对翻译的需要也越来越大，表现为在单位内部设立专门的翻译部门，或者成立新的翻译机构，同时出现了更多与翻译有关的事业单位。另外，计划经济时期的翻译活动多集中在政府中央部门，省市及以下部门的翻译活动不多。但是随着改革开放，各省市政府部门的对外交往逐渐增多。到了90年代，甚至沿海和南方地区的地级和县级政府部门也开始产生对翻译服务的需要，且需求量不断增大。

（一）政府行政部门

70年代中后期，我国在外交上取得的一系列突破，特别是恢复在联合国的合法席位以及与美国建交，使我国政治、经济、教育、科技、文化、体育等领域的翻译活动逐渐增多。中央主要涉外部门，如外交部、外贸部、对外联络部、教育部、宣传部、国家科委、国家计委等部委以及人大、政协等国家机关的翻译量不断增大，翻译的语种、内容、范围都有较大的发展变化。以外交部为例，计划经济阶段的前期主要是俄语口笔译工作，到了计划经济阶段后期逐渐转向英语和法语等其他语种。1978年之后的《中美建交公报》

以及中英香港谈判问题等外交事件标志着改革开放后翻译政治要求增强以及对翻译需求的增多。1980年，外交部翻译室进行了语种调整，俄、西、阿三国语种分到有关地区司，只留下英、法两个语种，而且翻译室的地位得到加强，提升为由部党委直接领导的正司级单位。①

外交部翻译室地位的提高从一个侧面反映了改革开放后翻译需求的急剧增长以及翻译重要性的日益提高。改革开放前，我国外交政策基本上保持"超脱"态度，国际事务不参与或者很少参与，因此翻译业务量不大。改革开放后，随着我国与越来越多的国家建交，参加的国际组织与活动越来越多，翻译的工作量激增，同声传译成为外交翻译工作中的一项新内容。这里需要指出的是，我国加入联合国后，以前积累的联合国的各种文件，并不是由外交部翻译室完成的，而是由1973年成立的"联合国资料小组"承担翻译任务。该小组后来发展成为当今我国的著名翻译机构——中国对外翻译出版公司。

计划经济时期的对外交流与合作以中央部门为主，地方政府部门主要是配合中央的工作。但是改革开始之后，各省市行政部门的翻译活动逐渐增多，而且这些活动的地方独立性逐渐增强，与中央层面对外交流与合作的联系逐渐减弱。以云南省科技厅为例，1978—1988年间，云南省派往国外的科技人员共有546批，共计1277人次，邀请来云南的国外专家、学者796批，共计2460人次。对外科技合作项目40余项，经费约为300万美元。该省部分科研机构、高等院校以及少量企业与美国、英国、法国等40多个国家建立了科技合作渠道，开展以设备和技术引进、人员互访和项目合作为主要形式的国际科技合作与交流。②

---

① 参见施燕华《外交翻译60年》，《中国翻译》2009年第5期，第11页。
② 参见黄科《云南省国际科技合作与交流发展历程和丰硕成果》，转引自于鹰、靳晓明主编《国际科技合作征程》第三辑，科学技术文献出版社2006年版，第453页。

（二）政府事业单位

与计划经济时期相比，中央层面政府事业单位的翻译活动出现了一些新动向：一是一些与翻译有关的新机构的出现，如中国社会科学院；二是机构内部调整所反映的翻译内容重心的调整变化，如中央编译局的毛泽东著作翻译室1982年改称中央文献翻译部；三是出版机构的整合加强与翻译规模的扩大，如中国外文局所辖出版单位由1982年的7家发展到1989年的12家，翻译出版各类图书也相应地由458种增加到968种①；四是增加新的翻译工作内容，如中国国际广播电台于1984年增加了对内外语广播。

1. 中共中央编译局

马列著作的编译仍然是转型时期中央编译局的主要工作之一。例如，《列宁全集》第二版从1984年到1990年由人民出版社出版共计60卷。这个时期编译局工作的一个变化是党和国家领导人著作的编译不再像计划经济时期那样基本上局限于毛泽东一人，其他领导人如刘少奇、朱德、周恩来、陈云等人的著作也被翻译出版。此外，党代会、人代会、政协的会议文件翻译也越来越多。中央各行政机关、事业单位以及在京有关单位的翻译业务也由编译局承担。1992年编译局成立财务独立的翻译服务部接管了这些翻译业务，并将翻译服务的内容和范围扩展到本地化服务领域和国外客户。

2. 中国民族语文翻译局

中国民族语文翻译局（中心）成立于1978年，其前身是中央马列著作毛泽东著作民族语文翻译出版局。民族语文翻译局的主要工作是将马列主义、毛泽东思想，党和国家的重要文献、法律法规、方针政策，以及人代会、政协会议、党代会的文件翻译（包括同声传译）成蒙古、藏、维吾尔、哈萨克、朝鲜等少数民族语言。民族语文翻译在连接党和国家以及少数民族地方政府

---

① 参见林煌天主编《中国翻译词典》，湖北教育出版社2005年版，第1156—1163页。

与少数民族群众方面起着重要的桥梁作用。民族语文翻译局设有蒙古、藏、维吾尔、朝鲜、彝、壮等七个语文翻译室,每年仅笔译字数就达到1000万汉字左右。①除了民族语文翻译实践,该局作为国家级的翻译机构,还要指导全国的民族语文翻译业务。

3. 中国外文出版发行事业局

中国外文出版发行事业局(以下简称"外文局")是我国重要的对外宣传出版管理机构,成立于1963年。其隶属关系多次变更。成立之初属于国务院的直属局,1970—1972年分别由外交部和中央对外联络部代管,1982年并入文化部,成为该部的一个局级单位。1991年脱离文化部,成为独立的事业单位,由中央对外宣传小组归口管理。②外文出版社是外文局所属最为重要的外文图书出版机构,在计划经济时期发挥了对外宣传的重要作用,转型时期的翻译出版规模进一步扩大。例如,1976年,外文出版社出版图书232种,1981年达到269种。外文局在原有出版社的基础上,新成立了朝华出版社(1981年)、中国文学出版社(1986年)等国内外出版机构。1952年创刊的《中国建设》杂志社,1990年改名为《今日中国》杂志社。1977—1989年,外文局下属出版社共出版外文图书7958种,年均达663种。③

外文局不仅负责对外新闻出版事业的组织与管理,还承担国家翻译系列高级职务的评审工作。1992年,国家人事部决定,由中国外文局牵头负责翻译系列高级职务任职资格的评审工作。此外,成立于1982年的我国翻译领域唯一的全国性社会团体——中国翻译协会(原名"中国翻译工作者协会"),也在外文局的领导下展开卓有成效的工作,多次组织召开全国翻译工作者代表大会,协调各省市协会的工作,利用协会刊物和各种翻译研讨会组织协会

---

① 参见吴水姊《民族语文翻译事业60年》,2009年,中国网(http://www.china.com.cn/fangtan/2009 - 11/09/content_ 18851970. htm)。
② 参见中国外文局网站主页"历史沿革"栏目(http://www.cipg.org.cn/jjgl/lsyg/)。
③ 参见黎难秋《新中国科学翻译60年》,《中国翻译》2010年第1期,第30页。

会员探讨译事经验、加强翻译学术研究。

4. 新华通讯社

随着改革开放，新华社在国内外建立了更多的总分社和分社，采集国内外新闻，每天用英、俄、法、西、阿五种文字向国外发稿，中译外、外译中的工作量每天达到30万字以上。27个语种的翻译人员兢兢业业，准确及时地完成大量国内外新闻的传播任务。[①]新华社所属与翻译有关的报纸《参考消息》，在"文化大革命"结束后的一段时间里迎来了黄金发展期，1979年发行量达到900多万份，不仅在中国报纸的发行量中独占鳌头，在全世界报纸的发行量中也名列前茅。[②]

5. 中国科学院和中国社会科学院

中国科学院的科学家们自中华人民共和国成立以来一直从事着中外文献的互译工作。中科院所属科学出版社是国内最大的科学著作出版机构。值得注意的是，中科院和哈尔滨工业大学、厦门大学等单位是我国机器翻译技术最早的开拓者，早在20世纪50年代就开始了相关研究。改革开放后，中科院的机器翻译技术有了很大突破。80年代董振东教授主持的"译星"系统的研制成功，标志着我国机器翻译技术走出实验室。到90年代，中科院陈肇雄博士成功研制的智能型机器翻译系统，则将机器翻译技术提高到新的水平，使我国在汉语相关的机器翻译系统方面居于国际领先地位。该翻译系统具有起点高、技术新和计算机语言处理针对性强等特点，系统设计与实现不再单纯以语言学家为主导，技术水平和处理性能都得到较大提高。[③]

中国社会科学院成立于1977年，其前身是中科院哲学社会科学学部。中

[①] 参见姜椿芳《团结起来，开创翻译工作新局面》，转引自中国翻译协会编《中国翻译年鉴2005—2006》，外文出版社2007年版，第766页。

[②] 参见张辛民《〈参考消息〉：从"内部刊物"到公开发行》，《党史博览》2007年第10期。

[③] 参见何建军《利用先进翻译技术产品促进翻译服务行业发展》，转引自全国翻译企业协作网领导小组秘书处编《全国首届翻译经营管理工作研讨会论文集》，江苏钟山翻译有限公司2001年版，第48页。

国社会科学院是我国从事社会科学翻译的重要单位,其所属的中国社会科学出版社成立于 1978 年。该社主要任务是编辑出版中国社会科学院和全国哲学社会科学界、文化界学者的优秀成果,包括专著、资料、教科书、教参书、工具书和基础、普及性读物,同时出版国外重要人文社会科学著作的中译本。①

6. 中国国际广播电台

转型时期的中国国际广播电台有了较大发展。国际台拥有 800 多名翻译工作者,每天用 38 种外语向世界各地传送新闻、专题和文艺节目,受到各国听众的热烈欢迎。② 值得一提的是,该台在 20 世纪 80 年代初开办了对内外语广播。随着我国改革开放的不断深入和发展,来华工作、学习、旅游和经商的外国人越来越多。为使在华外国人及时了解我国的内外政策、正确认识中国,同时为国内广大科技、文教、涉外工作者及青年学生的工作和学习提供便利,以便更好地让世界各国人民了解中国,让中国人民了解世界,国际台从 1984 年起,首先在北京地区开办了对该地区的英语广播。开始每天播音两次,每次 1 小时。从 1985 年元旦起,这套节目从每天两次增加到 6 次共 5 小时。1985 年 10 月,该节目增加了调频广播,原中波频率仍保留,同时增加了对北京地区的西班牙语广播,每天早晨 6 点到 7 点,使用的调频与英语节目相同。1988 年 5 月,对内法语节目正式开播,每天 2 次,每次 30 多分钟,使用中波频率和调频,同时对内英语广播节目实行直播。1988 年 9 月,对内日语、德语节目正式开播。1992 年 10 月,国际台开办覆盖包括港澳台在内的珠江口地区的英语广播。这套节目从早晨 6 点至次日凌晨 1 点,全天播音 11 小时。到 1995 年,对珠江三角洲新闻节目实行直播。

---

① 参见 360 百科词条"中国社会科学出版社"(http://baike.so.com/doc/5407971.html)。
② 参见姜椿芳《团结起来,开创翻译工作新局面》,转引自中国翻译协会编《中国翻译年鉴 2005—2006》,外文出版社 2007 年版,第 766 页。

国际台驻外记者逐年增多，发回的国外新闻专稿相应增多。例如，1982年为241篇，比上年增加60篇，到1987年达到684篇。1988年全年驻外16个记者站共发新闻7974条，其中发通稿5040条，占国际新闻全年编发新闻总数12801条的40%，供对象语言广播的中外文和口播稿2706条、专稿623篇，其中发通稿368篇，占国际新闻部全年编发稿总数879篇的41%，还有153篇中文稿、外文稿和口播稿供对象语言广播使用。①

7. 中央人民广播电台

作为国家广播电台，中央人民广播电台与翻译有关的节目主要是民族广播节目。该套节目每天播音20小时，使用蒙古、藏、维吾尔、哈萨克、朝鲜5种少数民族语言和汉语普通话播出，其电波主要覆盖我国西藏、新疆、内蒙古、青海、四川、甘肃、云南、吉林、辽宁、黑龙江、河北及首都北京等地区。同时，在与我国相邻的朝鲜、韩国、日本、蒙古、印度、尼泊尔、不丹、锡金、哈萨克斯坦、乌兹别克斯坦、俄罗斯、土耳其、阿富汗等国也能听到这套节目。据统计，《民族之声》的国内听众为2500万人，国外听众达1亿人（见《中国翻译年鉴2005—2006》第474页）。按每分钟160字的播音速度计算，中央台全年的总播音字数逾6000万字。

8. 中央电视台

20世纪70年代末80年代初，电视还未成为我国的大众传播媒介。到了80年代末90年代初，电视才逐渐走向千家万户。1979年，为了满足广大电视观众对新影片的收视需求，中央电视台成立了译制组，专门负责译制外国电视剧和电视影片。1979年，央视播出第一部译制片——南斯拉夫电视剧《巧入敌后》，然后是美国电视剧《大西洋底来的人》和《加里森敢死队》。两部美剧不仅在当时的观众中引起轰动，同时也开了引进剧的先河。1989年

---

① 参见吴彬编《中国对外广播史上的新篇章——改革开放中的中国国际广播电台》，中国国际广播出版社2000年版。

以前，译制片只在第一套节目中有一个固定的播出栏目——"电视译制片"。1989 年以后，第二套节目中也不定期播出译制片。1993 年，"电视译制片"栏目更名为"国际影院"，播出时段逐渐扩展，风格样式日益丰富。①此外，1992 年央视开播了与字幕翻译密切相关的中文国际频道（CCTV-4），目标观众是全球华人，特别是居住在海外的华人、华侨以及港、澳、台同胞。播出语言主要为普通话，但电视屏幕下方配有英文字幕。

（三）国家大型工程项目的翻译

改革开放后，国家引进了一系列大型工程项目，如大庆、齐鲁、扬子30万吨乙烯，平顶山帘子布厂（即现在的神马集团）以及仪征大化纤项目。这些项目涉及大量的翻译工作。姜椿芳在1986年召开的中国翻译工作者协会第一次全国代表大会上指出，"某些大型工程技术项目技术资料的翻译成品甚至以几百吨乃至千吨纸来计算"②。这些翻译任务均由当时的建设指挥部下设的外事处组织完成。

以大亚湾核电站为例，该核电基地是中国第一座大型商用核电站，也是中国大陆首座使用国外技术和资金建设的核电站，总占地面积约10平方公里，拥有大亚湾核电站、岭澳核电站两座核电站共六台百万千瓦级压水堆核电机组，年发电能力约450亿千瓦时。③1978年12月4日，邓小平会见了法国外贸部部长弗朗索瓦一行，并在回答法国记者问题时公开宣布：中国决定向法国购买两座核电站设备。1980年前后，香港的电力供应曾一度紧张，为抓住此商机，国家水利电力部和广东省政府计划在靠近香港、广州、深圳等电力负荷中心的深圳市大鹏镇境内建设一座核电站，因选址在大亚湾畔，故命名为大亚湾核电站。该电站为内地与香港中华电力公司合资建设，并将所

---

① 参见《中央电视台的第一与变迁》（http：//media.people.com.cn/GB/4869304.html）。
② 参见姜椿芳《团结起来，开创翻译工作新局面》，转引自中国翻译协会编《中国翻译年鉴2005—2006》，外文出版社2007年版，第764—770页。
③ 参见360百科词条"大亚湾核电站"（http：//baike.so.com/doc/5397985.html）。

发电力的大部分售予香港。1982年12月13日，国务院常务会议第四次讨论在广东省建设核电站问题，会议确定建设大亚湾核电站。后来，电站引进了法国的核岛技术装备和英国的常规岛技术装备进行建造和管理，并由一家美国公司提供质量保证。1987年8月7日正式开工，使用压水型反应堆技术，安装两台98万千瓦发电机组，于1994年全部并网。大亚湾核电站建设涉及海量的翻译文件。据统计，译成中文的资料达2.75亿字，重达100多吨。[①]

二　企事业单位的翻译活动

企事业单位的翻译活动在转型时期仍然以涉外企业和出版社为主体，但随着中外合资企业和民营企业的出现，翻译活动与服务在一些新兴领域开始出现。

（一）企业的工程技术翻译

国有企业的翻译活动在转型时期发生了一些变化，如语种由俄语转向英法等其他语种，翻译量也有一定的增长。新出现的中外合资企业以及民营企业为翻译服务带来新的增长点。

根据我们的问卷调查，成立于50年代的中国石化洛阳石油化工工程公司，50年代的年均翻译量只有2万字，主要为俄语技术情报翻译；六七十年代也只有约3万字，主要为技术情报翻译，语种由俄语扩展到英、日、俄；80年代达到大约10万字，翻译的目的不再局限于国外情报开发，技术引进成为翻译工作新的内容；90年代延续了80年代翻译的功能，主要为技术情报开发和技术引进，年均翻译量达到30万字。

上海宝山钢铁公司的建设始于1978年。1985年、1991年和1994年，一、二、三号高炉先后点火。宝钢工程是我国80年代引人注目的大工程，它的上马，曾引起举国上下的议论。而正是宝钢工程创造了我国翻译史上的几个中国之最：集翻译力量之最（口笔译人员近800名）、涉外合同数量之最（两期

[①] 参见李亚舒、黎难秋《中国科学翻译史》，湖南教育出版社2000年版，第501页。

工程涉外合同共签了 1000 余份）。①仅上海宝钢一期工程，翻译的科技资料就达到 300 多吨，近 4 亿汉字。②

　　成立于 1979 年的中信集团公司实质上可视为中国最早的民营企业。而当今全球信息技术巨头华为技术有限公司，是我国较早的民营企业之一，成立于 1987 年。华为最初作为销售代理经销一家香港公司生产的用户交换机，后来有了自主知识产权的产品。华为有自己专门的翻译部门，翻译业务量由小到大，现在已拥有一支 400 多人的专业翻译队伍。就合资企业而言，国内最早的中外合资经营企业大概是成立于 1980 年的中法合资北京航空食品公司，而第一家中外合资私营企业是 1983 年政府特批的光彩中国实业集团。1991 年成立的国内最早的中德合资企业一汽－大众汽车有限公司，其组建可追溯到 1987 年中德双方的谈判。经过数年洽谈，1991 年公司成立，1994 年生产出国内知名品牌汽车（图 5－1）。③不论是建立过程中的磋商洽谈，还是成立之后的合作生产，一汽－大众都有大量的口笔译活动。

图 5－1　一汽－大众汽车有限公司成立大会

（资料来源：中国一汽网站主页"大事记"栏目文章《一汽－大众有限公司正式成立》）

---

① 参见李亚舒、黎难秋《中国科学翻译史》，湖南教育出版社 2000 年版，第 596 页。
② 同上书，第 501 页。
③ 参见中国一汽网站"大事记"栏目文章《一汽－大众有限公司正式成立》（http://www.faw.com.cn/dsj/dsj_index.jsp?pagedsj=2&sn=1990&en=1999&d1=1990）。

(二) 出版机构的人文与科学翻译

转型时期的翻译出版活动大致可分为1978—1988年的打开"窗口"阶段和1989—1993年的整顿调整阶段。① 1978年，为了应对当时全国性的书荒问题，国家出版局决定赶印35种中外文学名著，其中包括巴尔扎克、狄更斯等西方作家的经典名著。这些书籍虽然只是重印，但毕竟开始冲破对西方文化的禁锢，成为翻译出版打开"窗口"的前奏曲。在翻译出版领域，首次出版了一批西方有影响的图书。例如，在邓小平的大力支持下，长达11卷的《简明不列颠百科全书》，1985年在我国翻译出版。四川人民出版社"走向未来丛书"引进的西方学术新作，当时也备受关注。文学类图书的出版范围更大。人民文学出版社和上海译文出版社，加快出版由中国社会科学院外国文学研究所主编的"马克思主义文艺理论丛书""外国文学名著丛书"以及"外国文艺理论丛书"。新创刊的大型翻译杂志《译林》，及时译载了一大批西方当代文学新作，随后成立的译林出版社，又推出了反映西方当今社会现实的"外国流行小说名篇丛书"和"译林文库"。还有漓江出版社的"诺贝尔文学奖获奖作家丛书"、湖南文艺出版社的世界名著重译等，都为80年代翻译出版的振兴做出了贡献。六七十年代曾经只限于内部发行的一批西方作品，如《麦田里的守望者》《战争风云》《愤怒的回顾》等，此时也开始公开出版。

实行对外开放初期，有一批后来被誉为"开放的翻译家"如董乐山、施咸荣、袁可嘉、柳鸣九等人，他们思想解放，熟悉西方文化，积极走在促进新时期中外文化交流的前列。他们参与翻译或主编的《等待戈多》《一九八四》《西方人文主义传统》《外国现代派作品选》《欧美现代派文学概论》等，使中国读者第一次接触到西方现代的思潮与流派。这个时期翻译出版的外国

---

① 参见李景端《翻译出版风雨三十年》，《中华读书报》2008年5月14日。

文艺思潮和流派包括存在主义、荒诞派戏剧、黑色幽默、心理小说、法国新小说、拉美魔幻现实主义、日本推理小说和后现代主义等。在政治学术著作方面，早在60年代初，曾指定几家出版社翻译出版外国政治学术著作和当代文艺作品，作为"反面材料"（即所谓"黄皮书"）内部发行，"文化大革命"期间被中断。1980年，国家出版局、中央编译局、中国社会科学院以及人民出版社相关负责人再次商定，参照"黄皮书"的出版方式，继续出版有参考价值的外国政治学术著作。经专家推荐，确定了《西方马克思主义探讨》《民主与社会主义》《第四国际》等167种书目，交给26家出版社分工出版。到1983年共出版了63种。

党中央关于拨乱反正的方针，使翻译出版有了一定的自由空间，但也不时遇到阻力。这种阻力，一方面是"左倾"思想尚未彻底肃清，另一方面是长期禁锢的思想惯性导致了对翻译读物价值评价的分歧。例如，《译林》杂志1979年刊登的《尼罗河上的惨案》当时受到了严厉批判。但党和国家支持出版界的新生事物。例如，同样受到批判的《飘》，就得到邓小平的肯定。1980年，邓小平在会见美国费城坦普尔大学代表团时说："你们有一本小说叫《飘》，是写南北战争的，小说写得不错。中国现在对这本书有争论，有人说这本书的观点是支持南方庄园主的。我们翻译出版了这本书。出版了也没有关系嘛，大家看一看，评论一下。"邓小平的这些看法，为翻译出版工作的发展指明了方向。

到了20世纪80年代后期，翻译出版膨胀过快，以至于出现了过滥和混乱的现象，具体表现在三个方面：内部发行书籍失控，外国文艺书刊充斥市场，引进外国漫画书籍把关不严。一些充满色情暴力的外国小说如"杰姬·柯林斯热""西村寿行热"等给我国的精神文明建设造成了不良影响。这表明，翻译的商业属性和社会属性存在相互对立的一面。1989年党的十三届四中全会以后，出版界根据反对资产阶级自由化的要求，严厉批评了对待西方文化上的无政府状态，着手整顿出版领域，出台了一系列涉及翻译出版的整顿措施，其中比较重要的措施包括：两批核定全国38家出版社可以出版外国文学，还规定必须配备必要的外文编辑，方可出版翻译书籍；全国整顿掉20家出版社。外国文学刊物经过整顿，加上由于其他原因停刊的，从高峰时期的20多家，降到后来的七八家。

另外，1990年我国颁布了《著作权法》，1992年我国又加入了《世界版权公约》。自此之后，翻译出版外国版权保护期内的作品，必须事先获得合法授权。起初，许多出版社还不熟悉或舍不得花钱去购买版权，以至于翻译出版外国当代新作的数量明显减少。一方面由于整顿，另一方面要先买版权，这使得1993年前后，翻译出版的新品图书降到了谷底。据不完全统计，1978—1990年我国出版翻译书籍2.85万种，年均2192种。

1. 出版社

改革开放前从事翻译出版的出版社不多，只有外文出版社、人民文学出版社、商务印书馆、人民出版社、科学出版社、中国青年出版社等少数出版社，以及新文艺出版社等过渡性出版社。70年代末80年代初，涉及外语翻译的出版社以及一些专业的翻译出版机构开始出现，如中译、上海译文出版社、译林出版社等。这些新出现的出版社与传统出版社中的品牌出版社如人民文学出版社一道掀起了90年代外国文学经典翻译特别是经典重译的高潮。

（1）传统出版社

人民文学出版社、外文出版社、商务印书馆、人民出版社、科学出版社等老牌出版社在转型时期仍然是对外翻译出版的主要力量。计划经济时期根据中宣部的指示所制定的"三套丛书"，即"外国古典文学名著丛书""外国文艺理论丛书"和"马克思主义文艺理论丛书"的翻译出版工作因"文化大革命"一度中断，70年代末重获新生，选题进行了调整，并将原丛书名"外国古典文学名著丛书"中的"古典"去掉，改为"外国文学名著丛书"，由人民文学出版社出版，丛书数量由原来的 120 种扩充为 160 种，到 90 年代已出版了其中的 150 种。①人文社出版的系列外国文学翻译丛书还包括"世界文学名著文库""古典名著丛书""外国文学小丛书""日本文学丛书""印度文学丛书"等。例如，1981—1985 年，人文社出版了《高尔基文集》20 卷，共 800 多万字；1980—1989 年，出版了《陀思妥耶夫斯基选集》13 卷，共 419 万字；1980—1984 年，出版了季羡林译《罗摩衍那》，共 278 万字；1991 年出齐傅雷等人翻译的巴尔扎克《人间喜剧》，共计 24 卷，1120 万字；1992 年出齐《托尔斯泰文集》17 卷，约 568 万字。②人文社是八九十年代国内外国文学经典翻译与阅读繁荣景象的一支重要推动力量。

外文出版社一直致力于汉译外的翻译出版工作。改革开放伊始，外文社就推出了我国四大名著中《红楼梦》（1978—1980）、《水浒传》（1981）、《西游记》（1982）的英文版以及其他外文译本，还有《骆驼祥子》等其他现代文学作品的外文译本。所涉语种繁多是外文社翻译出版的一贯特色，如 1979 年该社出书 220 种，发行 322 万余册，所涉语种包括英、法、西、俄、日、朝、老挝、泰等 18 种文字。不过，进入 80 年代，外文社图书语种数量呈下降趋势。1977—1981 年，该社图书所涉语种数量分别为 22、20、18、17、13。1981 年的语种数量只有 1975 年（26 种）的一半。在这一时期，外文社出版了许多党和国家领导人重要文献的外文译本，如《毛泽东选集》第五卷（1979）、《周恩来选集》（1984）、《邓小平文选》（1984，1992）、《彭德怀自述》（1984）、《刘少奇选集》（1985）、《朱德文选》（1985）、《陈云文选（1926—1949）》（1988）等。外文社于 1985 年编译出版了《中国手册》丛书英文版，共 10 本，涉及历史、地理、政治、经济、教育科学、文学艺术、文化事业、体育、社会生活及旅游。

---

① 参见查明建、谢天振《中国 20 世纪外国文学翻译史》，湖北教育出版社 2007 年版，第 57 页。
② 参见林煌天主编《中国翻译词典》，湖北教育出版社 2005 年版。

1978年，国家出版局确定商务印书馆的出版方针仍为翻译出版外国学术著作和编印中外语文词典等工具书。该馆在转型时期开展的重要工作是《汉译世界学术名著丛书》的翻译出版。这套丛书主要介绍马克思主义诞生以前的名著和各流派中的代表作品，也有少量是现代或当代的外国学术作品，包含政治法律、经济、哲学、历史、地理以及语言六大领域。该丛书自1982年出版第一辑，到1992年共出版六辑，240种，涉及22种外语。[1]据不完全统计，商务印书馆本时期共出版译著1504种。[2]

人民出版社以出版马克思主义经典原著以及党和国家的重要政治文献为主。本时期的主要出版文献包括《马克思恩格斯全集》《列宁全集》《斯大林全集》《马克思恩格斯军事文集》等。1951—1983年，生活·读书·新知三联书店一直作为人民出版社的副牌，出版了许多哲学社会科学学术著作和译著。例如，人民出版社1982年以三联书店名义出版了《共产主义ABC》。1985年，人民出版社又以东方出版社为副牌，引进并出版了大量国外政治学、经济学、哲学、历史学、社会学、未来学、文化、国际关系、人物传记及大众出版类等具有重大影响的图书。[3]

科学出版社是我国出版自然科学著作的最主要的出版社。在80年代，该社年均出版图书600种左右，其中科技翻译图书占三分之一左右。[4]英国著名科学史家李约瑟的《中国科学技术史》80年代由科学出版社出版，90年代科学出版社与上海科技出版社共同推出其中译本，该中译本由中国科学院自然科学史研究生组织翻译。除了科学出版社，还有一些专业出版社也出版科技翻译图书，包括中国科学技术出版社、科学普及出版社、海洋出版社、化学

---

[1] 参见百度百科词条"商务印书馆"（http://baike.baidu.com/view/593318.htm）。
[2] 参见林煌天主编《中国翻译词典》，湖北教育出版社2005年版，第1154—1165页。
[3] 参见人民出版社网站主页"社情社貌"栏目之"光荣历程"（http://sqsm.ccpph.com.cn/grlc/200903/t20090313_32656.shtml）。
[4] 参见李亚舒、黎难秋《中国科学翻译史》，湖南教育出版社2000年版，第667页。

工业出版社、中国建筑工业出版社、河南科学技术出版社、宁夏科技出版社、地质出版社、辽宁科学技术出版社、中国青年出版社以及一些大学出版社，如北京大学出版社、清华大学出版社、复旦大学出版社等。这些出版社不仅翻译出版科学名著，也将一些高新科技著作及时介绍给中国读者。科学出版社还出版了许多双语科技词典，如《英汉化学化工词汇》等。该社在这一时期翻译出版的科学刊物有美国的《科学年鉴》（1990年停刊）、《1980年科学》等年刊（后中译本停刊），以及《NEWTON科学世界》译刊等。中国科学技术情报研究所也翻译或编译了许多外译汉期刊，如1978年创刊的《国外科技情报工作》与《国外科技情报工作文摘》、1980年创刊的《科技译文通报》与《美国政府研究报告通报》、1983年创刊的《全球科技经济瞭望》（1986年改名为《国际科技交流》）等。此外，中国科学技术情报研究所重庆分所也编译出版了许多科技期刊，如《科学的美国人》《农业译丛》《物理译丛》《激光译丛》等。在汉译外方面，中国的一些科学著作、刊物与资料也由科学出版社等出版机构翻译出版，如包括《中国科学》和《科学通报》在内的20多种中文期刊均有英文版。

（2）中国对外翻译出版公司

中译公司成立于1979年，其前身是成立于1973年的"联合国资料小组"。中国恢复在联合国合法席位之后，联合国新闻厅于1972年委托我国代为翻译出版、发行联合国宣传品和承印联合国文件资料。外交部与国务院出版口确定由商务印书馆负责在北京成立"联合国资料小组"，专门从事联合国文件的翻译工作。1976年，"联合国资料小组"扩建为"北京对外翻译出版处"，1979年再次扩建为"中国对外翻译出版公司"。

联合国资料的翻译工作，除了中文与俄文，其他语种如法文、阿拉伯文等均承包给个人，竞争非常激烈。只有中国和苏联是承包给某个机构，属于政府行为。1991年苏联解体后，翻译公司也解体了，分成了两个公司，同时参与语言服务合同的竞争。中译虽然是国务院批准成立的事业单位，但不是国家拨款单位，需要自筹资金，自己养活自己。中译虽然与联合国会议事务部签订了翻译1万英文页（约合800万中文字）积压文献资料和部分当前文件的协议，翻译付费标准每千英文字达33美元，挣得了大量服务费，但这些外汇一律由财政部统一调配，中译没有直接支配权。该公司主要依靠派往联合国工作人员的部分工资生存下来并不断发展壮大。联合国不与任何国家的机构签订雇用合同，只与雇用的员工本人签合同，每个月工资都打入个人账户。那些派往国外的中译公司员工按照国家的规定只拿部分工资，大部分上缴公司。①从70年代起，该公司每年翻译联合国的各类文件、报告1200万字，书籍700万字，刊物300万字。②

中译成立之初只有18名员工，他们是王泰雷、张心怡、林丽华、郑尔康、朱明磊、陈政域、龚梅亭、燕桂珍、胡建春、王寿华、安文琴、黄素芬、王庸、胡汝娜、蔡荣、沈丙麟、周颖如、张伯幼。其中只有3人是翻译，10人是校对，其他人员负责印制发行。而联合国大会及各委员会、安理会等主要机构应译而未译成中文的会议记录、报告等文献资料，即所谓"积压文献资料"，有8万英文页之多，而且每年还产生新的积压文献资料，此外联合国以及其他国际组织所办的杂志如《交流》《信使》《教育展望》等也需要中译公司翻译出版。③而且这些资料的内容无所不包，涉及政治、军事、经济、文化、社会、法律、环保、海洋、宗教、民族、卫生、保健等领域。仅靠中译本身的翻译力量不可能完成这一翻译任务。为此，中译在国务院和国家教委的统一协调下，将积压文件的翻译任务分配给各个大学共同承担。中译从1974年到1978年先后在北京、天津、桂林、镇江举办了四次联合国文件翻译

---

① 参见赵晏彪《"联合国资料小组"诞生始末》，《中国艺术报》2013年7月26日。
② 参见姜椿芳《团结起来，开创翻译工作新局面》，转引自中国翻译协会编《中国翻译年鉴2005—2006》，外文出版社2007年版，第765页。
③ 参见赵晏彪《"联合国资料小组"诞生始末》，《中国艺术报》2013年7月26日。

座谈会,从最初 13 个省市的教育局和 21 所大专院校参加会议,发展到全国 22 个省市自治区的 48 所大专院校踊跃参与。翻译人员利用座谈会探讨译技译论,翻译学术研究的气氛日益活跃。中译创办的翻译专业刊物《翻译通讯》(1983 年成为中国译协会刊《中国翻译》)刊登了大量有价值的翻译研究成果。

联合国本身由于经费问题,常设翻译人员不能大量增加。为了完成翻译任务,联合国除在工作旺季增聘一些临时翻译审校人员以应急需外,主要是以特约翻译的方式委托联合国以外的力量,特别是有关国家的翻译机构长期承担翻译任务。因此,中译所承担的联合国资料翻译工作,实际上是一种翻译服务外包,该公司将所承担的翻译工作分配给各大专院校,又具有了翻译服务转包性质。中译财务独立,不依赖国家财政拨款,使其具有了经营性翻译公司的初级形态。

(3) 上海译文出版社

上海译文出版社成立于 1978 年,其前身是成立于 50 年代的上海新文艺出版社和人民文学出版社上海分社的外国文学编辑室。译文社出版工作的主要内容包括翻译、编纂和出版外国文学作品、社会科学学术著作以及各种双语词典和外语教学参考图书。译文社拥有许多精通各语种的资深编辑,建社不久就推出了"外国文艺丛书",包括《当代美国短篇小说选》《当代英国短篇小说选》《当代法国短篇小说选》等。该丛书的出版受到读者的热烈欢迎。随后,译文社又陆续推出了"外国文学名著丛书""二十世纪外国文学丛书""世界文学名著珍藏本丛书""世界文学名著普及本丛书""法国当代文学丛书""现当代世界文学名著丛书""外国文学名著及续编丛书"等系列丛书。[①] "外国文学名著丛书"和"二十世纪外国文学丛书"各 200 种,由译文社和人

[①] 参见查明建、谢天振《中国 20 世纪外国文学翻译史》,湖北教育出版社 2007 年版,第 802—803 页。

文社联合出版,到90年代初已出版100多种。"二十世纪西方哲学译丛"和"当代学术思潮译丛"共计数十本,上千万字,转型时期已完成翻译出版。

(4) 译林出版社

译林出版社成立于1989年,是在《译林》杂志编辑部的基础上发展起来的。译林社敢为人先,不随大流,创造了我国翻译出版界的"译林现象"。建社之初,适逢出版低谷期,许多出版社出版外国低俗文学作品,译林社则聘请国内著名学者为顾问,培养和团结了一大批中青年翻译家,坚持名著名译。据译林社袁楠编辑介绍,90年代初,译林社约请了一批中青年翻译家重新翻译古典世界文学名著。当时已有的世界文学名著中译本有的并非从原文翻译,难以很好地传达原文的原汁原味;有的译文随着现代汉语的发展需要更新;更有很多文学史上的经典并未被翻译,需要填补空白。而此时,一批功底扎实、视野开阔的中青年译者已经成长起来。基于上述原因,译林社决定组织中青年翻译家重译名著,并注重以下三条原则:一流作家,一流作品,一流译者;基本从原文翻译,使用规范的现代汉语;注重填补文学翻译的空白,出版一些以前从未被译介的作品。①作为当时中青年译者代表的孙致礼教授,其《傲慢与偏见》的重译一波三折,经过译者与出版社三次磋商,最后译林社才同意出版该小说的重译本。孙教授将其戏称为"三凤求凰"。②但就是这部1990年出版的译作,掀起了90年代外国文学经典作品重译的高潮,这一高潮一直持续到21世纪。

其他与翻译有关的新建出版社还有中国大百科全书出版社(1978)、漓江出版社(1980)、安徽文艺出版社(1984)、河北教育出版社(1986)、重庆出版社(1980,其前身为1950年成立的西南人民出版社)以及老牌的云南人民出版社(1950)等。这些出版社出版的《简明不列颠百科全书》(10卷)、

---

① 以上信息来自我们对《译林》杂志社袁楠编辑的访谈。
② 孙致礼教授为译林出版社重译《傲慢与偏见》的曲折经历来自2011年我们对孙教授的访谈。

《获诺贝尔文学奖作家丛书》（82卷）、《世界反法西斯文学书系》（52卷）等在读者中享有盛誉。

2. 报纸杂志

与五六十年代相比，转型时期我国报纸杂志的翻译活动有以下变化：一是旧杂志增出新的语种版本；二是停刊的旧杂志复刊；三是许多新杂志的出现。许多老杂志不断增加新的语种版本。以1978年为例，《中国建设》增出德文版双月刊，《北京周报》增出葡萄牙文版，《人民画报》增出哈萨克文版等。至于复刊，1966年停刊的《世界文学》于1978年复刊；《人民画报》也于同年恢复蒙文版、维吾尔文版和藏文版。文学翻译类新杂志大量涌现，如《译林》《外国文艺》《外国文学》《当代外国文学》《世界文学》（蒙文版）以及《苏联文学》等。

（1）《世界文学》

创办于1953年的《世界文学》于1978年正式复刊。1977—1978年，该刊以"内部发行"的形式发行了6期，主要译介朝鲜、罗马尼亚、日本、印度、巴西等国文学作品。随着改革开放的逐步展开，《世界文学》的译介范围不断扩大，将自己定位于"以译介和评论当代和现代的外国文学为主"，"广泛介绍各种各样的流派和风格的文学，尽可能使读者对世界文学有一个比较全面的了解"[1]。该刊的一大特色是以专辑形式对外国作家进行集中介绍，如"阿根廷作家博尔赫斯作品小辑"（1981年第6期）、"加拿大作品辑"（1983年第6期）、"澳大利亚文学小辑"（1985年第3期）、"埃及当代作品小辑"（1985年第5期）、"东欧文学作品选"（1985年第6期）等，到1992年共推出26辑。

---

[1] 参见查明建、谢天振《中国20世纪外国文学翻译史》，湖北教育出版社2007年版，第795页。

(2)《外国文学》

《外国文学》于 1980 年由北京外国语大学创办。创刊初期,《外国文学》译介了契弗（1980 年第 1 期）、何塞·塞拉（1980 年第 2 期）、福克纳（1981 年第 4 期）、乔伊斯（1982 年第 8 期）、劳伦斯（1983 年第 3 期）等现当代外国著名作家的作品。之后，该刊以小辑或专辑形式出版外国作家或国别文学专辑，如"希默斯·希尼小辑"（1988 年第 1 期）、"纪伯伦与黎巴嫩文学专辑"（1992 年第 3 期）、"葡萄牙古代文学专辑"（1987 年第 11 期）、"加拿大魁北克文学专辑"（1987 年第 12 期）等。此外，该刊还介绍了当代外国文学的新锐作家，如加拿大女作家玛格丽特·劳伦斯（1987 年第 2 期）等。

(3)《译林》

《译林》杂志创刊于 1979 年，首任主编为李景端。该杂志最初隶属于江苏人民出版社，后并入 1989 年成立的译林出版社。其办刊宗旨为"打开窗口，了解世界"，主要栏目有长篇小说、中篇小说、短篇小说、诗歌、外国作家访谈录等。《译林》创刊之初，主要以介绍外国当代文学特别是通俗文学为主。1979 年，《译林》创刊号上刊登了《尼罗河上的惨案》小说全文，立刻在读者中引起轰动，印数达 40 万册还供不应求。[①]但该小说的出版却受到当时中央的点名批评。后来邓小平同志的讲话肯定了包括《译林》在内的一些出版社突破"禁区"的做法。《译林》杂志在当时我国需要解放思想、推动改革开放的形势下确实起到了突破"禁区"和"打开窗口"的作用，为中国读者通过文学作品了解西方当代现实生活做出了重要贡献。

(4)《外国文艺》

《外国文艺》是一本以介绍当代外国文学为主旨的纯文学刊物，有重点、有系统地译介当代外国文学艺术作品和理论，介绍有代表性的流派，反映新

---

① 参见李景端《外国文学出版的一段波折》，《出版史料》2005 年第 3 期。

的外国文学思潮和动态。①自创刊以来，该刊先后译介了劳伦斯、萨特、纳博科夫、博尔赫斯、马尔克斯、略萨、艾略特、伍尔夫、川端康成、大江健三郎、帕维奇等数百位外国重要作家的作品，其中包括许多当时存在争议的作家。这些作家作品的译介对中国文学创作也起到了一定的推动和启发作用。

（5）《当代外国文学》

《当代外国文学》于1980年由南京大学外国文学研究所创办，后与译林出版社合办，主要栏目有"长篇小说节译""中篇小说""短篇小说""诗歌""散文"等。②该刊主要译介外国当代作家的作品，与《世界文学》《外国文学》《译林》等杂志一道将当代外国文学比较完整地介绍给中国读者，填补了计划经济时期在当代外国文学译介方面的空白。《当代外国文学》在20世纪80年代初介绍了许多从未译介过的作家，如萨特、冯尼古特、田纳西·威廉斯、尤奈斯库、金斯伯格、玛格丽特·杜拉斯、福克纳、卡夫卡、拉尔夫·艾里森、米歇尔·图尼埃等数十位当代文学名家。

（6）《中国文学》

创刊于1951年的《中国文学》在计划经济时期译介国内文学作品方面打上了当时意识形态的烙印，如出版《王贵与李香香》《新儿女英雄传》等。70年代末，该刊主要译介反映新时期中国人民真实心声的文学作品，包括伤痕文学、知青文学、寻根文学等，如宗璞的《弦上的梦》、刘心武的《班主任》、贾平凹的《果林里》、姚雪垠的《李自成》等。在80年代，《中国文学》拓宽了选材范围，该刊除选择传统的中短篇小说、节选长篇小说、诗歌、戏剧剧本外，还选译中国传统曲艺体裁——相声、游记、回忆录、民间寓言、民间故事等作品。③《中国文学》所译介的作家既有古典作家如蒲松龄、罗

---

① 参见互动百科词条"外国文艺"（http：//www.baike.com/wiki/）。
② 参见互动百科词条"当代外国文学"（http：//www.baike.com/wiki/）。
③ 参见林文艺《英文版〈中国文学〉作品翻译选材要求及影响因素》，《龙岩学院学报》2011年第4期。

隐、沈括、袁枚等，也有当代现实主义作家如谌容、从维熙、蒋子龙、高晓声、陈忠实、贾平凹等，以及先锋派作家如莫言、残雪、阿城、扎西达娃等。1981年，在杂志主编杨宪益的推动下，《中国文学》杂志社编译的《熊猫丛书》开始出版，介绍中国现当代作家的经典作品，如巴金、沈从文、池莉、冯骥才、方方、邓友梅、贾平凹、刘恒、梁晓声、刘绍棠、王蒙、张洁、张贤亮等。

(7)《中国日报》

文学翻译杂志构成了新出现的翻译类报纸杂志的主体，而在新闻报道领域，《中国日报》也与翻译密切相关。《中国日报》创刊于1981年，是中国唯一的国家级英文日报，也是与翻译相关的中央级新闻出版机构（见《中国翻译年鉴2005—2006》第7页）。该报坚持"让世界了解中国，让中国走向世界"的办报宗旨，被国内外誉为中国最具权威性的英文媒体之一，又是我国唯一进入西方主流社会并被国外主流媒体转引率最高的报纸。《中国日报》发行至150多个国家和地区，日均发行量20余万份。[①]

（三）科研院所的情报翻译

除了中央级别的研究机构中国科学院和中国社会科学院的翻译活动外，各省市存在大量与翻译相关的科学研究与情报研究机构。科学研究机构主要包括中科院和中国社科院在各地的分支机构。此外，70年代末80年代初，由于我国政府十分重视科技情报在我国经济发展中的重要作用，各地纷纷建立科技情报研究院所，负责管理、协调地区之间的科技情报工作，为党政领导科学决策和企业经济发展提供服务。天津、上海、河北、山西、陕西、湖北等22个省市建立了自己的科技情报研究机构。此外，还有一些与科技情报相关的其他法人实体，如河北省科技评估中心、山东科技事业总公司、湖北省生产力促进中心、山西省知识产权信息中心等。这些机构翻译过来的全世界

[①] 参见360百科词条"中国日报"（http://baike.so.com/doc/6424330.html）。

每年发表的科学论文、科技资料和信息难以数计。①

（四）大学的翻译活动

自1977年恢复高考制度以来，我国的高校数量和层次在转型时期得到迅速发展，高校教师人数迅速扩大。与国家对外交流活动增多相一致，大学的翻译活动也不断增多，上面已提到许多大学参与了联合国资料翻译。同时，各高校教师在科技翻译、文学翻译、外交翻译、工程技术翻译、工具书翻译、论文资料翻译、外宣资料翻译、口译等众多领域进行大量的实践。此外，北京外国语大学自70年代初就开始为联合国培训口译人员。

（五）影视翻译

70年代末，终于打破以前只进口社会主义国家以及第三世界国家影片的传统，开始引进西方发达国家的影片，如《望乡》《追捕》《丽蓓卡》《战地钟声》等相继放映，给长期闭塞的中国观众吹来了一缕清新的空气，促进了人们思想的解放。②进口影片提供翻译字幕和配音一直是我国影视业的一个传统习惯。转型时期，我国影视片译制的骨干力量是上海电影译制厂和天山电影制片厂。

1977年，上海电影译制厂由万航渡路迁至永嘉路383号，工作环境和生产设施有了很大改善，开始了译制片事业的黄金时代。上译厂当时在编人员相当可观，演员最多的时候有30多个，翻译有10多人。80年代中期，上译厂译制了来自40多个国家的600多部电影，如《佐罗》《简·爱》《英俊少年》《茜茜公主》等。③1979年，经国务院批准，恢复新疆电影制片厂建制。同年，经新疆文化厅报经新疆维吾尔自治区党委批准，更名为天山电影制片

---

① 参见姜椿芳《团结起来，开创翻译工作新局面》，转引自中国翻译协会编《中国翻译年鉴2005—2006》，外文出版社2007年版，第765—766页。
② 参见李景端《翻译出版风雨三十年》，《中华读书报》2008年5月14日。
③ 参见东方卫视专题节目《上海电影译制片厂50周年：永不消失的声音》（http：//news.sina.com.cn/c/2007－06－26/095113312463.shtml）。

厂。该厂在转型时期译制了许多维吾尔语、哈萨克语故事片、电视剧和广播剧。

三 民族语文翻译活动

中央层面的中国民族语文翻译局、民族出版社以及各省、市、自治区有关民族语文翻译的出版机构（主要为地方人民出版社）是转型时期我国民族语文翻译出版的主要力量。

中央马列著作毛泽东著作民族语文翻译局，简称"中央民族语文翻译局"，在1978—1988年间，用蒙古、藏、维吾尔、哈萨克、朝鲜、彝、壮7种文字翻译出版各类著作529种，共计9458万字。[①] 1981年，该局翻译出版《周恩来选集》（上卷）蒙古、藏、维吾尔、哈萨克、朝鲜文版，以及《马克思恩格斯选集》《列宁选集》《斯大林选集》蒙古、维吾尔、藏、哈萨克、朝鲜文版。1987年，该局翻译出版蒙文版《马克思恩格斯选集》第1、2卷，《列宁选集》第1—4卷；维文版《马克思恩格斯选集》第1、2卷，《列宁选集》第1卷；哈文版《马克思恩格斯选集》第1卷，《列宁选集》第1—3卷；朝文版《马克思恩格斯选集》第1—4卷，《列宁选集》第1—4卷。1992年，该局出版新版《毛泽东选集》共4卷，包括蒙古、藏、维吾尔、哈萨克、朝鲜5种文版。这次再版，对新增加和改写的题解和注释部分进行了翻译。

民族出版社主要负责马列著作、党和国家领导人著作以及报纸杂志少数民族语言的翻译出版工作。1977年，该社出版了藏文版《毛泽东选集》第五卷。1978年，《人民画报》蒙文版、维吾尔文版、藏文版复刊，增出哈萨克文版，这四种文版均由民族出版社翻译出版。1987年，民族出版社用蒙古、藏、维吾尔、哈萨克、朝鲜五种文字翻译出版《邓小平同志重要谈话》《建设有中国特色社会主义》等著作。1985年，该社还出版了张怡荪主编的《藏汉

[①] 参见林煌天主编《中国翻译词典》，湖北教育出版社2005年版，第1162页。

大辞典》。

　　这一时期少数民族古籍的翻译比较活跃。例如，1979 年，第六世达赖仓央嘉措所著《仓央嘉措情歌》，由王沂暖翻译，以藏、汉文对照形式出版；1980 年，喀喇汗王朝时期马赫穆德·喀什噶里编著的《突厥语大辞典》（1069—1070）现代维吾尔文译本第一集由新疆人民出版社出版，计划出版全三集；1982 年，耿世民编译的汉译本《古代维吾尔诗歌》一书由新疆人民出版社出版，该书编译了公元 9—12 世纪的古代维吾尔诗歌；1983 年，100 多万字的彝族百科全书式的古籍《爨文丛刊》翻译成汉文，大型古籍《西南彝志》和其他 40 多部彝文古籍也已翻译整理完毕；1988 年，牙含章编著《班禅额尔德尼传》藏文版由西藏人民出版社出版，英文版由外文局翻译出版。一些汉语文学经典也被翻译成少数民族语言。例如，1978 年，藏文版《水浒》（全四册，120 回）由西藏人民出版社出版；1980 年，《水浒》翻译成维吾尔文、哈萨克文在乌鲁木齐出版发行。少数民族文学翻译是这一时期民族语文翻译的重要组成部分。例如，1978 年，蒙文版《世界文学译丛》（季刊）在呼和浩特出版发行。1981 年，《新疆民族文学》在乌鲁木齐创刊，该刊是以翻译、介绍、研究新疆各民族文学作品为主的文学季刊。

　　学术著作翻译也是转型时期民族语文翻译工作的重要内容。例如，1986 年，由彝族学者伍精忠翻译的《凉山奴隶社会》彝文版由四川民族出版社出版发行，这是我国用彝文翻译汉文学术专著的第一本书；1989 年，《现代纳西文稿翻译和语法分析》的纳西文版和英文版由伯恩科学出版社出版。此系纳西族学者杨福全与德国学者合作研究的一部纳西族语言论著。此外，1984 年，我国第一部少数民族药物志《中国民族药志》第一卷由人民卫生出版社出版，该书计划编辑五卷，除汉文版外，还将翻译出版蒙古、藏等少数民族文字版。上文所介绍的影视翻译也涉及民族语文翻译活动。除了天山电影制片厂外，青海藏语电影译制厂等也从事少数民族语言电影译制工作。值得注意的是，

80 年代我国就已开始进行大型会议少数民族语言同声传译的实践。例如，1987 年，全国人民代表大会六届五次会议，首次用壮文翻译大会文件和用壮语标准语进行同声传译。[①]

最后，值得一提的是，转型时期，我国开始关注旅游翻译工作。1984 年，中国国际旅行社在北京组织召开第六次全国翻译导游工作会议。该社总经理张联华在会上做了题为《为开创旅游工作新局面，努力建设一支又红又专的翻译导游队伍》的报告。同年，浙江省成立翻译导游协会，开展旅游翻译的理论与实践研究。

第三节　新兴市场的萌芽

严格说来，现代意义上的翻译市场，即以社会为依托、以营利为导向的商业化翻译服务市场在 1978 年实行改革开放之后开始在我国萌芽。在中国政治和经济体制转型的整个 80 年代，非公共领域的有偿翻译服务逐渐增多。这些服务主要由为数不多的翻译公司和自由译者提供。

一　自由译者的翻译活动

自从 1977 年恢复高考制度以来，我国高等教育招生规模逐渐扩大，从 1977 年的 27 万人扩大到 1992 年的 75 万人。换言之，转型时期，我国培养出来的大学生超过 700 万。我国大学教育制度要求所有大学生修习英语或其他外语。这意味着这些毕业生有可能成为专兼职译者。70 年代末，我国有 20 多万外语翻译工作者。这一数字在 80 年代明显扩大。不过，这一时期由于改

[①] 参见林煌天主编《中国翻译词典》，湖北教育出版社 2005 年版，第 1161 页。

革开放的程度不高，翻译市场规模与计划经济时期相比没有质的变化。将翻译作为职业谋生的自由译者仍然很少。专职译者在一些政府部门、企事业单位以及新出现的翻译公司中人数有明显增加。但翻译的兼职性质在这一时期的传统和新生翻译市场板块中仍占主导地位。自由译者多与出版机构和翻译公司有关。

经济转型时期出版社提供给译者的翻译报酬与计划经济时期没有显著区别。据朱曾汶回忆，计划经济时期，出版社稿酬每千字在 5—11 元之间，到了 80 年代，虽然"物价上涨，但稿费并没有跟进"①。例如，1983 年，朱曾汶为商务印书馆翻译了《林肯选集》，稿费只有每千字 8 元。后来，翻译价格才逐渐由 20 元上涨到 50 元。从翻译公司层面来看，自由译者开始为翻译公司服务大致在 20 世纪 80 年代初期，80 年代中期已初具规模。翻译公司付给译者的报酬不是按千字计算，而是按版面字数计算，一般是翻译公司收进价格的 50%—70%。

二 翻译公司的翻译活动

国有翻译企业在 70 年代后期开始出现，如位于北京的中译公司以及位于南京的江苏省技术资料翻译复制公司。前者早期的翻译活动如前文所述，主要是联合国资料的翻译。后者在 80 年代上半期拥有 200 多名科技翻译和工程技术人员，到 1986 年已为全国 19 个省、市、自治区的几百个大中型引进项目翻译复制了大量原版资料。②到 90 年代初，一些以"国有"名义成立的翻译企业，在财务方面实际上实行独立核算，自主经营，只存在名义上的隶属关系，如 1983 年成立的北京中外翻译咨询公司、1986 年成立的北京市外文翻译

---

① 参见朱曾汶《苦译六十年，稿费知多少》，转引自柳鸣九主编《译书记》，金城出版社 2011 年版，第 35—37 页。
② 参见姜椿芳《团结起来，开创翻译工作新局面》，转引自中国翻译协会编《中国翻译年鉴 2005—2006》，外文出版社 2007 年版，第 765—766 页。

服务有限公司、1992年成立的中央编译局翻译服务部以及上海金译工程技术翻译有限公司（以下简称"上海金译"）。北京中外翻译咨询公司虽然隶属于中国外文局，但在1993年正式注册后，成为独立法人实体。北京市外文翻译服务有限公司虽然隶属于北京市政府，但实行独立财务核算，自主经营，自负盈亏。中央编译局翻译服务部虽然名义上隶属于中央编译局，但实际上是在国家工商局注册的独立法人实体。该部利用编译局的雄厚翻译力量，逐渐形成了一套完善的管理模式、操作各种翻译项目的运作和业务流程，承担着众多国内政府部门、机构及跨国公司的大型项目及相关材料的翻译工作。上海金译公司隶属于上海市科委，其前身最初为上海石化总厂外事处下设的翻译科，后来该科发展成为上海石化股份有限公司下属的专业性涉外翻译公司。该公司有数十名很强的口笔译专职翻译，承担过金山石化等引进项目工程和合资项目的翻译工作。

不隶属于政府某一部门或国有企业而以社会为依托、具有独立法人资格的翻译公司的萌芽在70年代中期已经出现。1975年，山西省太原市出现了一家从事翻译服务的机构。[①] 1979年，天津市也出现了一家由离退休工程技术人员组成的翻译所。[②] 1980年，湖南省和西安市分别成立了湖南省科技翻译工作者协会翻译投资咨询中心和西安翻译服务中心（见《中国翻译年鉴2005—2006》第507页和第514页）。此外，上海、广州、辽宁、吉林、重庆、黑龙江、海南等地也出现了这类翻译公司，主要为引进先进技术和设备提供翻译服务。这些翻译公司有的为具有外语背景的人士创办，有的则由非外语出身的人士创办。

[①] 参见银恭喜《关于当前翻译公司若干问题的思考》，转引自全国翻译企业协作网领导小组秘书处编《全国首届翻译经营管理工作研讨会论文集》，江苏钟山翻译有限公司2001年版，第37—40页。

[②] 参见胡毅《浅析建立翻译服务行业相关规范的必要性和可能性》，转引自全国翻译企业协作网领导小组秘书处编《全国首届翻译经营管理工作研讨会论文集》，江苏钟山翻译有限公司2001年版，第14—19页。

（一）翻译公司的出现

作为新生事物的翻译公司，其名称各种各样，有"翻译公司""翻译社""翻译所""翻译中心"等命名形式。萨缪尔逊－布朗对"翻译公司"（translation company）和"翻译社"（translation agency）进行了区别。[①]他认为，"翻译公司"与"翻译社"的根本区别在于前者既有专职译员，又雇用自由译者，而后者只是一些翻译服务代理或中介机构，没有自己的专职译员，完全依赖自由译者或兼职译者。这一区分对于我们认识翻译市场上形形色色的翻译公司具有启发作用。当然，翻译公司还可从其他角度进行分类，如规模大小、地区分布、服务范围与性质等。翻译公司的名称似乎不宜作为分类依据。

我国真正现代意义上的私营翻译公司出现在80年代末90年代初。这些公司不仅在工商部门注册，是独立的法人实体，而且实行公司营运模式，建立健全了现代企业制度，具有较强的翻译实力，能够承接大中型工程技术翻译项目以及各种口笔译业务。重庆华电翻译公司、海南翻译公司、黑龙江省信达雅翻译公司、河南省东方翻译公司、上海金译公司、北京星辉翻译中心等是这些新型翻译服务企业的代表。据《报告2012》，1980年我国语言服务企业有16家，到1991年达到767家。

1. 重庆华电翻译有限公司

重庆华电翻译公司成立于1987年。[②]其创始人为文仕俊。该公司有专职员工10多人，兼职译者数十人，翻译服务模式以全职骨干翻译为核心，以兼职翻译为主力。华电公司主要承接各种大型引进工程项目笔译及口译业务，专业涉及电力、冶金、化工、机电、环保、道桥等，包括世行贷款、日元贷款以及其他政府软贷款项目、BOT融资项目等。其代表项目有华能重庆燃机电

[①] Geoffrey Samuelson-Brown, *A Practical Guide for Translators*（pp. 18），Clevedon：Multilingual Matters，2004.

[②] 参见该公司网站主页"关于华电"栏目（http://www.hdtrans.com/Simplified/main.asp）。

厂工程、华能珞璜电厂一期和二期工程，以及中石化扬子乙酰化工工程、福建省莆田市湄州湾电厂工程、广西来宾 BOT 电厂工程等。[①]

2. 海南翻译公司

海南翻译公司成立于 1990 年，是海南省最重要的翻译服务企业。其创始人为具有外语背景的张乃惠。张教授是中国翻译协会授予的"资深翻译家"，原来在解放军总参工作。在改革开放的东风下，他成了当时辞职下海经商的一员，创办了海南翻译公司，填补了海南地区翻译服务的空白，为海南的改革开放和经济建设做出了较大贡献，被海南省政府授予"建设海南通向世界的桥梁"的光荣称号。

该公司作为民办企业，成立之初就面临着生存和发展的问题，但在全体员工的努力下，公司不断发展壮大，成立了三亚分公司、厦门分公司和加拿大多伦多分公司 3 个分公司；公司内部设有翻译部、培训部、销售部和编辑部 4 个部门，公司的一切工作都按正规的社会化、企业化管理运行。[②]

海南翻译公司早期有专职员工 20 多人，到 2001 年发展到 90 多人。其翻译业务初期主要为信函、电报、推荐信、进出口资料以及政府部门的文件资料与企业招商招标文件等，翻译业务应接不暇，因此该公司聘请了大量的兼职翻译。后来这方面的业务逐渐减少，公司业务转向高端翻译服务。为了保证翻译质量，该公司建立了译、校、审三步质量管理协同体系，要求全体翻译人员团结协作，争做一流的翻译、提供一流的服务、恪守一流的信誉、保证一流的质量，并采用东方快车、金山词霸、WPS2000、雅信翻译软件等当时先进的翻译技术工具。该公司高质量的翻译赢得了社会媒体广泛的赞扬。

---

① 参见文仕俊《翻译公司内部控制流程》，转引自全国翻译企业协作网领导小组秘书处编《全国首届翻译经营管理工作研讨会论文集》，江苏钟山翻译有限公司 2001 年版，第 25—27 页。
② 参见张乃惠《翻译企业如何在新形势下建设与发展》，转引自全国翻译企业协作网领导小组秘书处编《全国首届翻译经营管理工作研讨会论文集》，江苏钟山翻译有限公司 2001 年版，第 65—68 页。

海南格方网络有限公司、海南群力公司、海南博鳌论坛等省内知名企业和组织以及政府各部门还有加拿大、日本、英国等国外客户慕名前来与该公司进行合作。

除了翻译服务,海南翻译公司还将业务范围扩大到外语教育、翻译出版、文化教育产品的设计与生产方面。因此,该公司不断做大做强,在我国翻译行业中占有重要的地位。

3. 黑龙江省信达雅翻译有限公司

黑龙江省信达雅翻译公司成立于1992年,是经国家工商局注册的全国首家冠省级名称的私营翻译企业,该公司董事长为黑龙江省外办主任、省译协会长王耀臣,总经理为非外语出身的企业家黄素英女士。该公司以兼职翻译为主要形式,以数十名资深翻译家、译审和博导为主,承担省委、省政府对外宣传、经贸、科技、涉外案件、文化交流、国际会议等项目的翻译工作。到2005年,该公司翻译了几十亿字的资料,提供了近3000人次的口译服务,为社会增加经济效益近千万元,为社会公益事业无偿翻译了几百万字的资料。[①]

该公司所承担的大型翻译项目包括第三届亚洲冬季运动会的翻译与印刷工作、"世妇会"论文翻译以及国际红十字会有关文件的翻译。此外,该公司还对全国最大的哈尔滨中外民贸市场的几千名个体业者分批进行了俄语速成培训,使他们能简单地使用俄语,同俄罗斯及独联体客商直接进行交易,使各摊位的售货量大增。语言作为生产力,使当年哈尔滨中外民贸市场的税收大幅增长,被中外客商誉为"黑龙江对外的民贸窗口"。

4. 河南省东方翻译公司

河南省东方翻译公司(现为河南新东方翻译有限公司)成立于1992年,

---

① 参见《全国第五届翻译经营管理工作研讨会论文集》有关该公司的介绍。

公司总经理为马德明,是在河南省工商局登记注册的该省首家省级翻译企业。该公司拥有数百名专兼职翻译,能为社会各界提供英、法、俄、德、日、朝、泰、缅、越、西、阿等32种语言的口笔译服务。到2001年,该公司已为党政机关、企事业单位、"三资"企业、外贸商务等3100多个单位翻译资料共计4680万字,不但为外贸、外商合资企业以及出国考察、留学提供了方便,也为社会创造了良好的经济效益。[①]

(二) 翻译公司的运营模式

无论是与政府部门或国有企业有着千丝万缕联系的翻译机构,还是作为民营企业的翻译公司,都有一个共同特点:没有或者只有少量的专职翻译,大量聘用兼职翻译。这种经营模式被上海金译公司总经理陈忠良称为"零翻译"经营策略。[②] 翻译公司经营的行业特点决定了翻译公司不可能配备大量的专业翻译人员,这既没有必要,翻译公司也养不起,所以翻译行业以兼职译者和业余译者为主体。[③]这一特点在市场经济时期仍未有质的变化。"零翻译"策略的本质是翻译人才的共享,是以用户(委托方)市场为主要特征的大趋势,对翻译人才储备采取意向或协议的形式,将服务方翻译公司所需要的译员为服务方代存。待服务方使用时履行借调结算手续,或采用随用随调的经营策略,这样就避免了人才积压、浪费以及人工成本增加和企业效益降低的问题。[④] "零翻译"策略最大限度地降低了翻译公司的人工成本,使公司的人员构成主要表现为少量的管理人员、翻译辅助人员、专职译员以及在数量上具有弹性的兼职译者。

[①] 参见马德明《加强合作,促进翻译事业的发展》,转引自全国翻译企业协作网领导小组秘书处编《全国首届翻译经营管理工作研讨会论文集》,江苏钟山翻译有限公司2001年版,第62—64页。

[②] 参见陈忠良《工程项目口译的组织实施和经营管理》,转引自全国翻译企业协作网领导小组秘书处编《全国首届翻译经营管理工作研讨会论文集》,江苏钟山翻译有限公司2001年版。

[③] 参见中央编译局翻译服务部《翻译市场浅析》(2001:4—13)。

[④] 参见陈忠良《工程项目口译的组织实施和经营管理》,转引自全国翻译企业协作网领导小组秘书处编《全国首届翻译经营管理工作研讨会论文集》,江苏钟山翻译有限公司2001年版,第34页。

成熟的翻译公司一般都制定了翻译业务流程和翻译质量监控体系。例如，重庆华电翻译公司经过多年探索，形成了比较严密的业务流程（图5-2）。

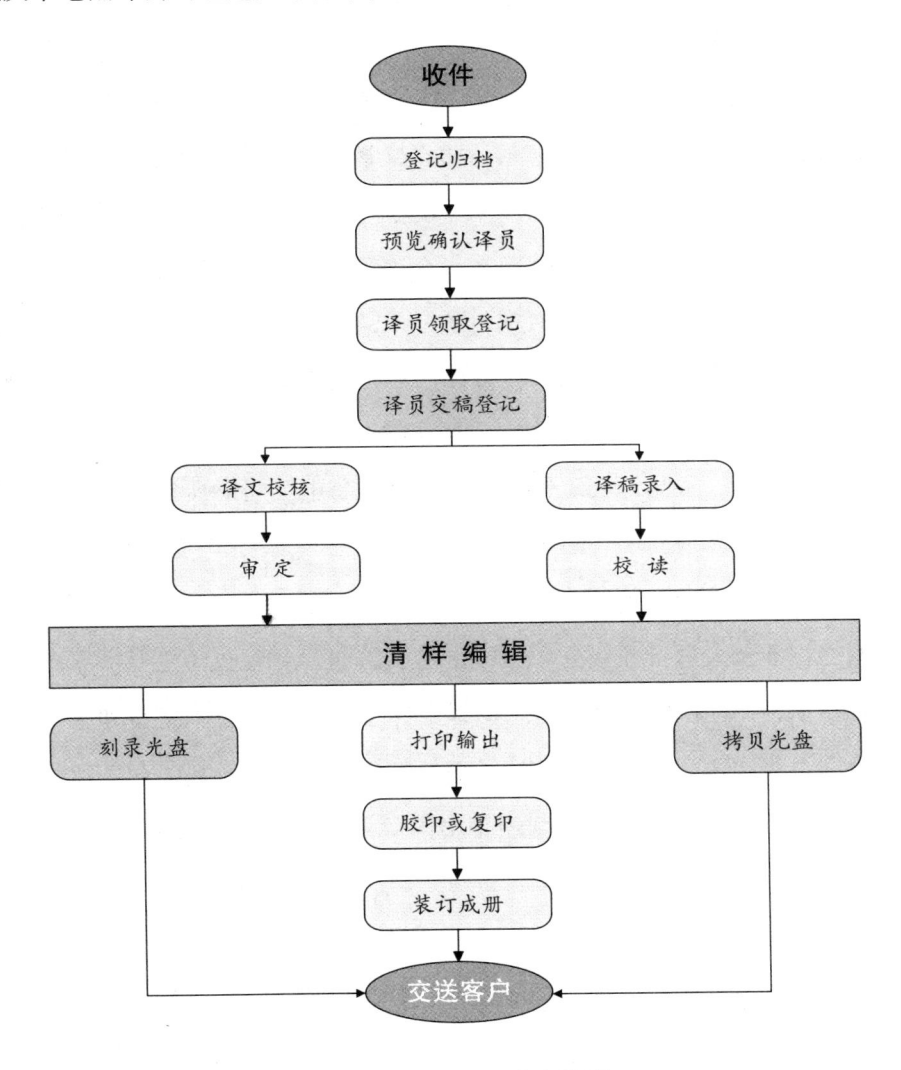

图5-2　翻译公司业务流程

（资料来源：文仕俊《翻译公司内部控制流程》，载《全国首届翻译经营管理工作研讨会论文集》，第26页）

如图5-2所示，翻译公司首先收取客户要翻译的文件资料，并登记归档；公司管理人员预览文件，然后确定合适的译员；相关译员领取要翻译的文件并登记，译完后将译稿上交公司并登记；公司派员校核初稿，并确定最终译文，然后定稿录入电脑，并校核所录入的译文；打出译文清样，然后进行编辑；确定无误后将译文刻入光盘，打印输出纸质版译文，同时拷贝软盘；然后胶印或复印，并装订成册；最后将译文送交客户。由此可见，重庆华电翻译公司有一套严密细致的业务流程，这是实现高质量译文的前提和保障。为了提高翻译质量和效率，该公司在每个工程项目开始之前，邀请该项目专家交流、讲课，与客户一道编写项目统一术语表，交由译审人员阅读，熟悉掌握并严格遵守。之后，公司根据翻译内容把有效人力资源在最短时间内分派到各工作点上，同时对各工作环节严格把关，减少重复、遗漏、返工，从而加快作业速度，提高译文质量。[①]除此之外，华电公司对所定稿的工程资料制作的质量也有严格要求（图5-3）。

　　口译服务模式与笔译不同。以上海金译公司的上海石化工程项目为例，该项目建设涉及大量口译服务。在项目建设前期，上海金译主要依靠自己的专职译员承担口译任务。该公司组织译员熟悉各项目的技术资料和文件，向用户上海石化国际部项目主管人员了解外方公司情况、谈判的背景和项目进展情况，使译员无论是合同谈判还是出国翻译都做到心中有数、成竹在胸。项目建设中期和后期是口译工作的高峰期。这一时期口译的主要工作不是技术交流和谈判，而是现场口译，上海金译的口译员已不能满足需要。为此，该公司从用户上海石化各分厂抽调几十名英语水平较好的工程技术人员脱厂进行三个月至半年的英语语言能力培训，培训结束后从中抽调了20余名优秀的电气、设备、仪表、计算机和工艺的工程师和助理工程师，到上海金译充实英语翻译力量。实践证明，对工程技术人员进行口译培训后再担任口译达

[①] 参见文仕俊《翻译公司内部控制流程》，转引自全国翻译企业协作网领导小组秘书处编《全国首届翻译经营管理工作研讨会论文集》，江苏钟山翻译有限公司2001年版，第25—27页。

到了事半功倍的效果,这解决了翻译力量不足的问题,又降低了人工成本。对用户来说,也提高了他们工程技术人员的外语素质。①

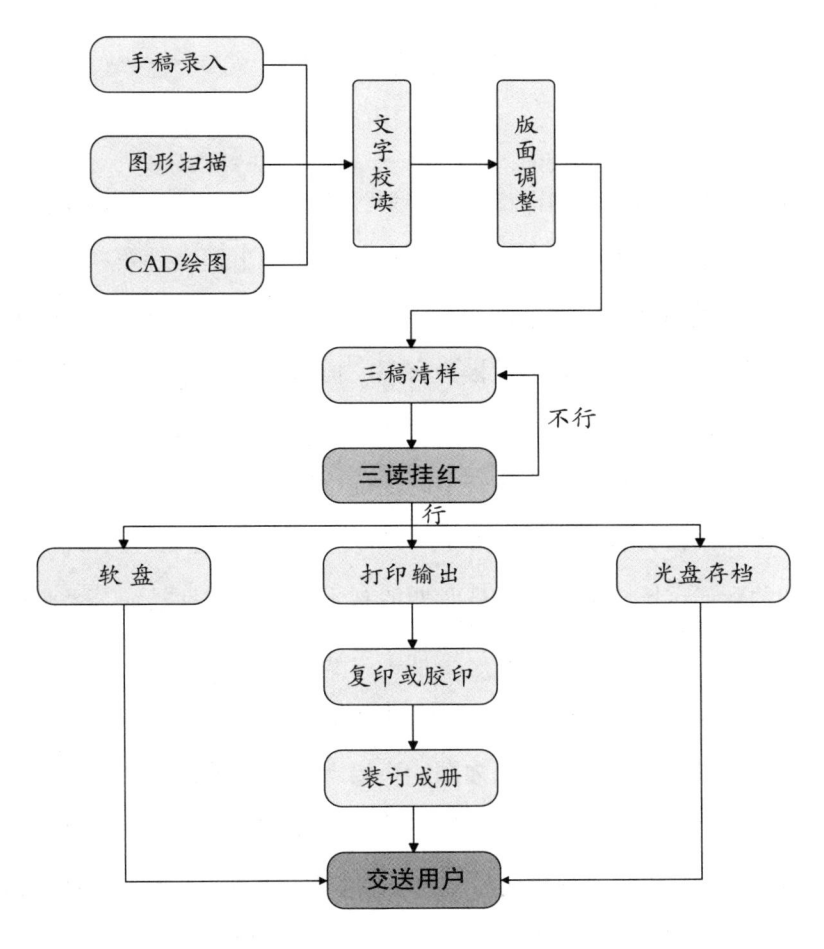

图 5 - 3　翻译质量控制流程

(资料来源:文仕俊《翻译公司内部控制流程》,载《全国首届翻译经营管理工作研讨会论文集》,第 27 页)

---

① 参见陈忠良《工程项目口译的组织实施和经营管理》,转引自全国翻译企业协作网领导小组秘书处编《全国首届翻译经营管理工作研讨会论文集》,江苏钟山翻译有限公司 2001 年版。

第四节　本章小结

综观经济转型时期的翻译市场，计划经济时期的市场运行机制仍然占据着主导地位，不过在大中型企业的对外合作项目、出国文件资料翻译、政府有关文件翻译等领域已出现了新兴的市场成分——民营翻译企业的出现。虽然这些私营翻译公司在当时数量极为有限，但为市场经济时期翻译市场性质的根本转变奠定了基础。

与计划经济时期相比，经济转型时期的中国翻译市场受到国家政治、经济、外交等方面的方针政策变化的影响而发生了一些变化。从市场性质看，转型时期的翻译市场已由计划经济时期的基本上纯公益性转向公益性与经营性并存。从市场规模看，改革开放增加了各领域翻译服务的需求量，翻译产值由亿元增加到数亿元。从语种看，计划经济时期，以俄语与汉语互译为主；转型时期，英语取代了俄语，成为翻译市场上最主要的翻译语种。从翻译市场的译者数量来看，由于70年代末恢复高考招生制度，译者群体经过十多年的高等教育培养而有了显著扩大。在社会科学翻译领域，"毛著"的翻译逐渐被其他党和国家领导人著作的翻译以及党代会、人代会、政协会议等文件的翻译所取代。不过，马列著作翻译在这一时期仍占据相当重要的地位。在大型工程项目翻译方面，计划经济时期主要是苏联援华项目的翻译，经济转型时期的大型工程项目主要是美英等西方国家对我国的技术与设备输入。在民族语文翻译领域，计划经济时期主要表现为国家的方针政策和国情等由汉语译为各少数民族语言；经济转型时期的一个变化是少数民族的文献如古籍等被译成汉语甚至西方语言。

在改革开放的推动下，转型时期的翻译机构数量明显增多。就公共翻译机构来看，有的机构的产生是因为国家外交政策的转变而产生了翻译服务需求，如中译公司；有的机构的产生是因为对外开放扩大了经贸、科技、文化领域的对外合作，国内企业和部门对翻译服务的需求显著增长，如江苏省工程技术翻译复制公司；有的机构的产生则是为了填补计划经济时期翻译的空白，如以译林出版社为代表的出版社和杂志社对当代西方文学、学术著作等的译介。

完全以社会为依托的私营翻译公司的出现则是转型时期翻译市场的最大也是具有深远意义的变化。改革开放不仅增加了政府部门、国有企事业单位、合资企业对翻译服务的需求，社会个体因为出国留学、探亲、移民、旅游、经贸、文化交流等也出现了逐渐增长的翻译服务需求。有人敏锐地捕捉到这一变化所带来的商业价值，建立了与公共翻译机构竞争的民营翻译公司。这些公司的建立者有具有外语教育背景的政府工作人员、企事业单位人员或离退休人员，也有不具有外语背景的人员。

从译者群体看，公共翻译机构的译者主要来自其主管部门。政府部门、有关企业和科研机构以及相关单位内部的翻译机构，经过计划经济时期数十年的积累，培养了一批专职翻译人员。以这些单位或行业系统为依托建立的翻译公司大都是以"熟人和朋友"为核心圈子，建立起兼职译者网络，并利用与政府和企业的既有关系承接翻译服务。翻译服务内容既有传统的专业内容，也有社会化需求的内容，中央编译局翻译服务部是这类公司的代表。而私营翻译公司的译者一般都是从社会上招聘而来的，译者成分复杂，有很多都是非外语专业毕业的社会人员。这些民营翻译公司，除了分担原先由公共翻译机构或国家临时组成的外事机构所承担的翻译工作之外，也接受社会上个人和私营企业的翻译业务，如信函、电报、进出口资料、公证文件、招投标书、合同、出国文件等的翻译，海南翻译公司是这类公司的代表。从长远看，公共翻译机构以"熟人和朋友"为核心圈子的经营方式，不利于经营规模的扩大和发展，也不利于引入适应市场的管理手段。而民营翻译公司由于吸纳了包括留学归国人员在内的社会上零散的翻译人才资源，改变了原先主要由外语专业毕业生和专业技术人员经培训后从业的状况，使翻译服务的社会化和市场化转向具备了更好的基础。但另一方面，这些翻译公司由于没有可以依托的专业翻译人员资源，其翻译人员只能通过媒体广告从社会上招聘，使得其人员的变数较大，较难形成核心圈子，会给翻译公司的经营带来不稳定的因素。[1]

---

[1] 参见中央编译局翻译服务部《翻译市场浅析》。

第六章　市场经济时期的翻译市场

　　1993年是中国改革开放历程中的一个重要时间节点。在这一年11月闭幕的十四届三中全会上通过了实施改革的50条行动纲领，即《中共中央关于建立社会主义市场经济体制若干问题的决定》。从1994年开始，改革按照此规划"整体推进、重点突破"，势不可当。①党和国家所制定的新的方针政策成为翻译服务社会化、市场化的转折点。新时期的翻译市场由计划经济时期的封闭型逐渐过渡到转型时期的半开放直至市场经济时期的完全开放，同时翻译市场在某些细分领域由卖方市场逐渐转变成为买方市场。市场中的公益性翻译服务成分与商业化翻译服务成分的比重也悄然发生了变化。计划经济时期，公益性翻译占据绝对主导地位，以营利为导向的翻译服务极少。到了转型时期，商业化翻译开始出现，但在公益性翻译服务主导下的市场中所占比重很小。到了市场经济时期，原来属于公益性翻译服务范围的大多数翻译业务已逐渐由翻译公司承担，经营性翻译服务逐渐开始占据市场的主导地位。用勒菲弗尔（2004）的赞助人制度理论审视三个时期的翻译市场，中国翻译市场已逐渐由计划经济时期的无差别市场转变成为经济转型和市场经济时期

---

① 参见胡舒立、霍侃、杨哲宇《社会主义市场经济体制的由来》，《中国改革》2012年第12期。

的有差别市场。

　　经济转型时期以来，国家所出台的一些条例与法规为自由译者以及民营、合资、外资翻译公司的大量涌现打下了坚实的法律基础。改革开放伊始，我国就在农村实行了联产承包责任制，在城市鼓励个人经商和兴办实业，出台了《中华人民共和国中外合资经营企业法》（1986）、《城乡个体工商户管理暂行条例》（1987）、《私营企业暂行条例》（1988）、《中华人民共和国外资企业法》（2001）以及《中华人民共和国公司法》（2005）。转型时期，我国的民营翻译企业仍然很少。但从90年代中期开始，翻译公司在大中城市开始密集出现。这些公司的出现并非偶然，是由我国政府、企业、个人对翻译服务越来越多的需求所决定的。90年代以来，国内所发生的一些重大事件推动了个人和公司翻译业务的蓬勃发展。香港和澳门相继回归祖国、中国加入世贸组织、成功申奥、举办2008年北京奥运会和2010年上海世博会等一系列事件加强了我国同其他国家的联系，也使我国对外贸易额和国民生产总值在这一时期飞速增长。而1999年高校扩招为专职和兼职译者队伍提供了巨量的潜在人才资源。在这一背景下，翻译市场规模迅速扩大，翻译产业成为新兴的增长强劲的产业板块。

第一节　市场的性质与特点

　　我国市场经济时期的翻译市场主要是一种有差别的翻译市场，有别于计划经济时期的无差别市场。计划经济时期，翻译的公益属性特别明显：翻译工作服务于国家，为国家意识形态和经济活动服务，服务对象单一，不向社会开放，基本上是一种公益性翻译服务。译者的经济地位和社会地位与其意识形态倾向统一为一个整体，亦即其意识形态的取向影响其社会地位，社会地位又直接决定了其经济地位。市场经济时期则大不相同。处于市场经济环境中的译者与翻译公司，其经济上的成功与其意识形态和社会地位没有必然联系。换言之，其经济上的成功并不意味着其社会地位的提高，也不表明其世界观与主流意识形态相一致。市场经济时期的翻译市场向全社会开放，并不针对某一特定对象，具有市场化、职业化、专业化、标准化、技术化、网络化和全球化等特点，是语言信息服务的重要组成部分，以自由选择和自由竞争为主要特征，其翻译服务的商业属性十分明显。

严格说来，我国市场经济时期的翻译市场是有差别翻译市场和无差别翻译市场并存的一种异质市场。有差别市场对应于商业化翻译服务，无差别市场对应于传统的公益性翻译服务。传统市场板块服务内容单一，基本上表现为语言间的文字转换，翻译被视为一种"任务"，具有显著的行政色彩和较强的政治敏感性，专兼职译者具有"单位依附性"的被动服务特点。市场经济时期的翻译市场结构复杂，从服务内容看，这一时期的翻译市场已不再仅仅局限于不同文字间的转换，信息转换成为其主要特点。随着以互联网和计算机为主要特征的信息社会的到来，翻译服务升级为包括本地化服务和服务外包在内的语言信息服务。仅就狭义的翻译市场来看，不仅包括向客户提供各种类型的服务，如口笔译服务、影视翻译服务、网上翻译服务等，还包括翻译技术与产品的研究、设计、生产与销售，翻译教育培训与证书考试，翻译相关政策法规的起草、制定与执行，翻译研究与学术探讨等。从译者构成看，这一时期的专兼职译者已不再是完全依附于"单位"的被动从业者。大量的译者摆脱了"单位"的束缚，成为自由译者，完全或部分地以翻译为生。译者类型更加丰富，不仅有数量日益庞大的专职译者，还有各种各样的兼职译者、自愿译者、"远程"译者、"短工"译者、"地下"译者等。从翻译机构性质看，不仅有传统的公共翻译机构与组织以及国有翻译企业，还有各种类型的纯商业化的翻译公司，如内资私营翻译公司、中外合资翻译企业、外商独资翻译企业等。从服务方式看，有传统的依靠国家财政拨款的具有计划指令色彩的翻译服务方式，也有自由竞争的按照现代企业制度运作的公司服务形式，"外包""众包"等新型服务方式代替了传统的"计划任务"。

一 交换方式及其实现形式

由于市场经济时期翻译市场的异质性，翻译服务交换方式呈现出多样性。就传统的公益性翻译市场板块而言，作为政府雇员的译者向国家提供翻译服务，国家付给译者固定的工资和奖金。此外，基于人情、道义等的翻译服务则表现为准货币或非货币的交换形式，可能是即时的或延迟的物质酬劳或人情回报。

而现代意义上的翻译服务市场是一种纯粹的买卖关系，其主要特征是有供需双方、有契约关系、有纯货币支付。具体说来，市场经济时期，翻译市场上既存在有翻译服务需求的客户，如国家机关、政府部门、国有企事业单位与组织、各类私营公司、个人等翻译服务需求方，也存在各类公共翻译机构、翻译公司、本地化公司、服务外包公司、自由译者以及其他各类译者等翻译服务提供方。市场经济时期的翻译服务供需双方远比计划经济时期复杂。从翻译公司角度看，客户在提交需要翻译的文件时，一般要与翻译公司签订服务合同，有些情况下还需要预付定金或预交部分服务费用。翻译服务圆满完成之后，客户需要按照合同规定用纯货币将所有费用支付给服务提供商。

二 价值规律的作用

市场经济时期以翻译公司和自由译者为主导的翻译市场，其翻译价格的制定完全围绕翻译服务供需关系的变化。换言之，价值规律在翻译价格形成中起决定性作用。翻译价格反映了包括翻译公司和译者在内的翻译服务提供方所付出的社会必要劳动时间。翻译服务需求量大而服务提供者少，则翻译价格就高，如国际会议口译特别是大型会议同声传译，目前国内合格译员只有数十人，因此每小时口译付费以数千元甚至上万元计；翻译服务需求量小而服务提供者多，则翻译价格就会下降，如低端笔译服务每千字几十元到数百元不等。

有学者认为，翻译机构（包括翻译公司和出版社）所定的翻译价格未反映译者所付出的劳动价值。[1][2] 他们将"低廉"的翻译价格归咎于客户对翻译过程中的艰难困苦不了解、客户对翻译质量的不重视、译者及翻译公司间的恶性竞争以及政府对规范无序翻译市场的不作为。翻译价格是否反映译者的劳动价值似可通过横向比较来确定。翻译活动从整体上看是语言活动的一部分，因此译者可视为语言工作者。一般语言工作者的单位劳动价格可用来衡量翻译价格。以外语教师平均 6000 元的月工资计算，平均每天为 200 元。而翻译（笔译）价格虽然高低不一，但一般在每千字 50—300 元或者更高。若按译者平均每天翻译 4000 字计算，每天的收入在 200 元以上。有的译者自称一天可翻译七八千字，那是特例。当然，译者不是每天都有翻译可做。对于难度高的材料，译者每天翻译的字数要少很多，但那也意味着翻译价格会提高。在市场经济条件下，翻译价格的高低不能由政府主导，也不能由翻译公司或客户制定。市场决定价格是唯一正确的选择，否则就违背了市场经济规律。知名本地化翻译经理人赵杰有这样一段话发人深省：

> 其实在一个市场上存在多种价格并不奇怪。皮鞋有几十元的，也有几千元的；吃一顿饭可以三五元，也可几百元。市场经济的魅力正在于此：为市场提供多种不同的选择。有必要将几十元的皮鞋赶出市场吗？有必要将三五元的快餐店清除掉吗？再看看国际翻译界，情况基本相同。

---

[1] Fernand Boucau, *The European Translation Market*：*Facing the Future*，Brussels：EUATC EEIG，2005.

[2] 参见张楠《翻译稿酬提升难》，《新京报》2013 年 9 月 26 日。

有报价50美元每千字的自由译者,也有报价300美元每千字的翻译公司。我经常参加国际翻译和本地化行业会议,并未听到国外同行有如此多的抱怨。①

三 市场机制

市场经济时期的传统翻译市场板块在供求、价格、竞争、产权、激励、信用等方面基本上仍然遵循着计划经济时期的市场机制,供求关系固定,不存在翻译价格,没有竞争或竞争很微弱,产权不明晰,信用不确定或仅仅建立在国家信用或个人道义之上,但在激励机制上除了物质或荣誉激励外,也出现了纯货币激励即奖金。

新兴的经营性市场板块在市场机制方面发生了根本变化,过去那种国家与翻译机构或个人之间固定的供求关系被打破。翻译服务需求方不再仅仅是国家或政府,也包括各种机构、组织、企业和个人,甚至包括国外客户。翻译服务提供方主要为国内外翻译公司、本地化公司和自由译者。翻译价格遵循价值规律,围绕供求关系变化,由市场决定。翻译服务供求双方有自由选择对方的权利,进行自由竞争,包括在价格、服务质量、人才资源、技术资源、品牌资源等方面的竞争。具有正式法人资格的翻译公司多为有限责任公司,产权明晰,自负盈亏,以自己的注册资本作为信用,奖优惩劣,有货币及非货币形式的激励机制。概而言之,主要由翻译公司和自由译者组成的翻译市场具有比较完备的市场机制。

但是,我们必须看到,作为近二三十年来逐渐形成的新兴市场形态,翻译市场也存在很多问题,需要政府、行业组织、翻译公司、译者合力制定相关行规行约,使翻译市场能够健康地发展。由相关翻译组织和企业制定、国

---

① 参见赵杰《翻译市场准入之我见》,2004年,中国企业在线(http://www.71ab.com/Readnews_3695.html)。

家标准化管理委员会颁布的《翻译服务规范（第一部分）：笔译》（2003）、《翻译服务译文质量要求》（2005）、《翻译服务规范（第二部分）：口译》（2006）等有关规范文件是翻译市场规范化的一种很好的尝试。

第二节　市场概述

市场经济时期的翻译市场可分为传统市场板块和新兴市场板块两大部分，有无价格机制是二者的根本区别之一。传统市场板块存在于国家机关、政府部门、国有企事业单位等领域，其翻译服务直接或间接地面向国家，服务供需双方无契约关系，服务的货币支付方式为固定的工资（和奖金），无价格机制，无自由选择与竞争，多劳多得的激励机制也不显著。这部分翻译市场在一定范围内存在，但随着时间的推移、翻译服务方式的变革，其存在空间越来越狭小。

新兴市场板块是完全社会化、市场化的以语言服务企业和自由译者为主体的自由竞争的现代翻译市场。该市场板块突破了国家对翻译服务的垄断，使翻译服务平等地面向社会上的任何个人与组织。同时，新兴的翻译市场完全按照市场规律运行，遵循价值规律，翻译服务提供者可以自由竞争，翻译服务需求方可以自由选择翻译服务供应方，翻译服务供需双方可以自由讨价还价。在经济全球化和互联网技术迅速发展的推动下，翻译服务在服务方式上由外包发展为众包，在空间上由国内发展到国外，在供需双方的交往方式上由现实的直接接触发展到虚拟现实的网上远程交流，在服务内容上由传统的文字信息转换发展到文本编辑加工、翻译技术工具研发与语言培训咨询、软件与网站本地化等更加广阔的领域。新的翻译公司、本地化公司，以及新的翻译技术与软件、新的翻译客户、新的翻译业务、新的翻译领域不断出现。翻译市场的产值与规模也因此迅速扩大。

第三节　传统翻译市场

进入市场经济时期后，公益性翻译服务仍然在一定领域存在，如外事外宣、外贸、科技、文化、教育、体育、文学艺术等。不过，由于原本属于公共翻译机构的翻译内容转由翻译公司等承担而使得传统翻译市场板块不断缩小。同时，随着经济体制改革，出版领域的许多出版机构逐渐被推向市场，虽然在行政关系上仍然受政府有关部门领导，但在财务核算和业务经营上已成为独立的市场主体，成为新兴市场板块的一部分。转型时期出现的个别出版社如译林出版社，成立之初就是自负盈亏，是完全市场化的出版机构。但为讨论方便，我们仍将翻译出版市场放在传统市场板块进行讨论。

在文学翻译方面，翻译的主体构成仍然是大学里的教师、编辑部和杂志社的编辑、研究机构中的研究人员、政府部门职员以及社会团体中的会员如作家等。在翻译服务被逐渐推向市场的大趋势下，文学翻译是少数仍然保持传统的个体译者与出版社合作的业态形式，基本上未成为翻译公司的业务内容。这一时期由于人民生活水平的提高，对精神文化的需要不断增长，文学翻译特别是世界文学经典重译呈现一派繁荣的景象。老翻译家老当益壮，中青年翻译家年富力强，如力冈、高莽、王金陵、智量、飞白、蓝英年、荣如德、冯春、徐振亚（以上为俄苏文学翻译家），万紫、巫宁坤、萧乾、方平、金隄、袁可嘉、高昌荣、吴劳、傅惟慈、董乐山、主万、李野光、汤永宽、秭佩、梅绍武、谢素台、施咸荣、刘炳善、杨德豫、江枫、陈良廷、宋兆霖、鹿金、李文俊、朱炯强、黄杲炘、张玲、郭建中、孙致礼、裘小龙、曹明伦、毕冰宾（以上为英美文学翻译家），毕修勺、闻家驷、郑永慧、王道乾、桂裕芳、王振孙、柳鸣九、罗新璋、郑克鲁、周克希、郭宏安、吴岳添、许钧（以上为法语文学翻译家），董问樵、侯浚吉、钱春绮、绿原、钱鸿嘉、孙坤荣、高中甫、张玉书、张佩芬、叶廷芳、杨武能、胡其鼎（以上为德语文学翻译家），吴岩、汤真、兴万生、蒋承俊、张振辉、易丽君、林洪亮、郑恩波、石琴娥、高子英、田德望、杨绛、屠孟超、吕同六、董燕生、李德明、尹承东、范维信（以上为其他欧洲语言文学翻译家），胡文仲、黄源深（以上为澳大利亚文学翻译家），王央乐、王永年、孙家孟、刘习良、林一安、朱景冬、赵德明、赵振江、段若川、陈凯先（以上为拉美文学翻译家），李芒、金中、文洁若、叶渭渠、唐月梅（以上为日语文学翻译家），金克木、刘安武、张鸿年、仲跻昆、黄宝生（以上为亚非文学翻译家）。①

在科技翻译方面，科学著作、杂志文章、高校教材、研究论文的翻译是自然科学领域的主要翻译内容，译者多为科研院所、大学、企事业单位的研究人员、教师与编辑。本时期自然科学翻译事业的发展从国内中文科学期刊英文版数量的扩大可见一斑。计划经济时期，基本上只有中国科学院主办的《中国科学》和《科学通报》有英文版。改革开放之后的转型时期，国内英文期刊发展到数十种。进入市场经济时期后，有英文版的国内自然科学版学术期刊达到数百种，被美国科技情报所（ISI）检索收录的期刊就有100多种，有的不仅有英文版，还有其他外语版，如《材料物理化学》（*Material Chemistry and Physics*）有英、法、德文版。②有的期刊虽然没有全英文版，但提供标题、摘要、关键词等的英文。在工程技术翻译领域，随着计算机科学、生命

---

① 参见查明建、谢天振《中国 20 世纪外国文学翻译史》，湖北教育出版社 2007 年版。
② 参见《美国 ISI〈期刊引证报告〉（JCR）2009 年公布的中国期刊影响因子》，百度文库（http://wenku.baidu.com/view/e06878d384254b35eefd346d.html）。

科学、纳米技术等新兴科学技术突飞猛进的发展，这方面的翻译图书数量呈爆炸式增长。20世纪90年代国内书店里一度出现摆满国外计算机图书的奇观。中央和地方科技情报院所的各类科技情报资料的翻译也是整个科技翻译领域的重要组成部分。据统计，中华人民共和国成立60年出版的自然科学与技术工程类译著约为5.1万种，而1988—2008年的20年间，出版约为2.4万种，约占总数的一半。[①]

在社会科学翻译方面，中央和地方政府事业单位、出版社、杂志社、大学、民间团体等是翻译的主要力量。马列著作的翻译虽然不如计划经济和转型时期那样规模巨大，但仍然是中央编译局等有关机构的一项重要工作。党和国家重要领导人的讲话与著作以及国外社会科学名著的翻译仍然是一些机构如商务印书馆、中国社会科学出版社、社会科学文献出版社的规划内容。党代会、人代会、政协会议文件，以及政府机关等外事外宣资料和中国文化经典的外译在中国日益开放、文化"走出去"的全球化战略中地位日益凸显。

在大中型工程技术项目翻译方面，有些仍然由中央和地方政府有关部门组织，如山西平朔安太堡煤矿、中意依维柯汽车合作项目、太原钢铁公司的不锈钢项目等。但更多的大中型工程技术项目的翻译采取服务外包形式，如广东核电站资料的翻译委托给中国船舶信息中心完成。[②]影视翻译的情况与工程技术项目翻译类似，一部分影片和电视剧仍然由属于国有企事业单位的电影电视译制厂或译制中心完成，还有一部分则被推向市场，由个人、字幕组甚至翻译公司完成。另外，民族语文翻译仍然以一定规模存在于中央和地方的各有关翻译与出版部门。

[①] 参见黎难秋《新中国科学翻译60年》，《中国翻译》2010年第1期，第30页。
[②] 参见池建文、顾小放《大型工程技术资料翻译的问题与对策》，转引自全国翻译企业协作网领导小组秘书处编《全国首届翻译经营管理工作研讨会论文集》，江苏钟山翻译有限公司，2001年，第41—47页。

一 政府部门的翻译活动

我国市场经济时期政府部门的翻译活动主要分布在中央及地方的各级行政部门、事业单位以及国有企业等领域。

（一）政府行政部门

随着对外开放在深度和广度上的不断加强，中央和地方越来越多的政府部门，如外交、外贸、科技、文化、教育、体育、卫生、旅游、劳务等部门，涉及对外交流与翻译事务，而且外事翻译活动的内容大量增加。以外交部为例，随着改革的推进，我国同各国关系不断发展，涉及的领域也不断扩大。在多边外交方面，我国不仅积极参加联合国的各种活动，包括维和行动，也是上海经合组织的创始国之一，积极参加亚太经济合作组织、G20、八国集团与发展中国家的对话会议等。多边外交的开展，使外交翻译增加了一项新任务：会议的同声传译。

随着外交活动的日益频繁，外交部翻译室翻译工作量随之激增。以 2008 年为例，外交部翻译室英、法两个语种完成了涉及奥运火炬传递、两会、抗震救灾、奥运会、残奥会、亚欧首脑会议、金融峰会、亚太经合组织领导人会议等多项重大外交活动的翻译，全年累计口译出差任务 2705 天，单场口译 2179 场，完成笔译 603 万字左右。[①]

奥运会前期，翻译室英、法文翻译人员参加了奥运火炬传递的翻译服务，在复杂的政治形势下，牢记使命，不辞辛劳，出色地完成了任务。奥运会期间，100 多个国家的元首、政府首脑和贵宾云集北京，参加欢迎宴会、奥运会开幕式和闭幕式，观看文艺演出。外交部组织了 33 个语种的近 150 人的翻译团队，圆满完成了翻译任务。[②]

---

① 参见施燕华《外交翻译 60 年》，《中国翻译》2009 年第 5 期，第 12 页。
② 同上。

(二) 政府事业单位

本时期中央和地方各级政府事业单位的涉外翻译活动明显增多。以电视媒体单位为例，20 世纪 80 年代，电视在我国百姓生活中尚不普及，涉外电视节目很少。90 年代特别是 21 世纪以来，中央和地方电视台加大了对外宣传的力度，如中央电视台设立的第四频道中文国际频道、第九频道英语新闻频道（原名为英语国际频道）以及新闻联播中的国际新闻和其他频道的电视节目，翻译与电视节目制作的关系越来越密切，发挥着越来越大的作用。

1. 中共中央编译局

作为最重要的中央翻译机构之一，中央编译局适应新的形势变化，将工作重心由经典著作翻译逐渐转向哲学社会科学研究，不过马列著作、党和国家重要文献以及其他国外社会科学著作的编译和翻译仍然是其主要工作之一。该局近十多年来的主要编译成果包括《马克思恩格斯全集》第二版共 48 卷、《马克思恩格斯文集》10 卷、《列宁专题文集》5 卷以及党代会的各种决议决定、人代会的历年政府工作报告、两会审议的历年国务院各部委的草案报告等的英、法、德、日、阿等外文版。①值得一提的是，该局领导宋书生、尹承东等人以个人身份积极参与中国翻译市场的管理、监督与立法，如成立全国翻译企业协作网、组织召开全国翻译经营管理工作研讨会、建立相关翻译服务国家标准等。

2. 中国外文出版发行事业局

中国外文局在本时期有了新名称，即中国国际出版集团。外文局每年以中文和英、法、德、日等近 20 种文字出版和发布 3000 余种图书、20 余种纸质和电子杂志以及互联网信息。据有关统计，1990—2008 年，外文局出版外

---

① 参见中央编译局网站主页"编译工作"栏目（http://www.cctb.net/bygz/）。

文图书种数达到大约 2 万种。① 该局拥有近 3000 名员工和近百名外籍专家（见《中国翻译年鉴 2005—2006》第 472 页）。21 世纪以来，外文局所属杂志社不断扩大海外业务，如 2004 年《今日中国》杂志社在拉美和中东建立了分社，2005 年《北京周报》杂志社在北美成立分社，2005 年《人民画报》杂志社在莫斯科成立分社。外文局还分别于 2004 年和 2008 年承办了北京第 89 届国际世界语大会和上海第 18 届世界翻译大会。此外，2003 年，中编办批准成立中国外文局翻译专业资格考评中心。

除了众多纸质媒体，外文局还拥有自己的网络媒体——中国网。②中国网即中国互联网新闻中心，始建于 1997 年，是用 10 个语种、11 个文版对外发布信息的"超级网络平台"，读者分布在世界 200 多个国家和地区。

3. 新华通讯社

作为最重要的中央新闻出版机构之一，新华社总社设有 11 个管理职能部门、10 个采编职能部门、18 个直属单位。在国内设有 33 个分社，在 100 多个国家和地区设立了分社。该社每天 24 小时不间断地用中文、英文、法文、俄文、西班牙文、阿拉伯文、葡萄牙文 7 种文字，向世界各地播发文字、图片、图表、音频、视频、手机短信等各类新闻信息，同时播发日文经济信息。目前，新华社日均播发文字新闻信息 8000 多条、图片 1000 多张，新闻用户总数达到数万家（见《中国翻译年鉴 2005—2006》，第 465—466 页）。该社所办报刊《参考消息》《新华每日电讯》《环球》《国际先驱导报》等均与翻译有关。其所办网站新华网有英、法、西、俄、阿等外语版以及维、藏等少数民族语言版。

4. 中国国际广播电台

中国国际广播电台目前开通了 61 种语言，职工 1000 余人，其中编辑记者以及工程技术人员 700 多人，外籍员工 200 余人。翻译人员数量不断增长，

---

① 参见黎难秋《新中国科学翻译 60 年》，《中国翻译》2010 年第 1 期，第 30 页。
② 中国网的网址为（http://www.china.org.cn/）。

如1993年为526人，1994年为556人，1995年为561人。① 国际台在世界各大洲建有30个驻外记者站。1998年，国际台互联网站开始对外发布。2000年，国际台网站被列入国家重点新闻网站。"国际在线"现已将国际台的43种语言广播节目全部送上互联网。截至2010年年底，每天累计播出节目2471个小时。此外，国际台还主办了《世界新闻报》，以报道国际新闻为主，内容涉及国际政治、经济、文化、体育、教育、科技、社会等各个方面，面向全国发行，发行量达80多万份。

国际台每年的广播工作所涉翻译工作量十分巨大。以2001年为例，国际台承担了报道"两会"、北京大运会和亚太经合组织会议等重大事件的任务。"两会"期间，国际台网站共发布有关消息1245条、852篇。该台播出的专题节目《大运会在北京》，用43种语言共播发有关消息10164条、专题3492篇。而有关亚太经合组织第九次领导人非正式会议的报道，用43种语言共播发有关消息9224条、专题980篇。②

5. 中央人民广播电台

中央人民广播电台涉及翻译的节目主要是民族语文广播。1999年，中央台开办民族广播北京地区广播；2009年，开办藏语广播频率，覆盖国内听众2500万人，国外听众近1亿人。③目前，中央台少数民族语言广播已形成了两套相对完整的广播频率。一套是用藏语广播的藏语频率，每天播音18小时；一套是用蒙古语、维吾尔语、哈萨克语、朝鲜语播音的《民族之声》，每天播音20小时。从2000年至2010年的10年间，中央台少数民族语言广播由每天播音10小时增加到38小时。五种民族语言广播覆盖近一半的国土面积，已

---

① 参见吴彬编《中国对外广播史上的新篇章——改革开放中的中国国际广播电台》，中国国际广播出版社2000年版。

② 参见中国国际广播电台网站主页"国际在线"大事记（http://gb.cri.cn/21344/2007/10/25/402@1817074.htm）。

③ 参见范国平《贺中央人民广播电台民族广播60周年》，《中国广播》2010年第6卷。

形成了以广播为主、多媒体联动的传播格局。

6. 中国科学院

中国科学院除了各领域的科学家、专家、教授从事科学技术文献与资料的翻译外，在机器翻译技术研究方面一直是国内的一支重要力量。中国科学院直接投资成立的高科技企业华建集团以翻译服务为主营业务，主要从事计算机语言信息处理领域的技术研究、产品开发、应用集成、技术服务，为政府、企业、个人提供计算机信息处理、系统集成、信息服务等计算机信息系统应用解决方案。华建集团在智能型机器翻译技术的基础上，开发了英汉、汉英、俄汉、德汉、英日、日汉等语种，建立了大型经贸、金融、机械、水利等领域的 40 个专业词库，翻译结果可读性达到 85% 以上，适用于从袖珍机、PC 机、NT 服务器到基于 UNIX 的大型网络中心服务器等多种平台，实现了与语音识别技术、语音合成技术、手写识别技术、格式处理技术等其他前沿技术的集成，与主流网络浏览器（微软的 IE 和网景公司的 NAVIGATOR）实现了无缝连接，被选为中国工程技术信息网、中国经济信息网、中国金桥网、中国技术创新网等网站的翻译处理平台。[1] 其拥有"华建多语译通英汉双向版""华建译通俄汉版""华建翻译 IAT 单机版""华建多语译通日汉双向版"等翻译软件。[2]

7. 中央电视台

中央电视台的节目一直与翻译分不开，以翻译、编译、影视翻译、口译、手语翻译等形式存在于各类节目之中。影视翻译指电影电视节目的字幕翻译和配音翻译。20 世纪 70 年代末 80 年代初，该台成立译制组译制了南斯拉夫电视剧《巧入敌后》以及美国影片《大西洋底来的人》《加里森敢死队》，播

---

[1] 参见何建军《利用先进翻译技术产品促进翻译服务行业发展》，转引自全国翻译企业协作网领导小组秘书处编《全国首届翻译经营管理工作研讨会论文集》，江苏钟山翻译有限公司，2001 年，第 48—49 页。

[2] 参见中科院华建集团网站主页有关产品介绍（http://hjtek.diytrade.com/）。

出后受到中国观众的欢迎。1989年以前，译制片仅在第一套节目中的播出栏目——"电视译制片"中播出，1989年以后第二套节目也开始播出译制片。1993年，"电视译制片"栏目更名为"国际影院"，除了播放美、日影视剧外，还选播了法国影片《交际花盛衰记》、苏联影片《春天的17个瞬间》、韩国影片《爱情是什么》、墨西哥影片《你，就是你》等。为了介绍世界优秀文化遗产，1995年中央电视台推出世界名著名片系列，播出了《战争与和平》等；1996年推出《世界名著名片欣赏》栏目，专门播出世界各国根据文学名著改编拍摄的影视作品，以及在世界电影电视史上有影响或者获得大奖的影视故事片。该台先后播出了《魂断蓝桥》《开罗的紫玫瑰》《静静的顿河》《居里夫人》《简·爱》《白痴》《一曲难忘》等。①影视字幕及配音翻译在其他节目如科教频道的引进电视节目中得到大量运用。

编译的节目，包括新闻编译、艺术作品简介翻译、旁白翻译、人物访谈翻译等在新闻联播、英语新闻频道、中文国际频道经常播放。口译则在大型晚会和综艺节目中的涉外环节得到运用。手语翻译主要在新闻联播和一些重大新闻事件报道中采用。

除了以上中央新闻事业单位外，其他如中国社会科学院、国家外国专家局等也存在大量翻译活动。例如，国家外国专家局局长张建国指出，2012年共有50多万外国专家在中国工作。这意味着需要配备大量口译人员协助外国专家的生活与工作。②此外，地方政府各部门的外事活动随着改革开放的不断深入，在翻译人员配备、翻译内容与活动频次上越来越多、越来越频繁。

二 企事业单位的翻译活动

大中型国有企业，包括新兴的民营企业，出版社、杂志社、报社等出版

---

① 参见中央电视台编《中央电视台的第一与变迁》（2003）（http：//media.people.com.cn/GB/4869304.html）。

② 参见张建国局长2013年新年致辞（http：//www.safea.gov.cn/intro/jzzc.shtml）。

机构、大学及科研院所等，仍然存在一定规模的翻译活动。不过，有些翻译内容已外包给翻译公司，有些企事业单位如部分出版机构已成为商业化翻译市场的主体，并出资成立了翻译服务分支机构。

(一) 企业的工程技术翻译

涉外企业的翻译活动在市场经济时期具有了新的形态：有的企业保留了少量翻译业务，由下属语言服务部门完成，而将大部分翻译业务外包或分包给翻译公司；有的企业则将所有翻译业务都外包给翻译公司。下面是一些个案介绍。

1. 安太堡露天煤矿

山西平朔安太堡露天煤矿是中国最大的露天煤矿，位于朔州市区与平鲁区交界处，总面积为376平方千米，地质储量约为126亿吨。煤矿全部采用美国CAT、日本小松、英国P&H等欧美国家进口设备进行挖掘，实行全方位现代化管理。1984年4月29日，中国煤炭开发总公司与美国西方石油公司在北京正式签订了合作开发平朔安太堡一号露天煤矿的协议，合作开采年限为30年。后因哈默去世，美方终止了合同，成为我国自行开采的露天煤矿。煤矿开工初期受到党和国家领导人邓小平的关心和重视，并一时令世界轰动，为当时世界上最大的露天煤矿。该煤矿在建设阶段，中国煤炭开发总公司从本系统和其他单位组织了数百名口译人员进行现场翻译，笔译工作量每天超过10万字，文字材料的翻译约5亿字。[①]

2. 洛阳石油化工工程公司

根据我们的问卷调查，中国石化洛阳石油化工工程公司90年代翻译的字数约为30万字，主要为技术情报和技术引进的翻译，21世纪头十年约为80

---

① 参见连彩云《提升科技翻译工作对山西技术引进消化吸收再创新作用的对策研究》，山西省科学技术情报研究所，2008年，第4页。

万字,主要是对外技术转让和对外石油化工工程的可行性研究报告、招标投标文件和总承包技术文件的翻译工作。洛阳石油化工工程公司虽然有自己的专职译员,但数量极为有限,只能承担部分技术文件英文版的审核工作。大量的翻译工作需要委托翻译公司完成。公司的翻译项目包括石油化工工程招投标文件、工程及工艺技术介绍、工程标准、工程设计文件和工程实施文件等。翻译程序一般是先将工程技术文件和工程标准等委托给有经验的翻译公司翻译,翻译完成后先由翻译公司的人员进行校审,然后由该公司有经验的翻译人员进行审核。洛阳石油化工工程公司的发展是我国许多技术企业的一个缩影。改革开放前,该公司的翻译活动主要是外译中,让中国了解国外;改革开放后,除了外译中,中译外有了突飞猛进的发展,主要原因是中国企业已走出国门,在国际市场上转让自己的技术、承担石油化工工程。

3. 太原钢铁公司

太原钢铁(集团)有限公司的不锈钢项目投资165.78亿元,新建了世界最先进的150万吨不锈钢炼钢和轧钢系统。2007年销售额突破1000亿元,利税近百亿元。该工程采用世界一流工艺技术装备和最先进的节能环保型技术及装备,集合了十几个国家、上千家工厂的产业优势。2006年,263名外国专家齐聚太原。为了配合专家工作,集团公司从各分厂抽调、从社会招聘译员,现场云集了专职翻译人员多达110人。该项目涉及英、法、德、日、韩、俄、意、西等多种语言。由于始终都是通过科技翻译提供技术文献和资料本土化的技术支持,使得项目顺利地消化吸收、再创新,在较短时间内迅速实现了不锈钢产能、结构、装备和技术等核心竞争力的全面升级。据粗略统计,仅文字翻译就达到2亿多字。[①]

[①] 参见连彩云《提升科技翻译工作对山西技术引进消化吸收再创新作用的对策研究》,山西省科学技术情报研究所2008年版,第5页。

4. 广东核电合营有限公司

广东核电公司核电站《运行维修手册》涉及机械、土建、电力、电子、仪器仪表、核医学等专业领域和众多基础学科。该公司的另一份资料《美国海军舰船技术手册》则涉及船舶工程和舰船技术的方方面面。此外，这些工程技术资料还包含有较深较广的工业技术与管理技术。公司将这两份资料的翻译委托给具有很强翻译实力的国内船舶行业唯一的综合性科技信息研究机构——中国船舶信息中心。该中心圆满完成了这两份手册的翻译任务，总字数达 6500 万字。①

5. 华为技术有限公司

华为公司是目前中国最大的民营企业之一。据《第一财经日报》报道，2012 年上半年，华为的销售收入达到 1027 亿元人民币，成为全球最大的电信企业，其中 65% 以上来自海外市场，产品、人员、服务和市场的本地化成为华为公司"走出去"的驱动器。②华为的翻译量十分巨大。以 2012 年为例，需要笔译的各种材料的字数达到 2 亿字，需要翻译的目标语言多达 16 种，需要口译的内容达到 4 万小时，包括交替口译和同声传译等。所以，华为设置了自己的翻译中心，专门提供公司产品的本地化和翻译服务，已有专职员工 400 多人，业务量每年增长 20% 以上。③ 在翻译服务外包成为多数企业共同选择的大趋势下，为什么华为要设立庞大的翻译机构承担自己的翻译业务？这是一个值得研究的问题。

6. 南京依维柯汽车有限公司

南京依维柯公司成立于 1996 年，是中国南京汽车集团与意大利菲亚特集

---

① 参见池建文、顾小放《大型工程技术资料翻译的问题与对策》，转引自全国翻译企业协作网领导小组秘书处编《全国首届翻译经营管理工作研讨会论文集》，江苏钟山翻译有限公司 2001 年版，第 41—47 页。
② 参见崔启亮《产业化的语言服务新时代》，《中国翻译》（增刊）2013 年，第 37 页。
③ 同上。

团依维柯公司共同成立的合资公司。依维柯汽车项目不仅是中意两国政府间最大的合作项目，也是菲亚特集团诞生100年来海外合作最成功的典范。①南京依维柯公司有自己的专职和兼职翻译人员，在技术资料翻译和管理工作方面积累了丰富的经验，包括"急用先译""组织业余翻译""按专业内容切块承包翻译"等翻译管理办法。下面简要介绍这些办法。

跃进汽车集团公司（南京依维柯公司的母公司）引进的意大利菲亚特集团依维柯公司"S"系列轻型车制造项目，是我国汽车行业较早利用外资引进的大型重点技术项目之一。该项目涉及32种车型和包括发动机在内的各主要总成件的设计与研制，所接收到的技术资料达数百万张之多，其中除了大量的产品图、明细表、设计计算书、试验报告和工装工艺文件外，还有1万多份IVECO标准和FIAT标准，且几乎所有资料都是作为小语种的意大利语版本。因此，资料翻译工作量之大显而易见。公司首先从本单位内懂意大利语的人员中抽调语言能力较强的人员，组成一个翻译团队来集中从事翻译工作，并按产品开发和试制工作的先后顺序，确定了"急用先译"的原则，即将当时需要提前开发的零部件资料和工序排在前列的工艺文件优先翻译，而将产品的试验和验收资料则放在后期翻译。例如，作为汽车心脏部件的发动机，由于结构部件多、加工工艺复杂，是各子项中优先开发的总成件。于是，公司用了3个多月的时间集中翻译了总成件研制工作所急需的1100多张图纸和涉及材料、加工、装配在内的近200份技术标准，使发动机各零部件配套厂家得以按照图纸和技术条件及时做好技术和工艺准备，推动了试制工作的顺利开展。

随着依维柯技术国产化工作的不断深入，对技术资料翻译件的需求也越来越迫切，仅靠由十多人组成的翻译团队难以适应引进项目全面开工的需要。

---

① 参见360百科词条"南京依维柯汽车有限公司"（http://baike.so.com/doc/5422104.html）。

跃进汽车集团公司内虽有 200 多名科技人员不同程度地接受过意大利语培训，并具有一定的笔译能力，但鉴于公司的实际情况，从技术岗位上再次抽调人员从事专门的翻译工作比较困难。如果委托外单位翻译，则存在意大利语译员少、专业范围窄、质量难控制、译费支出高等具体问题。因此，公司决定内部挖潜，利用本单位报刊《跃进报》招聘业余翻译人员，然后经笔试，从 80 多名应聘者中录用了 50 名业余翻译人员，组织他们对难度较大的技术标准进行翻译，并依据译文的质量等级给予相应标准的报酬。由于组织落实、政策兑现，业余翻译人员的积极性得到了很大的发挥，仅一年时间就完成各类急需的技术标准 300 多万字，实现了公司当年下达的关于意大利语翻译工作的年度工作目标。业余翻译工作的开展，基本上缓解了资料翻译难以适应生产准备进度需要的矛盾，也从翻译实践中培养和造就出一批科技意大利语翻译骨干。这些骨干不仅为南京依维柯公司，也为全国各地引进意大利项目的企业在科技文章的翻译和中、意双方的交流与合作中发挥了越来越大的作用。

在引进资料的翻译工作中，按专业范围实行责任制承包，是该公司又一成功的翻译经验。由于汽车制造业涉及的学科领域广，因此振兴汽车工业需要有包括材料、机械、电子、化工等专业的科技人员共同努力。依维柯技术资料的翻译，也需要由这些既熟悉专业知识又懂得外语的人员来共同完成。于是，该公司将各类产品图纸、工装和工艺文件，以及各种专业技术标准等资料（不论是否翻译），通过签订翻译承包合同分发到集团公司所属的 20 多个处室和专业厂去翻译或进行专业审核。采用这样的做法，可将翻译内容与各部门（分厂）的专业工作紧密结合，不仅有利于翻译质量的提高，而且更便于以后进一步消化吸收引进技术，从而加速做好国产化工作的制定和一条龙负责到底的专业化管理。①

(二) 出版机构的人文与科学翻译

党的十四大提出了建立社会主义市场经济体制,这一政策对出版领域产生了重大影响。出版主管部门在整顿调整之后,强调要进行出版改革,狠抓出版繁荣。出版界也逐渐适应了"先买版权才能翻译"的新观念。从1994年开始,翻译出版界迎来了新一轮面向市场的快速发展。②

随着出版业从计划经济向市场经济转型,出版社在确定选题方面拥有了更大的自主权。主管部门出台的各项繁荣出版的措施,更激发了出版社多出好书的积极性,翻译出版更加开放。例如,商务印务馆的"汉译名著系列",以前大多翻译20世纪以前的外国学术著作,后来大幅增加了当代名著的比重。生活·读书·新知三联书店则推出了"学术前沿丛书",首次翻译出版了哈贝马斯、哈耶克等富有前沿思想的理论著作。一度沉寂的萨特、庞蒂、巴特等反映法国新思潮的作品,在翻译图书市场也受到欢迎。在外国文学领域,西方各种获奖小说、流派新作、争议作品,几乎没有限制地出版了中文本。翻译图书的"内部发行"现象早已一去不复返。例如,曾在西方引起争议、备受世界文坛赞誉的当代名著《尤利西斯》,在问世数十年之后,1995年在中国首次有了人文版和译林版两种中译本,而且一字不删。该书的翻译出版曾被外国媒体广泛报道,认为这是中国坚持对外开放的一个重要信号。同时,随着互联网的兴起,网络翻译呈更加开放的态势。

1978—1990年,我国出版翻译书籍2.85万种,年均2192种;进入市场经济时期之后的1995—2003年为9.44万种,年均1.05万种,年均增幅约4

---

① 参见蒋金才《依维柯技术资料翻译工作的维护与管理》,转引自全国翻译企业协作网领导小组秘书处编《全国首届翻译经营管理工作研讨会论文集》,江苏钟山翻译有限公司2001年版,第69—71页。

② 参见李景端《翻译出版风雨三十年》,《中华读书报》2008年5月14日。

倍。这一阶段不仅翻译总量大增，翻译出版的门类、体裁、题材、出版形式等，更是琳琅满目，空前繁荣。社科类图书除老牌丛书市场号召力持续不减外，又涌现一批较有影响的新译丛，如商务印书馆的"文化与传播译丛"，中国社会科学出版社的"国际学术前沿观察丛书""点金石译丛"，上海世纪出版集团的"东方编译所译丛"，南京大学出版社的"当代学术棱镜译丛"，译林出版社的"人与社会译丛"等。文学类图书更是翻译得又多又快。近几年西方文学大奖的获奖作品和影响大的作品，几乎都有中译本。除小说外，外国政治家、大企业家、明星、球星等的人物传记和回忆录也备受青睐，以至于引进的版税率不断被推高。进入21世纪以后，出版界的跟风出版现象有所改观，引进的书目趋向注重实用，如重视引进经济管理、企业管理、生活、心理、健康等方面有更多实用价值的书籍。这个阶段形成"翻译出版热"的另一原因是引进版获利颇丰。21世纪头十年中，畅销书榜单上名列前茅的有不少是翻译图书，如文学类的《廊桥遗梦》《马语者》《挪威的森林》《魔戒》《达·芬奇的密码》，经管类的《穷爸爸、富爸爸》《谁动了我的奶酪》《蓝海战略》，少儿类的《哈利·波特》《冒险小虎队》等。特别是《哈利·波特》，以7卷累计发行5000万册的巨量，创造了翻译图书发行的奇迹，并且带动印刷、纸张、书店、物流等相关行业跟着升温，被誉为"哈利·波特现象"。

2003年以前，我国图书版权贸易，输出大约仅占引进的6%，2006年上升到18%，当年输出的图书版权为2050种，由于有一部分是原版输出，实际对外翻译出版更少。为了改变这种状况，国家实施了"走出去"战略，鼓励对外传播中国文化，加快翻译出版跻身世界的步伐。第一，举办了北京国际图书博览会，大力扩大书刊、音像制品对外版权贸易。第二，推行"国内翻译、国外出版"的新模式，充分利用国外的翻译出版资源。第三，启动"中国图书对外推广计划"，由政府资助翻译费，鼓励外国出版机构和译者翻译出版中国作品。2006年，我国向19个国家的210个项目，资助了翻译费1000多万元。第四，在国外建立孔子学院，传授中文，传播中国文化。第五，扶植"熊猫丛书"等外向型图书的扩大出版，同时国家还组织有实力的出版社，联合出版外文本《大中华文库》，有计划地翻译出版中国古典名著。英文本100种出版计划现已完成，此外还有法文本和西班牙文本。值得注意的是，这套文库在国外正在产生品牌效应，有些书籍已实现保本并开始盈利，市场前景看好。为了提高翻译图书的质量，向读者推荐优秀的翻译图书，我国从1991年起，先后组织了6届"全国优秀外国文学图书奖"的评奖，有30多种翻译图书分别荣获了"国家图书奖"及其"提名奖"。此外，在"中国图书奖""鲁迅文学奖"以及"彩虹翻译奖"中，都设有优秀翻译图书的奖项，这些措施对鼓励多出优质翻译图书，起到了促进作用。

但是，我们也应看到，在市场经济条件下，出于追逐利润，翻译出版领域译德淡忘、诚信缺失、竞争无序的现象日趋明显。其表现在于，翻译结构失衡、翻译质量下降、重复出版严重、抄袭屡禁不止、盗版依然猖獗、评论不受重视、导向声音薄弱，以及翻译资质缺乏必要监管等。这些问题需要政府有关部门采取有效措施加以解决。①

1. 出版社

本时期翻译类新书的数量快速增长，达到9.44万种，年均出版作品10489种。经典重译特别是文学经典重译，则是本时期外国文学出版的又一突出现象。另有资料显示，近年来科技译著的出版占到科技图书的40%以上；此外，在科技期刊和文献方面，国家每年进口原版期刊约7万份、2万余种，进口专利资料约70万件、技术标准30万件，翻译利用率达到20%。②除了传

---

① 参见李景端《翻译出版风雨三十年》，《中华读书报》2008年5月14日。
② 参见连彩云《提升科技翻译工作对山西技术引进消化吸收再创新作用的对策研究》，山西省科学技术情报研究所2008年版，第3页。

统出版社如人民文学出版社、商务印书馆、人民出版社、科学出版社等以及专业翻译出版社如译文社、译林社、中译等在翻译图书出版方面构成主要力量外,其他一些出版社也为翻译图书出版的繁荣做出了重要贡献,如华夏出版社、漓江出版社、云南人民出版社、河北教育出版社、安徽文艺出版社、长江文艺出版社等。

人民文学出版社在计划经济和转型时期是我国外国文学翻译出版的中坚力量。其推出的"世界文学名著文库"丛书出版了200种共250卷,收入了从古至今的世界文学优秀作品,打造了著名的"人文版"品牌,为90年代以来我国文学经典翻译(包括重译)的繁荣打下坚实基础。其翻译图书的优良品质为其赢得了许多图书奖项,如《莎士比亚全集》《塞万提斯全集》《荷马史诗》等获得国家图书奖,获得的"全国优秀外国文学图书奖"更多(表6-1)。

表6-1　　　　人民文学出版社获奖翻译图书统计

获奖年份	特等奖	一等奖	二等奖	三等奖	总计
1991	5	8	3	2	18
1995	0	3	3	4	10
1998	1	2	1	2	6
1999	0	1	2	1	4
总计	6	14	9	9	38

(资料来源:根据百度百科词条"人民文学出版社"有关信息统计)

不过,21世纪以来,人文社外国文学翻译出版的势头明显放缓,其锋芒为译林社等其他出版社所掩盖。商务印书馆于1982年出版《汉译世界学术名著丛书》第一辑共50种,到2012年已出版第14辑,共599种,涉及22种外语，其中 359 种是在市场经济时期翻译出版的。人民出版社在保证完成马克思主义经典原著以及党和国家交办的重要政治图书的出版任务之外，还自主开发了一大批哲学社会科学著作，如《世界通史》《哲学史家文库》《柏拉图全集》等。①上海译文出版社现隶属于上海世纪出版集团。自 1978 年成立 30 多年来，译文社共介绍重要外国作家 1000 多个，出版系列图书 5000 多种，辐射语种 20 多个，年出版总量在 400 种左右，出版码洋约 1 亿元。②

译林出版社是我国出版界最早具有自觉版权意识的出版社之一。1992 年，中国加入《伯尔尼保护文学艺术作品公约》和《世界版权公约》。译林社从 1993 年开始开展版权业务，于 1995 年着手准备现当代系列丛书的版权购买及翻译出版工作。1997 年开始，译林社"世界文学名著·现当代系列"陆续推出，很快形成规模效应，成为译林社的名牌产品。③本时期译林社翻译图书中，《尤利西斯》《追忆似水年华》等 20 世纪文学巨著以及《蒙恬随笔集》等填补了我国文学翻译史的空白。译林社年出版图书 300 余种，其中大多数为外国文学汉译。但也有一些汉译外作品，如《中国现代文学史代表作丛书》英文本，把郭沫若、巴金、茅盾、老舍、沈从文等现代中国文豪的作品以 20 多卷的规模编成专集向国外读者推出，以此介绍中国的历史和文化。④

中国社会科学出版社在本时期出版了一大批引进版权的国外名著，如《剑桥中国史》系列、《新编剑桥世界史》系列，以及《当代经济学教科书译丛》《国外经济管理名著丛书》《西方现代思想丛书》《西学基本经典》（英文版 100 卷）《影响力》《伪黎明》等。⑤科学出版社现更名为科学出版传媒股份

---

① 参见人民出版社网站主页"社情社貌"栏目之"光荣历程"（http://sqsm.ccpph.com.cn/grlc/200903/t20090313_ 32656. shtml）。
② 参见宋祎凡《翻译出版的社会历史性视野——上海译文出版社三十年图书出版概述》，《出版广角》2013 年第 3 期，第 66 页。
③ 参见查明建、谢天振《中国 20 世纪外国文学翻译史》，湖北教育出版社 2007 年版，第 805 页。
④ 参见方鸣《译林梦寻：记译林出版社》，《中国出版》1992 年第 7 期。
⑤ 参见 360 百科词条"中国社会科学出版社"（http://baike.so.com/doc/5407971.html）。

有限公司，是中国科学出版集团的核心成员，也是中国目前出版科技外文和翻译图书最多的出版社。该社每年出版外文与翻译科技图书数百种，以及逾百种中外互译的中外文科技期刊，其中被 SCI、EI 等国际著名检索系统检索收录的中文期刊达 30 余种。其他从事科技文献翻译出版的出版社包括科学普及出版社、海洋出版社、化学工业出版社、中国建筑工业出版社、河南科学技术出版社、地质出版社、中国青年出版社、上海科学技术出版社、北京大学出版社、清华大学出版社、人民卫生出版社、航空工业出版社、中国农业科技出版社、外文出版社、高等教育出版社、人民教育出版社等。[①]中译公司则经过体制改革已由传统的国有出版社发展成为完全市场化的大型翻译公司，其业务两条腿走路，翻译服务与翻译学术出版并重，并致力于翻译技术研发，正着手打造在线语言服务平台"智慧语联网"。

在中国文化对外译介宣传方面，1980—2009 年间我国共用 24 种外语翻译出版了中国文化图书，总计品种数量达到 9356 种。[②]与计划经济时期相比，这个时期对外翻译出版有两个明显变化：一是语种数量减少，英语出版一枝独秀；二是马列主义、毛泽东思想、邓小平理论等翻译出版内容在计划经济时期占据主导地位，达到 3045 种，而在转型和市场经济时期急剧下降到 48 种。[③]

2. 报纸杂志

综观中华人民共和国成立 60 年报纸杂志的翻译，计划经济时期主要表现为汉译外的杂志较多，如《人民中国》《人民画报》《中国文学》《中国建设》《北京周报》等，而外译汉的报纸杂志很少，只有《参考消息》和《世界文学》等。转型时期和市场经济时期以来，外译汉的报纸杂志逐渐增多，如文学类的《译林》《外国文学》《外国文艺》以及许多译成中文的外文科技期刊

---

① 参见李亚舒、黎难秋《中国科学翻译史》，湖南教育出版社 2000 年版，第 714—715 页。
② 参见何明星《中国文化对外翻译出版 60 年》，《出版发行研究》2013 年第 6 期。
③ 同上。

等。译成外文的中文学术期刊也逐渐增多。

从文学翻译类杂志看,《世界文学》《译林》《外国文艺》等是本时期介绍外国文学的中坚力量。作为老牌杂志的《世界文学》在 90 年代推出了外国作家和国别文学专辑,如 1993—1996 年推出外国文学作品专辑共 21 辑,包括"德国作家博多·斯特劳斯特辑"(1993 年第 2 期)、"以色列当代文学专辑"(1994 年第 6 期)、"葡萄牙当代短篇小说专辑"(1995 年第 1 期)、"日本作家清冈卓行专辑"(1996 年第 1 期)等。①

《外国文学》在 20 世纪 90 年代也推出了自己的外国作家或国别文学专辑。例如,在 1993—1999 年间,该杂志刊登了"意大利后现代派大师卡尔维诺作品译介"(1993 年第 2 期)、"拉美'文学爆炸'先锋富恩特斯作品特辑"(1995 年第 6 期)、"诺贝尔文学奖得主若泽·萨拉马戈特辑"(1999 年第 1 期)、"新西兰特辑"(1996 年第 3 期)、"澳大利亚当代小说专辑"(1996 年第 6 期)等。此外,该刊还介绍了一些当代外国文学的新生派作家,如英国女作家卡特(1994 年第 1 期)、意大利文学新锐苏珊娜·塔玛洛(1995 年第 5 期)、美国后现代作家诺纳德·苏可尼克(2000 年第 4 期)等。②

《译林》是转型时期成立的一家专门介绍现当代外国文学的杂志。作为外国文学出版界的新锐,该杂志在首任社长李景端的带领下取得了令人瞩目的成就,被我国学术界称为外国文学出版的"译林现象"。③《中华读书报》编者按这样介绍和评价《译林》首任社长:"李景端 1975 年进入出版界,1979 年创办《译林》外国文学季刊,1988 年出任译林出版社首任社长兼总编辑。作为一位 40 岁才进入出版行业的知识分子,李景端对出版事业的感情却深沉和炽热。他始终把社会责任和文化追求作为自己事业的基石,在业内外赢得

---

① 参见查明建、谢天振《中国 20 世纪外国文学翻译史》,湖北教育出版社 2007 年版,第 796 页。
② 同上书,第 796—797 页。
③ 参见顾爱彬《解读李景端出版理念和译林现象》,《中华读书报》2006 年 9 月 27 日。

广泛声誉。"①《译林》杂志最初为季刊，1997年改为双月刊。2002年，《译林》编辑部脱离译林出版社，成立独立的《译林》杂志社。译林出版社能够异军突起，成为我国外国文学出版界的品牌出版社，其原因是该社非常重视翻译质量以及李景端社长高瞻远瞩的目光与胆识。90年代以来，该社不仅翻译出版了一些以前从未翻译过的作品如《尤利西斯》，填补了文学翻译史的空白，还邀请一批中青年翻译家重新翻译了世界古典文学名著。该社在组织重译名著时坚持"三个一流""填补空白"等三条原则（见本书第五章有关介绍）。在重译世界古典文学名著的过程中，《译林》杂志社培养和团结了一大批中青年翻译家，如许钧、孙致礼等。他们现已成为我国文学翻译界的骨干力量。孙致礼教授重译的英国作家奥斯汀的名作《傲慢与偏见》开创了外国名著重译的先河，拉开了八九十年代以来我国文学经典重译高潮的序幕。孙教授三次向译林出版社提出申请翻译该小说，最后李景端社长决定实行。作为自支自收的出版社，译林出版社的这一决定在当时要冒一定的风险。孙教授重译该书有两个原因：一是他喜爱这本书；二是对50年代的王科一译本不太满意，认为误解和译笔欠严谨的地方比较多。孙教授译书"形神皆似"，非常重视原文是"怎么说"的，并尽量将其融会贯通地再现出来，让读者领略原作的情趣。在译书过程中，他不仅纠正了王译本中误译的地方，同时也借鉴了其确实译得好的地方。②这正是鲁迅先生对重译者的希望。鲁迅说："取旧译的长处，再加上自己的新心得，这才会成功一种近于完全的定本。"③《傲慢与偏见》重译本一问世就赢得了广大读者的喜爱，1994年被评为全国优秀畅销书。孙致礼教授说，译作很难"一蹴而就"，译者应本着精益求精的精

---

① 《中华读书报》系列文章《李景端出版理念和"译林现象"》（http://www.gmw.cn/01ds/2006-09/27/content_486358.htm）。

② 以上信息来自我们对孙致礼教授的访谈。

③ 参见鲁迅《非有复译不可》，转引自吴龙辉等编《鲁迅全集》第二卷，新疆人民出版社1995年版，第696页。

神，对译文不断修订。这使我们联想到傅雷先生的《高老头》等经典名译，都经过了多次修订或重译。好译本是经过反复修改、修订甚至重译锤炼出来的。

此外，《当代外国文学》《外国文艺》《俄罗斯文艺》等也刊载了大量外国文学汉译作品。而唯一的汉译英杂志《中国文学》，在经历半个世纪的文学译介后，于2001年停刊。这对我国文学作品的对外译介产生较大的负面影响，是我国外国文学出版界的一件憾事。

在新闻传播领域，也有一些直接或间接与翻译相关的报纸杂志，如《中国日报》《人民日报》《参考消息》等。《中国日报》自80年代初期成立以来，不断发展壮大，目前已拥有8份出版物，包括 China Daily、Business Weekly、Beijing Weekend、Shanghai Star、21st Century 和 China Report。《人民日报》有藏文版，其报系中的《环球时报》有英文版，其网站人民网有多种少数民族语文版如藏、维、哈萨克、朝鲜、蒙等。《参考消息》是新华社主办的介绍国外重大新闻的报纸，具有悠久的历史，在本时期仍然是我国发行量最大的报纸之一。

在学术期刊出版领域，大部分国内学术期刊都提供文章标题、摘要和关键词的英文翻译。目前，我国公开出版的期刊有9600多种，用英文和其他外文出版的期刊有数百种。许多大型企事业单位、专业学会、科研院所、高等院校（特别是"211"工程建设高校）都编辑出版外语版期刊，包括学报、学刊、年鉴、年报、文摘等定期出版物。这些外语版期刊的文章绝大多数由国内专业人士翻译，包括自译或他译，署名或未署名等。[①]在这些期刊中，有逾200种期刊被SCI、EI、SSCI、A&HCI检索收录。除此之外，在外语学习领域，也有一些杂志经常刊登翻译类稿件，如《英语世界》《英语学习》《大学英语》《疯狂英语》《英语沙龙》等。

---

① 参见方梦之《翻译伦理与翻译实践——论我国部分英文版专业期刊的编辑和翻译质量》，《中国翻译》2012年第2期，第92页。

与翻译出版领域密切相关的一个问题是译者的翻译策略和翻译形式。田传茂通过对《傲慢与偏见》的 4 个译本，即 1955 年的王科一译本、1990 年的孙致礼译本、1993 年的张玲与张扬译本以及 1995 年的雷立美译本的历时与共时对比研究发现，王科一译本在用词、句式结构和书信结构等方面有明显向汉语语言文化倾斜的痕迹，属于归化译本，而 90 年代的 3 个译本，在用词上尽量避免使用具有汉语文化色彩的词语，在句式和书信结构上尽量保持原文特点，属于异化译本。①换言之，从纵向视角看，我国译者特别是文学译者的翻译策略有由归化向异化转变的趋势，这在一定程度上归于中华人民共和国成立 60 多年的发展由封闭逐渐走向开放，摈弃了民族中心主义，以海纳百川的气魄开始接纳异域文化，中国读者与译者的纳异能力明显增强。此外，近二三十年来我国翻译研究话语中日渐增强的褒异化、贬归化的倾向性对本时期译者的翻译实践也有一定的影响。当然，我们也应看到，译者的翻译策略还具有个体差异性。在上面的研究中，田传茂同时考察的另一个个案《大卫·科波菲尔》则显示，同为 50 年代的译本，董秋斯译本采取严格直译的方法，因此在句式结构上语言的异化倾向相当明显。在翻译形式上，译者们除了采用全译的策略，还在科技翻译、学术翻译、新闻翻译等领域运用摘译、编译、译述、综述、译写等变译形式。

　　3. 八九十年代以来外国文学经典重译高潮与问题

　　"文化大革命"十年使我国的文学创作与文学翻译处于历史低潮期，人们无书可读，出现了"书荒"。随着改革开放的序幕拉开，文学创作迎来繁荣期。知青文学、伤痕文学、反思文学、改革文学、寻根文学、先锋文学、新写实文学、新历史文学等文学创作流派在中国文坛上轮番登场，产生了很多名篇佳作，重新唤起了人们对文学的兴趣与热爱。计划经济时期以来由人文

---

① Chuanmao Tian, *A Sociocultural Analysis of Retranslations of Classic English Novels in Mainland China 1949 - 2009*, Doctoral Thesis, Tarragona：Universitat Rovira i Virgili, 2014.

社等打造的"三套丛书"以及译文社、译林社等出版的高质量外国文学作品，加深了人们对经典的热爱。生活水平的逐渐改善、经济水平的提高逐渐培育出繁荣的国内图书市场。从80年代后期开始，在译林社等出版社带动下，国内众多有翻译资质或无翻译资质的出版社开始加入外国文学经典重译与出版的行列。经典作家的选集和全集，以及各种形式的丛书、文库如普及版、珍藏版、专业版甚至儿童版等充斥图书市场。重译外国经典由于无须购买版权而存在较大利润空间，成为各出版社竞逐的对象。一时间，经典重译本占据了书店文学类书柜的半壁江山，大有超越国内创作文学作品数量之势。利用"文津搜索"对中国国家数字图书馆进行检索，发现中国读者最喜欢的10本外国文学经典作品是《巴黎圣母院》《傲慢与偏见》《堂吉诃德》《战争与和平》《大卫·科波菲尔》《神曲》《永别了，武器》《哈姆莱特》《奥德赛》以及《百年孤独》。[①]这些经典的翻译和重译在中华人民共和国成立60年各时期的分布具有不同特点（表6-2）。

表6-2　　　　十大文学经典60年翻译分布情况　　　　（单位：次）

书名	50年代	60年代	70年代	80年代	90年代	21世纪10年代	总计
《巴黎圣母院》	0	0	0	5	25	45	75
《傲慢与偏见》	1	0	1	0	17	41	60
《堂吉诃德》	2	0	2	3	14	27	48
《战争与和平》	2	0	0	3	12	20	37
《大卫·科波菲尔》	1	0	0	4	12	8	25
《神曲》	2	1	0	0	3	7	13

---

① "文津搜索"的网址为http://www.nlc.gov.cn。

续　表

书名	50年代	60年代	70年代	80年代	90年代	21世纪10年代	总计
《永别了，武器》	1	0	0	0	3	5	9
《哈姆莱特》	1	0	0	0	3	5	9
《奥德赛》	1	0	0	0	3	4	8
《百年孤独》	0	0	0	2	1	4	7

（检索时间：2013年2月2日）

由表6-2可以看出，从50年代到80年代，我国外国文学经典的重译并不活跃。但从90年代开始，经典重译数量突然大增，而且这种繁荣势头一直持续到21世纪的头十年。以《巴黎圣母院》为例，前30年没有译本问世，80年代出现了5个译本，90年代突然增至25个译本，21世纪头十年又出现了45个译本。再以《傲慢与偏见》为例，50年代只有王科一译本，60年代无翻译版本，70年代的一个译本为台湾译本，80年代没有新译本产生，90年代突然出现了17个译本，21世纪又出了41个译本。又如《哈克贝利·费恩历险记》，从1959年到80年代末，没有新的译本出现，进入90年代后，一下涌现出50多个重译本，仅2000—2002年就出了21个重译本。据有关统计，仅2009年我国就出版了《绿野仙踪》25种、《秘密花园》18种、《木偶奇遇记》27种、《汤姆·索亚历险记》28种、《堂吉诃德》12种、《童年》25种、《伊索寓言》41种、《爱的教育》39种、《安徒生童话》55种、《巴黎圣母院》13种。[①]

不过，经典重译繁荣的背后是出版乱象。许多学者撰文批评了外国文学

[①] 参见王洪武《2009年文学类图书出版综述》，《编辑之友》2010年第1期，第38页。

经典重译中的抄袭、劣质、盗版等现象。①有些出版社为了压低出版成本雇请低水平译者，同时也没有合格的外语编辑。一些译者让自己的译本由几家出版社同时出版，以获取最大利益。重译中的抄袭现象极为普遍。网上"豆瓣读书"论坛一位名叫藤原琉璃君的网民专门对《傲慢与偏见》的四个中文版本，即人文社、译文社、译林社和北京燕山出版社译本的注释做了仔细的比对分析。他用A、B、C和D分别代表四个版本。他的发现如下：

> D版P9，综合A、C两版，该注释正文与A版非常相似。P37，完全同A版，该注释正文与A版非常相似。P91，完全同A版，该注释正文与A版非常相似。P119，完全同A版，注释正文仅比A版多一"去"字。P125，完全同A版。P182，完全同A版，注释正文与A版约三分之二文字相同。P183，完全同A版，注释正文与A版约一半文字相同。P207，完全同A版。P234，除一无关紧要的"若"字不同于A版，其余皆同；更为奇特的是，该注释的正文与A版相比，仅句末四字从A版的"津津乐道"改为"说三道四"，其余句式、结构、措辞皆相同。P241，完全同A版，注释正文与A版约三分之二文字相同。P242，完全同A版，注释正文与A版约三分之二文字相同。P291，完全同A版，注释正文与A版约三分之二文字相同。②

藤原琉璃君对注释的实证分析表明，燕山版存在抄袭人文版和译林版特别是人文版的嫌疑。李景端指出，由于出版外国文学名著，无须对外购买版权，且有利可图，一些出版机构因此争相出版此类书籍。③为了抢占市场，他们采取抄袭、剽窃、盗印他人译作的卑劣手段，以至于90年代以来翻译图书

---

① 参见查明建、谢天振《中国20世纪外国文学翻译史》，湖北教育出版社2007年版，第810—812页。
② 参见藤原琉璃君《对〈傲慢与偏见〉几个中译本的比较》，2007年，豆瓣读书论坛（http://www.douban.com/review/1111695/）。
③ 参见李景端《当前翻译工作的问题与呼吁》，《中国翻译》2000年第5期。

中粗制滥造、重复出版、侵权使用、差错惊人等现象特别严重。仅1997年，中国版协外国文学出版研究会收到的举报投诉材料，可以认定是抄袭、剽窃的外国文学名著就多达22起。名著重译市场的乱象涉及翻译版权和读者权益等重大问题，应引起我国政府有关职能与监管部门的高度重视。

另外一个值得思考的问题是，我国因为"入世"使对外贸易壁垒减少，关税降低，外国图书、音像制品等大量涌入，这使国内翻译市场特别是翻译出版市场非常活跃、十分繁荣。而巴西的情况正好相反。巴西政府20世纪三四十年代的高关税政策使国内的翻译出版市场十分繁荣，而五六十年代大幅削减关税反而使翻译图书数量大减。其原因是多方面的，包括政府政策、语言、社会经济环境等诸多因素。我国近二三十年来图书翻译出版的繁荣，主要原因在于人们经济条件的改善，摆脱计划经济时期的"精神荒原"而使得人们精神文化生活需求提高，了解异域文化的渠道畅通但语言不通从而需要求助翻译。巴西三四十年代出现的翻译黄金时代得益于政府对翻译图书的免税政策，相比于因高关税而价格昂贵的进口图书，人们更愿意消费翻译图书；五六十年代巴西关税壁垒的消除以及相关优惠政策使进口图书价格低于翻译图书，而很多图书（包括翻译图书）经由葡萄牙进入巴西，巴西人讲葡萄牙语，所以没有语言障碍，能够直接阅读进口图书，这使巴西翻译出版市场的生存空间大大缩小。

（三）科研院所的情报翻译

像计划经济和转型时期一样，除了中央层面的科研机构外，地方上也有很多科研院所从事国外情报的开发与翻译。这些院所以"技术情报研究（院）所""技术信息研究（院）所""科（学）技（术）发展战略研究院""中心""公司""总站"，甚至"档案馆""实验室""交流所""办公室""杂志社""记者站"等名称形式主要存在于我国省级部门中。其财政供养方式包括全额拨款、差额拨款、自收自支等形式，如天津市科学技术信息研究所为国家财政全额拨款事业单位，湖北科技信息研究院为差额拨款单位，广东省科学技术情报研究所为全额拨款和差额拨款兼具单位，青海省科学技术信息研究所则为自负盈亏单位。[①]这些院所主要从事科技文献资源建设、情报研究和情报服务、知识产权信息服务、数据库建设、出版科技期刊、科技专题片制作、科技资料翻译、对外科技交流和培训、文献加工等工作，为政府决策和企业科技创新提供战略性、前瞻性、全方位、多层次的情报信息支撑。由于财政供养方式的改革而将有些院所推向市场，这些院所除了为政府部门和国有企事业单位提供传统服务外，还为社会上的个人和民营企业等提供相关有偿服务。

（四）大学的翻译活动

对外开放的不断扩大，翻译市场的日益繁荣，极大地影响了我国高校的翻译生态。计划经济和转型时期，大学的翻译活动多表现为教师个人的各种翻译行为，翻译产品或者为教学所用，或者由出版社出版，缺少为社会提供服务的专门翻译机构，只有面向教学的翻译研究室等机构，教师个人也很少提供面向社会的有偿翻译服务。随着市场经济时代的到来，大学的翻译活动呈现多样性的变化。教师的翻译不再局限于教学或出版，而是跨出校门为社会提供翻译服务，有的大学率先成立了翻译服务中心，如北京大学的北大元培翻译中心（北京元培翻译公司的前身）。而且有不少大学生也从事业余翻译，承接校内外或翻译公司的翻译业务。

（五）影视翻译

90年代初，我国的电影市场开始对外开放，但为了保护民族电影工业，国家实行进口电影配额制度，配额数量由1994年的一部扩大到现在的每年几

[①] 参见河北省科学技术情报研究院《科研院所分类改革中省属科技情报机构的定位和选择》（http://www.docin.com/p-636699737.html）。

十部。总体来看，进口电影的收视率要高于国内电影。外国影片的译制在20世纪90年代主要由上海电影译制厂、北京电影制片厂等国有企业承担，这是因为这些企业像计划经济时期一样垄断了电影字幕翻译、配音、录音技术与设备等。例如，美国经典影片《泰坦尼克号》于1998年由北京电影制片厂译制，译制导演为朱玉荣，电影脚本共有7大本，由上海电影译制厂的专职英文翻译朱晓婷翻译，朱导演对译本的评价是"很有水平，句词的选择，口语的使用和造句的长短控制很不错"①。该片在中国获得了极大成功，票房达4400万美元。②影片中的经典台词如"表面上，我是一个生活幸福的上流女子，心底里，我在尖叫""赢到船票，坐上这艘船，是我一生最美好的事。它让我能跟你相逢""杰克，我在飞"等给中国观众留下深刻的印象。

但是，随着电脑和网络技术的发展与普及、我国外语教育规模的扩大，影视字幕翻译以前由国有译制片厂或译制中心垄断的格局被打破，一些翻译公司、本地化公司甚至网上字幕组开始从事影视字幕翻译与录制。传统的电影译制行业在21世纪受到很大冲击。以上海电影译制厂为例，该厂以前在编的演员有很多，多的时候有30多个演员、10多个翻译。现在该厂没有正式编制的翻译，演员包括厂长在内只有十一二个。③

市场经济时期以来，我国中央和地方各电视台引进的电视剧越来越多，特别是韩剧，受到国内观众的喜爱。韩剧在90年代初很少，如1990年和1991年韩国分别只拍了一部电视剧，但从1992年开始，韩剧拍摄几乎以每年翻倍的速度增长，1992年为7部，1993年为16部，到2009年达到80部左右，2013年为120部。④考虑每部电视剧动辄数十集甚至逾百集，我国电视剧

---

① 参见周健钢《走访〈泰坦尼克号〉译制组》，《电影创作》1998年第4期，第70页。
② 参见360百科词条"泰坦尼克号"（http://baike.so.com/doc/4916753-5135711.html）。
③ 参见东方卫视《东视广角》节目《永不消失的声音》（http://news.sina.com.cn/c/2007-06-26/095113312463.shtml）。
④ 参见"韩剧资料馆"网站主页"韩剧年表"栏目（http://www.hjzlg.com/YCMS_News.asp）。

的翻译量无疑非常巨大。

三 民族语文翻译活动

进入市场经济时期后,我国的民族语文翻译发生了一些变化。由于汉语教育在少数民族地区的普及与发展,越来越多的少数民族同胞掌握了汉语。不过,民族语文翻译工作仍然在中央和地方一些专门的民族语文翻译机构中存在。目前,中央及各省、自治区、自治州的少数民族语文专职翻译机构近300家,共有专兼职民族语文翻译工作者逾10万人,民族语文图书出版社共37家。[1]民族语文翻译工作者从事着民族语文翻译、少数民族语言广播以及影视译制等工作,将中央政府的有关文献翻译成藏、维、蒙、哈萨克、朝鲜等民族语言,帮助少数民族群众学习和了解党和国家的政策。例如,中央民族语文翻译局20多年来共翻译了3000多种图书和著作以及党和国家领导人的讲话,字数达到3.2亿字。[2]地方上的民族语文翻译量也相当巨大。例如,在西藏,所有公文都翻译成汉藏两种文字,该地区每年的翻译量有5000多万字,其中包括小学到高中的课本翻译以及科普、卫生等文献的翻译。[3]

第四节 新兴语言服务市场

我国翻译市场的新兴市场板块——商业化翻译服务市场板块萌芽于改革开放之初,经过转型时期的初步发展以及市场经济时期的快速发展,目前已

---

[1] 参见中国翻译协会编《中国翻译年鉴2005—2006》,外文出版社2007年版,第237页。
[2] 参见吴水姊《民族语文翻译事业60年》,2009年,中国网(http://www.china.com.cn/fangtan/2009-11/09/content_18851970.htm)。
[3] 同上。

成为中国翻译市场的最主要构成内容。该板块的翻译服务，或者更准确地说语言服务，是面向全社会并以社会为依托、以市场为导向并以营利为目的的一种成分混杂的服务形态，属于现代服务业的范畴。从广义上讲，语言服务业包括所有从事多语言信息转换及关联服务的机构。①按照与翻译服务关联的程度，广义的语言服务业可切分为核心层、相关层和支持层三个层次。核心层指经营业务的主要内容为提供语言间信息转换服务、技术开发、培训或咨询服务的企业或机构，包括翻译企业、本地化企业、翻译软件开发企业、翻译培训机构、多语信息咨询机构等；相关层指经营业务部分地依赖于语言间信息转换服务的机构或企业，包括国家外事外宣和新闻出版部门、大型跨国企业以及旅游、对外经贸与信息技术等涉外行业的机构或企业；支持层指为语言服务提供支持的政府部门、机构和企业，如政府相关决策和管理部门、行业协会、高等院校、研究机构等（见《中国语言服务业发展报告2012》第3页）。本研究中的新兴语言服务市场指核心层和相关层所涵盖的内容，而研究对象主要聚焦于核心层。

一 市场概述

我国产业化的翻译服务行业经历了一个从无到有、从小到大的快速发展过程。根据国家工商总局等的统计数据，改革开放之初的1980年，国内只有16家语言服务企业，到了1991年，已发展到767家；1992年几乎翻了一番，达到1432家；2002年为8179家，2003年突破1万家，达到10546家；到2011年年底，我国（不含港、澳、台）有语言服务企业共计37197家。据预测，到2015年，我国语言服务企业总数将超过6万家（图6-1）。

---

① 参见《中国语言服务业发展报告2012》第2—3页"语言服务业的概念"。

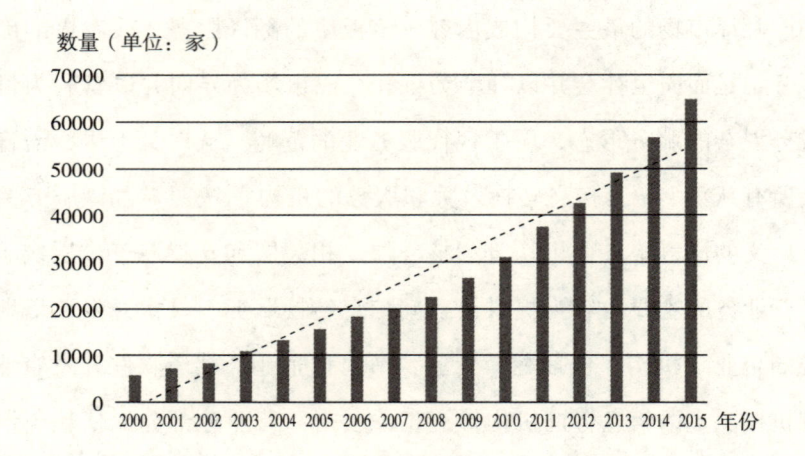

图 6-1 2000—2011 年全国语言服务企业发展数量及未来 4 年发展预测

（资料来源：《中国语言服务业发展报告 2012》第 11 页①）

在截至 2011 年底的 3 万多家企业中，从事"翻译"业务的企业有 37130 家；从事"翻译服务、口译服务、笔译服务、本地化、网站国际化、语言服务、多语服务"业务的企业有 29372 家；从事"翻译软件开发、机器翻译、翻译辅助工具开发、语言技术、语言科技、多语信息处理"业务的企业有 54 家；从事"翻译培训、翻译咨询、多语信息咨询"业务的企业有 278 家。②从企业性质看，我国语言服务企业中 87.1% 为内资私营企业，10.5% 为内资非私营企业，2.4% 为外资投资企业；在外商投资企业中，0.5% 为港澳台资投资企业，1.9% 为外资投资企业（图 6-2）。

---

① 图 6-1 至图 6-11 的数据资料均来源于《中国语言服务业发展报告 2012》。
② 以上数据根据国家工商总局全国语言服务企业注册信息中的"经营范围"统计，参见《中国语言服务业发展报告 2012》，第 9—10 页。

内资私营企业 87.1%　　内资非私营企业 10.5%　　港澳台商投资企业 0.5%

其他 2.4%

外资投资企业 1.9%

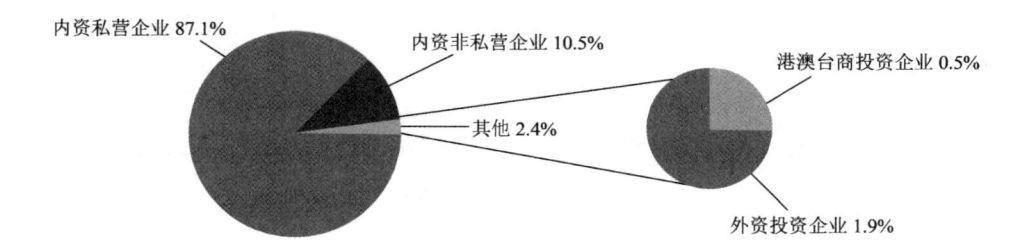

图 6-2　全国语言服务企业分类统计

在内资私营企业中，有限责任公司占 93%，个人独资企业占 3%，其他占 4%（图 6-3）。

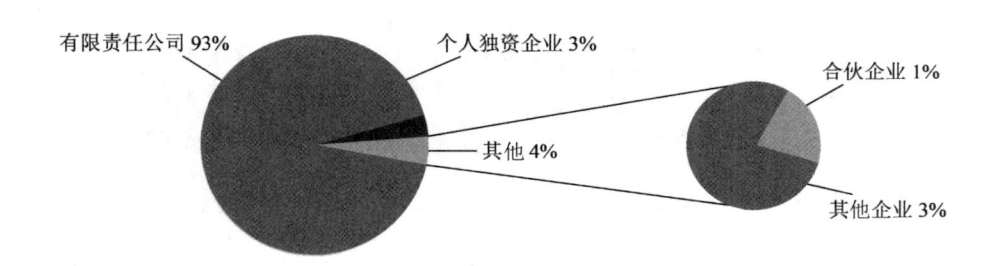

有限责任公司 93%　　个人独资企业 3%　　合伙企业 1%

其他 4%

其他企业 3%

图 6-3　全国内资私营语言服务企业分类统计

在内资非私营企业中，有限责任公司占 61.4%，股份合作企业占 14.9%，国有企业占 13.1%，集体企业占 6.6%，其他占 4.0%（图 6-4）。

股份合作企业 14.9%　　国有企业 13.1%

集体企业 6.6%　　股份有限公司 0.6%

其他 4.0%

其他企业 3.4%

有限责任公司 61.4%

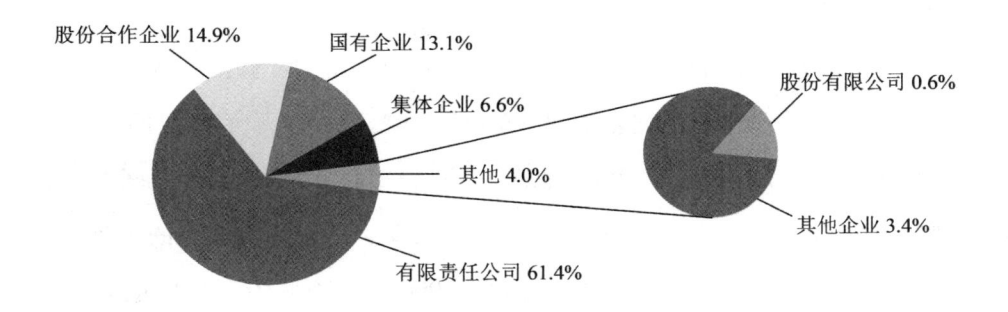

图 6-4　全国内资非私营语言服务企业分类统计

80 年代，外资企业在我国语言服务业中的比重曾超过 14%（1983 年），但80年代中后期之后占比总体呈下降趋势，21世纪以来比重大致保持在3%以内（图6-5）。

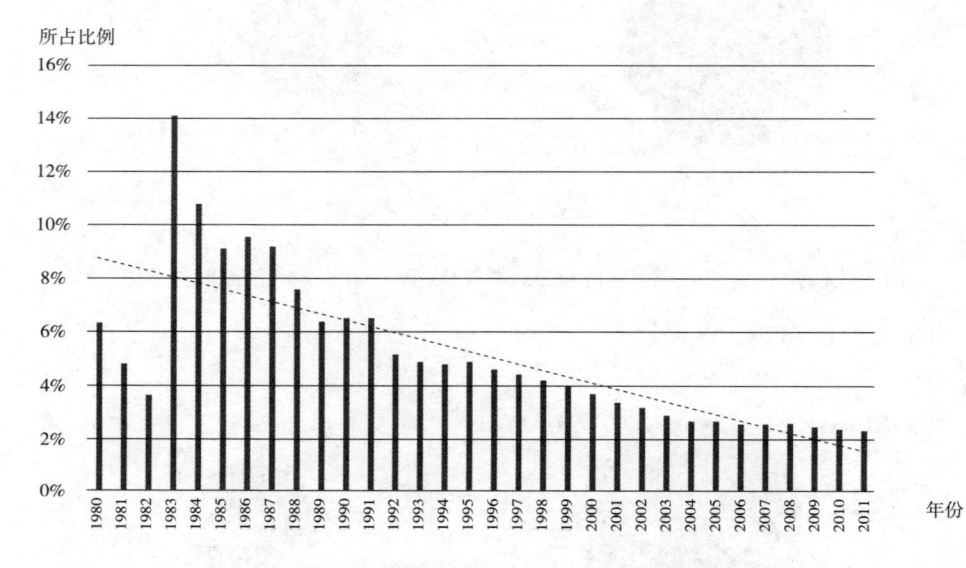

图6-5　1980—2011年港澳台资及外资企业占全国语言服务企业比例

从以上数据可以看出，内资企业特别是内资私营企业是我国翻译市场的主体，外资企业占比很小。这说明中国翻译市场的国际化程度不高。另外，需要指出的是，各地存在一些未在工商部门注册的"地下"语言服务企业。有人估计，仅北京一地就有数百家未注册的翻译公司。[①]这些隐形的翻译服务也是中国翻译市场不可分割的一部分。

从企业注册资本规模看，中国语言服务企业以小型和微型企业为主，资本在10万元以下的企业比重高达46.8%，10万—50万元之间的企业占29.1%，50万—100万元之间的企业占13.0%，100万—500万元之间的企业占7.6%，500万—1000万元之间的企业占1.9%，1000万元以上的企业仅占1.6%。在1000万元以上的大型企业中，1000万—5000万元之间的企业占

[①] 参见米斯特北京翻译公司网站博客文章《北京翻译市场分析》（http://www.mrtranslator.cn/bbs2/post/237.html）。

1.2%，5000万—10000万元之间的企业占0.2%，而资本在10000万元以上的企业占比只有0.2%（图6-6和图6-7）。资本在10万元以下的企业中，有个别企业的资本只有5000元，如武汉市英华翻译事务所等。①由此可见，语言服务业门槛之低。

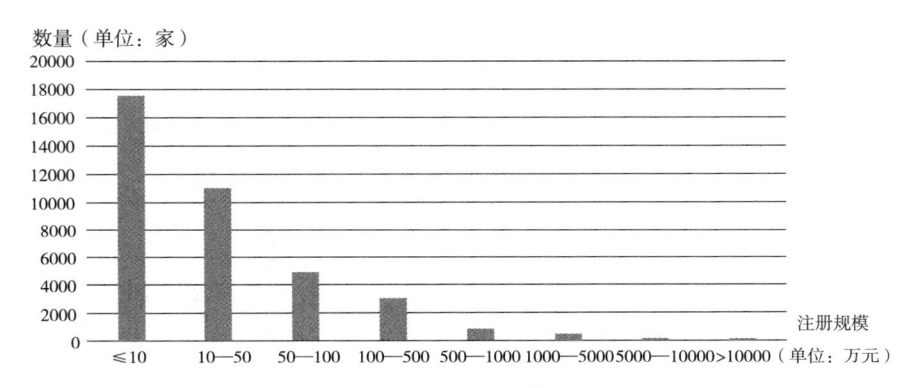

图6-6 按注册资本规模划分的企业数量统计

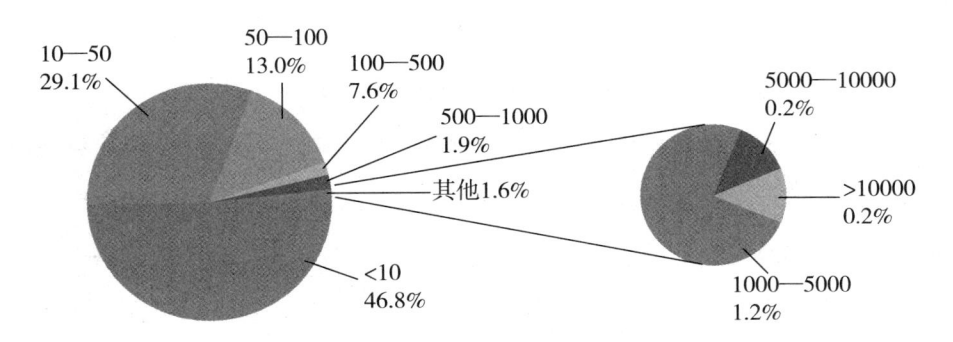

图6-7 全国语言服务企业注册资本规模统计（单位：万元）

---

① 我们于2012年8月26日利用武汉市工商行政管理局网站（http：//gssoso.whhd.gov.cn：8086/soso/search）搜索经营范围中含"翻译"二字的公司，在该网站显示的10个网页（每页10条信息）中，共计搜到77家公司名称中含有"翻译"，其余23家未含"翻译"。由于该网站只显示10个网页且未输入"本地化"等检索词，所以该市语言服务企业肯定不止100家。武汉市翻译公司多成立于2000年之后，注册资本在5000元到100万元之间，5万—10万元最多，最少的只有5000元，个别企业超过100万元。多数企业打着翻译公司的旗号，少数名称则为"教育""咨询"等。企业规模不大。

从企业人员数量看，大多数语言服务企业专职人员少于10人，很多处于家庭作坊式运营状态。近十多年来，我国语言服务业新增企业的注册资本总体呈上升趋势，特别是2008年由于北京奥运会的举办使注册资本总量超过70亿元（图6-8）。

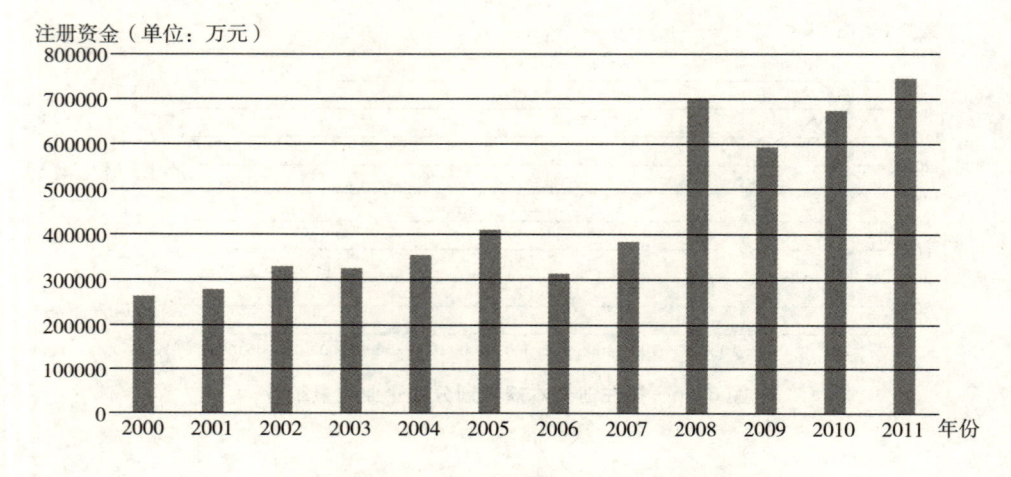

注册资金（单位：万元）

年份	2000	2001	2002	2003	2004	2005	2006	2007	2008	2009	2010	2011

图6-8　2000—2011年新增企业注册资金总额统计

不过，在21世纪的头十年里，语言服务企业的平均注册资本却呈渐降趋势。这表明，在新增企业中，小微企业的数量在增加。语言服务企业虽然有诸如元培、传神、中译等大型企业，但由于过分分散，使得中国翻译市场目前仍然处于零散与混乱的状态，同质化竞争与低端服务过剩严重。语言服务行业有待市场本身进一步细分，通过兼并、淘汰、重组等市场手段，形成服务层次科学合理的市场。从企业成立时间看，只有7%的企业成立于20世纪70年代和80年代，约24%的企业成立于20世纪90年代，而60%的企业成立于21世纪的头十年。[①]从企业地区分布看，具有以下三个特点：以大城市为中心；以东部沿海地区为主；集中在国际化程度较高的地区。北京、上海、广东、江苏四个省市的企业数量在全国排名前四位，占全国企业总量的

---

① 参见中国译协发布的《2010年中国语言服务产业问卷调研分析报告》，第7页。

69.8%；仅北京和上海的语言服务企业数量就占据了全国总量的一半以上，达到55.6%，而北京的语言服务企业数量就达到1.2万多家（图6-9）。

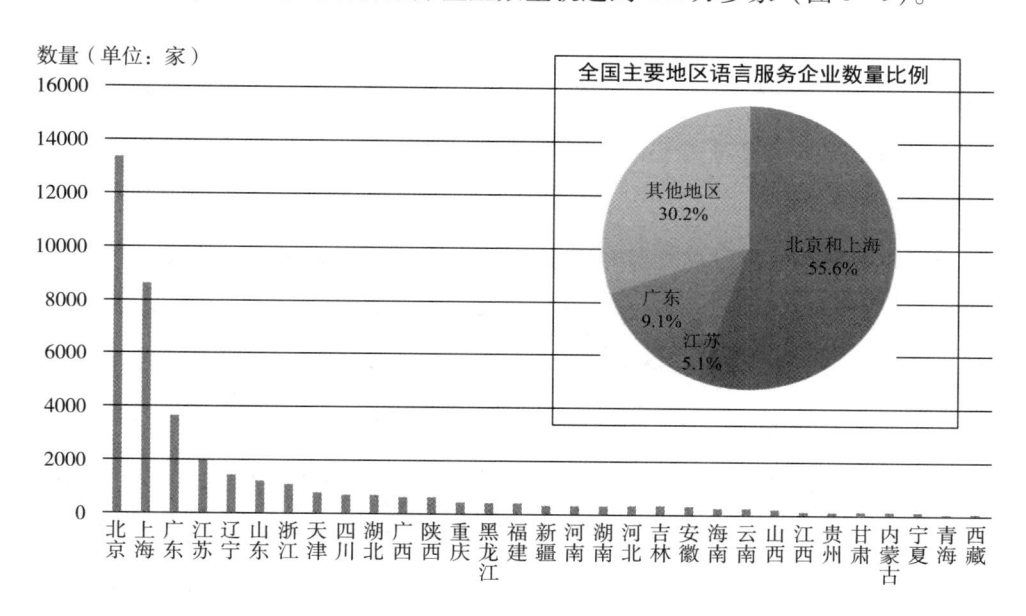

图6-9　全国语言服务企业区域分布统计

从全国范围看，华北地区企业数量最多，占全国总量的37.8%，其次为华东、华南、东北、华中、西南，西北地区最少，仅为3%。从企业数量增幅的地区分布看，华北和华东地区增幅最大，主要体现为北京和上海两个城市语言服务企业数量的迅猛增长。在21世纪的头十年里，上海、北京、广西、安徽年均增长率分别为28.6%、25.1%、22.4%、21.5%。这两个地区翻译企业数量增长的一个重要原因是我国服务外包业的发展。长三角地区是服务外包企业人员最为密集和庞大的地区，占全国总数的35.5%。全国服务外包从业人员排名前五名的城市北京、苏州、深圳、南京、上海基本上都位于这两个地区。总体来看，企业地区分布不均衡与我国经济发展不平衡性相对应。语言服务受经济环境、客户需求、人才集聚等诸多因素的影响。不过，我们也应看到，随着国家经济发展政策的调整，实施西部开发和中部崛起战略，经济发展开始由东南部向中部和西部转移。语言服务企业也由最初集中于北京和上海等中心城市，从20世纪90年代后期开始向其他直辖市或经济发达省会城市扩展。一些大中型翻译企业所设分支机构或分公司呈现出由中心城市向周边二、三线城市扩展的趋势。这种扩展从一个侧面反映了这些地区较低的劳动力成本、逐渐增长的市场需求，以及法律、税收、政策优惠等外部环境的吸引力。

语言服务企业数量具有较强的变动特征。在21世纪的头十年里，新增企业出现两次高速增长期。第一次是2000—2003年，其间年均增长率为32.9%。这与我国2001年加入世贸组织、扩大对外开放程度有直接关系。第二次高速增长期为2008—2011年，其推动力量是北京奥运会和上海世博会。这期间年均增长率达到21.1%。不过，由于企业入市和退市没有任何限制，企业消亡成为竞争激烈的中国翻译市场的普遍现象。在21世纪头十年间，有数千家企业消亡。企业消亡具有一定的规律性。企业成立3—4年间是其消亡的高峰期，6年内消亡的企业占消亡企业总数的88%，但随着经营时间的延长，企业消亡的数量大幅减少（图6-10和图6-11）。

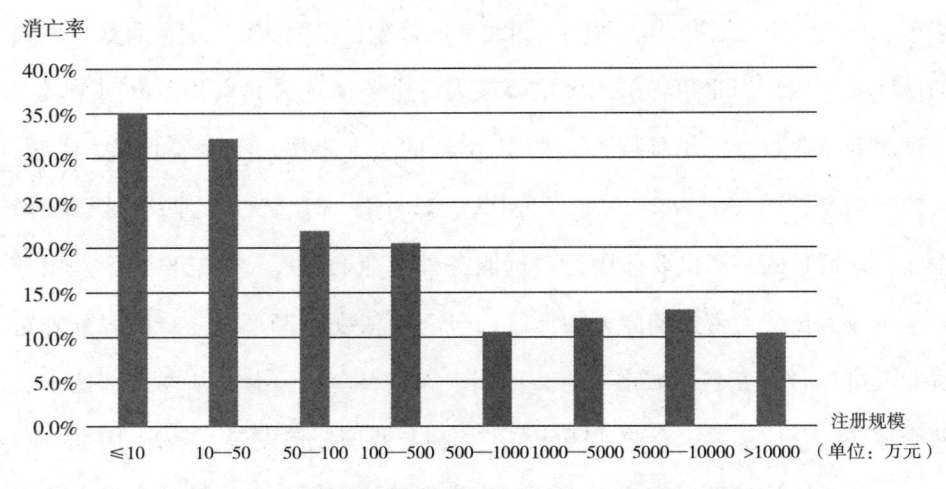

图6-10 全国语言服务企业注册资本规模与消亡率统计

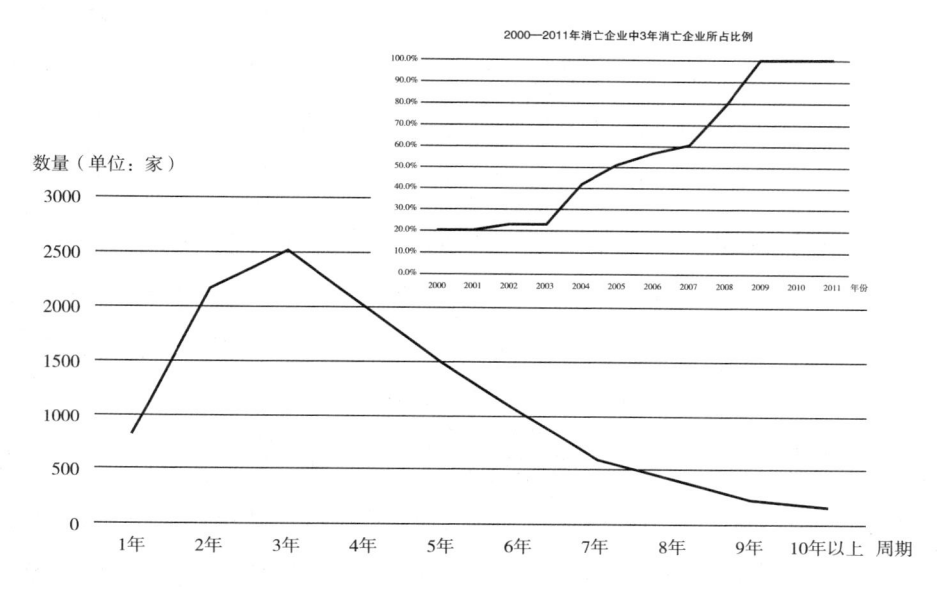

图 6-11　2000—2011 年消亡企业生命周期统计

例如，厦门市商事主体登记及信用信息公示平台数据显示，2000—2014 年该市共出现过 20 家翻译公司，但其中 10 家已注销或被吊销执照，而 2005 年之前登记成立的 10 家公司中仅有 2 家还存在。① 又如，湖北省荆州市 1993—2008 年先后出现了 12 家专营或兼营翻译服务的企业，但现在仍在经营的只有荆州市麒麟翻译有限公司等少数几家公司，大部分已被市场淘汰。②

从翻译市场产值看，计划经济时期在 1 亿元左右（不考虑物价因素），转型时期也只有 10 亿元左右。随着 90 年代初语言服务企业开始大量出现，国内翻译市场的总产值开始呈现飞速增长的态势。在我国"入世"、申奥成功等重大事件的推动下，我国翻译市场的总规模 2003 年达到 127 亿元人民币，

---

① 参见韦忠和的博客文章《创业有风险，入行需谨慎》（http：//blog.sina.com.cn/s/blog_76476f140101mimj.html）。
② 我们于 2010 年利用荆州市工商行政管理局企业注册数据库检索出荆州市麒麟翻译有限公司、湖北省荆州电信传输技术开发实业总公司长途技术开发部、荆州市倪氏网络信息服务有限公司等 12 家专营或经营翻译服务的企业。2013 年 4 月通过实地调查，发现只有荆州市麒麟翻译有限公司、荆州市译霖翻译工作室、荆州市金鸿电脑技术服务有限公司仍在经营翻译服务业务。

2006 年为 200 亿元人民币。①根据中国译协的统计，2010 年国内语言服务业总产值达到 1250 亿元，2011 年为 1576 亿元，预计 2015 年将达到 2600 亿元（见《报告 2012》第 10 页）。从中国语言服务行业的从业人数看，20 世纪 70 年代末只有语言工作者 20 万人左右，转型时期的中后期达到 60 万人左右（包括从事科技翻译的二三十万人），而到 2011 年年底，包括翻译、管理、技术、营销等在内的从业人员达到 119 万，其中翻译人员 64 万，占所有从业人员的 53.8%。兼职翻译人员达到 330 多万，兼职人员与专业人员的比例约为 2.8∶1。不过，在这数百万专兼职翻译人员中，真正合格的、能够从事较高端翻译服务的人员比例很小。据有关数据显示，截至 2012 年，我国国有企事业单位中具有翻译职称的人员为 2.6 万人，通过全国翻译专业资格考试的人员有 2.7 万人。②二者相加不到 6 万人。这表明，我国翻译市场上的从业人员大多数不合格。这直接导致了翻译服务质量的参差不齐。

从服务内容看，语言服务业中包括口笔译在内的翻译服务目前仍然占据市场的最大份额，但有迹象显示，包括软件设计与测试、网站本地化等在内的本地化服务、翻译培训与多语咨询、翻译技术与软件设备开发等关联或延伸服务在翻译市场中所占比重越来越大。而在翻译服务中，"外译中"占很大比例。珠三角、长三角、环渤海以及新疆、内蒙古资源大省因引进技术、经济、文化而表现为外译中的比例相对较高，劳务输出型省份则表现为中译外比例相对较高。相比"外译中"，"中译外"专业人才严重不足，目前缺口高达 90% 左右。翻译行业规范化初见端倪，但翻译质量下降问题尚未得到有效解决。中国目前还没有一个政府部门主管翻译事业，一个统一、完整、系统

---

① 参见连彩云《提升科技翻译工作对山西技术引进消化吸收再创新作用的对策研究》，山西省科学技术情报研究所，2008 年。
② 参见杨英姿《我国翻译人才评价体系发展现状及其对策建议》，《中国翻译》（增刊）2013 年，第 30 页。

的政策规范还没有制定出来。①

二 语言服务企业的类型

语言服务业的核心层构成了翻译市场的主体,包括翻译公司、本地化公司、翻译技术公司、翻译教育培训与多语咨询机构等。参照《报告 2012》,我们将语言服务企业分为翻译公司、本地化公司、语言技术与辅助工具研发机构以及翻译培训与多语信息咨询机构四种类型。这些不同类型的语言服务企业是翻译市场最为重要的客体要素。

(一) 翻译公司

翻译公司是我国新兴语言服务市场中最主要的构成成分,诞生于改革开放的 70 年代末期。翻译公司指"在工商部门注册的、主要经营翻译业务的公司;广义的翻译公司包括兼营翻译业务的其他类型公司、未注册的翻译公司、翻译工作室、翻译服务部等"。这一定义似乎告诉我们,凡是经营业务中涉及翻译服务的企业都可称为翻译公司。卡门森斯公司对语言服务供应商的定义是"一家企业如果其年营业额中超过 50% 来自语言服务,则将其定性为语言服务企业"。翻译公司似乎也可如此界定,即翻译服务、翻译培训与咨询、翻译技术、翻译软件与设备研发等与翻译直接相关的业务如果占据企业年营业额的 50% 或以上,则可确定该企业为翻译公司。但在实际操作中有一定的难度。首先,营业收入属于企业商业机密,一般难以收集。其次,很多语言服务企业雇用了大量兼职或业余翻译人员,这部分翻译服务收入可能未在其向税务部门报告的营业收入中体现出来。最后,语言服务企业经营内容和范围的动态性、交叉性特征也增加了界定其性质的难度。若按公司名称中是否包含"翻译"来确定,似乎也不合理,因为有相当一部分以翻译服务为主业的

---

① 参见张南军《当前中国翻译服务行业的状况》,转引自夏太寿主编《中国翻译产业走出去——翻译产业学术论文集》,中央编译出版社 2011 年版,第 35 页。

翻译公司名称中都未出现"翻译"二字。以中国译协2010年评出的年度优秀翻译企业为例，它们是百通思达翻译咨询有限公司、北京创思智汇信息咨询有限责任公司、北京天石易通信息技术有限公司、成都语言桥翻译有限责任公司、文思海辉技术有限公司、江苏省工程技术翻译院有限公司、莱博智环球科技有限公司、上海金译工程技术翻译有限公司、双泽翻译咨询有限公司、中国对外翻译出版公司。①上述十佳企业中有4家的名称中未用"翻译"。又如，武汉市100多家语言服务企业中只有77家在其名称中使用了"翻译"，而荆州市先后出现的12家翻译企业中只有3家的名称使用了"翻译"。为了研究方便，我们将所有经营业务中涉及翻译服务的企业都归入翻译公司的范畴。换言之，在本研究中，广义的翻译公司等同于广义的语言服务企业。而狭义的翻译公司则指以口笔译为主营业务的企业。

在21世纪的头十年里，国内翻译行业和翻译研究界普遍认同或提及的一个数字是全国有"3000家（左右）"注册翻译公司。②③这一数据来自中国译协，但2012年该协会关于中国翻译市场的报告否定了该数据的可靠性：截至2011年年底，国内经营翻译业务的企业为37130家。翻译公司虽然性质复杂，但在融资渠道、经营模式、规模形态、管理方式、市场取向、业务流程、翻译价格等方面具有一些显著特点。④

从融资渠道看，大致可分为三类。第一类是外资在中国的独资或合资公司。《中国入世议定书》中的"服务贸易具体承诺减让表"明确规定，"笔译

---

① 参见中国译协网站"年度优秀企业会员"介绍（http://www.tac-online.org.cn/ch/node_517517.htm）。
② 参见陈秀兰《新形势下翻译业的机遇、挑战与对策》，转引自全国翻译企业协作网领导小组秘书处编《全国第二届翻译经营管理工作研讨会论文集》，海南翻译公司，2002年，第46—50页。
③ 参见仲善平、朱宪超《加强行业整合，服务全球化——浅谈商业翻译服务运作中存在的问题与对策》，《中国翻译》2006年第1期。
④ 参见张南军《当前中国翻译服务行业的状况》，转引自夏太寿主编《中国翻译产业走出去——翻译产业学术论文集》，中央编译出版社2011年版，第39页。

和口译服务"和"会议服务","仅限于合资企业形式",并"允许外资拥有多数股权"。①其实,早在20世纪80年代,港澳台商就已涉入中国的翻译服务行业。中国"入世"之后,外资开始涌入中国。2007年,风险投资机构华威国际(CID GROUP)和成为基金(Chengwei Ventures)共同对传神公司投资;2008年,全球著名的美国投资机构经纬创投中国基金(Matrix China)向元培公司投入1500万美元。②因此,传神和元培的企业性质由内资企业演变为合资公司。独资公司有罗塞塔翻译(上海)有限公司等。上海罗塞塔公司是总部位于伦敦的罗塞塔翻译集团全资拥有的分公司。又如,深圳比蓝翻译有限公司,其40%的股份为比利时著名翻译集团Telelingua International所拥有。③第二类是依附于政府机关或国有企事业单位的翻译公司或翻译部门,如早期的中央编译局翻译服务部。该服务部现已从中央编译局独立出来。第三类是独资或合伙出资的私营翻译公司,如交大铭泰信息技术有限公司由创始人何恩培与其他三位合伙人共同投资创建。

从经营模式看,可分为四种类型。第一类是主要承担本单位和部门的翻译任务,兼营社会翻译业务,如上海金译公司由特大型企业上海石化的语言服务部门发展而来,现为独立法人企业。④上海金译早期主要承担上海石化工程建设项目的口笔译服务,后来服务向社会开放,由石油工程翻译拓展到项目涉外管理、各类咨询服务、外语培训服务、经济技术信息服务等领域。中译公司从某种意义上讲也属于这类公司。中译公司早期主要从事联合国文件

---

① 贾砚丽:《翻译服务企业的自身发展、行业自律与合作初探》,转引自全国翻译企业协作网领导小组秘书处编《全国第二届翻译经营管理工作研讨会论文集》,海南翻译公司,2002年,第7页。
② 朱宪超:《翻译服务领域现状浅析》,转引自中国翻译协会编《中国翻译年鉴2007—2008》,外文出版社2009年版,第269页。
③ Telelingua International集团董事长Fernand Boucau在2012年8月23日给我们的信中告知了其在比蓝翻译公司的投资信息。
④ 参见陈忠良《工程项目口译的组织实施和经营管理》,转引自全国翻译企业协作网领导小组秘书处编《全国首届翻译经营管理工作研讨会论文集》,江苏钟山翻译有限公司,2001年,第32—36页。

资料的翻译，这是国家指派的任务；后来，中译业务发展到为国内用户提供多种类型的翻译服务，并走出国门，派出专业人员驻外长期或短期工作。①第二类公司是以在全国承接大宗业务为主的有一定规模的翻译公司。例如，江苏钟山翻译有限公司，近年来完成了或正承担着16项国内大型工程项目的翻译工作，包括中石化扬子石化芳烃厂、中石化扬巴乙烯工程、中石化洛阳石化大化纤工程、中石化南化大化肥工程、中海油60万吨甲醇项目等。②第三类是以接揽当地定向或门市翻译业务为主的翻译公司。例如，海南翻译公司"担负着全省许多重要文献的翻译业务，包括省长出国讲话、省内的法规、国际海事法庭官司文件、企业招商招标等"。③第四类公司是以利用网络承接业务为主的网上翻译公司，如佛山市顺德区信雅达翻译服务有限公司、上海曦越文化传播有限公司等。但网上翻译公司的资质很难确认。中国最大的网络公司阿里巴巴就在其公司黄页所推荐的网上翻译公司中标明了一些企业"公司未认证"，如博络市场策划有限公司、平湖市当湖新智源翻译工作室、硅湖职业技术学院网上翻译社、季氏翻译有限责任公司、四川语通翻译公司、中国拓海发展有限公司以及一些网上翻译服务个体户等。④

从规模形态看，大致可分为五类。第一类是大型翻译公司，其全职员工在200人以上，年产值在2000万元以上。这类企业占翻译公司总量的1%—2%，如原海辉软件（国际）集团，有员工1020人，年产值4080万美元，在国内外有21个分支机构；华软通联软件技术（北京）有限公司，有员工400人，年产值2860万美元，有14个分支机构；传神公司，有员工550人，年产

---

① 参见贾砚丽《翻译服务企业的自身发展、行业自律与合作初探》，转引自全国翻译企业协作网领导小组秘书处编《全国第二届翻译经营管理工作研讨会论文集》，海南翻译公司2002年版，第8页。
② 参见该公司网站"公司业绩"介绍（http://www.ctss.net.cn/sl_gongsiyeji.html）。
③ 张乃惠：《翻译企业如何在新形势下建设与发展》，转引自全国翻译企业协作网领导小组秘书处编《全国首届翻译经营管理工作研讨会论文集》，江苏钟山翻译有限公司2001年版，第66页。
④ 参见阿里巴巴有关网上翻译公司介绍的网页（http://s.1688.com/company/-CDF8C9CFB7ADD2EB.html）。

值2300万元，有19个分支机构。①第二类是区域性的次大型翻译公司，全职员工在100人以上，年产值在1000万元左右。此类企业占翻译公司总量的2%—3%，如东北地区的黑龙江省信达雅翻译有限公司、长春亿洋翻译有限公司，华北地区的北京星辉翻译中心、北京天石易通信息技术有限公司、北京东方正龙数字技术有限公司，华东地区的江苏省工程技术翻译院有限公司、上海东方翻译有限公司，东南地区的厦门精艺达翻译服务有限公司、福州译国译民翻译服务有限公司，华南地区的深圳市比蓝翻译有限公司、海南翻译公司，西北地区的成都市语言桥集团，西南地区的重庆华电翻译有限公司等。第三类是中型翻译公司，全职员工一般在30—50人，年产值在200万—400万元之间。此类企业占翻译公司总量的10%—15%，如深圳市飞蓝信息技术有限公司，2008年该公司有员工40多人，年产值300多万元。第四类为中小型翻译公司，全职员工一般在10人左右，年产值一般在100万元左右。此类企业占翻译公司总量的30%左右，如武汉圣士翻译有限公司。2010年，圣士翻译公司有各类员工12人，年产值100多万元。第五类为家庭作坊式的小微型翻译公司，全职员工不超过10人，年产值在100万元以下。此类企业占翻译公司总量的50%以上，如荆州市麒麟翻译有限公司，全职员工只有4人，年产值10多万元。②

从管理现状看，大中型翻译公司的管理整体上比较正规，有自己的管理方式，能够全部或部分执行国家有关标准的规定。但是，小微型翻译公司的管理方式存在较多问题，由于业务的不均衡和管理成本等问题，对质量控制出现失控。尤其是家庭作坊式的翻译公司，员工只有几个人，几乎没有专职翻译，翻译业务主要依靠兼职译者，且无合格的质量审校力量，因此翻译质量会出现较大反复。换言之，此类公司翻译质量的高低完全取决于兼职译员

---

① 参见卡门森斯公司2012年全球语言服务市场调查报告。
② 有关翻译公司规模的数据有的来自相关文献，有的来自我们的市场调查，这里不一一注明。

的业务水平与个人信用。从人均产值看,翻译公司的人均产值落差较大。一般说来,人均产值在 8 万—10 万元;以口译或中译外为主的翻译公司人均产值在 10 万—15 万元。大中型翻译公司基本上在这个水平之上,本地化翻译公司略高一些,小微型翻译公司可能达不到这个数字。①

  从市场取向看,翻译公司的语言服务大致可分为高、中、低端。国内翻译公司过去在高端市场的占有量很少,这一市场板块以前通常为政府机构的翻译部门或跨国翻译公司所垄断,但近几年来有了一些变化。随着政府开始向社会购买翻译服务,国内的国际性会议和会展不断增多,大型国际活动在国内举办,跨国公司基于成本核算的需求和我国本地化公司的异军突起,一些大型翻译公司如海辉、元培、传神、中译等开始涉足高端翻译市场。次大型和中型翻译公司以其规模、专业、管理、价格、业绩、关系网的优势占据了中端翻译市场的大部分,在近十年里产生了一批有市场知名度的、质量基本有保证的、顾客群相对稳定的翻译公司,如江苏钟山翻译公司、重庆华电翻译公司、海南翻译公司等。低端翻译市场仍为小微翻译企业所占有,具有明显的区域色彩,其特点是业务的不确定性、语种的多样性、价格的随意性、质量的不稳性、存在时间的短暂性、人员的经常流动性。此外,由于缺乏必要的人力资源和管理方法,此类公司容易产生质量问题,也是翻译服务行业中最不稳定的群体。在这些公司中,也会出现中型或次大型的翻译公司,但更多的公司在逐渐规范化的市场中或者保持现状,或者被兼并重组,或者被市场淘汰。不过,这类公司在我国仍会继续存在下去,其原因是语言服务市场总是有低端服务需求。②若从服务内容看,一些比较成熟的翻译公司对翻译业务并非来者不拒,鼓吹自己什么都能做,而是专注于某一领域的翻译服务。

---

  ① 参见张南军《当前中国翻译服务行业的状况》,转引自夏太寿主编《中国翻译产业走出去——翻译产业学术论文集》,中央编译出版社 2011 年版,第 36—37 页。
  ② 同上书,第 37 页。

例如，有些翻译公司主要提供工程技术类翻译服务，其客户主要是国内大型引进工程技术项目，以及已经进入和意欲进入中国市场的外国公司；另外一些公司则提供专利、法律、经贸类翻译服务，其终端客户是出国留学或探亲访友的个人，或者从事经贸活动的一些中外公司；还有一些公司专门提供IT类翻译服务，其服务重点是网站本地化和网站内容的翻译，或者依托网站进行传统翻译内容操作。[①]个别企业的翻译服务中还包括语言技术工具租赁业务，如长春亿洋、北京世纪同声、南京瑞科等公司提供同传设备租赁服务。

从业务流程看，虽然在翻译项目具体操作上各翻译公司存在一些细小差异，但基本步骤大致相同。第一步是客户下单。客户通过面谈、电话、电子邮件等方式与翻译公司客服取得联系，说明翻译的内容、语种、完成时间、格式要求及注意事项，然后提交稿件及翻译所需的各种文件资料，并签署翻译合同。第二步是项目分析。翻译公司接收翻译稿件后，项目负责人先审阅文本内容、计算字数、记录分析客户提出的翻译要求，然后进行专业分类并选择译员。第三步是任务分配。翻译公司翻译部对稿件所涉专业领域进行分析，统一专业词语的用法，同时根据客户需求确定翻译原则并按行业公认用法进行翻译，然后选择译员成立专业的翻译项目小组。项目负责人协调、监控整个翻译进程，确保翻译工作的质量、效率和语言风格及专业术语的一致性，按时高质量地完成翻译服务。第四步是查阅资料。在确定项目小组后，项目组长同组员一起分析稿件，统一术语，制订翻译计划，同时根据稿件的领域查阅行业资料，确定翻译语言风格及行业翻译规范，以确保专业的翻译水平。第五步是翻译。在稿件翻译期间，翻译公司会随时跟踪翻译的质量及进程，并保持与客户的沟通，提出问题，分析问题，解决问题。客户也可随时提出翻译的意见及要求。译员必须严格按照前期制订的翻译计划、统一的

---

① 参见中央编译局翻译服务部文章《翻译市场浅析》，第5页。

翻译术语及行业规范进行翻译，确保翻译质量并符合行业规范。第六步是译文审核。翻译公司建立严格的译文质量审核制度，即在翻译任务完成后，由专门领域的翻译专家进行审核，对语言进行修饰、润色以符合翻译的信、达、雅。第七步是校对。译文审核完成后，由项目负责人再次核对，保证语言流畅、拼写正确、语法符合要求，并及时提出问题，与专家分析解决问题。第八步是编辑排版。由翻译公司编辑排版部门处理稿件中的文字格式、图片、表格等，保证稿件符合客户的排版要求。如果客户要求，翻译公司可为客户提供印刷设计服务。第九步是质量分析。翻译排版之后，项目负责人将最后一次核对译文，保证前期排版不出错，并与前期翻译产品一致。第十步是交稿。翻译公司会根据客户要求的方式提交译件。对于机密文件，翻译公司会承诺为客户保密。第十一步是客户反馈。译稿提交后，客户对译文进行审核。对客户反馈的意见，翻译公司会认真分析并按要求对译文进行修改，并再次送交译稿。所有修改将做好记录并保存，作为再次为客户服务时的参考。[1]

从市场价格看，翻译服务价格取决于当地的人力资源、社会发展水平、经营管理方式和人才培养渠道。一般说来，京、沪、穗、汉及沿海地区翻译价格略高一些。以英译汉为例，翻译价格在每千字130—150元之间，因专业、时限、语种、协商的不同，价格可在20%区间内上下浮动。小语种差别比较悬殊。北京的小语种因人才济济，价格相对较低，其他地区的小语种价格高于北京50%—100%。内地及边远地区因外语人才缺乏，英译汉价格在每千字110元左右。需要指出的是，上述价格是2010年左右中型翻译公司的笔译报价，小微企业的报价可能要低于这个价格。[2]在不同时间段翻译价格不一样，不同方式的翻译服务如口译和笔译价格会有很大差异。例如，在2000年

---

[1] 参见《翻译的流程》，翻译百科（http://fanyi.baike.com/article-1161751.html）。
[2] 参见张南军《当前中国翻译服务行业的状况》，转引自夏太寿主编《中国翻译产业走出去——翻译产业学术论文集》，中央编译出版社2011年版，第37—38页。

左右,笔译和口译的价格如表 6-3 和表 6-4 所示。

表 6-3   2000 年笔译价目(表中"字数"指中文字数)

价格 字数 数量 (字)	中译外				外译中			
	正常价格		加急价格		正常价格		加急价格	
	时间 (天)	价格 (元/千字)	时间 (天)	价格 (元/千字)	时间 (天)	价格 (元/千字)	时间 (天)	价格 (元/千字)
≤500	5	250—300	2—3	500—600	3	150—200	1	300—400
≤2000	7	250—300	4	500—600	5	150—200	2—3	300—400
≤5000	10—15	250—300	7	500—600	7—10	150—200	3—5	300—400
≤10000	15—25	250—300	10	500—600	10—15	150—200	≤7	300—400
≤50000	30—60	250—300	≤20	500—600	20—30	150—200	10	300—400
>50000	时间面议,按正常价格,若不加急可有 5% 的折扣							

(资料来源:《全国首届翻译经营管理工作研讨会论文集》,第 40 页)

表 6-4   2000 年口译价格

工作性质	价格
一般性口译工作	每天 400—600 元
谈判性质的会议	每天 1000—1600 元
同声传译	每天 2000—4000 元

(资料来源:同表 6-3)

翻译价格涉及翻译稿件的计字方法。20 世纪 70 年代末,当翻译服务作为一个新兴行业出现时,基本上沿用了新闻、出版行业的计字方法。[1]长期以来,新闻、出版行业对翻译稿件计酬均采用版面计字方法,并对计字方法做了详

---

① 参见张南军《浅论翻译稿件的计字办法》,转引自全国翻译企业协作网领导小组秘书处编《全国首届翻译经营管理工作研讨会论文集》,江苏钟山翻译有限公司,2001 年,第 52 页。

细规定，如稿件正文的计算、标题的首行计算、标点符号的计算等。但是技术资料的版面比较复杂，如资料中会出现大量的附图、表格、图纸、规格单、检验表等。这决定了此类稿件的翻译在具体计字方法上与出版物计字应有所不同。在全国首届翻译经营管理工作研讨会上，张南军为国内翻译行业的计字提出以下标准：

翻译服务行业的计字标准[①]

为了规范行业内部的计字方法，根据技术资料的版面结构特点，同时参照国家版权局的相应规定，特制定本办法。

1. 定义

1.1 字数：字数指资料中所涉及的所有中文、西文、标点、公式符号等。

1.2 版面字数：即以版面字数为计算依据的计算方法。

1.3 电脑计数：即以计算机"视窗XX"软件的WORD文件中工具栏内的计数为计算依据的计算方法，通常采用"字符数（不计空格）"。

1.4 附图：指技术资料中阐明文字内容的示意图、零部件图、照片、曲线图等。

1.5 公式：指技术资料中的计算公式、分子式等。

1.6 表格：指技术资料中出现的各类规格单、检验单、零部件表、润滑表以及所有以表列出的带有文字表述的各类表格。

1.7 图纸：指技术资料中所有带有图签的接线图、布置图、总装图、零部件表、焊接图、管线图等。

1.8 图纸尺寸：图纸尺寸为0号、1号、2号、3号、4号，加长图的计算为标准图+加长部分折合的标准图。

[①] 参见张南军《浅论翻译稿件的计字办法》，转引自全国翻译企业协作网领导小组秘书处编《全国首届翻译经营管理工作研讨会论文集》，江苏钟山翻译有限公司2001年版，第52页

2. 计字

2.1 版面计字：版面计字以排印的版面每行的字数乘以正文实有的行数，不足一行和占行题目的按一行计，其中附图、公式、表格、索引按相同幅面的版面字数的 1/2 计算。末尾不足千字的按千字计算。

2.2 电脑计字：电脑计字按计算机"视窗 XX"软件 WORD 文件中，工具栏内"计数"框里"字符数（不计空格）"的实际字数计数。资料中附图、表格的剪贴、排版费用应另行计算。

2.3 图纸计字：图纸计字可采用以下几种方法：

2.3.1 按 2.1 的规定统一按满版字数折半计算。

2.3.2 按 2.2 之规定，但图纸的剪贴、排版费用应按图纸的幅面大小分别计算费用。

2.3.3 按委托双方约定的方法计算。

2.4 公证材料的计字：

2.4.1 公证材料的计字统一以待译或译完的中文资料的字数为计算依据。

2.4.2 公证材料的计字可以以件、张、版面计字或电脑计字为基础，但在版面计字时，可以 1000 字为一个基数，末尾不足 1000 字按 1000 字计算。

2.4.3 公证材料中的附图、公式、表格的计算方法同 2.1 和 2.2 款的相应规定。

2.5 广告词的计字：

广告词的计字按行计字，每 10 行按千字计算，不足 10 行的按 10 行计。

3. 本方法为翻译服务行业的计字标准，国家另有规定，按国家规定执行。

北京语言大学的研究生郭薇薇等四人于 2003 年 9—11 月对北京、上海、广州和武汉的翻译公司进行了比较系统的调查。①有关这四个城市各语种的口笔译价格如表6-5至表6-8所示。

表6-5　　　　2003年北京地区各语种口笔译价格*

翻译类型 \ 语种	英语	日语	法语	德语	其他语种
陪同口译	800元/天	900元/天	1000元/天	1000元/天	1200元/天
会议交传	1200元/天	1400元/天	1400元/天	1400元/天	1600元/天
会议同传	4000元/天	5000元/天	5000元/天	5000元/天	7000元/天
笔译中译外	170元/千字	200元/千字	200元/千字	200元/千字	255元/千字
笔译外译中	135元/千字	170元/千字	170元/千字	170元/千字	220元/千字

加急收费：酌情加收10%—50%（未名千语）、30%—100%（新雨丝）、30%—50%（展英）的费用或面议

（*表中数据根据对博景文、神州华译、世纪纵横、未名千语、新雨丝、展英等翻译公司的数据统计）

表6-6　　　　2003年上海地区主要语种口笔译价格*

翻译类型 \ 语种	英语	日语	法语	德语	其他语种
陪同口译	500元/天	700元/天	700元/天	700元/天	1000元/天
会议交传	1000元/天	1500元/天	1500元/天	1500元/天	2000元/天
会议同传	4000元/天	4000元/天	4000元/天	4000元/天	4000元/天

---

① 参见郭薇薇、陈艳、康美红、孙晓梅《关于中国四大城市翻译公司的调查报告》（http://www.tac-online.org.cn/fyhy/txt/2005-06/26/content_79916.htm）。

续　表

翻译类型＼语种	英语	日语	法语	德语	其他语种
笔译中译外	160 元/千字	240 元/千字	250 元/千字	247 元/千字	355 元/千字
笔译外译中	135 元/千字	165 元/千字	190 元/千字	184 元/千字	264 元/千字

加急费用：酌情加收 30%—100%（共明）、50%—100%（百思）、30%—60%（索文）、30%（拓达）的服务费或面议

（*表中数据根据对共明、百思、索文、昆仑、译港、拓达等翻译公司的数据统计）

表 6-7　　　　　2003 年广州地区主要语种口笔译价格*

翻译类型＼语种	英语	日语	法语	德语	其他语种
陪同口译	500 元/天	600 元/天	700 元/天	700 元/天	900 元/天
会议交传	900 元/天	1000 元/天	1200 元/天	1200 元/天	1300 元/天
会议同传	4000 元/天	5000 元/天	5000 元/天	5000 元/天	5000 元/天
笔译中译外	180 元/千字	253 元/千字	255 元/千字	255 元/千字	358 元/千字
笔译外译中	150 元/千字	210 元/千字	210 元/千字	210 元/千字	306 元/千字

加急收费：另加 18%（万通达），或面议

（*表中数据根据对百译通、博雅、山信、万国桥、万通达、兆杰鸿等翻译公司的数据统计）

表 6-8　　　　2003 年武汉地区主要语种口笔译价格*

翻译类型＼语种	英语	日语	法语	德语	其他语种
陪同口译	500 元/天	600 元/天	600 元/天	600 元/天	900 元/天
会议交传	700 元/天	900 元/天	900 元/天	900 元/天	1300 元/天
会议同传	3000 元/天	5000 元/天	5000 元/天	5000 元/天	5000 元/天
笔译中译外	170 元/千字	193 元/千字	235 元/千字	235 元/千字	342 元/千字
笔译外译中	140 元/千字	188 元/千字	225 元/千字	225 元/千字	290 元/千字

加急收费：文件完成的正常天数除以客户要求天数之得数乘以单价（武大人）、10%—100%（通达），或面议

（*表中数据根据对九重歌、通达、华译、嘉信、武大人等翻译公司的数据统计）

翻译价格是翻译市场的基本经济要素之一，它是作为商品的翻译服务产品价值的货币表现。更准确地说，它是翻译服务单位产品价值的货币表现。翻译服务产品的计价单位，从国内各翻译公司的实践来看，一般以一千汉字为单位，图表文书有时另外按张或件计价。目前通行的计字方法有两种：版面计字和电脑计字。前者是借鉴新闻、出版行业对翻译稿件付酬的计字方法，其优点是有官方文件可依；后者是电脑普及的产物，其优点是计算方便、精确。二者共同的缺点是碰到有图表的翻译文件计字不够合理，有时还会引起供需双方之间不必要的纠纷。科学合理的计字方法有待实践探索。

影响翻译价格的因素有外部因素和内部因素之分。外部因素指翻译公司的翻译辅助性管理服务活动。从接受翻译原件到送交译件到售后服务，需要大量的人员。人员的多寡以及对其服务质量的要求无疑会影响翻译价格。内部因素指与翻译活动本身直接相关的一些因素，主要包括：

（1）语种。常用语种（英、俄、德、法、日）比稀有语种收费低。一般说

来，翻译价格与语种的稀有程度成正比。而不同的常用语种收费也有区别、如日、法、德、俄与汉语之间的翻译就比英汉翻译价格高。而外文互译价格更高。

（2）翻译方向。汉译外比外译汉要贵。例如，汉译英与英译汉，按2003年北京广联翻译公司的报价，分别为160—240元/千字和100—120元/千字。

（3）地域因素。各地区因经济发展程度不同导致各语种译者数量不同、对翻译需求不同，从而引起翻译价格的差异。此外，在中国国内做汉语以外的翻译困难且不方便，所以有不少是翻译公司通过因特网在国外进行的，翻译价格因此提高。

（4）交稿时间（文稿期限是否加急）。有的公司将加急概念细分为"加快""特急"和"通宵赶做"，翻译收费实行弹性制，一般为翻译费用乘以1.3起。

（5）文稿内容难度。加收费用在10%—100%区间浮动。

（6）超优质翻译。主要针对那些要求最高质量、不在乎成本的客户。

（7）排版和图文处理的难易度。

此外，稿件长度对翻译价格也有影响，如有的公司规定，5万字以上的稿件可有5%的优惠，低于一千字的稿件按一千字计算。以上是影响笔译价格的因素。口译价格则受语种、内容、口译形式等因素的影响，一般以小时或工作日为单位收费。工作日的概念为8小时，不足4小时按半个工作日计算，超过4小时不足8小时按一个工作日计算。法定假日加收30%的费用。口译价格随口译方式而定。各翻译公司对口译分类不太一致，有的分为"客户接待口译/随行口译""一般洽谈"和"现场口译/国际会议口译/同声传译"，有的分为"一般性商务会谈""中小型国际会议"和"大型国际会议"。[①]其中，同声传译比其他类型的口译价格高很多。

下面选择国内一些具有代表性的大、中、小微翻译公司进行简略介绍。

---

① 参见田传茂、丁青《翻译经济学刍议》，《桂林电子工业学院学报》2004年第1期，第79页。

1. 北京元培世纪翻译有限公司

作为国内唯一的 2008 年北京奥运会和 2010 年上海世博会语言服务提供商，北京元培翻译公司在我国语言服务产业界占有非常重要的地位，是一家超大型翻译企业。像国内许多翻译公司一样，元培除了翻译业务之外，还提供本地化服务、语言培训服务、产业情报服务、国际商务服务、信息技术服务、新媒体服务等，是一家将语言服务和产业情报服务融为一体的创新型语言服务企业。元培目前已发展成为服务网点覆盖全国并将服务触角延伸到国外的跨国语言服务供应商，在北美、中国香港和欧盟设有服务基地，在南京设置了一个生产中心，在北京、上海、广州、西安建有四个营运中心，有 10 多家分公司、40 多家办事处。①元培以"二十四工作流程""五阶段质量控制""三审审核"以及"十六项质量标准"等语言服务体系和企业质量标准在业内树立了良好的品牌形象。2009 年，经权威的资质评估机构北京北方亚事资产评估有限责任公司认证，"元培翻译"的品牌价值达到 2.1 亿元。

元培在我国语言服务业界的异军突起和成功与该公司创始人蒋小林密不可分。蒋小林并非翻译或语言界人士。20 世纪 80 年代，他是湖南省邵阳县的一名中学教师，90 年代在邵阳县（市）政府任职，2003 年下海经商，在北京创办了一家翻译公司。公司最初办公地点在北京大学燕东园，其前身是北大元培翻译中心，后经改制重组，于 2005 年 3 月正式成立北京元培世纪翻译有限公司。元培充分利用北大外语人才提供语言服务。这从一个侧面反映了我国翻译公司产生的一个来源：我国早期的一些翻译公司都是依附有关高校或外语院校，由翻译界或非翻译界人士建立起来的。

元培作为一家只有 10 多年企龄的大型翻译企业经历了创业期（2003—2010）、转型期（2010—2013）和发展期（2013—至今）三个阶段。2006 年，

---

① 参见 360 百科词条"元培翻译"（http://baike.so.com/doc/487497.html）。

在北京奥运会和中国一汽语言翻译服务供应商竞标中的成功使元培由一家以兼职译员为主的小企业跃升为以专职译员为主的大企业。2003年，元培建立伊始就开始为奥运语言服务竞标提前着手准备。2005年6月，元培向北京奥组委递交公函，表示愿意提交全套语言服务，这比北京奥组委正式启动供应商谈判提前了半年。2006年，国内外多家语言服务商与北京奥组委进行谈判，元培作为一匹黑马最终竞标成功。蒋小林回忆说："对于当时的竞标，从元培翻译的资金和阶段来说，根本不具备优势，甚至非常弱小。但它最大的优势是，当时我们就已经专门组织了一个团队来研究奥运的语言翻译，对于奥运会的语言翻译服务，怎么去建立它的体系、怎么去切分系统，我们已经有非常全面的思考了。所有参与竞标的组织中，只有我们有一个全套的方案，每个细节都写得很清楚。"①在一汽项目竞标中，元培报价虽然最高，但服务水平和报价明细超过其他竞标者；60万字的专业试译，质量过硬，让客户满意，因此最终竞标成功。

奥运会语言服务工作量之大、要求之高是任何项目都无法相比的。北京奥运会的口笔译工作量之巨大，由下列数字可以看出："翻译新闻稿7800余篇，以十个语种计算，合计78000篇，口译新闻发布会1100多场；参与北京奥运会语言服务的译员超过1700多名，赛时翻译服务的专业译员400多名，外籍翻译160余名，涉及44个语种。"②元培圆满完成了翻译任务，受到北京奥组委的表扬。

元培的优质服务赢得了国内外客户广泛的青睐，有奥运会和世博会这样的大型活动，有文化部、建设部、北京市政府这样的政府机构，有阿里巴巴、中国人民银行、海尔、佳能、福特、摩根士丹利、渣打银行、中国译协这样的企事业单位。元培的成功一方面得益于它强大的翻译团队，包括来自外交

---

① 参见杨剑《元培翻译：黑马与快剑》，《新经济导刊》2008年第7期，第64页。
② 参见朱钢华《元培翻译 二次创业》，《新经济导刊》2012年第9期，第76页。

部、北大、北外的 100 多名专家级翻译和 1000 多名国内外专兼职译员。元培在发展过程中，网罗翻译人才的范围由最初的北京大学扩展到北京地区的其他高校、中央翻译机构、国家部委、在京科研机构、各国翻译大学，语种涵盖范围包括英、法、西、日、俄等 84 个。译员中 80% 以上为硕士学历，40% 为海外留学人员，20% 为外籍翻译专业人员。元培全球多语信息服务平台中的"译员工场"平台为其全球范围的译员提供了共享工作平台，包括多项语言处理软件工具和语言数据库等资源。元培在中外文平行语料库支撑下的在线翻译技术方面在全球范围内首屈一指。元培的成功还得益于它系统全面的企业质量标准体系，包括以下 16 条标准：客户翻译业务需求记录标准、客户信息记录标准、翻译服务合同内容标准、翻译业务保密内容与标准、后续服务信息记录标准、翻译与审校人员挑选标准、翻译人员测试标准、翻译人员档案管理标准、项目管理内容与标准、初译稿的质量标准、语言校审的质量标准、专业校审的质量标准、终译稿的质量标准、综合校对质量标准、专家终评标准、排版制作质量标准。[①]

元培的壮大不仅体现在语言服务方面，也体现在融资、并购和扩大业务范围方面。2008 年，元培获得国际著名的风险投资机构经纬创投中国基金（Matrix China）1500 万美元的投资；2010 年，知名风险投资机构达晨创投向元培投资 6000 万元人民币。2011 年，元培与美国 SinoCast 公司签约，以收购美国产业情报服务企业的形式，正式进军美国市场。近年来，元培在翻译技术与管理领域进行开拓，研发了具有独立知识产权的计算机软件技术成果，包括计算机辅助翻译系统、客户管理系统、语料处理系统、语言服务管理系统、语言服务人员管理系统、中文及多语种文件处理系统等。除了致力于语言服务外，元培目前正在向产业情报信息服务领域发展。蒋小林敏锐地观察

---

① 参见元培公司宣传手册《元培翻译》之"我们的翻译特色"。

到企业情报信息市场价值非常巨大,因此决定拓宽企业的业务范围,进行第二次创业。元培的产业情报业务涵盖20个大行业、100多个小产业,实时跟踪全球83个国家的产业情报,是我国目前跟踪国家最多、行业覆盖最广的一家企业。①语言服务作为典型的高端信息加工业得到政府的认可。2010年,元培入选中关村国家自主创新示范区"瞪羚计划"首批重点培育企业名单,公司总裁蒋小林也被北京市中关村国家创新产业园区评为首批高端领军人才,获得北京市政府奖金100万元。元培所取得的成功表明,该公司一直践行着总裁的寄语,"元培是一根标杆,元培是一缕风尚,元培是一种理念"。

2. 传神(中国)网络科技有限公司

作为2010年中国翻译行业特殊贡献奖仅有的两家获奖企业之一(另一家为元培),传神公司成立于2005年,由原交大铭泰公司总裁何恩培创建。②该公司原名传神联合(北京)信息技术有限公司,2013年改为现名。传神是我国翻译服务行业的龙头企业之一,在2013年卡门森斯公司全球语言服务提供商100强排行榜上排名第33位,亚洲第7位。传神有员工800余人,管理遍及世界各地的3万多名译员,翻译文本处理量总计超过85亿字,具有日处理1000万字以上的规模化生产体系。传神提供语言服务的重大事件和项目包括北京奥运会、上海世博会、广州亚运会、深圳大运会以及多个国家重点海外工程项目,在石油、石化、汽车、法律、通信、出版、会展、能源、电力、教育、媒体等50多个领域,以及英、日、法、德、意、西、葡等30多个语种具有较强的竞争优势。③客户包括西门子、宝马汽车、贝克休斯、神龙汽车、南车集团、中联重科、中国国家体育总局、中国建设银行等国内外著名公司

---

① 参见朱钢华《元培翻译 二次创业》,《新经济导刊》2012年第9期,第78页。
② 参见中国译协网站有关介绍(http://www.tac-online.org.cn/ch/tran/2013-11/25/content_6485533.htm)。
③ 参见传神公司网站主页"公司简介"栏目(http://www.transn.com/bencandy.php?fid=48&aid=7)。

以及国内有关政府部门和企事业单位。

　　2007年，传神设立武汉多语信息处理基地；2009年，在武汉成立中国首个"多语信息处理产业基地"，加强了该地区的语言服务能力。传神具有ISO9001：2000质量体系认证。除了翻译服务，传神在技术研发和创新方面也具有较强的实力，拥有87项发明专利和48项软件著作权，其中的"传神翻译实训平台"等软件已在国内数十所高校使用。2010年，该公司联合国内有关高校和科研机构成立多语信息处理工程技术研究中心，致力于"语联网"（图6-12）、"云翻译技术"等先进的语言技术研究。"语联网"（The Internet of Ianguages）是传神首创的语言服务新概念，其核心思想是基于云计算技术架构，通过互联网集中全球化的语言信息资源，有效地对产业链进行整合和整体技术改造，实现快速无障碍沟通。①

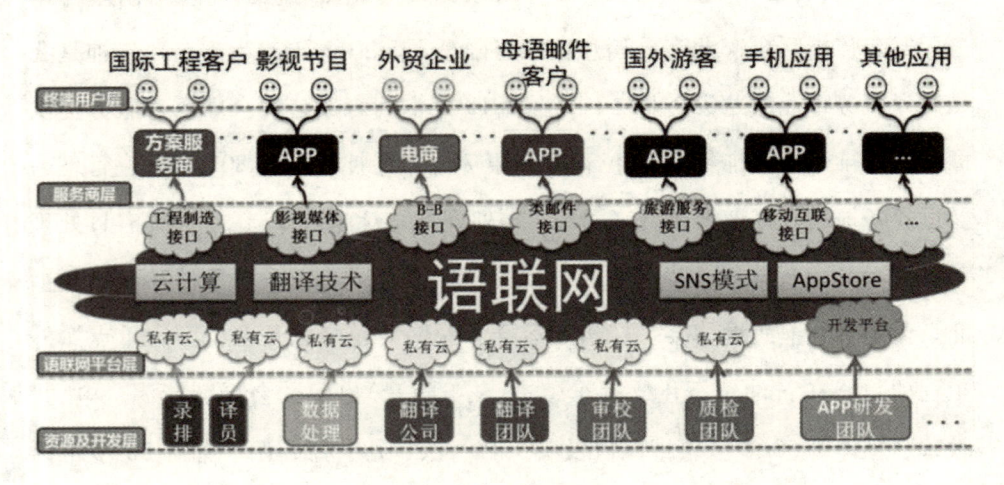

图6-12　语联网示意

（资料来源：《云翻译技术》2013年第3期，第4页）

　　语联网的商业模式是一种规模化的类电网服务模式，通过整合与文化软

---

① 参见《云翻译技术》2013年第1期第5页有关介绍。

实力密切相关的产业,从资源系统到应用系统形成完整的网络语言信息产业生态系统,以实现像电网和水网瞬时供电供水那样"立等可取"的语言服务。其本质是通过将全球语言信息产业链引入语联网,最大限度地将分散的人才、术语语料和翻译知识等资源整合起来,形成资源最大化、最优化和高弹性化,把量大面广的多语言需求化整为零,分解成"碎片化"任务,通过平台整合、资源基因匹配对接以及机器翻译辅助,形成超大规模并行处理的类众包碎片化云翻译模式。语联网的驱动逻辑如图 6-13 所示。

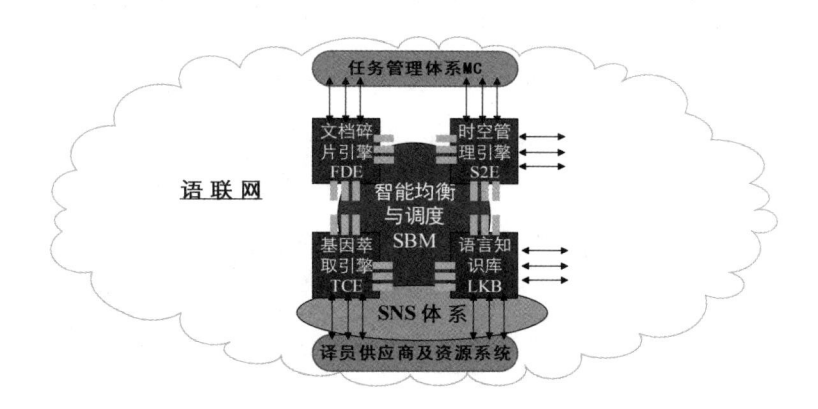

图 6-13 语联网驱动逻辑示意

(资料来源:《云翻译技术》2013 年第 1 期,第 7 页)

作为第四方语言信息服务平台,语联网设计了三个层次:第一层是核心技术和支撑层,是语联网、云翻译所属的翻译技术、语言技术、云计算和 SNS 模式等的研发及运用;第二层是语言资源及应用层,通过语联网调动全球语言资源,在云翻译平台上实现语言信息高匹配、规模化的语言信息服务能力;第三层是客户层,包括国际工程、装备制造、影视传媒、国际贸易、历史文化、商务外包等应用领域,通过 API 嵌入、在线交付等多种交付处理形式实现语言信息服务(图 6-14)。

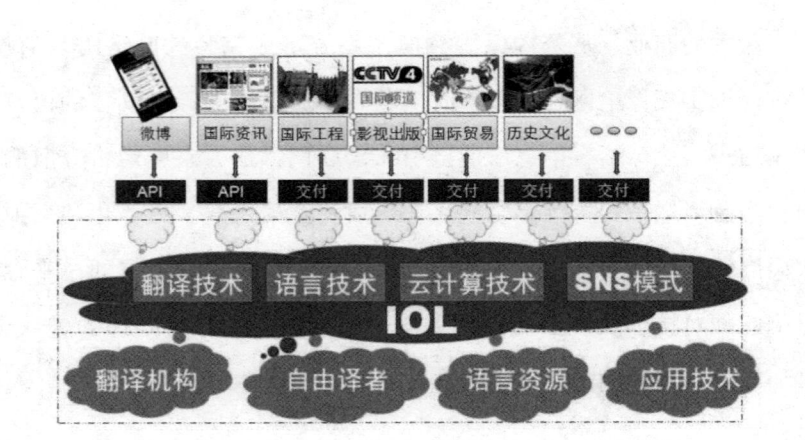

图 6-14　语联网框架示意

（资料来源：《云翻译技术》2013 年第 1 期，第 8 页）

传神近年来已开发出"国际商贸服务平台""智能语料库管理系统""传神碎片云翻译系统""语联网语言信息服务平台解决方案""传神辅助翻译平台系统 V2.0""传神全球畅邮系统 V3.0""传神多语工作平台之舆情分析系统""国际商贸服务平台"等语言服务工具，使该公司成为我国语言技术开发领域的佼佼者。

3. 四川语言桥信息技术有限公司

作为西部地区最大的翻译公司，四川语言桥集团成立于 2000 年，原名成都语言桥翻译有限公司，首任总经理为朱宪超。目前，语言桥集团在重庆、昆明、北京等地设有 8 家分公司，在美国和英国也设有分公司，并先后于 2004 年通过 ISO9001：2000 质量管理体系认证，2013 年通过 ISO27001：2005 信息安全管理体系认证。该公司拥有 200 多名专职译员，业务范围涵盖笔译、口译、同声传译、译员外包、语言培训、术语管理、语言技术、本地化与国际化服务等。语言桥集团可为客户提供英、法、西、俄、德、日以及越、老、缅、泰等多语种翻译服务，专业领域涵盖石油、化工、天然气、电力、交通、市政、机电设备等。

十多年来，语言桥集团一直积极支持并参与我国翻译服务行业的规范化工作。2003年，该集团承办了全国第三届翻译经营管理工作研讨会，并于2006年加入美国翻译协会（ATA）以及瑞士本地化行业标准协会（LISA）。为了加强翻译项目的管理，语言桥集团于2008年研制出拥有自主知识产权的"语言桥翻译项目管理系统"（LB – PM）。[①]

4. 江苏钟山翻译有限公司

作为一家区域性的大型翻译企业，江苏钟山翻译公司成立于1996年，主要从事国家大中型引进工程项目技术资料的中外文翻译、现场口译和资料印制，是我国首家通过ISO9002国际质量体系认证的翻译服务企业。钟山公司是全国翻译企业协作网发起单位和秘书处所在地，是国家标准《翻译服务规范（第一部分）：笔译》和《翻译服务译文质量要求》起草单位之一，也是中国译协翻译服务委员会《翻译服务通讯》编辑部所在地。钟山公司及其总经理张南军在推动我国翻译服务企业联合、构建行业协会、规范翻译市场方面发挥了重要作用，在建立翻译服务质量标准方面起到了表率作用。

在公司成立后的短短三四年时间内，钟山就建立了比较完备的质量控制体系，编制了《质量手册》和17个《程序文件》，制定和完善了《专业人员资格确认及考核规范》和《统计技术应用作业指导书》以及8个《作业规范》。[②]以翻译人员的质量控制为例，钟山根据《质量手册》和有关《程序文件》，明确规定了翻译人员等级的划分、升降级的原则及实施方式、培训方式和要求。划分翻译人员的等级，确定升降级甚至解聘，以译员的质量统计数据为依据，差错率达到或者超过了某个百分点，该译员就很自然地被定为A

[①] 参见语言桥集团网站主页"关于我们"栏目（http://www.lan – bridge.com/index.asp）。
[②] 参见盛光照《翻译服务企业建立质量体系的重要性》，转引自全国翻译企业协作网领导小组秘书处编《全国首届翻译经营管理工作研讨会论文集》，江苏钟山翻译有限公司2001年版，第23页。

级、B 级或 C 级。译员考核工作在钟山每年进行一次，在发给每位译员的聘书上，都有年审记录栏目。

为了追求更大的提升质量的空间，使质量控制和管理工作更加规范化，钟山从 2000 年 1 月开始准备，并于 6 月进入 ISO9002 国际质量体系认证的申请工作程序。钟山公司和认证部门协商后最终确定质量控制点为 8 个，其中翻译工序切分成 4 个质量控制点：翻译任务的安排、翻译人员的确定，以及翻译后的校对、总校。钟山确定了内审人员对所有质量认证文件进行审查，并对公司全体员工进行专门的培训和考试考核，然后进入试运行阶段。在 3 个月的试运行期间，钟山进行了内部质量审核和管理评审，对质量体系运行中的不合格项，形成了《不合格报告》和《纠正和预防措施处理单》，发至相关责任部门和责任人，并举一反三，由管理部跟踪、检查和验证。通过试运行，钟山发现其质量体系基本有效，质量文件基本符合要求。2000 年 12 月 6 日，认证机构的专家对钟山进行了第三方审核，一次性通过了认证审核，并于 2000 年 12 月 29 日，由中国方圆委质量认证中心发给了中、英文版的《质量体系认证证书》。[①]钟山的 ISO9002 国际质量体系认证为我国翻译行业开了先河，随后有很多公司进行效仿，如元培、传神等。

从历史源头看，钟山公司从成立于 1979 年的江苏省工程技术翻译复制公司（现为江苏省工程技术翻译院有限公司）分离出来，最初由江苏省委党校领导，后改制成为独立法人企业。钟山以社会为依托，充分利用大学退休教授作为公司翻译的支柱，如北京大学的堵德健、上海交大的孙耀中、复旦大学的孟茂华等 10 多位由中国译协认证的工程翻译领域的"资深翻译家"。钟山因其

---

① 参见盛光照《翻译服务企业建立质量体系的重要性》，转引自全国翻译企业协作网领导小组秘书处编《全国首届翻译经营管理工作研讨会论文集》，江苏钟山翻译有限公司 2001 年版，第 22—23 页。

良好的质量信誉获得了神华集团、中石化、中海油、宁煤等客户的高度认可。①钟山为自己树立的质量目标是翻译成品实质性差错≤5 处/万字译文,顾客满意率≥90%,顾客意见处理率达到100%。公司的口号是:顾客第一,服务第一,质量第一,信誉第一,与时俱进,持续改进,争创一流翻译服务企业。

5. 武汉市圣士翻译有限责任公司

作为一家地区性的中型翻译企业,武汉圣士翻译公司由武汉大学外语学院、湖北省翻译协会、湖北省老教授协会的一批知名专家、学者及外国友人共同组建,是一家中外合资经营的湖北省最大翻译公司之一。②圣士公司总部位于汉口,在武昌和汉阳设有分部,目前拥有 38 位专业翻译、63 名教授级译审顾问、25 位外籍专家、3000 多名兼职翻译,拥有湖北省最大的翻译网络,可承接英、日、法、德、俄、意等几十个语种与汉语之间的互译业务以及机械、电子、冶金、化学、建筑、医药、电信、经贸、汽车、石油、纺织、造纸、水利、交通、法律以及高分子、免疫学等 60 余个学科领域的翻译业务。

根据我们的问卷调查和电话采访,圣士成立于 2000 年,是当时武汉市仅有的三家翻译公司之一。圣士最初的年营业额为 10 余万元,专职译员共有 7 人。经过十多年的发展,现在公司的年营业额达数百万元。圣士在成立初期由非外语人士组建,由懂外语的人员进行管理,现在则由非外语人员管理。从公司译员构成看,专职译员主要为本科毕业生,个别为自学成才;兼职译者主要为各类专业技术领域的翻译人才。圣士与兼职译员的关系是以协议为基础,相互紧密合作;签订翻译项目合同的程序是先签订兼职合同,然后发稿翻译,项目完成后的第二个月结清翻译费用。圣士的翻译业务来源主要为外资企业、涉外内资企业、设计部门、出国公证、留学等。圣士视客户为朋

---

① 参见江苏钟山翻译公司网站主页"客户反馈意见"栏目(http://baike.so.com/doc/487497.html)。

② 参见该公司网站主页"企业介绍"栏目(http://tawtrkug.cn.china.cn/)。

友，与客户签订合同的程序为签订合同、收取定金、翻译、校审、交付、收余款；翻译服务流程为收取译件、问清客户要求、提交译员翻译、校审译稿，向客户提交译文并说明注意事项。若客户需要印制，则在印刷排版后，再审稿一次。为保证项目的完成，圣士建立了完善的预算制度。具体规定是翻译业务收益的60%以内由部门安排，超过60%，则报经理批准。从翻译价格来看，圣士主要根据市场供求和竞争来制定和调节价格，以创品牌为宗旨，不与同行之间进行价格竞争。从翻译质量和价格关系看，圣士采取分级制度，根据客户要求的不同质量标准上下浮动翻译价格。圣士已实现管理流程和翻译流程的电子化，显著提高了翻译和管理的质量与效率。在对待译文这种特殊商品的态度上，圣士认为，对于技术类的文件必须忠实于原文、准确，有些文件的翻译属于文化转移，必须和客户沟通交流，是一种再创造。另外，圣士认为，翻译行业没有自己的专属产品。对于翻译行业的三部国家标准，圣士认为具有一定的规范作用，但不太完备，需要不断充实、完善。

6. 荆州市麒麟翻译公司

作为一家地方性的小微企业，麒麟翻译公司成立于1998年，位于经济欠发达的文化古城荆州市，是该市最早成立的翻译公司之一，创始人为陈吉米。麒麟公司属于个体私营，注册资本11万元，员工共有8人，主要从事笔译、口译、外语培训等方面的翻译和培训服务。麒麟公司整合了高校、翻译协会、企事业单位的专职翻译和国内合作单位的优秀翻译人才，拥有教授级译员、副教授级译员、归国留学人员和译员数十人，并可随时组织专家组指导和审校大批量专业翻译资料，可承接英、日、俄、韩、德、法、意等外语翻译业务。翻译服务范围涵盖企业和个人所需的各类翻译服务，包括招商资料、公司简介、各类经济合同、产品说明书、商业计划书、招投标文件、出国申请资料、公证文书、书刊论文、ISO质量认证等各类笔译以及导游、陪同、商业谈判、出国考察等口译服务。①

通过对陈吉米经理的访谈，我们了解到，荆州地区对外贸易不够发达，外资企业较少，外贸业务不多，外语翻译的需求量不大。10多年来，麒麟公司的翻译业务发展不快，翻译业务收入一直在10多万元徘徊。因此，该公司将业务重心转移到中小学和成人英语培训方面，原先配备的德、意、西、俄等语种的专职译员因为没有满意的业务收入而跳槽到北上广大城市去了。

（二）本地化公司

从某种意义上讲，全球化始于以 IBM 和微软为代表的计算机软件行业。软件的全球化并非只是简单的文字翻译工作，而是涉及软件的功能重构和再编译、界面的帮助翻译、软件测试等技术与管理工作，业界称为软件本地化，在我国以前习惯称为软件汉化。成立于 1990 年的国际本地化行业标准协会（LISA）将"本地化"定义为"对产品或服务进行调整以满足不同市场需求的过程"②。本地化技术致力于推动企业和产品的全球化，适应本地用户的功能要求，消除语言和文化障碍，从而提供高质量的商品和服务，为世界各地的消费者提供更多的选择和更好的质量。本地化不仅使大企业和发达国家获益，也让使用非通用语言的人们享用到国际市场领先的产品和资源。八九十年代以来，随着软件设计和开发技术的进步，特别是互联网技术的发展，软件的应用领域不断扩大，软件的种类不断增加，软件在促进全球经济贸易和生产制造业的技术进步等方面发挥着越来越重要的作用，由此推动了软件本地化的更多需求。③软件本地化、网站本地化、多媒体本地化以及文档本地化业务催生了需求不断增长的本地化服务市场。

我国的本地化服务行业已有 20 多年的历史，经历了萌芽（1993—1995）、

---

① 参见麒麟翻译公司网站主页"公司简介"栏目（http://jingzhou011196.11467.com/）。
② 参见崔启亮《中国本地化行业二十年（1993—2012）》，《上海翻译》2013 年第 2 期，第 20 页。
③ 同上书，第 21 页。

探索（1995—2009）和发展（2009年至今）三个阶段。1993年，北京阿特曼公司和北京时上科技公司成立，均为微软、SUN等公司提供软件本地化服务。这标志着我国本地化行业的开端。在此之前，Oracle、微软、IBM等公司已进入中国软件市场。在国内本地化公司的帮助下，微软先后发布了MS DOS 6.22简体中文版、Microsoft Word 5.0、Excel 5.0、Microsoft Windows 95简体中文版等，极大地推动了计算机系统软件和应用软件在中国的推广和应用。1995—2002年是国内本地化企业出现的密集阶段，现在的大部分本地化企业均诞生于这一时期。1995年，北京博彦科技发展有限公司、文思创意软件技术有限公司和北京义驰美迪技术开发有限责任公司（后更名为海辉）在北京相继成立。1996年，深圳市博德电子公司（后易名为博芬软件）在深圳成立。1997年，北京创思立信科技有限公司和北京天石易通信息技术有限公司在北京成立。1998年，北京传思公司（后更名为多语科技）成立。2002年，深圳艾朗科技有限公司成立。与此同时，一批国际知名的本地化公司先后在中国成立分公司或办事处。1996年，美国奥立（ALPNet）公司在深圳成立分公司，成为第一家进入中国市场的国际本地化公司。1998年，美国保捷环球（BGS）、美国莱博智（Lionbridge）公司和德国塔多思（Trados）公司在北京成立办事处。2000年，英国思迪（SDL）公司在北京成立分公司。2002年之后，新成立的本地化公司数量明显减少。2004年，中软资源信息科技技术服务有限公司在北京成立。2005年，北京新诺环宇科技有限公司成立。2007年，北京昱达环球科技有限公司成立，这是国内第一家提供本地化和国际化行业技术培训的公司。

2003—2004年前后，国内本地化行业的发展取向发生了分化，成为本地化行业发展的"分水岭"，主要表现为一些本地化公司的业务向外包服务商转型，而另一些本地化公司则向多语本地化服务商转化。以博彦科技、文思创意、天海宏业等公司为代表的国内本地化公司纷纷从传统的本地化公司向软件外包公司转变。本地化只是它们的一项保留服务内容，其业务重心向软件测试和开发转移，并在海外开设办事处。经过几年的努力，上述三家公司先后在国外和国内上市，成为中国信息技术外包服务的代表性企业。另外一些本地化企业，如博芬软件、多语科技、创思立信和艾朗等公司从单语言服务商向区域语言服务商转变，专注于本地化服务向深度和专业化发展，提供多语言的桌面排版、翻译服务和软件本地化工程与测试服务。在这一阶段，特别是 2005 年前后，国际和国内本地化行业发生了大规模的并购重组。2005年，英国思迪公司以 6 千万美元收购了塔多思公司；美国莱博智公司以 1.8 亿美元收购了保捷环球公司。在我国，北京传思公司被 Welocalize 公司并购；思迪公司在收购 ALPNet 公司之后将其中国分公司与 ALPNet 的深圳分公司合并；阿特曼公司被北京中讯软件集团收购；北京新诺环宇科技有限公司被文思创意软件技术有限公司收购；海辉公司收购西班牙知名语言服务企业 Logo-script 公司；文思信息和海辉合并为文思海辉技术有限公司。

2009 年之后，中国的本地化行业进入规范化发展阶段。国际本地化行业标准协会（LISA）多次在我国举行行业论坛，我国的本地化企业自发组织交流活动。2009 年，中国译协本地化服务委员会正式成立，标志着中国本地化行业结束了无序发展的状态，确立了中国本地化服务的行业地位。2011 年，中国译协发布了《中国语言服务行业规范——本地化业务基本术语》。这部行业规范系统地定义和总结了与本地化服务行业相关的关键术语。2011—2013年，本地化服务委员会相继制定了本地化行业的各项规范，包括《本地化服务报价规范》《本地化供应商选择规范》《技术翻译风格规范》等。这些规范的建立对于厘清长期以来的模糊概念具有提纲挈领的指导作用，对于规范整个语言服务行业的生产流程、服务标准，进而提升中国语言服务行业的竞争能力和国际形象也具有重要意义。[①]

　　翻译是整个本地化流程中的一个重要环节，但本地化翻译与一般意义上的翻译有所区别。一般翻译忠实于原作者、原文及其文化环境；本地化翻译则以原文的"本地化"为出发点和归宿，原文的权威性和神圣性被颠覆；本地化译者忠实的是译语语境、译文的最终使用者及其语言文化习惯。例如，对于原文"Please call 1-800-876-5075 or（716）871-6513 at any time to register your product"，一般翻译是"请随时拨打电话 1-800-876-5075 或（716）871-6513 注册产品"，而本地化翻译可能是"请随时拨打电话 86-800-880-8888 或 86-10-83457890 注册产品"[②]。在本地化译文中，电话号码已经被替换，由原文所在国加拿大的号码变为中国的号码，这是加拿大产品在中国办事处的电话号码。这表明，一般翻译如实地再现源语语言及文化语境信息，其隐含对象是源语读者或产品消费者，而本地化翻译侧重于产品本地化国家或地区的消费者，本地化的产品已由原产国转移到另外一个国家，因此相关信息需要进行调整。本地化翻译还要考虑译语国度的语言习惯。例如，对于原文"Tom：How are you? / Smith：Fine, thanks"，本地化翻译为"小张：你好吗？/小李：还行，谢谢"[③]。原文中的"Tom"和"Smith"分别被汉语的习惯称呼"小张"和"小李"所取代，而一般翻译则不必替换，直接音译为"汤姆"和"史密斯"。

　　本地化翻译还要考虑文化的适应性。例如，在美国获得好评的可口可乐广告在沙特一败涂地，就是该产品在本地化过程中忽略了产品消费者的文化习惯（图 6-15）。按照美国人从左向右的阅读习惯，图 6-15 可理解为一个在沙漠中长途跋涉而筋疲力尽、瘫倒在地的男子，喝了一罐可乐之后马上精

[①] 参见崔启亮《中国本地化行业二十年（1993—2012）》，《上海翻译》2013 年第 2 期，第 20 页。
[②] 参见崔启亮《翻译行业与翻译管理》，PPT 课件，2012 年。
[③] 同上。

神抖擞，继续沙漠跋涉之旅。沙特人的阅读习惯与古代中国人相似，从右向左阅读。按此阅读习惯，该图可理解为一个正精神抖擞、在沙漠上健步如飞的男子喝了一罐可乐之后马上瘫倒在地、不省人事！这样的广告，在本地化的过程中如果不进行顺序调整，其效果适得其反。

图 6-15　美国可口可乐公司广告

（资料来源：崔启亮《翻译行业与翻译管理》，PPT 课件，2012b）

本地化服务与翻译服务虽然有一些交叉重合的地方，但在许多方面本地化公司与翻译公司存在显著区别（表6-9）。

表 6-9　国内翻译公司与本地化公司业务运作方式比较

公司类型 领域	本地化公司	翻译公司
客户类型	国外为主	国内为主
客户关系	紧密	松散
专业软件工具	大量使用	少量使用
翻译报价	以源语言为准	以目标语言为准
翻译语种	有限语种、有限行业	多语种、多行业
员工类型	专职为主	兼职为主
业务类型	翻译、工程、排版、测试	翻译为主

续 表

公司类型 领域	本地化公司	翻译公司
翻译工作数量	<3000 英文单词／人／天	>3000 英文单词／人／天
翻译流程保证	可以保证	较难保证
市场竞争	平稳	竞争激烈
公司数量	百余家	上万家
入行门槛	高	低

（资料来源：崔启亮《翻译行业与翻译管理》，PPT 课件，2012b）

从客户类型和关系看，我国的本地化公司主要以国外客户为主，关系比较紧密，而翻译公司则以国内客户为主，关系比较松散；从专业软件使用看，本地化公司大量使用，翻译公司使用较少；从翻译报价依据看，本地化公司以源语言为准，翻译公司以目标语言为准；从所涉语种看，本地化公司提供服务的语种和行业均受到很大限制，翻译公司则在许多语种和行业都能提供语言服务；从员工类型看，本地化公司以专职员工为主，翻译公司的业务则主要由兼职译员承担；从业务类型看，本地化公司提供翻译、桌面排版、软件工程、软件测试等多样化服务，翻译公司则主要提供翻译服务；从翻译工作量看，本地化公司的译者人均每天翻译字数不超过 3000 英语单词，翻译公司译员的工作量则超过 3000 英语单词；从翻译流程来看，本地化公司一般都有保障，但一些缺乏资质的翻译公司则无保障；从市场竞争看，本地化公司因为数量少而竞争并不激烈，翻译公司因为数量庞大而竞争非常激烈；从入行门槛看，本地化公司比翻译公司要高很多。

在本地化服务中，翻译项目流程一般包括 5 个阶段：项目启动阶段、项目计划阶段、项目执行阶段、项目质量监控阶段以及项目收尾阶段（图6-16）[①]。

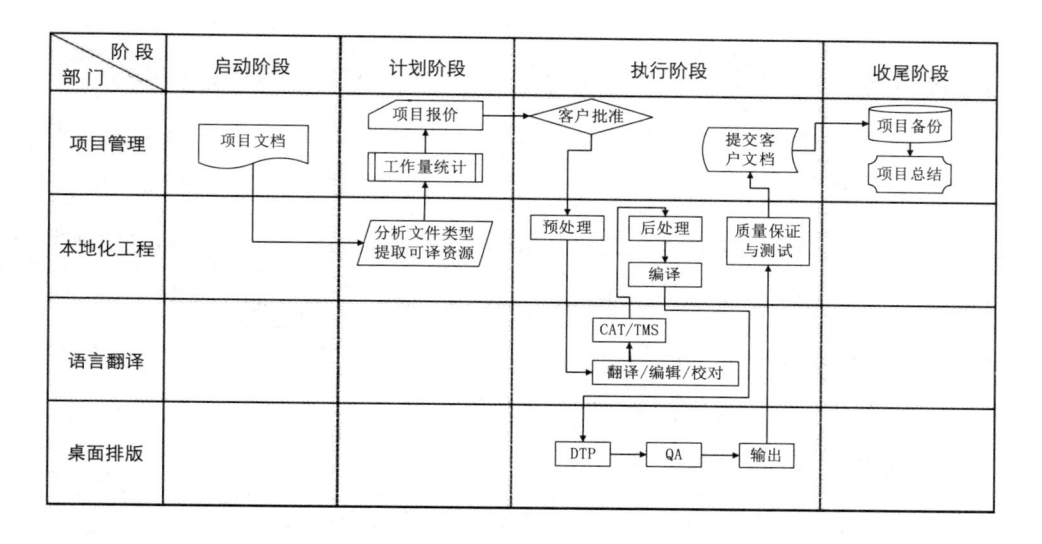

阶段 部门	启动阶段	计划阶段	执行阶段	收尾阶段
项目管理	项目文档	项目报价 工作量统计	客户批准 提交客户文档	项目备份 项目总结
本地化工程		分析文件类型 提取可译资源	预处理 后处理 编译	质量保证 与测试
语言翻译			CAT/TMS 翻译/编辑/校对	
桌面排版			DTP → QA → 输出	

图6-16 一般本地化翻译项目流程示意

（资料来源：王华伟、王华树《翻译项目管理实务》，第278页）

项目启动指确定并开始一个项目。该阶段在时间跨度上通常占整个项目的5%，主要工作包括：收集数据、识别需求、建立目标、进行可行性研究、确定利益相关者、评价风险等级、制定策略、确定项目小组、估计所需资源等。项目计划指制订计划并编制可操作的进度安排，确保实现项目既定目标。该阶段在时间跨度上通常占整个项目的20%，主要工作包括任命关键人员、制订项目计划以及评估项目风险。项目执行指协调人力资源及其他资源，并执行计划。本阶段在时间跨度上由于和项目监控阶段交叠，因此不宜绝对区分，通常所需时间占整个项目的60%，主要工作包括实施项目计划、报告项

---

① 参见王华伟、王华树编著《翻译项目管理实务》，中国对外翻译出版公司2013年版。

目进度、进行信息交流、激励小组成员以及采购等。项目监控指通过监督和检测过程，必要时采取一些修正措施，确保项目达到目标，主要工作是对项目范围、项目进度、项目成本以及项目质量进行有效的监控和调整，并力求在这些事项之间达到最佳平衡。项目收尾指取得项目或阶段的正式认可并有序地结束该项目或阶段。本阶段通常占整个项目时间的15%，主要工作包括交付项目产品、评价项目表现、项目文件归档及总结项目经验教训等。本地化服务中大量使用翻译管理系统，比较常见的有 Across Language Server、AIT Projetex、Alchemy Language Exchange、Beetext Flow、CrossGap FastBiz、Elanex Online、GlobalLink GMS 等。[①]

下面简要介绍国内具有代表性的本地化公司。

1. 文思海辉技术有限公司

作为在我国软件外包行业具有重要地位的本地化企业，文思海辉公司由文思信息技术有限公司与海辉软件（国际）集团公司平等合并而成。文思信息公司原名为文思创意软件技术有限公司，成立于 1995 年；海辉集团原名为北京义驰美迪技术开发有限责任公司，后易名为天海宏业，成立于 1996 年。文思海辉的创始人为陈立峰等。陈立峰现为公司总裁，曾任职 IBM/Crosswords Software 产品经理、KPMG 管理咨询公司管理顾问、甲骨文公司 ERP 产品研发部软件工程师等。文思和海辉最初致力于软件本地化服务，后来业务逐渐转型，服务内容由软件本地化扩大到商业及 IT 业务咨询、解决方案以及外包服务。文思海辉是我国本地化公司向软件外包公司转型的代表之一，其业务咨询服务范围包括商业智能、业务流程管理、业务与技术咨询、认证培训、云计算、移动解决方案、外包策略、系统集成等；解决方案服务范围涵盖航空、银行与金融服务、商业智能、呼叫中心、客户关系管理、数码化、企业协作、

[①] 参见王华伟、王华树主编《翻译项目管理实务》，中国对外翻译出版公司 2013 年版，第 281—282 页。

产品全球化服务等；外包服务范围包括应用软件开发与维护、业务流程外包、企业应用服务、IT 基础设施管理、产品工程服务、产品本地化服务、测试服务等。[①]

文思和海辉分别于 2007 年和 2010 年在纽约证券交易所和纳斯达克证券交易所上市，2012 年两公司合并后保留了纳斯达克证券交易所上市公司资格。这为文思海辉的发展提供了强有力的资金保障。文思海辉具有一系列业界领先的质量与安全认证，包括 CMM Level 5、CMMISVC Level 3、六西格玛、ISO27001、ISO9001：2008、SAS70 和 PIPA 等，其服务质量得到合作伙伴和行业分析师的高度认可。文思海辉的主要客户涵盖众多财富 500 强企业及大中型中国企业，垂直行业的服务范围包括金融服务、高科技、电信、旅游、交通、能源、生命科学、制造、零售与分销等。

文思海辉通过将战略总部设在中国，并在北美、亚太地区、欧洲设立地区总部，能够以灵活多样的交付模式为客户提供端到端的 IT 项目实施。该公司采用离岸、在岸及混合交付模式（图 6–17）。

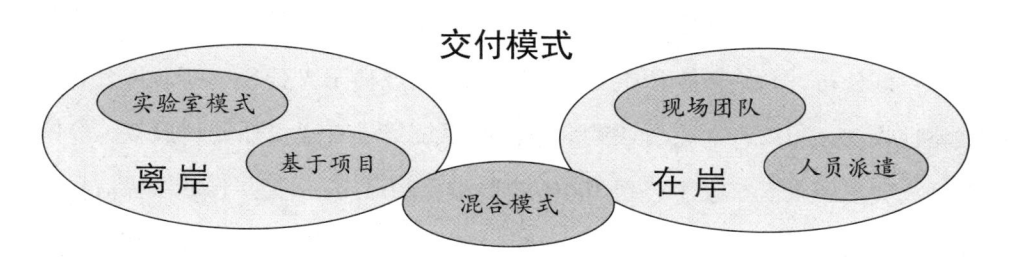

图 6–17　文思海辉公司的服务外包交付模式

（资料来源：文思海辉公司网站主页"关于文思海辉"）

近年来，文思海辉利用自动语音识别技术自主研发的基于 Web 的云平台

---

① 参见文思海辉公司网站主页"关于文思海辉"栏目（http://www.pactera.com/wp-content/uploads/2013/01/宣传册中文版.pdf）。

多语言转写工具，可让转写人员在全世界任何联网的地方进行工作，且不受硬件和操作系统的任何限制。①2013 年，文思海辉在卡门森斯公司的全球语言服务供应商 100 强榜单上排名第 16 位，高居国内企业之首。

2. 博彦科技股份有限公司

与文思海辉一样，博彦科技公司是我国软件外包行业中的龙头企业之一，也是本地化公司向软件外包公司转型的又一代表，是全球外包服务 100 强企业之一。博彦科技成立于 1995 年，原名为北京博彦科技发展有限公司，创始人为王斌。博彦科技最初致力于软件本地化业务。1995 年，博彦科技独立承接了微软公司的 Windows 95 操作系统的本地化和测试项目；1998 年又承担了惠普的多语言测试项目。2003 年，为了表彰博彦科技在软件汉化方面做出的突出贡献，微软公司向其颁发了杰出本地化奖。博彦科技的业务逐渐向 IT 咨询、应用程序开发和维护、ERP 和 BPO 等服务领域扩展。博彦科技获得了 CMMI5 等一系列资质认证，能够在外包服务方面提供全球最高的质量和安全标准，因此被微软、华为等国内外客户和评估机构多次授予各项奖励和荣誉。

为了扩展实力，博彦科技完成了一系列收购。2008 年，博彦科技收购了紫光咨询公司，开始拓展 ERP 业务；2010 年，成功完成对 ExtendLogic 公司的战略性收购；2012 年，部分收购北京网鼎系统集成有限责任公司股权，收购美国大展集团旗下 6 家子公司 100% 的股权；2014 年，收购上海泓智信息科技有限公司 100% 的股权，并全资收购美国高端商业 IT 服务公司。②2012 年，博彦科技在深圳证券交易所中小企业板成功上市。在国内，博彦科技在上海、深圳、西安、成都、天津、武汉等主要城市设立了分支交付机构或研发中心；在国外，博彦科技在美国、日本、新加坡和印度也设立了交付中心。博彦科

---

① 参见崔启亮、韦忠和、朱宪超《2011—2012 年中国语言服务业概览》，2013 年，中国译协网（http://www.tac-online.org.cn/ch/tran/2013-04/27/content_5911383.htm）。

② 参见博彦公司网站主页"公司介绍"栏目之"发展历程"（http://www.beyondsoft.com/cn/）。

技覆盖全球的交付能力以及灵活使用现场服务、近岸服务和多级离岸交付中心等交付方式的能力，使其在全球范围内能够以低成本交付高质量的服务。博彦科技的业务范围涵盖咨询、产品研发、信息技术服务、系统集成、业务流程外包等服务，专注于高科技、互联网、金融、电信、消费电子、制造、制药、医疗、汽车、媒体、能源、科研教育和政府等领域。

3. 华软通联软件技术（北京）有限公司

华软通联公司（CSOFT）成立于2003年，是外商投资的国内规模最大的本地化企业之一。2013年，在全球语言服务提供商100强排行榜上，华软通联位于文思海辉之后排在第24位。该公司的业务涵盖本地化、全球化和语言技术三大领域，其中本地化业务包括软件本地化与测试、翻译服务（技术翻译、创译、机器翻译译后编辑）、网络培训与多媒体本地化、旁白翻译、知识管理等。华软通联拥有6000名语言专家，能够提供100多种语言的母语翻译和相关的技术解决方案。[①]其服务领域包括汽车行业、生命科学、消费与零售业、金融服务、制造业、IT及电信业、石油天然气、航空与交通等，客户以世界500强公司为主。

4. 创思立信科技有限公司

与文思海辉、博彦科技不同，创思立信公司一直专注于本地化服务向深度和专业化发展，提供多语言的桌面排版、翻译服务和软件本地化工程与测试服务，实现了从单语言服务商向区域语言服务商的转型。创思立信成立于1997年，创始人为魏泽斌，现有员工300多人，另外还有3000多名认证语言专家和主题专家的兼职人员。创思立信采用ISO9001：2008的质量管理系统，客户包括世界多家财富500强企业，如西门子、SAP、Hewlett Packard、Sun

---

① 参见华软通联公司网站主页有关介绍（http：//www.csoftintl.com/）。

Microsystems、Canon、Skype、Chrysler 等。①因其突出贡献,创思立信连续八年被西门子集团评为杰出供应商。2013 年,创思立信正式加入 PartnerEdge 合作伙伴计划,成为 SAP PartnerEdge 语言服务合作伙伴。创思立信能够在以下行业提供语言解决方案:航空航天、汽车制造业、教育及在线教学、金融业、法律、旅游和酒店业、自动化及制造业、企业管理及商务智能软件、电子及通信业、IT 及软件业、生命科学。2013 年,创思立信在全球语言服务供应商 100 强排行榜上位居第 69 名。

5. 深圳市艾朗科技有限公司

像创思立信一样,艾朗公司一直致力于本地化业务。该公司成立于 2002 年,创始人为曾供职于 ALPNet 公司的王侨裕。艾朗主要提供多语种的本地化翻译、桌面排版、汇编、软件开发与测试、配音、多媒体制作等服务,是多家全球大型电脑、硬件、软件、芯片厂商及其他各类产品制造商或服务提供商指定的本地化公司。②艾朗在人才策略、项目流程控制以及技术工具运用等方面具有特色。在人才策略上,艾朗通过严格缜密的招聘流程甄选符合公司发展要求的人才,着重考察应聘者的实际技能,而非技能证书和学位,对招聘员工设置了一些基本的素质和技能要求。同时,艾朗严格遵守 ISO 标准流程,建立了严密的项目流程控制程序(图 6 – 18)。

---

① 参见创思立信公司网站主页"公司介绍"栏目(http://www.ecinnovations.com/zh – cn/index.php)。
② 参见艾朗公司网站主页"公司简介"栏目(http://www.i – len.com/zh – CN/)。

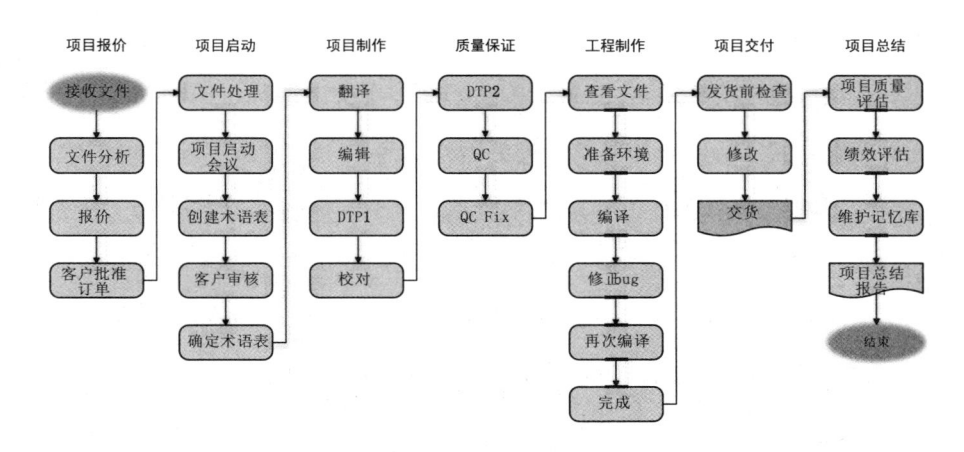

图 6-18　艾朗公司的项目流程控制程序

（资料来源：艾朗公司网站主页之"公司简介"）

在技术手段使用上，艾朗使用的工具包括 CAT、QA、GMS 等。CAT 工具包括 SDL TRADOS、DéjaVu、Heartsome Translation Studio、Catalyst、Passolo、Wordfast 等计算机辅助工具。QA 工具包括 Xbench 和 QA Distiller，用于项目质量检查，具体包括数字错误检查、翻译一致性检查、未翻译句段检查、术语一致性检查等。GMS 是艾朗专门为管理本地化及全球化项目自主设计的全球化管理系统，用于管理和分析项目中的人员、文件和过程，使项目按照预定的成本、进度、质量顺利完成。该系统包含以下模块：项目管理、文件管理、客户关系、人力资源、个人信息以及系统管理。GMS 将包括客户、项目经理、制作人员在内的本地化项目中所涉及的所有主体进行整合，减少了重复工作，大幅提高了项目管理的效率和质量。

（三）语言技术与辅助工具研发机构

我国的一些科研院所和大学早在 20 世纪 50 年代就开始了翻译技术特别是机器翻译技术的研究。金山软件公司于 1997 年推出的金山词霸是我国最早的也是影响最大的词典翻译软件之一。10 多年来，通过金山公司不断改进，金山词霸已拥有上亿用户。①北京金桥译港网络技术有限责任公司是我国研究在线机器翻译技术的先行者之一。20世纪末，金桥译港基于国际领先的华建智能机器翻译技术，结合当时最先进的网络信息技术，开发了从客户端软件、专业网站到网络信息处理平台和网络翻译商务平台系统等众多产品。金桥译港的"世界通.net"是国内第一款基于".net"的英汉双向网络全文翻译软件。该公司网站"金桥译港世界通"是全球第一家多语自动翻译网站。金桥译港还开发了网络翻译商务平台、翻译业务智能管理系统、自动翻译辅助系统等一系列针对专业翻译服务企业的最新技术产品，为翻译公司和有翻译需求的企业提供全面的翻译技术解决方案。②需要指出的是，翻译技术的网络服务模式以及与移动通信产品如手机的结合，将会显著扩大和提高翻译服务的普及面、便捷性、效率和质量。

从20世纪90年代后期开始，一些国内公司致力于翻译软件和语言学习软件的开发，交大铭泰、东方正龙、东方雅信、网易有道等是其中的佼佼者。

1. 交大铭泰（北京）软件有限公司

交大铭泰公司于1997年在北京成立，其创始人为中国软件行业领军人物之一的何恩培。1997年9月，何恩培与4个志同道合者筹资15万元，注册成立了北京铭泰软件开发有限公司，办公场所是一间不足9平方米的地下室。1998年，何恩培从实达集团引进600万元，开发了公司的第一个产品——"东方快车"翻译软件，公司名称由"北京铭泰"改为"实达铭泰"。由于铭泰公司的营销策略和软件本身的质量，"东方快车"很快成为中国翻译工具软件市场的首选品牌。2002年，何恩培从上海交大引入1000多万元，公司名称

---

① 参见百度百科词条"金山词霸"对该翻译软件的详细介绍（http：//baike.baidu.com/view/6599.htm）。

② 参见何建军《利用先进翻译技术产品促进翻译服务行业发展》，转引自全国翻译企业协作网领导小组秘书处《全国首届翻译经营管理工作研讨会论文集》，江苏钟山翻译有限公司2001年版，第51页。

因此由"实达铭泰"改为"交大铭泰"。2004年，交大铭泰在香港创业板上市，发展至今已成为拥有总资产数亿元的大型企业。[①]

在成功开发出"东方快车"之后，交大铭泰又研发了"东方大典"。为了满足专业翻译人士以及专业机构的需求，该公司在自动翻译、电子词典的基础上，研究和开发了专业的辅助翻译软件"雅信CAT"以及辅助翻译系统"雅信CATS"。为了给专业用户提供更好的翻译平台，交大铭泰设计开发了"翻译集成环境"（ITE），以满足翻译人士和专业机构全面信息化、专业化的优化需求。交大铭泰规模化的语言转换平台——东方翻译工厂（Lingoworld）构建了独特的业务模式，推动了中国信息本地化事业的发展。

2. 北京东方正龙数字技术有限公司

作为一家专业从事教育产品研发、生产及销售的高新技术企业，东方正龙公司成立于1998年，其品牌产品为NewClass系列产品。东方正龙的产品包括数字化语言学习系统、同声传译训练系统和多媒体网络教学系统，拥有数千间NewClass语言实验室和数万间NewClass多媒体网络教室。数字化语言学习系统包括独立终端型语言实验室DL500B/DL700B、"电脑/终端"结合型语言实验室DL500E/DL700E、二享一终端型语言实验室DL500K/DL700K/DL900K、"电脑/终端"结合型语言实验室DL700S以及情景交互语言实验室DL-910V。同声传译训练系统包括NewClass DL760和NewClass DL-960。多媒体网络教学系统包括NewClass NC-450、NewClass NC-230和NewClass NC-6000多媒体中央控制系统。[②]

东方正龙拥有一系列完全自主知识产权的核心技术，包括碎片传输和内核穿透技术、屏幕隧道传输技术、学生终端自主实现声音MP3同期压缩录音技术、视频同步跟读录音技术、影音分离技术、显示器画面分屏处理技术、

[①] 参见360百科词条"何恩培"（http：//baike.so.com/doc/6531341.html）。
[②] 参见东方正龙公司网站主页"公司概况"栏目（http：//www.newclass.com.cn/）。

视频会议技术以及双绞线宽带图像传输技术等。东方正龙具有 ISO9001 国际质量管理体系认证、中国 CCC 强制性产品认证、美国联邦 FCC 认证以及欧盟 CE 认证,因此该公司产品不仅赢得了许多高校和有关机构的青睐,而且远销到美洲、大洋洲和非洲的一些国家。

3. 北京东方雅信软件技术有限公司

东方雅信公司成立于 1997 年,位于北京中关村软件科技园区,是交大铭泰公司参股的一家主要从事翻译软件的开发和研究、主营专业化翻译软件及本地化服务的高新技术企业。1997 年,东方雅信研制开发了雅信翻译办公软件系统;1999 年,发展了第一批办公用户;2001 年,又发展了首个高校用户。2006 年,东方雅信研制出雅信机辅笔译教学系统。2007 年,随着翻译硕士(MTI)专业的出现,东方雅信正式进入高校。2011 年,该公司正式推出雅信机辅笔译教学系统 V5.0 版。东方雅信基于交大铭泰的智能翻译软件"东方快车"、词典工具软件"东方大典"以及专业的辅助翻译软件"雅信 CAT",自主开发研制了"语汇统一平台""雅信大典"等专业化软件系统。目前,东方雅信的主要产品包括雅信机辅翻译软件、办公辅助翻译系统、机辅笔译教学系统、机辅商务翻译教学系统、机辅商务写作教学系统、图书馆自动化管理系统等辅助翻译、翻译教学、语言教学以及自动化管理软件。[1]

东方雅信目前已拥有国内及海外雅信专业翻译系统用户 15 万,包括政府机构、军事单位、高校、科研机构、企业、专业翻译机构和个人。该公司为中央编译局、北京外国语大学、北重阿尔斯通等成功地提供了翻译解决方案。

4. 网易有道信息技术(北京)有限公司

从目前翻译技术的发展趋势看,机器翻译与翻译技术的结合仍然是主流,而翻译技术的网络服务模式不仅使翻译更为便捷和普及,也提高了翻译效率

---

[1] 参见东方雅信公司网站主页"关于我们"栏目(http://www.yiba.com/Html/index.asp)。

和质量。我国的四大门户网站中,百度有百度在线翻译,新浪有多语言翻译,网易有有道词典翻译,搜狐有搜狗翻译器。这些免费的在线翻译服务能够提供多种语言的互译。网易公司旗下的网易有道信息技术(北京)有限公司成立于 2006 年。2007 年,该公司推出在我国具有广泛影响的有道词典;2008 年,有道翻译正式上线。这是国内第一个采用统计翻译技术的专业翻译工具,基于有道搜索在中文数据收录上的优势,以中文为中心语言,减少了翻译的误差,为中国用户提供更加地道的翻译结果。2012 年,有道专业翻译正式上线,提供包括快速翻译、文档翻译、论文专业翻译、名称翻译在内的人工翻译服务。有道翻译能提供英、日、韩、法、俄、西 6 种语言与中文的互译服务,日翻译请求超过 3000 万次。截至 2013 年 3 月,有道词典(桌面版 + 手机版)用户已超过 3 亿。[①]

有道词典不仅能提供词和词组层面的翻译(图 6 – 19),还能提供网页翻译(图 6 – 20)。除了翻译服务之外,网易有道的有道搜索还能提供网页搜索、图片搜索、购物搜索、音乐搜索、视频搜索、博客搜索、地图搜索、工具栏和有道阅读、有道热闻等多元化服务。

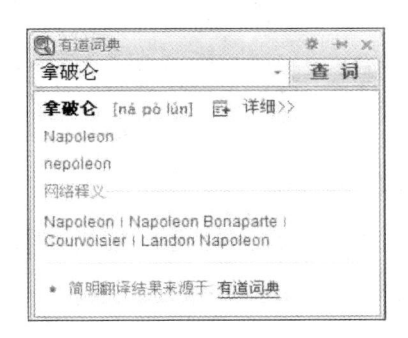

图 6 – 19 有道词典查词结果示意

[①] 参见中国译协网站主页"年度优秀企业会员"之"网易有道信息技术(北京)有限公司"介绍(http://www.tac – online.org.cn/ch/tran/2013 – 11/22/content_ 6481382.htm)。2013 年,网易有道公司被中国译协评为中国语言服务行业创新型企业。

图 6-20　有道词典网页翻译示意

（资料来源：网易有道网站主页"有道专业翻译"）

5. 佛山市雪人计算机有限公司

作为语言技术开发企业中的后起之秀，佛山雪人公司成立于 2009 年年初。同年年底，该公司推出了雪人 CAT 软件中英语种第一个版本 V1.00。该版本推出后受到用户的好评，也收到许多反馈意见。雪人公司不断完善、更新内容，到 2014 年已升级到 V1.36 版。在推出中英语种后，雪人又陆续推出了中西、中日、中俄、中法、中德、中韩版雪人 CAT 软件，并在 2012 年推出了"雪人 CAT 网络协同翻译平台"。该平台可帮助小团队或大企业建立用户自己的服务器平台，通过互联网实现实时共享、协同翻译。

雪人公司的 CAT 软件具有以下五种特色：第一，简单易用、速度快，支持超过百万句的记忆库和超过 50 万句/秒的搜索速度；第二，支持两种翻译界面，即左右表格对照（图 6-21）和单句模式两种界面随时切换；第三，嵌入在线词典和在线翻译，即用鼠标划选原文的生词后，立即显示在线词典的解析，将本地术语与在线翻译相结合，进一步提高在线翻译译文的质量；第四，双语对齐快速创建记忆库，即利用高效的双语对齐工具，快速将双语资料转换为可用于翻译工作中的记忆库；第五，雪人 CAT 网络协作平台为翻译团队提供实时的记忆库、术语库共享,并提供文档管理和团队成员间的即时通信功能。雪人 CAT 软件支持 WORD、EXCEL、PPT 等格式的翻译文档,系统自带 60 多个专业词典,超过千万词汇,能够有效提高翻译工作的效率。①

图 6-21 显示,原文、译文以左右对照的表格方式排列,其界面简洁高效、条理清晰,对审稿、校稿非常方便。雪人 CAT 软件不仅能进行词句层面的自动翻译,还可进行文本翻译,导出的译文格式严格保持与原文风格一致(图 6-22 和图 6-23),而且可将译文导出成为段落格式的双语对照和表格格式的双语对照。

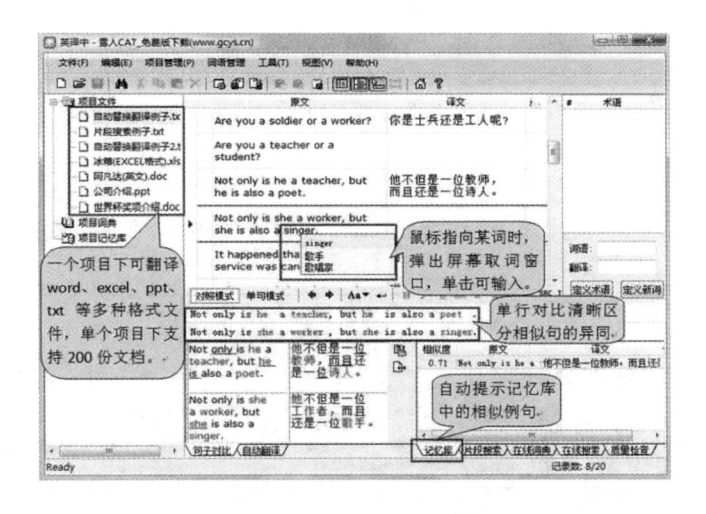

图 6-21 原文、译文左右表格对照翻译界面示意

(资料来源:雪人公司网站主页关于雪人 CAT 的介绍)

---

① 参见雪人公司网站主页关于雪人 CAT 软件的介绍(http://www.gcys.cn/)。

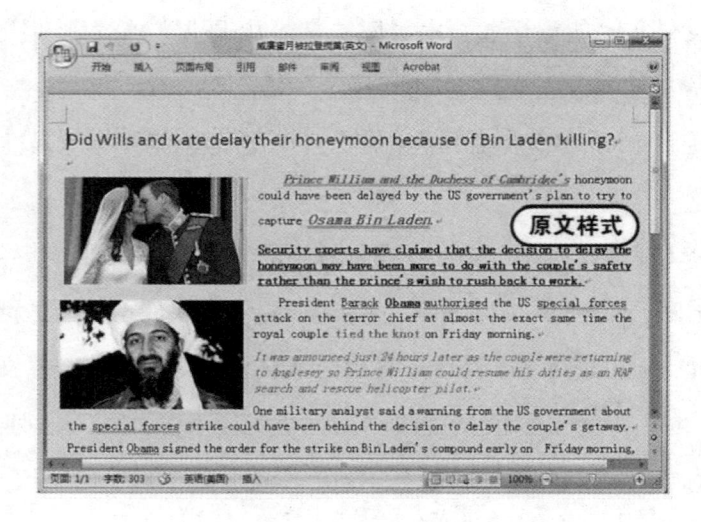

294   中国翻译市场发展 60 年研究

图 6 – 22   原文样式示意

（资料来源：雪人公司网站主页关于雪人 CAT 的介绍）

图 6 – 23   译稿样式示意

（资料来源：雪人公司网站主页关于雪人 CAT 的介绍）

(四) 翻译培训与多语信息咨询机构

除了翻译公司、本地化公司、语言技术工具开发公司外，翻译市场上还存在一些与翻译服务直接或间接相关的主营或兼营翻译培训、语言培训、信息咨询的语言服务企业。例如，元培公司，其经营业务包括翻译服务和语言培训两大领域。元培的语言培训内容包括国家人社部翻译专业资格水平考试培训、企业大客户定制语言培训、职业外语培训、奥运多语种零起点培训、奥运翻译培训和其他语言培训。① 又如，海南翻译公司，除了经营翻译业务，还为企业提供高科技信息咨询服务，沟通产、供、销渠道，为企业提供项目开发、融资、贸易、市场方面的咨询服务，并利用改革开放以来我国大众学习外语的热情，开展面向社会的学历和非学历外语培训，把办外语培训作为企业的一项业务。② 海南翻译公司于 10 多年前投资 150 多万元成立了海南翻译公司外国语学校，后又陆续建立了 6 个分校，在校学生达 1300 多人。③ 还有一些地方性的中小型翻译公司由于翻译业务萎缩，把经营重心转移到外语培训方面，如荆州麒麟翻译公司现在的中小学英语培训业务占其年营业额的 60% 以上。有些小微翻译公司实质上已演变成为语言培训与咨询公司。还有一些专营语言培训与咨询的机构如北京新东方集团，虽然其业务不像上述公司那样与翻译紧密相关，但考虑到这些机构培训的学员，无论是在国内还是国外，将来有可能成为翻译或语言服务的从业者，因此也可将这些机构视为翻译市场的后备组成部分。

下面对三家较有代表性的国内翻译培训与多语言信息咨询机构进行简要介绍。

---

① 参见元培公司宣传手册《元培翻译》之"我们的服务"。
② 参见张乃惠《新形势下翻译企业面临的挑战与发展机遇》，转引自全国翻译企业协作网领导小组秘书处编《全国第二届翻译经营管理工作研讨会论文集》，海南翻译公司 2002 年版，第 21 页。
③ 同上，第 67 页。

1. 新东方教育科技集团

作为国内外语教育与培训的龙头企业和驰名品牌,北京新东方集团原名为北京新东方学校,成立于1993年,创始人为俞敏洪。2010年,新东方净营业收入总计为3.863亿美元,到2012年新东方员工数量达到2.7万多人。[①]八九十年代以来中国人学习外语特别是英语的热潮推动新东方以极快的速度发展。1993年,新东方成立时学员只有几十人,到1995年学员人数突破1.5万人次,并吸引大批海内外精英人物加入新东方创业团队。2001年,新东方更名为新东方教育科技集团,标志着新东方进入国际化、多元化的发展阶段。从2000年开始,新东方的外语培训业务由北京向国内其他大中城市扩展,包括上海、广州、武汉、天津、西安、南京等,到目前已建立50多所新东方学校、500多家学习中心。2000年,新东方与联想集团合资成立了联东伟业科技发展有限公司,专门从事新东方远程教学。从2003年开始,新东方陆续成立了多家全资分公司,如北京新东方大愚文化传播有限公司、北京新东方迅程网络科技发展有限公司、北京新东方前途出国咨询有限公司、新东方集团北美分公司等子公司,将业务拓展到图书与期刊出版、出国留学咨询等领域。2006年,新东方在美国纽约证券交易所成功上市,成为国内第一家在美国上市的教育机构。

新东方的主营业务包括外语培训和留学咨询两大领域。在外语培训方面,培训语种包括英、德、法、日、韩、西、意等,并在课程设置、教师团队、培训教师等方面建立了完备的体系。培训内容包括 TOEFL、GRE、GMAT、TSE、LSAT、IELTS、BEC、托业、英语四级、英语六级、考研英语、职称英语、公共英语等级考试(PETS)、英语高教自考培训、美国口语、《新概念英语》、英语语法、听力提高、语音速成、《英语900句》、听说速成、高级口

[①] 参见百度百科词条"新东方"(http://baike.baidu.com/view/30188.htm? fromtitle = 新东方教育科技集团 &fromid = 6378607&type = syn)。

译、写作提高、中学英语、少儿英语和多语种培训等。在语言咨询服务方面，新东方主要提供美国和加拿大留学咨询服务，包括高中生、本科生、研究生三个层次的留学服务；服务内容包括 SSAT、TOEFL、GRE、GMAT 考试的系统培训及辅导，提供文书写作、申请表填写及签证辅导等专业服务，提供课程咨询、留学咨询和择校咨询等服务。在多年的语言教育与培训过程中，新东方创始人俞敏洪编写出版了一些具有广泛影响的英语学习资料，包括被学生们称为"红宝书"的《GRE 词汇精选》《GRE 词汇逆序小辞典》《英语词根词缀记忆大全》《英语现代文背诵文选》等。在英语培训领域，新东方占有国内 60% 以上的市场份额，其影响力辐射全国，国内鲜有与之比肩的语言培训机构。我国的改革开放造就了新东方，成就了俞敏洪。

2. 北京宇泉国际教育交流有限公司

北京宇泉国际公司成立于 2001 年，是中国译协的企业会员。宇泉国际创办初期以翻译培训及翻译业务为主营项目，经过 10 多年的发展，其经营范围逐渐扩大到策划、组织实施各种国内外大型文化活动。从 2001 年开始，宇泉国际与北京外国语大学翻译培训中心合作创立了北外翻译培训中心东部教学区，协助教育部翻译证书考试组织相关考务工作。2001—2003 年，宇泉国际举办翻译培训班，培训学员达 500 多人。2003 年，宇泉国际参与了人事部翻译专业资格考试的筹备、策划、宣传、考务等工作，为考试中心负责考试的报名及成绩查询工作，为翻译资格考试推荐专家，并协助开展出题以及试题的评判工作。2003 年，宇泉国际被第一批指定为人事部翻译专业资格（水平）考试的培训机构，并在 2004—2005 年期间在外文局翻译资格考评中心设立分支机构，以协助办理相关考务工作。从 2003 年开始，宇泉国际为教育部和人事部考试举办相关翻译培训班，并与中国译协建立合作伙伴关系。从 2004 年开始，宇泉国际为北京奥组委内部工作人员免费提供翻译培训，累计达百人。2006 年，宇泉国际组织策划了"朝阳区首届迎奥运伟森杯中学生外语技能大赛"。2007年，宇泉国际受英孚公司委托，为北京奥组委工作人员共计250人进行了翻译专业培训。从2007年开始，宇泉国际为体育总局工作人员提供翻译培训课程。①

从宇泉国际的个案来看，翻译培训机构的业务与国家的教育政策、国际国内重大事件密切相关。这些机构还重视翻译技能和外语技能的社会推广工作，通过举办各种竞赛扩大其语言培训的影响，如南京学府翻译有限公司联合中国译协翻译服务委员会、江苏省外事办公室、江苏省科技翻译工作者协会、东南大学外国语学院等单位举办的"学府杯"科技翻译竞赛在江苏省产生了一定的影响。

3. 北京欧亚晞朗教育文化发展有限公司

北京欧亚晞朗公司成立于2001年，原名晞朗技术培训中心，2006年改为现名。欧亚晞朗的主要经营领域为商务俄语、商务汉语国际认证联合会授权考试培训，为中国学生及外国留学生提供俄语、汉语培训服务。2008年，欧亚晞朗成为中国译协理事单位会员；2009年，成为中国对外贸易经济合作企业协会《国际商务俄语证书》北京考试培训中心；2010年，成为国际认证联合会中国区授权考试管理中心。2011年，欧亚晞朗作为国家人社部中国职业技术指导培训中心"全国1+N复合型人才培训课程"发展中心，成为全国《对外汉语培训师》职业培训的管理、推广、培训和考核工作的授权机构。②欧亚晞朗在对外汉语教学与培训领域具有重要的地位。对外汉语教学可以造就潜在的母语为其他语言的外汉翻译人才。而这些人才有可能成为中国语言服务企业招揽国外兼职译员的对象。

需要指出的是，国内具有翻译专业本科和MTI专业资格的院校以及研究机构，虽然不是直接面向市场的语言培训机构，但其目标是为语言服务市场

---

① 参见宇泉国际公司网站相关介绍（http://www.yqculture.com/）。
② 参见欧亚晞朗公司网站有关介绍（www.icateacher.com）。

培养合格的翻译人才，可视为广义的翻译培训机构，是整个语言服务产业链的上游部分。①

三 译者类型

作为翻译市场最为重要的主体要素，译者构成成分比较复杂。古尔代克对译者类型进行了详细的分类。②他首先将译者分为六大类型：工薪译者、自由译者、出版公司雇用的译者、"非法"译者、隐形译者以及特殊类型译者。工薪译者又称机构内部译者（in-house translator），指受雇于机构、领取工薪的译者。这些译者可能服务于企业的翻译部门、政府的翻译机构、国际组织的语言服务部门、翻译公司、临时机构、大型公司或翻译经纪公司。自由译者，亦称"独立"译者，不依附于客户或翻译业务提供商。古尔代克指出，自由译者必须遵纪守法，按时足额地缴纳国家规定的各种税费，否则就成为"非法"译者。有些自由译者注册成立"一人公司"，与翻译公司展开竞争。"一人公司"的优势是管理费用很少从而大大降低翻译成本。自由译者的优势还在于工作的自由和灵活性。大量自由译者的工作都是兼职性质，而且这类译者多为女性。为出版公司工作的译者之所以单独成类是因为这种翻译服务比较特殊。此类译者主要为文学译者、多媒体译者以及本地化专家。出版公司并不像其他翻译服务一样一次性结清费用，而是先付基本酬金，再根据销售量按比例付给译者版税。"非法"译者指以翻译牟利却偷逃国家法律规定应缴税费的译者。这些译者低廉的翻译报价以牺牲国家税收为代价，与高质量的专业翻译进行不正当竞争。古尔代克认为，在大多数国家，大量的翻译是由未注册的译者完成的，他们从未为自己的收入缴纳任何税费，而且这种偷逃税费存在以下基础：第一，太多的人认为只要受过学校外语训练就能做翻

---

① 参见王传英《语言服务业发展与启示》，《中国翻译》2014年第2期，第81页。
② Daniel Gouadec, *Translation as a Profession* (pp. 92–102), Amsterdam and Philadelphia: John Benjamins, 2007.

译，因而他们宁愿找那些翻译报价低廉的"非法"译者；第二，翻译公司也抱着"与我无关"的态度对"非法"译者睁一只眼闭一只眼；第三，有些未注册译者的翻译收入未达到交税水平，还有一些此类译者的主要收入来源于其他职业。隐形译者指在其他职业身份名义下兼职翻译工作的人，如双语文秘人员、文案管理人员等。我国政府部门、企事业单位中懂外语的行政管理人员、文秘人员、科学家、工程师等兼职或偶尔做翻译，便属于这类隐形译者。特殊类型的译者包括以翻译为第二职业者、兼职译者、偶尔从译者以及远程译者。

古尔代克的译者类型划分有助于我们认清翻译市场上形形色色译者的身份、角色和特点，但其分类多有重叠和界限模糊之处，且比较繁杂。在本研究中，为了避免分类的重叠和繁杂，我们将译者分为机构译者、自由译者、兼职译者和隐形译者四种类型。大致说来，机构译者和自由译者可归类为职业译者，兼职译者和隐形译者为非职业译者。

（一）机构译者

机构译者指在某一机构内部担任专职翻译、领取工薪（和奖金）的译者，包括国家机关、政府部门、企事业单位、语言服务机构、私营公司、合资与外资企业等的工薪译者。机构译者的基本特点是受雇于他人，通过出卖自己的翻译劳动获取固定的报酬。机构译者一般受过专门的语言和翻译技能训练，具有丰富的实践经验和国家认可的从业资格。例如，我国国有企事业单位中的专职译者一般具有翻译专业技术职称如译审、副译审、翻译、助理翻译等。具有翻译专业职称的人员在我国目前有 3 万人左右。在语言服务机构如翻译公司和本地化公司中也有一定数量的专职译者。在我国实行全国翻译专业资格（水平）考试制度，在高校建立翻译本科专业和 MTI 专业以前，翻译公司的专职译员主要为外语专业毕业生，多为本科生，也有少量专科生、自学成才者或其他学科领域的退休人员。例如，武汉圣士翻译公司成立之初有专职译员 8 人，其中 7 人为英语专业本科毕业，1 人属于自学成才；江苏钟山翻译公司聘用大学退休教授作为专职翻译，其中有多人被中国译协授予"资深翻译家"称号。2003 年之后，翻译专业资格考试制度、翻译本科专业、MTI 专业在我国逐步建立起来。通过翻译专业资格考试的人员、翻译本科专业和 MTI 专业毕业生逐渐成为我国翻译市场上专职译员的重要组成部分。

机构译者以翻译为职业，是职业译者。而职业译者与非职业译者的显著区别除了能够胜任难度高的翻译任务外，还能在更短时间内高质量地完成翻译任务。换言之，翻译速度快慢是区别职业译员与非职业译员的一个重要依据。美国翻译理论家和实践家道格拉斯·罗宾逊指出："毋庸置疑，在大多数领域，职业译员的速度是他们的主要优点。"[1]罗宾逊将影响翻译速度的因素归纳为以下六点：打字速度、文本难度、对所译文本的熟悉程度、翻译记忆软件、个人喜好与个人风格、工作压力与心理状态。[2]我们以全国翻译专业资格考试（CATTI）英语三级笔译和二级笔译的翻译速度要求对职业译员和非职业译员的翻译速度进行定量对比分析。三级笔译水平只是进入职业翻译的预备阶段，可视为非职业译员水平；二级笔译水平则刚刚满足专业水平，达到基本职业要求，可视为准职业译员。[3]三级笔译与二级笔译水平在翻译速度等方面有显著区别（表 6 – 10）。

---

[1] 参见彭蓉《翻译速度：翻译人才职业化面临的新问题》，转引自夏太寿编《中国翻译产业走出去——翻译产业学术论文集》，中央编译出版社 2011 年版，第 122 页。

[2] Douglas Robinson, *Becoming a Translator* (2nd Edition) (pp. 28 – 29), London and New York: Routledge, 2003.

[3] 参见彭蓉《翻译速度：翻译人才职业化面临的新问题》，转引自夏太寿编《中国翻译产业走出去——翻译产业学术论文集》，中央编译出版社 2011 年版，第 119 页。

表 6-10　　职业译员与非职业译员翻译速度等对比

翻译类型	译员类型	非职业译员	职业译员
汉译英	翻译速度	CATTI 三笔：200—300 个汉字/每小时	CATTI 二笔：300—400 个汉字/每小时
	日工作量（8 小时）	1600—2400 个汉字	2400—3200 个汉字
	报酬（元/每千字）	60—90	70—150
	日薪（元）	96—216	168—480
	月薪（元）	1920—4320	3360—9600
英译汉	翻译速度	CATTI 三笔：300—400 个英语单词/每小时	CATTI 二笔：500—600 个英语单词/每小时
	日工作量（8 小时）	2400—3200 个英语单词	4000—4800 个英语单词
	日工作量（8 小时）	折合 4320—5760 个汉字	折合 7200—8640 个汉字
	报酬（元/每千字）	40—70	50—110
	日薪（元）	173—403	360—950
	月薪（元）	3460—8060	7200—19000

（资料来源：彭蓉《翻译速度：翻译人才职业化面临的新问题》，《中国翻译产业走出去——翻译产业学术论文集》，第 118 页）

从表 6-10 可以看出，在工作时间相同的前提下，由于翻译速度的差异，职业译员的日工作量在汉译英和英译汉上都要大大超过非职业译员。如果再考虑译稿难度差异所引起的翻译价格差异，职业译者的月薪几乎是非职业译者的两倍。许多长期从事翻译工作的职业译者，其翻译速度比二级笔译的速度更快一些。在翻译服务领域特别强调"翻译时限"的大背景下，翻译速度无疑显得非常重要。两部国家标准《翻译服务规范（第1部分）：笔译》和《翻译服务译文质量要求》对翻译时限都做出了具体规定，而翻译公司普遍对加急稿件收取加急费也说明了翻译速度是翻译服务的一个核心要素。只有快速的翻译才能保证翻译服务的质量，因为整个翻译项目包括译、校、审、排版等多个环节，只有在耗时最多的翻译环节上腾出尽可能多的时间，翻译服务才能保证专业化的服务质量。当然，翻译快绝不意味着要牺牲翻译质量。《翻译服务译文质量要求》对译文质量提出了很高要求，设定了综合差错率的上限。综合差错率的公式是：综合差错率 = $KC_A \times [(C_ID_I + C_{II}D_{II} + C_{III}D_{III} + C_{IV}D_{IV})W] \times 100\%$。在上面的公式中，K 表示综合难度系数，国标建议的取值范围为 0.5—1.0；C_A 指译文使用目的系数，国标建议取值如下：Ⅰ类使用目的系数 $C_A = 1$，Ⅱ类使用目的系数 $C_A = 0.75$，Ⅲ类使用目的系数 $C_A = 0.5$，Ⅳ类使用目的系数 $C_A = 0.25$；Ⅰ、Ⅱ、Ⅲ、Ⅳ指译文质量差错的类型，第Ⅰ类指对原文理解和译文表述存在核心语义差错或关键字词（数字）、句段漏译、错译，第Ⅱ类指一般语义差错而非关键字词（数字）、句段漏译、错译以及译文表述存在用词、语法错误或表述含混，第Ⅲ类指专业术语不准确、不统一、不符合标准或惯例或专用名词错译，第Ⅳ类指计量单位、符号、缩略语等不符合规（约）定译法；W 表示合同计字总字符数；D_I、D_{II}、D_{III}、D_{IV} 分别表示Ⅰ、Ⅱ、Ⅲ、Ⅳ类差错出现的次数，重复性错误按次计算；C_I、C_{II}、C_{III}、C_{IV} 表示Ⅰ、Ⅱ、Ⅲ、Ⅳ类差错的系数，国标建议取值为：$C_I = 3$，$C_{II} = 1$，$C_{III} = 0.5$，$C_{IV} = 0.25$。虽然不同文本综合差错率的上限存在差别，但我国图书出版界在翻译稿件上有一个约定俗成的翻译错误率上限，即每1万单词（汉字）中各种错误总数必须低于5个，这是对专业翻译的基本要求。

（二）自由译者

自由译者指不受雇于他人、以翻译为唯一职业或第一职业的译者。自由译者与机构译者的最大区别是不领取任何机构的工薪，而是通过与翻译服务需求方或中介机构签订合同提供翻译服务，获得翻译报酬。这类译者在整个译者群体中所占比例不大，因为从目前全世界范围来看，虽然翻译需求在不断增加，但翻译行业还不规范，个体译者一般无法与翻译公司竞争，翻译业务来源不稳定也不充分。自由译者的生存竞争压力较大。2007年，传神公司联合中科院科技翻译协会对中国地区包括自由译者在内的各类译者的生存状况进行了较大规模的调查（见本书第二章有关部分）。[①]传神调查问卷的内容涉及以下8个方面：

1. 译员基本情况，包括教育背景、从业年限、擅长领域等。
2. 翻译工作相关情况，包括对翻译工作、翻译公司、翻译行业的认知，以及日常翻译工作中涉及的辅助工具等。
3. 工作强度，包括正常工作时间、工作效率及加班情况等。
4. 身体状况，包括睡眠、饮食、运动、视力等。
5. 心理状况及压力承受度，包括从业原因、从业满意度、从业自豪感等。
6. 收入状况，包括译员收入状况及满意度等。
7. 业余生活，包括译员圈业余活动、个人爱好等。
8. 培训状况，包括译员对日常培训的重视程度及实际培训状况等。

本次调查发现，从译员的基本状况看，在参与调查的译员中，男女比例基本持平，男译员占56%，女译员占44%。26—40岁的中青年译员占参与调查译员总数的68%，从业3—5年和6—10年的译员构成了译者群体的中坚力量，占58%。拥有本科学历的译员占参与调查译员的大多数，为61%；毕业

[①] 参见传神公司2007年发布的《中国地区译员生存状况调查报告》。

于外语专业的译员占 62%；专业翻译类教育背景的译员仅占 2%，这可能是由于本次调查进行时我国的翻译专业教育才刚刚起步。在参与调查的译员中，更为擅长笔译的译员占总数的 81%，笔译能力强于口译能力在译员中是比较普遍的现象。69% 的译员以兼职形式从事翻译工作，除翻译工作外还有其他收入。译员擅长的翻译领域居前三位的分别是金融、电子和政府部门，其特点集中表现为涉外交流频繁或进出口贸易活跃；擅长人数居于后三位的分别为纺织、航空航天和农林牧，其特点集中表现为行业性极强或非热门行业。译员最擅长的语种仍然是英语，不过由于与日韩交流日益增多，日韩语种译员日趋增多。此外，法、德、俄等语种译员也有相当人数，小语种译员仍然较为缺乏。

从翻译工作相关情况看，83% 的译员选择居家办公（SOHO）方式，这是自由译者的典型工作模式。时间自由是其主要原因，另外收入比在翻译公司工作多、有固定业务客户、想要创业等也成为译员 SOHO 的重要理由。译员 SOHO 或兼职工作已成为译员工作的主流模式。参与调查的译员对翻译公司的满意度及服务质量评价不高。翻译公司的良莠不齐使译员对翻译公司的信心受到很大影响。在译员需要具备的素质中，最受译员重视的仍然是语言能力，但对多语言转换能力、技巧和策略、心理素质、运用工具的能力、专业知识等也有一定的认知程度。从工作强度来看，在参与调查的译员中，每天能翻译 2000—3999 字的译员占 52%。43% 的译员每天工作 8 小时以上；76% 的人在 8 小时之外仍要经常加班；60% 的译员周末和节假日经常加班。由此可见，译员的工作强度相当高。

从身体状况看，由于长期伏案工作，译员身体状况不容乐观。每天使用电脑在 5 小时以上的译员占参与调查总人数的 54%，多数译员缺乏体育运动。繁重的工作影响了译员的正常睡眠，48% 的译员每天睡眠时间少于 6 小时，16% 的译员每天都要熬夜工作。18% 的译员认为工作较为严重地影响了正常饮食，仅有30%的译员有每天吃早餐的习惯，17%的人每餐饭在10分钟内完成。脖颈酸痛、头疼、视力下降成为困扰译员身体健康的三大问题。在参与调查的译员中，94%的译员感觉颈椎疼痛，60%的译员经常性疼痛，4%的人患有严重颈椎病。仅有14%的译员拥有正常视力，30%的译员佩戴眼镜的度数超过500度。

从心理状况与压力承受度来看，参与调查的译员普遍反映，从业的主要原因是生存需要，其次是受专业影响，有20%的人考虑到了个人爱好的因素。73%的译员认为自己的工作压力非常大；33%的译员则认为，自己若不从事翻译工作，目前的生活状况会有所改观；37%的译员表示，若没有来自各方面的压力，会放弃目前所从事的翻译工作。26%的译员对翻译行业的稳定性缺乏信心；50%以上的译员在从业过程中受到过欺诈，对所服务的翻译公司持怀疑或反感态度。65%的译员认为自己从事翻译工作仅仅是为了生计，严重缺乏从业自豪感。

从收入状况看，在参与调查的译员中，每月翻译收入在1000—3000元的译员占44%，收入3001—5000元的译员占21%。75%的译员每月翻译收入占其总收入的50%以上，其中31%的译员除了翻译收入外无其他收入。80%的译员对自己的翻译收入不满意，65%的译员认为自己的收入与付出不成正比。72%的译员无法承受所在城市的住房压力。仅有8%的译员拥有私家车。从业余生活来看，90%的译员有每天上网的习惯，对翻译类网站和论坛的关注度高于新浪、搜狐等门户网站。63%的译员没有自己的译员圈子，几乎从不参加译员聚会，看书、上网成为译员休闲的主要方式。至于培训，36%的译员不了解翻译专业的培训课程设置。仅有17%的译员每年愿意投入3000元以上在培训方面以提高自身能力，15%的人将80%以上的培训费用用于提高翻译水平。

传神公司的调查报告表明，国内翻译市场中的译者群体因为存在中低端翻译市场且对精力要求高而多为青壮年人，学历多为本科；由于同质化竞争激烈以及人们对翻译劳动付出认识不够，大部分译员收入不高，对翻译服务行业认同度低；由于翻译工作量大、时限要求紧等原因，译员的生理和心理压力较大。

（三）兼职译者

据《现代汉语词典》（修订本），"兼职"指"在本职之外兼任其他职务"①。根据"兼职"的定义，"兼职译者"可理解为一个将翻译视为本职之外工作的人。一个人的兼职可能不止一个，因此对于兼职译者来说，翻译工作可能是其第二甚至第三职业。对兼职译者来说，翻译是其收入的一个重要来源。"短工"译者（即某一时段内专门从事翻译工作的人）以及偶尔从译者不能称为兼职译者。兼职翻译是目前国内外翻译公司最为普遍的雇佣方式，占据了整个译者群体中的大部分。例如，武汉圣士公司的专职译员只有数十人，而兼职译者有3000多人；传神公司的专职译者不过数百人，而其遍布全球的兼职译者达3万多人。传神公司对中国地区译员的调查也表明，将近70%的译员以兼职形式从事翻译工作。业界的一个共同看法是，受限于翻译公司经营的行业特点，一家翻译公司不可能配备大量的专业翻译人员，这既没有必要，翻译公司也"养不起"，因此翻译从业人员大多具有兼职和业余的性质。② 有些翻译公司在其发展的某一阶段甚至采取"零翻译"的策略，即不用专职翻译，完全依靠兼职译员完成翻译业务。例如，上海金译公司在口译项目中曾经常采用"零翻译"策略，通过与国内相应的企业、涉外部门、翻译机构建立密切业务联系，可以做到随用随调，从而实现人才资源

---

① 参见中国社会科学院语言研究所词典编辑室《现代汉语词典》（修订本），商务印书馆1999年版，第64页。

② 参见中央编译局翻译服务部文章《翻译市场浅析》，第10页。

的共享。①

  翻译出版领域的一些译者也可纳入兼职译者的范畴。国内出版机构聘请的一些译者，其本职并非翻译，而是其他工作，如《人类文明的搬运工》一文中提到的四位翻译家许渊冲、李文俊、高莽和林戊荪②，许渊冲是北京大学教授，李文俊和高莽均为中国社会科学院外国文学研究所研究员，林戊荪是前中国外文局局长。这些译者利用业余时间从事翻译，其本质上应属于业余译者或兼职译者。

  （四）隐形译者

  翻译市场上还有一些译者，其构成成分极为复杂，我们将其统称为隐形译者。隐形译者不一定完全隐形，有可能为其周围的人所知晓。一部分隐形译者有其本职工作，翻译工作则被本职工作所掩盖，其原因是这些译者不遵守国家的法律法规按时足额地缴纳翻译收入的税费。也有一部分译者通过网络提供翻译服务，其隐蔽性更强。还有一些译者包括大学生和研究生，不定期地提供翻译服务，可称为"短工"译者或偶尔从译者。这些译者大都属于中低端翻译市场，偷逃税费或者其收入未达到交税水平，是古尔代克所谓"非法"译者。隐形译者处于译者群体的最下层。豆瓣论坛上译者的网帖生动地展现了隐形译者的生态图景。下面的网帖选自"豆瓣小组"论坛（个别地方文字有调整）③：

---

  ① 参见陈忠良《工程项目口译的组织实施和经营管理》，转引自全国翻译企业协作网领导小组秘书处编《全国首届翻译经营管理工作研讨会论文集》，江苏钟山翻译有限公司 2001 年版。
  ② 参见庄建《人类文明的搬运工——写在中国翻译协会成立 30 周年之际》，《中国翻译》（增刊）2013 年，第 51—54 页。
  ③ 参见豆瓣小组网帖《我突然想来说说北京翻译市场的价格问题》（http://www.douban.com/group/topic/19275383/）。

网帖一

2011 - 04 - 22 13：44：01 来自：番茄大王（阴在阳之内，不在阳之对）

我有个网友，翻译群里聊天认识的，自己是做留学文案的，没事就接点小私活儿来做。千字30元，什么类型的都有，但是多数都是什么企业介绍、合同、文书一类的翻译。朋友也有在翻译公司接私活儿的，也属于这类，合同啊，简介啊，这类翻译多一些，一般都是中英千字35元，英中千字30元。刚毕业的时候我做过图书翻译，从翻译公司，也就属于中介了，接来的，千字35元，那叫一个累啊，4.5万字，一个月时间，事特别特别多。中介本身水平有限，明明可以翻译成一朵花，非要你改成一泡屎，然后还批评你曲解意思。哦，但我想说，你如果翻译经验有限，翻译水平不高，当然，这是你做翻译的必经过程。如果你足够努力，足够勤奋，这个过程最多不过一年。

回帖：千字30元还是文书?!! 做着有意思吗？

回帖：入行了就是为了生存而翻译，又不是业余爱好，哪管什么有意思没意思呢。

网帖二

2011 - 04 - 22 21：40：00 kate131

我很享受为翻译中一个细节反复论证最终求解的快感。

回帖：同意，但有时想破脑袋也想不出来的时候就很不爽了。

回帖：这时候就需要SOS其他有经验的同行了。所以有自己的一个支援网络很重要。

网帖三

2011-04-22 15：17：51 yvette

我是药学专业的，都是兼职做一些药物申报材料的翻译，主要接两个翻译公司的活儿，都是英译中，价格视稿件的时限在 70—80 元/千字之间浮动（不过其中一家公司字数统计是按中文和朝鲜字算的）。来稿很没规律，所以一年中有时候能闲小半年，有时候能连着熬一两个月熬成木乃伊。但是因为申报材料会涉及很多方面的药学知识，所以翻译公司派活儿的时候会挑和我专业有相通的部分发，不过虽然我是做药物分析的，但是也会做药理方面的材料，这个有点历史原因，就不细说了。材料多数来自世界五百强药企。

刚开始做这方面兼职的时候也做过 45 元千字的，做过几次以后没有继续合作。以前特别小的翻译公司给派的烂活儿也做过，英译中 65 元/千字，还是按中文字算（内容也特别难，都是中药药理作用那种四言绝句译成中文），拖欠我翻译费两年多，在没有换手机号码之前，欠着翻译费不说，还会经常给我打电话问我有新活儿要不要做。一直没想通这公司打的是什么战术。

回帖：像中药的说明书吧。做这种活儿得有一本英文版的《中国药典》，定价好几千元，还搞不到免费的电子版。之前还有一同学她们公司有一本，后来那姐妹直接嫁人去了美利坚，我连这点小便宜都占不着了。要是自己出钱买，成本有点高，一个中文说明书翻完，还按中文字给我付费，得翻多少个能买得起一本英文版药典呀……

网帖四

2011-04-22 15:48:49 yvette

不过总的说来,合作起来情绪不好的也只有那一家公司而已。像一直在合作的这两家翻译公司,虽然价钱跟楼上说的100—200元每千字的比起来还差很多,但是一直都很愉快的,因为我工作挺牵扯精力的,所以前段时间翻译稿件出了点问题,但是经理只是发了个短信说这次稿件翻得不好,下次注意。我不是学英语的,自认为水平有限,所以不管怎么样都不会觉得吃亏,只是把这个当成积累经验和学习的过程,另外也可以充实一下业余的时间,就不会在豆瓣各大论坛伤春悲秋了。

网帖五

2011-04-22 15:56:04 番茄大王(阴在阳之内,不在阳之对)

其实现在很多人是翻,而不是翻译。

回帖:这就是所谓的"快枪手",为了多做稿子多赚钱。从经济的角度来说,可以理解。但是从个人提高方面没有一丁点儿益处。

网帖六

2011-04-22 17:05:36 透(└|∧|┘)

另外,借帖子问个问题,各位做图书翻译的时候,大概过多久能拿到稿酬?我看到有人一两年还没拿到稿酬。

回帖:我以前是搞图书翻译的,后来就开始卖书了。

回帖:呃,LS觉得卖书有前途还是翻译有前途?

回帖:这个帖很赞……

网帖七

2011-04-22 17：43：20 透（┕｜∧｜┙）

现在翻译公司的价格问的都是 140—190 元，还只是初级阅读类的……专业的要价更高。

回帖：我看到过的翻译公司外面报客户价格基本在 200 元以上。国外客户另计。

回帖：一个朋友也和我说过，他公司的一个总监给外国客户翻译专利方面的文件，千字 700 美元以上。

回帖：140—190 元是公司从委托人那收的价钱，不是给你的价钱。翻译人员能拿到的钱参考 LZ 提供的数据。想多赚点就找机会接私活儿，不要通过翻译公司来做。不要认为专业的翻译赚钱都很容易，做翻译真的是一个辛苦的活儿。

回帖：先把技术练好。什么行业都是精通了之后才能赚钱的。目前正处于常规价格偏上的阶段，赶活儿的时候悲催，没活儿的时候无聊……

回帖：我想很多人可能会觉得翻译很吃香，但真要做起来并不容易。自开始真正能入行可能就需要一两年的时间跟着前辈练习，等能力上去了，在赶任务进度的阶段对精力也有相当的要求。引用翻译社某位老师的话说：没能力的做不了，有能力的受不了。

网帖八

2011-04-22 21：01：42 GQ

千字一小时啊？LS 是神仙吗？原文还是译文？我怎么都是 30—40 字一小时的样子。1000 字只要一小时，那是在翻译吗？

回帖：关于一小时多少字这个，我挺开眼界的，enlighten me 下吧。我最开始做 Part time 的时候，原先同事找我翻译的，千字20元。非常同意。"当然，这是你做翻译的必经过程。如果你足够努力，足够勤奋，这个过程最多不过一年。"

回帖：看文章难易度。如果没什么语法难点，很一般的叙述，我最快的时候一天翻译了七八千字，但每天那样可吃不消。另外我是学日语的，英语只是业余兴趣了，水平不行。

回帖：先崇拜下会多门外语的。然后，提问，一天翻七八千字的话应该不包括稿件的校订吧？不过日日如此确实吃不消，脑袋会爆炸的。

回帖：点头，我是习惯翻译一部分校订一部分，不是每天都做这一步的。赶进度的时候有时候真想哭。

回帖：LS 你去了解了解行情就知道了。以前看到有人说，钱钟书是翻译家，但他一天才翻译几十或几百字，要按你这么说全国真没几个"翻译"了。

回帖：还有，一小时1000字的量，的确是挺吓人的。这种是不是就太机械了？都没留给自己思考的时间。语言也是种艺术，推敲之后那种感觉才有。欲速则不达。

回帖：所以才需要一个校订的过程，又觉得不顺的地方就要再推敲推敲。

回帖：的确全国没几个真的翻译。不过我自己也没正儿八经做过翻译，就偶尔接一下活儿。现在人家给我钱翻译，我有时都感觉无从下手。以前还在学校的时候帮朋友翻译新闻，翻译资料，翻译得那个认真、那个细致。那时真觉得自己以后能向许渊冲先生靠拢。毕业了一切都是浮云。当然这是市场的需要。有时候你只要翻译就可以了。能翻译的人还是不少的。全民 English，你知道的。价格当然也不会高到哪儿去。

回帖：合格翻译是来为字典编纂做贡献的，不是拿着字典查个不停的。至于"全民 E 文"就是一个伪命题了。说明你真不了解翻译作为一项职业是怎么一回事。

回帖：我想说句实话，可能我最多就算 LS 某位同学说的"翻"吧，就是每次稿件都要得很紧，可能给你四五十页，然后一周时间完成（我兼职，只有晚上下班后和周末才会有时间），内容每次都"超乎想象"，虽然我还是做本专业的，仍然觉得每次都有挑战，每次都有新的知识要学，这样的情况下，也只能尽量在不出错和不曲解原文意思的前提下保证进度了，也没有太多时间考虑其他的，可能离真正的翻译还有很多路要走吧……

网帖九

2011 – 04 – 22 21：20：42 GQ

每天在键盘上磨指头，有时候也可以是种乐趣。呵呵。

回帖：我什么行业都磨过指头，每接触一个新的领域都感觉很兴奋。哈哈。翻译很枯燥，但是能从中找到乐趣，还有钞票拿，也挺好。

网帖十

2011 – 06 – 09 22：22：28 Jenny

有朋友在澳洲开翻译公司，报价是百字 25 澳元英译中，就是千字 250 澳元。而且客户大多是政府机构，很赚。基本上那边都偏好做笔译而不是口译。口译价格和中国差不多。

回帖：咬死价格不能放，翻译也是个行业。新人可以去低价锻炼，但是有经验之后也请坚持。否则翻译，特别是笔译完全就会被毁掉。后面的人也没办法再从事了。

> 回帖：千字三四十那真是太太太没人性了。我转包给朋友的活儿最少都给 70 元的，做得好的给 80—100 元每千字。我自己接活儿，从 2005—2007 年的 70—80 元每千字接各种学科的文件，有时候被迫到 24 小时完成一万字的医学类稿件。到了 2007 年年底开始涨价，也不过一百而已。2008 年我转向艺术理论的学习和研究，此后只做艺术理论翻译。不过头两年的价格也只有 200 元每千字而已。后来涨到 300—350 元，从去年年底开始，少了 350 元不做，350 元是友情价，其他的一概 500 元每千字（转接过我的活儿的朋友先不要急着骂我黑心，我转包出去的活儿都是 200 元及 200 元以下价格的，贵的我都自己做，而且就算 200 元以下的，我也从来是拿了转出去的活儿回来反复校对没问题才交稿，一是负责；二是实际点讲，为了回头客，为了自己的外快财路不要断了）。收费到 350 元每千字及以上的，我是绝对不外包的，必须自己认真做完了校对两三遍才交稿，对得起我的时间人家的价格。

参与豆瓣论坛讨论的译者不仅有翻译新手，也有老手，还有转包翻译业务的掮客，有弃译从商者，有业余译者，还有兼职译者。译者们议论最多的问题有三个：过低的翻译价格、过快的翻译速度和超高的劳动强度。在从译的开始阶段，翻译价格非常低廉，从中可以看出翻译中介如翻译公司对译者的剥削，而且译者常常不能按时得到报酬。低端译者为了生存，好像"万金油"，任何领域的翻译都做，在翻译时限的要求下必须译得很快，而且常常加班加点，在生理或心理上都承受着很大的压力。这也从一个侧面印证了传神公司的调查报告。

四　翻译市场的经济因素

翻译市场涉及许多经济要素如市场规模、翻译产值等，其中最基本的要素有三个：翻译成本、翻译价格和翻译利润。翻译成本指"翻译或语言服务商品生产所耗费的全部费用"。龙刚认为，翻译成本包括智力成本、技能成本、时间成本、对象成本和边际成本。①智力成本指译员的学习成本，可用学历或正常学习的年限来体现。技能成本主要体现为专项工作经历，可用相关从业年限数进行定量评价。时间成本指译员完成约定任务所付出的时间。笔译主要表现为思考与推敲的时间，口译主要表现为现场反应时间。智力成本与技能成本是相加关系，同时间成本是相乘关系。对象成本取决于翻译任务的特性，包括专业性、难易度、重要度、保密度、受众范围、环境条件、任务量等，可按客户要求进行估值，属于相对性成本。边际成本涵盖所有其他大小不定的弹性指标，应由译员同客户协商确定，主要包括紧急性要求、付款条件以及其他特别要求，如笔译中的图表处理、特殊排版要求、打印、送取稿、口译外加整理会谈纪要、出差等。上述翻译成本分类中个别地方似乎欠妥，如对象成本和边际成本的构成要素划分。此外，这种分类主要针对个体译者，若是翻译公司，则还需增加中介服务成本。

个体译者集接稿、翻译、审校、复审、校对、排版、交稿等工作于一身，其翻译成本主要体现在翻译活动展开所必需的物质经济基础上，如笔墨纸张、词典资料、电脑硬软件配置、上网费、电费、邮费，甚至还包括译者的工作环境，如房屋、桌椅、空调、茶水服务等。更严格意义上的翻译成本似乎还应包括译者为获得双语能力所进行的全部资本投入，主要是教育和培训的投入。就翻译物质经济基础的成本转移来看，译者的支出有的一次性转入翻译成本，如上网费、邮费等；有的分次转入翻译成本，如词典资料费用等。翻译公司的成本除了所雇用译者的翻译报酬之外，还包括公司自身运转的成本，如职员工资、税费、管理费、水电费、固定资产费、广告费以及与翻译直接相关的协调组织费等。②

田传茂、丁青从人际关系的角度提出了"翻译成本折扣"的概念，包括

---

① 参见龙刚《翻译质量与翻译成本探微》，《新疆职业大学学报》2008年第5期，第30—31页。
② 参见田传茂、丁青《翻译经济学刍议》，《桂林电子工业学院学报》2004年第1期，第78页。

感情折扣和道德折扣。①译者并非生活在真空之中。人与人之间除了经济关系，还有亲情关系、人情关系、道德关系。对于亲戚朋友、同学同事的翻译服务，译者在大多数情况下都会拒绝收费。在这种情形下，翻译成本连同利润一起都做了感情投资。至于送礼物表谢意，似乎可看作翻译成本的间接补偿。道德折扣指译者出于人道主义精神免费或降低费用为他人提供翻译服务。巴西老翻译家 Danilo Nogueira 介绍了这样一则故事：一天，一位年轻医生拿着一大沓复印的医学文章去找他翻译，并问翻译要多少钱；该医生同时对 Nogueira 解释说，他翻译这些文章没有任何商业动机，只是作为他正在撰写的有关心脏疾病的博士论文的参考资料；Nogueira 听后欣然接受翻译，只象征性地收了点费用。对此事，Nogueira 本人的看法是，与其无所事事，不如做点善事。这种翻译成本折扣的背后体现的是译者人道主义的关怀和付出，是包含高尚精神的道德折扣。

翻译价格指翻译或语言服务商品价值的货币表现形式。更具体地说，翻译价格是翻译服务单位产品价值的货币表现。本章关于翻译公司的介绍部分对翻译价格做了比较详细的描述。影响翻译价格的因素有许多。就翻译公司而言，翻译定价需要考虑如下因素：原文字数、文稿难易程度、语言对以及翻译时限。②更具体地说，翻译价格可能包括以下费用：使用一个或多个受过良好教育并富有实践经验的本族语译者，使用某种语言的另一名译者进行文稿编辑和校对，使用产业专家作为内容管理者或校对人，运用常见软件程序如 Word、Excel 等进行文档格式调整、项目和文档管理、账户管理以及公司所有相关行政管理。

翻译价格具有商品价格的属性。以利润为导向的翻译服务产品是商品，

---

① 参见田传茂、丁青《翻译经济学刍议》，《桂林电子工业学院学报》2004 年第 1 期，第 78 页。
② 参见 Trusted Translations 公司的翻译定价介绍（http：//www.trustedtranslations.com/translation‐company/translation‐rates.asp）。

其价值主要由译者的脑力和体力劳动支出所创造。具有同样能力的双语工作者在单位时间内从事同等强度的劳动，创造的价值应该相等。因此，翻译价格可以通过横向比较进行确定。例如，精通外语的教师、研究人员、工程技术人员、行政管理人员、编辑等的收入可作为确定翻译价格的参照体系，而翻译公司的服务性劳动费用则可参照商业流通领域的服务价格来确定。从国内翻译公司的实践来看，翻译费用主要取决于稿件的字数，收费计算以中文字符为准，每千中文字为单位，人民币为支付货币。影响翻译（笔译）价格的主要因素包括语种、翻译方向、地域因素、交稿时间、文稿内容难度、翻译质量要求、排版和图文处理难易度等。翻译价格要兼顾译员、企业和客户三方利益。合理的译员报酬要有利于调动译员积极性和提高译文水平，合理的利润要有利于企业的健康成长，合理的价格要确保客户得到与性价比相适应的合理服务。①

翻译利润指"翻译或语言服务总收入减去总成本的差额"。从个体译者的角度看，译者的脑力和体力劳动创造翻译利润。职业译者是人，以翻译谋生。翻译利润实际上是职业译者的薪水，是他们进行翻译再生产的物质基础。职业译者的感情和道德投资是有一定的对象和限度的。翻译利润可简单地理解为翻译实际收费（即翻译价格）减去翻译成本。翻译成本分为直接成本和间接成本。直接成本是某个文件翻译的直接费用，如笔墨纸张费用、上网查询费、邮费、电费等。间接成本的计算则相当困难。例如，翻译软件的费用，是按某一固定值转入所有译稿的翻译成本，还是按所译文件字数的多寡以一定比例转入翻译成本？不使用翻译软件时其费用是否不转入翻译成本？在翻译软件费用完全转入翻译成本之后是否对客户不再收取该项成本，抑或翻译软件又需要更新使得该项成本的转移无限循环？译者工作场所的投资是否应

---

① 参见吴兴《无锡市翻译协会行业管理实践》，转引自夏太寿主编《中国翻译产业走出去——翻译产业学术论文集》，中央编译出版社2011年版，第135页。

转入翻译成本？若是专用工作间，成本转移尚有理可据，但若同时又是生活场所呢？在翻译市场上，决定翻译利润的因素主要是译者所付出的脑力和体力的强度。例如，口译与笔译，前者几乎不需要成本，但利润却大大高于笔译。这是符合市场规律的，因为单位时间内口译者比笔译者消耗的脑力和体力大得多。加急文件、技术难度大的文件、翻译质量要求很高的文件等的高利润亦基于同样的道理。劳动力的紧缺与否也影响翻译利润。稀有语种的译者花费同等的社会必要劳动时间和同等的脑力和体力强度，获取的翻译利润要比常用语种的译者高得多，这主要是稀有语种的翻译人才奇缺。[①]

值得注意的是，翻译价格中存在着双重成本和双重利润，这主要是由于翻译公司雇用兼职译者所致。翻译公司通过朋友圈子、传媒广告以及网络等手段招聘兼职译者。这些兼职译者成分复杂，包括公共翻译机构中的专业翻译人员、大中型企业中的工程技术人员、大专院校中的教师和学生（特别是博硕士生）、社会上懂外语的人员以及国外的语言工作者等。实际上，目前国内翻译公司雇用的专职翻译很少，大部分翻译业务由兼职译者完成。有的翻译公司，如上海金译公司，采用"零翻译"即借用外部翻译力量的机动的经营体制。之所以不设专职翻译，正如上海金译总经理陈忠良所说，设专职翻译，公司养不起，而且还会造成人才积压、浪费，增加人工成本，降低企业效益。陈忠良认为，"零翻译"的经营策略应该是根据翻译市场经济，以用户（委托方）市场为主要特征的大趋势。[②]

雇用兼职译员所产生的双重成本和利润包括：作为生产主体的译者的翻译成本和利润，以及承担中介服务的翻译公司的成本和利润。商品价格由三部分组成：物质消耗、劳动报酬和盈利。译者的劳动成本包括与翻译活动相

---

① 参见田传茂、丁青《翻译经济学刍议》，《桂林电子工业学院学报》2004年第1期，第79页。
② 参见陈忠良《工程项目口译的组织实施和经营管理》，转引自全国翻译企业协作网领导小组秘书处编《全国首届翻译经营管理工作研讨会论文集》，江苏钟山翻译有限公司2001年版，第32—36页。

关的有形和无形的物质消耗,如办公用具和场所的折旧费用、上网查询费、邮费、水电费等。翻译公司的成本包括其固定资本的折旧费用以及为了完成翻译服务所耗费的一切货币与非货币形式的费用。劳动报酬和盈利则是翻译劳动创造的新价值。据有关媒体报道,目前翻译服务的利润在35%—45%之间。翻译行业的较高利润是建立在一定的专业知识和技术基础之上的,与律师、医生等其他服务性行业大致相似。一个普通人要想成为一名合格的译员,必须花费大量的时间、金钱、精力,经过教育培养和技能培训以获得必要的知识和技术,翻译的高利润实际上是对这种高前期投入的合理回报。

翻译价格是翻译劳动价值的体现。我们可以通过对目前国内翻译价格的抽样分析来考察其现实构成。以外译中为例,每千字150—200元。这一价格包括了译者的翻译劳动价值和翻译公司的服务性劳动价值。那么,一个译者每天能译多少汉字?这取决于原件内容的难度、翻译质量要求、译者能力等多种因素。著名翻译家傅雷一天译1200——1500字。[1]以每天6小时工作时间计算,傅雷每小时译二三百字(这还不包括原文预读和译文润色的时间),按上述价格平均下来每小时30多元。当然,傅译是高质量翻译,按目前翻译市场的做法,优质翻译要乘以30%。即便如此,每小时也不过40元左右,这还包括了翻译公司服务性劳动的费用。

合理制定翻译价格是翻译行业的一个关键问题,是翻译产业健康发展的保证。翻译价格是一种市场价格,因此它应由市场来引导和调节。翻译公司制定翻译价格必须要按市场规律办事,综合考虑译者的劳动价值、经营管理者的服务价值、市场供需关系,特别是本地的平均收入水平、消费水平和物价因素等。只有这样,才能推出一个较为合理的价格。[2]

---

[1] 参见傅雷《致林以亮论翻译书》,转引自罗新璋编《翻译论集》,商务印书馆1984年版,第545页。

[2] 参见田传茂、丁青《翻译经济学刍议》,《桂林电子工业学院学报》2004年第1期,第79页。

五 翻译市场的问题

改革开放 30 多年来，特别是 90 年代以来，中国翻译市场一直呈现高速增长的发展态势，规模总量急剧扩大，目前已成为全球翻译市场的重要组成部分。但是，当前的国内翻译市场，特别是新兴的商业化市场板块，其初步发展阶段的特征比较明显。我国翻译市场存在的主要问题包括：语言服务业的行业地位不明确，国家政策的扶持力度不够；企业规模小，产业集中程度低，国际竞争力较弱；语言服务市场供需脱节，地区发展不平衡；企业税负过高，融资比较困难；高素质的翻译、管理、技术人才严重匮乏；行业组织发展不健全。①下面围绕市场各参与方包括语言服务企业、客户、译者、政府部门、高校、行业协会等，讨论现存的突出问题。

（一）语言服务企业

我国目前已有数万家语言服务企业，但其中的大部分是小微企业，大中型企业不多，上市企业更是屈指可数。企业规模的大与小不是翻译市场的问题。正如尹承东所说："中国那么大的翻译市场，不是一二家大公司可以包办下来的，我们希望看到一批'大而全'的大翻译公司，也特别希望看到一大批'小而专'的小企业。这种'大与小''全与专'共存的动态的局面才是一个健康的市场氛围。"②高、中、低端翻译市场需要不同类型的翻译公司共同参与。但小微公司有其固有的缺陷，不仅资源分散、各自为政，而且抵抗市场风险的能力低，在业务流程管理、翻译质量控制以及遵守相关国家标准方面也难以得到保证。翻译企业弄虚作假、虚假宣传现象时有发生。例如，中国译协就曾发出重要通知，指出有个别翻译服务企业在其网站上假冒中国译

---

① 参见中国译协网《语言服务业和服务贸易发展政策制定》报告（概要）（http://www.tac-online.org.cn/zhuanti/txt/2014-01/07/content_6594624.htm）。
② 参见尹承东《十年生聚，十年教训》，转引自夏太寿主编《中国翻译产业走出去——翻译产业学术论文集》，中央编译出版社 2011 年版，第 13—17 页。

协理事单位或会员单位,以此名义招揽业务;湖北省人才中心也提醒公众,某些翻译公司在互联网上打着幌子,声称自己是湖北省人才中心唯一指定的国外学历学位认证翻译机构,以此招徕生意。①

语言服务企业从业人员,包括专兼职译员,其资质认证程度不高。在很多语言服务企业,管理人员为非外语出身,如武汉圣士翻译公司,刚成立时由懂外语的人管理,现在则由非外语人员管理。翻译公司的译员有很多不具备全国翻译专业资格考试证书,也非翻译专业毕业,更无翻译专业职务。除了少数大型语言服务企业具有国际标准化组织(ISO)、国际本地化组织(LISA)、欧洲《翻译服务—服务规范》(EN 15038)、美国翻译协会(ATA)和软件企业成熟度模型(CMM)的认证以及中国译协颁发的《翻译服务诚信单位》之外,绝大多数企业缺乏语言服务资质认证。在专职译员培训方面,国内大多数翻译公司不会选择培训,宁可花费较高的报酬聘用合格的兼职译员,其结果是好的译员越来越少,新的译员越来越难以成长起来。②

我国翻译市场环境恶劣,同质化竞争严重。各翻译公司之间以及翻译公司与自由译者之间大打"价格战"。西安威尼翻译咨询有限公司总经理吴家彤描绘了发生在我国西部翻译市场的恶性竞争现象:"为了赢得客户,取得订单获取利润,身处西部地区的这些中小翻译机构经常采用竞相争抢低价的翻译等不规范方式。同时,个别客户也特别愿意在其间游走,甚至同时将数个翻译机构叫到一起,让他们之间进行'厮杀',以此希望从中获得最小的代价取得最优质的翻译服务。"③这一现象在国内中低端翻译市场并不鲜见。不少翻译公司打出"最低费用""最具竞争力的价格"的字样来招揽客户;有的翻译公司竟声称"本公司对承接的译文,只分种类不分难易程度,实行统一收

---

① 分别参见中国译协网(http://www.tac-online.org.cn/)和湖北省人才网(http://lx.jobhb.com/help/show.asp?id=1459)有关信息。
② 参见《一名十年专业译员的感受》,翻译百科(http://fanyi.baike.com/article-131510.html)。
③ 参见吴家彤《中国西部地区翻译市场环境浅析与竞争策略》,《译苑》2011年第3期。

费",而且"加急费全省"。①翻译价格无论怎样低廉或具有竞争力必须是翻译服务商品社会必要劳动时间的客观体现。难易程度不同的稿件、加急与非加急稿件所消耗的社会必要劳动时间是不一样的,因而价值有别。所谓"最低费用""最具竞争力的价格"不能是无限制的降价。利用不能体现翻译劳动实际价值的价格进行竞争是不正当的,是一种短视的自毁行为。从表面上看,客户因降价而受益,实际上却是受害者,因为过低的价格使翻译公司不得不减少工作步骤,降低成本。而翻译公司减少工序如译文的编辑校对可能会引起公司与译员之间的质量纠纷:等到译员交稿后,翻译公司发现译文有很多问题而拒绝付费,译员会觉得公司是在找借口、缺乏信誉。②过低的报酬也会使译者缺少工作热情,在很多情况下敷衍了事。价格战的结果是翻译质量得不到保证,翻译公司和客户之间的关系受损,翻译业界的形象和声誉受损,翻译市场秩序被扰乱。

(二) 客户

从全世界范围看,在翻译服务消费者眼中,翻译行业犹如隐藏在作者背后的译者,其地位和劳动价值得不到应有的认可。换言之,客户对翻译行业的认知度不够,意识不到具体翻译操作过程中译者的创造性和高智力的劳动投入以及翻译项目管理的价值,仅仅将译者视为"代言人""传声筒",甚至是二道贩子,认为任何人只要懂外语就可从事翻译,同时意识不到高质量的翻译项目管理可能带来的增值服务。前欧洲翻译公司协会主席、国际知名语言服务提供商 Telelingua International 集团创始人博科(2005)认为,人们只是将翻译看作一种日用消费品,首先考虑的是价格而非质量,同时作为消费者的企业意识不到整个翻译服务过程的复杂性,不将翻译视为一种战略投资,

---

① 参见田传茂、丁青《翻译经济学刍议》,《桂林电子工业学院学报》2004 年第 1 期,第 80 页。
② 参见《一名十年专业译员的感受》,翻译百科(http://fanyi.baike.com/article-131510.html)。

而是看作一种昂贵的交流手段。因此，客户的价格承受力不高，翻译价格总体偏低，致使翻译从业者的劳动价值得不到应有的体现。

从客户信用来看，也是鱼龙混杂。有极少数客户不讲信誉，在翻译服务供应方提供合格服务后拒绝支付事先约定的款项或者不付余额。《翻译服务通讯》2005年第2期刊登了重庆小舟翻译事务所所遭遇的几个案例，现介绍其中的两例。[①]

案例一

2004年11月23日下午，传播者广告策划电话委托一个翻译急件，要求在晚上7点交稿，双方谈好价格，对方发来委托传真。于是我们按要求在晚上6:45分送去译文。可是对方一个创意总监却说："对不起，情况发生了变化，我们的香港客户说这个稿子不用翻译了，所以，我们不需要译文了。但是，不给你们报酬显然也不可能，只有双方各自损失一点，我个人赔偿60%的费用。"我们当然不会同意，要起诉他们。但是，直到这时才发现传真地址是虚假的。无奈，只好自认倒霉，损失40%的报酬。

案例二

2004年7月26日，与深圳市格拉利实业有限公司项目经理部（在重庆经营）签署一份金额一千三百元的翻译合同，翻译一套设备使用说明书，收取定金二百四十元，交稿（纸面文件）甲方验收合格（甲方的直接用户也确认合格）要求结账时，对方不付余额，却要求先将电子文件发到深圳，否则就不要译文了。

[①] 参见中国译协翻译服务委员会秘书处编《翻译服务通讯》2005年第2期，第19—20页。

案例一属于紧急委托翻译服务，由于时间紧急，无法签署正式协议或收取定金，也无法确认传真地址的真伪。一方面，如果坚持签署正式协议或收取定金之后再做，可能失去诚信客户或市场时机；另一方面，由于翻译产品的定制型特征，如果不接受对方的条件，译文只是一堆废纸，而且交易金额小，打官司也得不偿失。案例二完全是客户设下的一个圈套，客户竟明目张胆地声称尽管去告。小舟翻译事务所咨询律师的结果是：项目经理部不是法人单位，打官司律师费用需要1500元，如果法院判决后客户不理，申请强制执行还需要900元执行费。由此可以看到，翻译行业存在经营风险，即使有国家标准作为依据，但其执行在不同情形下有不同程度的困难。

（三）译者

1976年，联合国教科文组织通过的《内罗毕建议书》对翻译工作者的权利和义务做了明确规定。[①]该建议书明确了翻译工作者的一般法律地位，要求各国应根据国际版权公约和国家版权法采取措施保障译者的权益，如"给予翻译工作者公平的报酬"，"确保译者及其译作得到与作者通常享有的相当的宣传"等。《内罗毕建议书》还规定，翻译工作者应享有包括退休、医疗、家庭补助等社会保障权利，工薪译者应享有其他种类工薪人员同等的福利。国际译联的《翻译工作者章程》同样对译者的权利和义务进行了明确规定，如译者的义务包括"翻译工作者任何时候都应对其译文负全责""翻译工作者应熟练掌握原文的语言""翻译工作者应具有广博的知识""翻译工作者在工作中应避免不公平竞争""翻译工作者不应寻求或接受有损其本人或其职业尊严的工作""翻译工作者应尊重译文使用者的合法权益"等。[②]对于译者的著作

---

① 参见中国译协编：《中国翻译年鉴2007—2008》之《内罗毕建议书》全文，外文出版社2009年版，第721—725页。

② 中国译协编：《中国翻译年鉴2007—2008》之《翻译工作者章程》全文，外文出版社2009年版，第725—728页。

权,《中华人民共和国著作权法》也有相关规定:"改编、翻译、注释、整理已有作品而产生的作品,其著作权由改编、翻译、注释、整理人享有。"[①]

从目前的翻译市场来看,无论是译者的权益还是义务都未得到切实的履行。从译者权益看,专职译者和兼职译者很少能得到"公平的报酬"。传神公司关于译员生存状况的调查报告和豆瓣网上论坛的译者聊天都说明译者的劳动付出大于其收入。我们对武汉一家翻译公司某专职译员的访谈显示,这位入行不足3年的女性译员月薪只有2000元左右,交通、食宿自理,因此该译员打算跳槽转行。这从一个侧面反映了翻译行业人才流动性较大,很难吸引人才,同时表明译员呈年轻化趋势,经验和修养欠缺。而在传统的翻译出版市场上,抄袭与盗版现象严重,这极大地损害了译者的知识产权和经济利益。从译者的义务来看,大多数译者仅具备本科学历,在职业进修与培训方面不愿多投入以提高自身修养和技能。有些兼职译员更未达到"熟练掌握原文的语言"的要求,仅凭双语词典等翻译工具进行翻译,其译文质量可想而知。还有一些译员,在经济利益的驱使下承接自己所不能胜任的工作或者在恶性价格竞争环境下对工作敷衍了事,向客户或中间人提供不合格的译文,因而未对自己的译文"负全责",同时也损害了"其职业尊严"。

业界一位具有10年译龄的专业译者回忆了自己的一段经历:曾经在一家软件开发公司上班时,一份2万字的稿子以每千字150元委托给翻译公司,交回来的译稿问题很多,要求和译员对质,找到第4个人才找到真正的译者,是一个刚毕业学外语的女孩,以每千字25元做的,转包了4次到最后一个译员手里。[②]这个案例引出了一个译员转包翻译业务的问题。翻译挣的是辛苦钱。有些译员为了快挣钱、轻松挣钱,将所承接的翻译公司的翻译任务转包或分

[①] 中国译协编:《中国翻译年鉴2005—2006》之《中华人民共和国著作权法》,外文出版社2007年版,第15页。

[②] 参见《一名十年专业译员的感受》,翻译百科(http://fanyi.baike.com/article-131510.html)。

包给水平比自己低的译员，欲以次充好，从中牟取差额报酬。如果转包给水平相当的译员，报酬会相应提高，就无利可图。上面的案例显示，翻译业务一再转手，翻译价格显然也一再压低，作为中间人的3个译者从转包中赚取了差额报酬，受剥削的是第4位译者。不过，作为新手练笔的译文质量之低可想而知。

（四）政府

目前，我国语言服务行业最缺乏的一个社会资源是政府的政策支撑。在我国《国家经济行业分类》的20个门类、900个小类中，没有翻译行业或语言服务业。由于行业地位不明确、行业发展脉络不清晰，语言服务业未得到政府的应有重视，那些对服务外包、信息技术、文化创意等相关产业进行扶持的政策和优惠措施很少惠及语言服务行业（见《报告2012》第29页）。虽然在行业组织和有关政府翻译部门的推动下，国家制定了《翻译服务规范》《翻译服务译文质量要求》《翻译专业职务试行条例》《翻译硕士专业学位设置方案》等几个与翻译行业有关的条例与标准，同时在翻译专业教育领域建立了本硕两级培养机制，但我国政府对翻译市场未制定专门的法律法规，未设定语言服务企业的入行门槛，未建立像会计师、律师等职业那样的全国性语言服务企业从业人员资质考试和认证制度，对语言服务行业基本上采取放任自流的态度。张南军指出，"目前的实际情况是，政府有关部门缺乏必要的专业知识，滥用市场准入的公权，追求虚假繁荣，只批不管，使翻译行业内的企业良莠不分，恶性竞争此起彼伏，市场一片混乱"[①]。我国的翻译行业需要有关政府部门进行指导和领导，使其得以健康发展；缺少有关政府部门的

---

① 参见张南军《管理的地位与作用》，转引自夏太寿主编《中国翻译产业走出去——翻译产业学术论文集》，中央编译出版社2011年版，第143—157页。

支持，翻译行业的发展就不可能持续和加速。①

另外，在涉及公共机构翻译的领域，存在部门垄断或地方保护主义现象。在一些地方，政府部门特别是司法部门（包括公证机构）、公安出入境部门等指定有利益关系的翻译机构作为指定服务机构，不承认和不接受非指定机构的译文，甚至不承认异地合法或者指定翻译机构的译文。②同时，在涉及公益性语言服务项目的领域，存在"讲关系、开后门"现象，未建立公开、公正、透明的招投标制度，政府没有健全的采购机制。韦忠和认为，这些行为的背后是利益驱动的垄断、部门保护主义或者地方保护主义，它阻碍市场竞争，也侵害消费者权益。③ 在市场经济的今天，语言服务市场仍然存在垄断或"讲人情"现象，这与市场精神相违背。有关部门应纠正这种违反法律法规的做法。在公开、公平、公正的原则下，按照统一的标准，选择符合条件的翻译机构。

（五）高校

从事语言服务的人才，特别是中译外人才和翻译项目管理人才是目前我国翻译市场缺乏的另一种社会资源。我国政府已意识到翻译人才培养的重要性，于2006年开始在复旦大学、广东外语外贸大学、河北师范大学设置翻译本科专业。截至2014年，共有152所大学设立了翻译本科专业。2007年，又在北京大学、北京外国语大学、南开大学等15所大学设置了翻译硕士专业（MTI）学位点。截至2014年，共有206所高校设立了MTI学位点。④不容否认，翻译本硕专业教育为我国翻译行业输送了大量人才。但据我们对华中科

---

① 参见尹承东《十年生聚，十年教训》，转引自夏太寿主编《中国翻译产业走出去——翻译产业学术论文集》，中央编译出版社2011年版，第15页。

② 参见韦忠和的博客文章《对第二届全国翻译工作会议的十点建议》（http：//blog.sina.com.cn/s/blog_76476f140101atfw.html）。

③ 同上。

④ 参见《教育部新增翻译本科培养单位名单及国务院学位委员会批准新增MTI培养院校名单公布》，中国译协网（ http：//www.tac‑online.org.cn/ch/tran/2014‑07/23/content_7085283.htm）。

技大学翻译专业硕士毕业生就业情况的调查,形势不容乐观:大部分毕业生改行到中学任教或在其他领域工作,进入翻译行业的毕业生很少。这使我们不得不反思我国目前翻译人才培养制度问题。我国的翻译人才教育与国外译员培训存在一定距离,还不能满足我国语言服务行业对人才的需求。一方面,国内翻译市场人才缺乏,特别是在中译外、同声传译、小语种、专业领域翻译人才方面,缺口甚大。据有关人士介绍,截至2013年,世界会议口译的权威行业组织"国际会议口译员协会"(AIIC)在中国大陆仅有40个认证的会员,分别为北京17人,上海22人,广州1人。[①]随着中国加强对外宣传以及实施文化"走出去"的战略,中译外人才需求将大幅增长,而这方面的合格人才特别是能担负起经典文化走出去的译者却远远不能满足需求。同时,随着地缘政治格局的变化,一些小语种如东盟国家语言的需求越来越大,一些专门技术领域如科技翻译人才也供不应求。

另一方面,高校翻译专业的人才培养却不能满足语言服务行业的需求。我国高校的翻译本硕专业一般只提供通识性知识和基本翻译技能的训练,与以前外语专业培养的翻译方向的人才没有质的区别。因此,这样的毕业生在翻译市场上没有竞争力和吸引力。翻译公司除了聘用少量口译人才外,将大部分笔译人才拒之门外,宁愿依靠懂外语的其他专业领域的人员。目前,高校的翻译人才培养,在高端会议口译员培养上,受制于人才素质和实践经验,很难培养出拔尖人才。而高端的文化典籍翻译,除了过硬的汉外语言文化素养外,还需要实践锻炼和积淀,非一日之功可成,可尝试在中文或外语学科选拔一些拔尖学生进行硕士或博士阶段的专门训练。小语种人才的培养要求各高校加强师资力量的培养与建设,结合经济社会和市场环境变化的需要有的放矢地培养非常用语种的翻译人才。至于专门领域翻译人才的培养,可改

---

① 相关信息来源于2013年5月14日我们对詹成博士的访谈。

变招生对象一般为外语专业本科毕业生的僵化模式，尝试在其他学科专业招录学员，或者让外语专业学员兼修第二学位，尽力将他们打造成为翻译市场所需的专业翻译人才。

（六）行业协会

中华人民共和国成立后最早的翻译协会是1951年成立的上海翻译工作者协会。中国译协成立于1982年，是由翻译及与翻译工作相关的企事业单位、社会团体以及个人自愿结成的全国性、行业性、非营利组织。2002年，中国译协翻译服务委员会成立，由加入中国译协的翻译服务企业及相关机构组成。2009年，中国译协本地化服务委员会成立，由加入中国译协的本地化服务企业、语言服务企业、工具开发商、教育培训机构和国际化与本地化行业专家学者组成。中国译协在中国外文局的领导下，在加强翻译企业协作与交流、建立全国翻译专业资格考试制度、推动翻译本硕专业教育的设置以及制定翻译服务国家标准等方面发挥了积极作用。

但我们也应看到，目前一些地方译协还存在很多不规范的行为，如以协会名义对外承接翻译业务等，与翻译服务企业进行竞争。①译协作为行业组织是市场的指导者和管理者。按照国家关于行业协会的相关规定，译协不容许从事经营性活动，否则就是既当裁判员又当运动员，与翻译企业进行不正当竞争。这必然会削弱译协作为行业协会的公正性，客观上也损害了会员企业的利益。②

在健全和完善行业规范和企业资质认证体系上，我国的中央和地方各级

---

① 我们于2014年8月24日通过互联网对省级译协的抽样调查发现，至少有浙江、福建、天津等译协提供翻译服务，如浙江省译协宣称"浙江省翻译协会人才荟萃，学科齐全，文理交叉……协会多年来正是依托于此专业及优质的翻译团队，为我省的政府部门、司法部门、高等院校、企事业单位等提供了大量高水准的笔译和口译服务……协会热忱欢迎省内外各界朋友来会做客，洽谈翻译合作业务"。

② 参见韦忠和的博客文章《对第二届全国翻译工作会议的十点建议》（http://blog.sina.com.cn/s/blog_76476f140101atfw.html）。

翻译协会作为翻译行业组织，需要做出进一步努力，从偏向学术到学术研究与行业管理并重，树立行业组织的权威地位。同时，我们也应看到，翻译协会作为群众性组织所制定的行规行约不具有强制性约束力，即便是参加行业协会的语言服务企业需要自觉遵守，但绝大多数游离于行业协会之外的企业是否遵守行业协会所制定的规章制度是一个问题，而且遇到翻译服务纠纷或官司无法可依，无权威的、官方承认的第三方仲裁机构。因此，需要政府有关部门与行业协会一起，建立健全翻译行业的法律法规，监督法律法规的执行，指导翻译服务企业合理定价，加强翻译机构的资质管理，加强翻译服务国家标准等的宣传，使我国的翻译市场朝着健康、有序的方向发展。

第五节　本章小结

市场经济时期的中国翻译市场随着改革开放的不断深入，其性质已发生了根本的变化，纯粹以市场和营利为导向的翻译和语言服务取代了计划经济时期纯公益性的面向国家和政府的翻译服务，成为翻译市场的主导力量。公益性翻译市场板块由于政府部门、国有企事业单位越来越倾向于将自己的翻译业务外包给翻译公司和本地化公司而不断萎缩，新兴的商业化语言服务市场板块在业务种类、规模等方面已占据市场的绝大部分份额。不过，营利性翻译市场板块和公益性翻译市场板块在未来一段时期将并存下去，有差别的、异质的翻译市场性质在短时间内不会改变。

经过20多年市场经济的洗礼，国内翻译市场发生了一些重要变化。从传统板块看，国家的外事外宣翻译工作作为公益性翻译服务仍然由中央和地方的公共翻译机构承担，但"毛著"、马列著作的翻译已经式微。在翻译出版领域，计划经济时期出版社与译者的契约关系模式一直延续到现在，这种关系具有明显的市场特征。在这一领域，各学科专业领域的翻译都非常活跃，特别是外国文学经典的重译活动在 90 年代末达到高潮，并一直延续到 21 世纪。国有企业大中型工程技术项目的翻译，一部分仍然由企业自己承担，一部分则外包给翻译公司，工程技术翻译外包的趋势正在不断加强。民营企业如华为公司的出现，使企业内部语言服务的性质变得复杂起来。这种语言服务不属于公益性翻译，但与语言服务企业的翻译服务性质也不相同。民营企业内部的语言服务部门只为本企业提供服务，这与国有企业的翻译部门职能有些相似，而语言服务企业的服务则面向全社会。在影视翻译领域，一部分翻译仍由国有译制片厂或译制中心完成，一部分则由翻译公司、自由译者、网上字幕组等完成。民族语文的翻译规模由于汉语教育在少数民族地区的普及有进一步缩小的趋势，计划经济时期的大规模翻译活动已难再现。市场经济时期，我国语言服务市场的规模已由 20 世纪 90 年代末的数十亿元，发展到 21 世纪的数百亿元，2010 年已超过千亿元，据估计到 2015 年将达到 2600 亿元人民币（见《报告 2012》，第 10 页）。

从新兴的语言服务市场板块来看，翻译公司的数量和规模都在不断扩大，目前已有 3 万多家翻译企业，大部分为中小微企业。一些大型翻译企业不仅在国内大城市拓展业务，建立多语言转换中心，将业务范围从口笔译服务扩展到语言培训与咨询、本地化服务、翻译技术工具开发等领域，同时在国外设置了分支机构，参与国际化竞争。20 世纪 90 年代中期以来，我国出现了一些专业化的本地化公司。这些公司的业务由最初的国外软件汉化和测试发展到现在的全方位的翻译外包服务，使我国成为世界上重要的外包业务接包国。在翻译专业教育领域，我国已建立翻译本硕专业培训体系，为翻译市场输送合格人才。国家也出台了一些有助于翻译市场健康发展的标准，如《翻译服务规范》等。总体来看，中国翻译市场在一些重大事件如"入世"、北京奥运会、上海世博会等的推动下呈现飞速发展的趋势，目前已成为全球翻译市场的重要组成部分。不过，国内翻译市场也存在一些问题，需要各市场参与方共同努力，使我国的语言翻译服务健康、良性、快速发展，成为实现中华民族伟大复兴"中国梦"的强有力的助推器。

第七章　翻译市场差异与成因分析

中华人民共和国成立60多年来，我国社会主义的根本制度虽然一直保持不变，但影响国计民生、社会经济生活的方针政策经过了几次重大调整。第一次调整是1978年实行改革开放，我国社会生活的重心由阶级斗争转移到经济建设上来。第二次调整是1993年深化改革和开放，中国的对外经济文化交往开始大幅提速。这两次重大调整引起了我国社会巨大而深刻的变化。翻译行业也不例外。与国家的政策调整相一致，中国的翻译行业形成了鲜明的阶段性特征。不同时期的中国翻译市场在构成市场的主客体要素上既有一些相同或相似之处，也存在明显区别。

第一节　翻译市场差异

我们根据政治经济体制的变化，将国内翻译市场划分为计划经济时期的翻译市场、经济转型时期的翻译市场以及市场经济时期的翻译市场。这三种类型的翻译市场在性质、交换方式、价值规律的作用以及市场机制等方面存在不同程度的差异。

一 市场性质

从市场属性来看，我国计划经济时期的翻译市场是一种初级的、无差别的封闭型市场，具有很强的公益属性。翻译服务仅存在于国家机关、政府部门和国有与集体企事业单位之中，不向社会开放。翻译作为一项"工作"由谁做、做什么、做多少、在何处做以及怎么做都已被国家计划和安排。专兼职译者通过出卖自己的劳动换取国家的工资，因此这个时期的翻译市场是一种劳动力市场。处于"计划"这张大网中的包括译者在内的所有劳动者由国家按照自己的意志统一安排工作岗位。也就是说，计划经济时期的劳动力资源由国家而非市场来调节和配置，劳动力的流动必须符合国家意志。不服从国家分配的人只会游离于这个劳动力市场之外。计划经济时期的专兼职译者按照国家规定的各种级别领取固定的工资，翻译劳动报酬不因工作量的变化而变化。

经济转型时期的翻译市场由于以社会为依托的、服务面向全社会的翻译公司的出现而由无差别市场向有差别的异质市场转变，具有商业属性的市场板块开始萌芽。这一时期的翻译活动已不再是单纯地向国家提供服务，也开始向社会开放，公益性翻译服务和商业化翻译服务并存于这一市场之中。新出现的翻译公司和自由译者所构成的市场虽然在整个翻译市场中所占比例较小，但建立在契约关系和货币支付之上的翻译服务供求关系已具备了明显的自由市场特征，一些人开始把翻译当作一种"职业"，以翻译为生。这些翻译公司不仅为社会上的个人提供翻译服务，也承接私营企业、合资企业甚至政府部门和国有企事业单位的翻译业务。国家机关、政府部门和国有企事业单位的翻译工作已不再完全由公共机构的专兼职译者完成，开始逐渐地外包给翻译公司，这为中国翻译市场性质的根本变化奠定了基础。

市场经济时期的翻译市场经济继承了转型时期翻译市场有差别的异质性

特征，不过市场的成分发生了巨大变化。转型时期的翻译市场仍然以公益性翻译服务为主导，而在市场经济时期的翻译市场中公益性翻译服务市场规模大幅萎缩，以利润为导向的自由市场逐渐占据了这个时期翻译市场的主导地位，其规模不断扩大，逐渐升级为语言服务市场，市场的商业属性增强，公益属性减弱。翻译市场中的译者，特别是大量的自由译者，不是把翻译作为一项"工作"，而是作为第一或第二职业，翻译成了其谋生的主要经济来源。翻译服务的形式也由传统的口笔译形式向本地化服务、语言技术、语言培训与咨询、服务外包等新兴的语言服务领域拓展。处于"初步发展阶段"的中国翻译市场已成为一种完全自由竞争的市场。概言之，计划经济时期作为劳动力市场的翻译市场已演变为市场经济时期以服务外包为主要特征的语言信息服务市场。

二　要素特征

从构成翻译市场的主客体要素来看，三个时期的翻译市场存在显著差异。从翻译要素来看，计划经济时期的翻译为国家的意识形态、经济建设、对外交往服务，翻译形式包括口笔译以及全译和变译（包括编译、摘译等），翻译策略在文学翻译领域主要表现为归化策略，语种间的翻译主要为俄汉互译。而就经济转型时期的翻译来看，公益性翻译的目的和功能基本保持不变，但意识形态领域的功能已由对外宣传阶级斗争、无产阶级专政转移到宣传改革开放上来，翻译方式依然为口笔译，翻译策略有向异化翻译转变的趋势，语种间的翻译由主要为俄汉翻译转变为以英汉翻译为主。在新兴的商业化翻译市场板块中，翻译公司和自由译者的翻译服务面向全社会，为社会上的个人和组织提供服务，翻译形式主要为口笔译，翻译策略包括全译和变译。市场经济时期的翻译功能进一步多元化，既为国家提供服务，也为机构和个人提供服务，翻译形式由单纯的口笔译扩展到本地化翻译、语言咨询与培训、语言技术甚至服务外包等形式极为复杂的语言信息服务，翻译策略在文学翻译领域表现为明显的异化倾向，语种间的翻译虽然仍以英汉翻译为主，但汉语与其他语种间的互译大幅度增加。

在实体要素方面，计划经济时期从事翻译的机构主要是国家机关、政府部门、企事业单位、科研院所的翻译部门或者是专门的中央或地方翻译机构，经济如中央民族语文翻译局和各省、自治区的民族语文翻译机构。经济转型时期，除了传统的公共翻译机构外，出现了以社会为依托的翻译公司。这些翻译公司在市场经济时期进一步壮大，而公益性翻译机构则逐渐减少，同时国外企业包括语言服务企业开始在中国建立分支机构。这些位于中国的国外语言服务机构也成为国内翻译市场不可分割的一部分。从经济要素来看，计划经济时期的翻译资源控制在国家手中，除了出版领域外基本上无翻译价格可言，也就谈不上依靠翻译价格调节翻译服务供需关系。经济转型时期，随着翻译公司的出现，才有了翻译价格、成本和利润。这些经济元素在市场经济时期成为影响翻译市场运行的决定性因素。

从服务要素来看，计划经济时期，翻译业务或工作流程在翻译出版、"毛著"翻译等领域比较严谨，但在其他翻译机构中翻译工作基本上不是作为一个项目来完成的，因此缺乏健全完善的翻译流程，也没有相应的翻译质量标准和职业道德标准。经济转型时期，翻译公司开始尝试建立翻译业务流程和质量标准。而到了市场经济时期，商业化市场板块中的语言服务企业加强了企业之间的协作，制定了业内共同遵守的服务标准和职业道德准则，各企业将翻译服务作为项目来进行管理和运作，制定了严格的业务流程和质量控制标准。

从主体要素来看，计划经济时期的翻译市场上专兼职译者基本上是国家工作人员，即工薪译者。游离于"单位"之外的译者凤毛麟角，这极少数自由译者主要靠承接出版社的翻译业务谋生，如傅雷、朱曾汶等。经济转型时期，除了公共机构的专兼职译者外，开始出现自由译者，以及翻译公司雇用的专兼职译者。这些社会上的专兼职译者或为国内高校培养，或为自学成才，或为海归，他们构成了市场经济时期译者的主体。计划经济时期，翻译服务需求方即客户是国家，到了经济转型时期，客户类型扩大到个人、私营企业、合资企业等。而在市场经济时期，客户范围进一步扩大到外资企业和国外客户。从翻译中间人或委托人来看，计划经济时期的一方是译者或翻译机构，另一方是国家或者是代表国家的个人或机构，如傅雷为人民文学出版社翻译巴尔扎克等人的作品，由其好友楼适夷介绍，楼适夷作为人民文学出版社副社长代表的是出版社。作为国家工作人员，计划经济时期的任何翻译中间人都不是真正意义上的中间人，他们代表的是国家，将国家意志直接或间接地强加于翻译服务提供方。只有按照平等意愿促成翻译服务供求双方实现交易的人才是翻译中间人。经济转型时期，随着翻译公司和自由译者的出现，才有了真正的翻译中间人。而在市场经济时期，这些中间人的数量不断扩大。翻译管理和服务人员存在于计划经济时期的翻译机构之中，也存在于大型工程项目或其他项目的翻译工作之中，只是这些人员作为翻译管理和服务人员属于兼职性质，因为他们还要承担国家指派的其他工作。而在经济转型和市场经济时期，语言服务企业中的翻译管理和服务人员基本上属于专职性质。

三 交换方式

从翻译服务交换方式来看，我国计划经济时期的翻译服务表现为译者向国家提供服务，国家付给译者货币、"准货币"或非货币形式的报酬。货币报酬即工资。"准货币"可理解为抽象的货币，形式多样，包括行政地位、级别、福利待遇、退休保障、子女教育、医疗保健等，也包括个人翻译服务中基于亲情、朋友、同事、熟人关系的"人情"或"面子"。非货币化形式的报酬包括国家的物质奖励、奖状、个人馈赠的物品等。就纯货币报酬而言，虽然国家付给了工资，但译者的劳动交换尚未完成。只有当译者用工资购买了自己所需要的物品，整个劳动交换过程才会完成。个人之间零星的翻译服务交换关系表现为服务与物质、服务与感情之间的相互交换。总体来看，计划经济时期的翻译服务交换关系为国家所垄断，是一种受到极大限制和约束的非自由交换，有时是非货币化的交换。翻译量和质的区别对翻译报酬一般不产生影响。

经济转型时期的公益性翻译市场在交换方式上大致与计划经济时期相同。但在转型时期的后期，翻译公司和自由译者的出现打破了译者与国家之间固定的交换关系，建立在契约关系、货币支付基础上的翻译服务供需双方之间自由选择、讨价还价的交换方式开始出现。因此，翻译服务交换关系由计划经济时期单一的交换方式发展成为转型时期两种交换方式并存的局面，只不过讨价还价的交换方式只是作为一种次要交换方式在比较狭窄的范围内存在。

到了市场经济时期，经济转型时期的二元化交换关系得以延续。但是这两种并存的交换关系在存在范围上发生了显著变化。转型时期占主导地位的译者与国家之间相互交换的关系逐渐让位于市场经济时期翻译服务供求双方自由的市场交换关系。翻译服务的供需双方关系不再固定，而是自由选择、自由议价，以签订书面或口头契约或合同的方式在个人之间、企业之间、个人与机构之间、企业与政府部门之间建立多样化的语言服务交换关系。纯货币支付成为这种交换方式的典型特征。传统的国家垄断的交换关系只在比较狭窄的范围内存在。当然，基于"人情"的交换关系仍然存在于这一市场之中。

四　价值规律的作用

从价值规律所起的作用来看，在我国计划经济时期的翻译市场中，没有自由选择与竞争，没有翻译价格机制。价值规律在这种市场中发挥的作用很小。中央计划削弱了价值规律对市场供求关系和价格的调节作用，削弱了市场的资源配置作用。我国计划经济时期的翻译市场受到国家计划的影响。国家计划实质上是一种国家垄断，因此这一时期的翻译市场是一种垄断市场，翻译服务交换关系受到政府直接或间接的垄断。对于工薪译者来说，同一工资级别的译者不因翻译数量和质量的差别获得差额的劳动报酬，同一译者并不因不同时间段工作量的差异获得差额报酬。在翻译出版领域，自由译者或兼职译者如傅雷等只能被动地接受代表国家利益的出版社所规定的翻译价格。在这种政府垄断供求关系的翻译服务中，价值规律的作用并不明显。

经济转型时期的翻译市场是一种以公益性翻译服务为主、营利性翻译服务开始零星出现的有差别市场。在传统的公益性翻译市场板块，价值规律的作用很小，而在新兴的商业化翻译服务中价值规律的作用才逐渐回归正常。贯穿于整个转型时期的中译公司的联合国文件翻译服务，由于是参与国际翻译市场竞争，其价格完全由价值规律决定。

市场经济时期的翻译市场仍然是一种公益性和营利性翻译服务并存的市场，但是营利性翻译服务已取代公益性翻译服务占据了市场的主导地位。在这一时期的翻译市场中，国家对价值规律的干预和影响逐渐减弱，这主要表现在公益性翻译市场规模的大幅萎缩。在新兴的商业化市场板块中，翻译价格的制定完全围绕翻译服务供需关系的变化。价值规律在翻译价格的形成中起决定性作用。翻译价格反映了译者所付出的社会必要劳动时间。翻译服务需求量大而服务提供者少，则翻译价格就高。反之，翻译服务需求量小而服务提供者多，翻译价格就会下降。不少翻译行业人士认为翻译报酬未体现出译者的劳动价值。这可能是中低端翻译市场的现象，但也符合价值规律的内涵：价格围绕价值上下波动。当翻译价格低于翻译劳动价值时，译者就会选择跳槽。这样，当翻译服务供给量小于市场需求量时翻译价格自然就会上升。一个相反的例子是高端国际会议口译和经典文化外译。在这两个领域，翻译服务供不应求，翻译价格因此高于译者的劳动价值。可以预见，随着这方面翻译人才的逐渐增多，其过高的价格将会回归价值本位。

五　市场机制

从市场运行机制来看，在我国计划经济时期的翻译市场中，翻译活动像其他行业活动一样遵循计划管理。翻译服务供求关系是固定的，表现为专兼职译者和翻译机构承担和完成国家指派的任务。计划经济时期，由于我国与外界一直保持相对隔离的状态，除了苏联等社会主义国家，中国的对外交往不多，因此翻译服务需求量相对稳定，翻译服务供求数量变化不大。如果国家因政策的调整有特定的翻译需求或者国际形势的变化使翻译需求突然大增，我国政府会充分利用举国体制征用专兼职译者或者设立专门的翻译机构，如抗美援朝战争、中共中央俄文编译局的成立、苏联专家大规模援华、"毛著"翻译工程等。计划经济时期的翻译市场由于翻译和外语人才缺乏，翻译服务一直处于需求大于供给的状态，基本上是一个卖方市场。计划经济时期的翻译价格基本上只存在于出版领域。出版社根据国家政策规定翻译价格。对于公共机构的专兼职译者来说，无翻译价格可言。他们的翻译劳动模糊地体现在工资之中。译者之间的竞争关系几乎没有或者很弱，出色工作的回报表现为职务升迁、奖状、荣誉等非物质性的激励方式。作为翻译服务方的译者只拥有劳动力而无生产资料，翻译机构为国家所有，因此产权关系也不明晰。同时，翻译服务供求双方的信用也是不确定的，主要建立在国家信用和个人道义之上。总之，计划经济时期，像其他经济活动一样，翻译活动也具有市场的表面形式，但是由于受到计划的全面管制，市场机制无法发挥调节翻译行为的作用。

经济转型时期的翻译市场是由公益性翻译和营利性翻译所构成的一种异质市场。这两个市场板块的运行机制存在明显差异。传统的公益性翻译市场的运行机制与计划经济时期相似。在新兴的商业化翻译服务板块，翻译服务的供求双方可以相互自由选择，契约关系建立在自愿的基础之上；翻译价格由市场决定，买卖双方可以讨价还价；翻译公司、自由译者甚至包括公益性翻译机构可以相互自由地、公平地进行竞争。翻译服务双方的产权关系也是明确的，翻译服务的激励主要表现为货币激励，翻译服务信用建立在公司资本和品牌之上。

市场经济时期翻译市场的运行机制像转型时期一样属于一种双轨制。一方面,传统的公益性翻译市场在一定范围内仍然存在,这个市场板块的运行机制与计划经济时期相似;另一方面,在新兴的商业化翻译市场板块中,翻译服务需求方不再仅仅是国家或政府,而是呈现出多元化趋势,包括国内外机构或个人客户。翻译价格遵循价值规律,围绕供求关系变化,由市场决定。翻译服务供求双方有自由选择对方的权利,进行自由竞争。翻译公司多为私营有限责任公司,产权明晰,自负盈亏,以注册资本作为信用,奖优惩劣,有货币及非货币形式的激励机制。需要指出的是,从翻译服务供需关系来看,这个时期的翻译市场特别是中低端市场已由卖方市场转变为买方市场。由于外语教育的普及以及翻译专业本科和硕士学位教育的从无到有、从小到大,目前我国在中低端翻译市场上有人才饱和甚至过剩的趋势,这一市场板块的翻译服务呈现供大于求的趋势,因此市场竞争越来越激烈。

六 市场规模

计划经济时期,翻译市场表现为一种行业形态,作为翻译服务支付手段的是公益性翻译服务中专兼职译者的工资和福利。如果我们将译者的工资视为翻译服务的货币支付形式,那么计划经济时期翻译市场的规模在亿元左右。如果再考虑到公益性翻译机构和各种国家层面的翻译项目的运行费用以及当时较低的物价水平,那么这个时期翻译市场的规模已相当可观。转型时期,随着改革开放的初步实行,不仅我国政府的对外交往逐渐增多,社会上个人、组织、民营企业的对外教育、文化、经贸交流也逐渐增多,公益性和商业化翻译市场的规模在10亿元左右。进入市场经济时期后,随着改革开放的深入以及"入世"、北京奥运会、上海世博会等重大事件的推动,中国翻译市场呈现迅猛发展的趋势,翻译行业向翻译产业升级,翻译市场向语言服务市场转型。整个市场规模由20世纪90年代末的数十亿元,发展到21世纪的数百亿元,2010年已超过千亿元。

第二节　成因分析

造成三个时期翻译市场差异的原因是多方面的。国家政策的调整、政治经济体制的变化、网络信息技术的飞速发展以及全球化进程的加速是最根本的原因。

一　内部原因

国家政策的变化引起意识形态规范、社会文化规范、行业规范、译者动机等的深刻变化。这是造成市场差异的内在原因。

（一）国家政策与体制

中华人民共和国成立 60 多年来，中国翻译市场的发展变化与我国政府的各项方针政策以及政治经济体制密切相关。中华人民共和国成立之后，刚诞生的新中国受到西方帝国主义国家的封锁和遏制，对外交往仅限于以苏联为代表的社会主义国家以及第三世界国家。中国在外交策略上向苏联一边倒，几乎一切照搬苏联模式，如大规模地引进苏联科学技术、大学和中学里几乎全面采用苏联教材、全民学习俄语、在文学艺术领域进口苏联电影、翻译苏联文学作品等。中国领导人大力号召全民向苏联"老大哥"学习。1953 年，毛泽东在全国政协一届四次会议闭幕式上专门强调了向苏联学习的问题，他说："我们要进行伟大的五年计划建设，工作很艰苦，经验又不够，因此要学习苏联的先进经验……学习他们先进的科学技术，一切我们用得着的，统统应该虚心地学习。"[1]这一外交政策对翻译的直接影响是使俄语成为当时外语教

---

[1] 《毛泽东文集》第 6 卷，人民出版社 1999 年版，第 263—264 页。

学和翻译活动中最为重要的语种。大多数援华项目中使用了大批口笔译俄语翻译人员，在教辅资料翻译、文学翻译、影视翻译领域俄译汉占据了绝对主导地位。以50年代的文学翻译为例，1949—1958年，我国出版的外国文学作品总数为5356种，其中俄苏文学作品为3526种，占总数的三分之二。①

从国内看，计划经济时期，"以阶级斗争为纲"贯穿于人们工作和生活的方方面面。阶级斗争、无产阶级专政成为这个时期国家意识形态的核心，一切对外宣传都要围绕这个核心。从60年代初期开始的"毛著"翻译工程就是这种国家政策在翻译领域的具体体现。"毛著"的翻译动用举国体制，涉及语种30多个，翻译人员逾千人，均为当时国内外语界的精英，历时近20年，其目的只有一个："我们要把毛泽东思想的红旗插遍全世界②。"当时外交文献中将"最最最强烈的抗议"创造性地译为"strongest and strongest protest"则是阶级斗争在外交领域留下的鲜明烙印。

此外，计划经济体制的"国家计划性"也将当时的翻译服务工作全盘计划。专业翻译机构的设立、专职译者岗位、兼职译者的调用、翻译出版的报酬，都由国家直接计划或者进行间接指导。当时为数不多的个人出国资料也必须在国家指定的机构进行翻译，可以提供此类服务的私营翻译公司在当时的公有制体制下没有生存的空间。

1978年是中国当代历史上具有转折意义的一年。邓小平在中央工作会议上的重要讲话《解放思想，实事求是，团结一致向前看》为党的十一届三中全会确定了新的政治路线。③这次全会决定把全党的工作重点转移到社会主义现代化建设上来，并做出了实行改革开放的新决策，实现了从以阶级斗争为

---

① 参见查明建、谢天振《中国20世纪外国文学翻译史》，湖北教育出版社2007年版，第567页。
② 参见尹承东《从毛泽东著作的翻译谈建国以来的中译外工作》，《中国翻译》2009年第4期，第13页。
③ 参见新华网"新华资料"对中共十一届三中全会的介绍（http://news.xinhuanet.com/ziliao/2003-01/20/content_697755.htm）。

纲转变到以经济建设为中心、从僵化半僵化转变到各方面改革、从封闭半封闭转变到对外开放的三大转变。随后,邓小平不断阐发关于改革开放的思想。他在同美国人吉布尼的谈话中指出,"实现四个现代化必须有一个正确的开放的对外政策""社会主义也可以搞市场经济"。[①]他还强调,要充分利用外资搞建设,市场和计划作为两种经济手段并不矛盾。根据十一届三中全会精神,我国的经济体制开始进行调整,打破了过去单一的公有制,实行以公有制为主体、多种所有制形式并存的经济模式。非公有制经济成分作为公有制经济的有益补充,在我国政策框架内取得了合法地位。这为私营翻译企业的出现奠定了政策基础。而改革开放使我国的对外经济文化交流不断增多,翻译服务的需求随之增多,这为翻译公司和自由译者的产生提供了必要的客观市场条件。在国家政策条件和市场条件的双重作用下,面向社会提供翻译服务的民营企业和自由译者在70年代末期开始出现,现代意义上的翻译市场开始萌芽。这种市场的基本特征是有供需双方、有契约关系、有货币支付。不过,这些为数不多的翻译公司的市场主体特征还不完整,仍然具有计划经济的痕迹。例如,江苏省工程技术资料翻译复制公司在成立的最初阶段虽然自主经营、自负盈亏,但在行政上仍隶属于江苏省建设厅,接受其业务指导。转型时期,国家虽然允许非公有制经济成分的存在,但对其管控还比较严格,因此这一时期翻译公司的数量有限,新兴的商业化翻译市场仍然处于非常零散自发的状态。

　　1992年邓小平南方谈话进一步解放了人们的思想,重申了深化改革,明确了非公有制经济的地位。中共十四届三中全会于1993年11月14日通过了《中共中央关于建立社会主义市场经济体制若干问题的决定》,决定指出:"建立社会主义市场经济体制,就是要使市场在国家宏观调控下对资源配置起基

[①]《邓小平文选》第3卷之《社会主义也可以搞市场经济》(http://www.uus8.org/c/21/05/076.htm)。

础性作用。为实现这个目标，必须坚持以公有制为主体、多种经济成分共同发展的方针，进一步转换国有企业经营机制，建立适应市场经济要求、产权清晰、权责明确、政企分开、管理科学的现代企业制度；建立全国统一开放的市场体系，实现城乡市场紧密结合，国内市场与国际市场相互衔接，促进资源的优化配置……"①党的十四大不仅强调私有制在社会主义经济体系中存在的必要性，还为国企转轨、国内市场与国际市场接轨指明了方向，并特别强调市场的作用。在新政策的鼓励下，翻译公司、本地化公司在20世纪90年代中后期大量涌现。在"入世""申奥"等重大事件的推动下，中国翻译市场开始飞速发展。在这个时期，不仅一些国有翻译机构脱离政府部门的行政领导，成为市场独立的主体，如中译公司、中央编译局翻译服务部等，一些原先形式上隶属于政府部门的翻译公司也成为在管理和经营上完全自主的法人企业，如江苏省工程技术翻译院公司等。越来越多的民营翻译企业如元培公司和外资翻译企业等出现在中国翻译市场上。翻译服务经营主体在性质上呈现多元化的发展态势。而2006年和2010年中国政府有关部门出台的有关服务外包业的优惠政策对我国语言服务外包业务的发展无疑具有直接的推动作用。

从政府干预的角度来看，计划经济时期，行政命令是资源配置的主要形式，市场被无所不包的计划挤压，只能存在于计划的夹缝之中。这个时期的翻译服务毫无例外地被政府全盘"计划"：能翻译什么、不能翻译什么、翻译多少、由谁翻译、在何处翻译以及怎么翻译都由政府或者是代表政府的部门、组织或个人决定。这个时期的翻译活动由国家统一安排，翻译资源由政府统一调配，译者的翻译服务指向国家这个唯一的翻译服务需求方，因此这个时期的翻译市场是一个无差别的劳动力市场。国家作为所有译者的直接或间接

---

① 《中共中央关于建立社会主义市场经济体制若干问题的决定》，邳州论坛（http://www.pzzc.net/read-htm-tid-6192624.html）。

赞助人对翻译市场的干预是全方位的。存在于夹缝中的出版社与自由译者之间的翻译服务供求关系，也打上了计划的烙印：自由译者翻译稿酬的多少由国家相关出版法规如印数定额制所决定，出版社代表国家的意志确定稿酬，译者没有话语权。

改革开放之后的转型时期，国家调整了过去单纯依靠行政计划配置资源的方式，开始尝试以计划为主、市场为辅的新的资源配置方式。国家对翻译市场的管制开始松动，让一部分原有的和新生的翻译业务由以社会为依托的翻译公司来完成，这一部分市场板块以自由竞争为主，基本没有政府的干预，是现代意义上的翻译服务外包市场的雏形。进入市场经济时期之后，国家控制的公益性翻译市场板块进一步缩小，自由竞争的市场板块不断扩大，通过市场配置翻译资源成为当下国内翻译市场的主要特征。正是因为政府的干预减少，行业规范及法规缺位或者不够健全致使翻译市场出现了一些问题。中国特殊的国情呼唤政府有关部门对新兴的翻译市场进行适当的干预，使其健康有序发展。

（二）社会文化规范与行业规范

《现代汉语词典》（修订本）将"规范"定义为"约定俗成或明文规定的标准"[1]。国内学界如翻译研究界一般将英文术语 norm 译为"规范"。在国外翻译研究界，有学者将规范理解为约定俗成的标准[2]，也有学者认为是行为规则[3]。赫曼斯认为，规范调节个体与集体之间的关系，调节个体的意图、选择和行为与集体信仰、价值观念和倾向性之间的关系；规范在无形之中给行为

---

[1] 参见中国社会科学院语言研究所词典编辑室《现代汉语词典》（修订本），商务印书馆 1999 年版，第 474 页。
[2] Christiane Nord, "Scopos, Loyalty and Translational Conventions", *Target*, No. 1, 1991.
[3] Theo Hermans, *Translation in Systems: Descriptive and System - oriented Approaches Explained*, Shanghai: Shanghai Foreign Language Education Press, 2004.

主体以社会和心理压力,同时由于主体的主观能动性,规范有可能被违背。[①]规范可用来解释人类活动的社会意义,能起到建立和保持社会秩序的作用,没有规范就无标准可言,人们的活动就成了随意行为。[②]从广义上讲,规范包括不成文的以及成文的规范。这些规范存在于社会生活的方方面面,对各种主体和客体的行为产生不同程度的约束作用。

1. 计划经济时期的规范

翻译市场上发挥作用的规范主要包括意识形态规范、文化规范、翻译规范、行业规范、职业道德规范等。这些规范在计划经济、转型和市场经济时期的翻译市场中具有不同的内容。计划经济时期,阶级斗争和无产阶级专政成为我国的主流意识形态规范,这种规范不同程度地内化到中国每个公民的行为中,就连没有"单位"的自由译者傅雷都具备了较强的政治意识(见本书第四章傅雷个案研究)。毛泽东在《在延安文艺座谈会上的讲话》中确立的"政治标准第一,艺术标准第二"的方针成为整个计划经济时期我国文艺工作者所遵循的最重要的规范。包括翻译工作在内的一切文艺工作都要为政治服务,为无产阶级专政服务。

以文学翻译为例,当时的外国文学译者只能选择那些具有革命内容的、揭露资本主义和旧社会黑暗的社会现实主义的作品进行翻译,这可看作由意识形态规范派生的文本选择规范。例如,著名翻译家董秋斯在五六十年代翻译了《大卫·科波菲尔》(1950)、《索溪》(1950)、《高原牛的家》(1958)、《马背上的水手》(1959)、《安静的森林》等。这些作品要么是社会现实主义的古典或现代作品,如狄更斯的《大卫·科波菲尔》和莱辛的《高原牛的家》,要么是苏联作品,如列昂诺夫的《索溪》,要么是充满奋发向上精神的

---

① Theo Hermans, *Translation in Systems: Descriptive and System-oriented Approaches Explained*, Shanghai: Shanghai Foreign Language Education Press, 2004. P163.
② 赵宁:《Gideon Toury 翻译规范介绍》,《外语教学与研究》2001年第5期,第216页。

进步作品，如杰克·伦敦的《马背上的水手》。当时取材最多的是苏联作品和俄罗斯古典作品，不少出版社规定"苏联和俄罗斯文学占全部外国文学的百分之六十"①。即便是像傅雷这样深受西方价值观念影响的开明译者在文本的选择上也不得不考虑当时主流的文艺规范，选择现实主义大师巴尔扎克的作品进行翻译。巴尔扎克作为法国古典作家在中国具有很高的地位，其批判现实主义精神受到革命导师恩格斯的高度评价。②

当时文学翻译出版的一个普遍现象是，在译本序言之类的副文本中，译者总是以当时的主流意识形态规范为标杆对作者、创作背景、作品中的人物、作品情节和主旨或赞扬或批判，以实现文学翻译对人民大众的教育作用，这可视为一种外国文学出版规范，也是译本通过政治审查的"通行证"。在社科翻译领域，"毛著"的翻译、革命样板戏的翻译以及党和国家重要文件的翻译都可看出计划经济时期意识形态规范对翻译工作的影响，翻译为政治服务的工具色彩十分明显。以上国家政策和方针、翻译目的与功能、特定的文本选择倾向等宏观层面的规范都属于文本外规范，即图里所谓"原型规范"。而就初始规范和操作规范而言，计划经济时期的译者在翻译方式和策略的选择上也具有一些共性特征。文学翻译一般采用全译的策略以完整地再现原文的面貌，但也有使用节译、编译等变译策略。变译手段如编译、摘译等在国外情报开发（如中科院文献翻译）、新闻翻译（如《参考消息》国外新闻介绍）、大型工程技术项目翻译、教辅材料翻译、科学著作与资料翻译中使用频率较高。例如，徐广华于1953年发表在《中国农垦》上的《厩肥》摘译自 Б. Я. 哥里伏斯列克的《饲料栽培学》，刘民英于1952年发表在《科学通报》上的《巴甫洛夫高级神经活动学说》编译自巴甫洛夫的有关著作，50年代初期东

---

① 参见吴岩《放出眼光来看》，《读书》1979年第7期，第7页。
② 参见恩格斯1888年致玛格丽特·哈克尼斯的信（http://www.marxists.org/archive/marx/works/1888/letters/88_04_15.htm）。

北人民政府根据俄文原版编译了成套的大中学教材，1956年中国剧协编译了4个苏联剧本，1957年人民教育出版社编译出版了《列宁教育文选》等。①针对《巴甫洛夫高级神经活动学说》的编译问题，李杰、滕长波和译者刘民英利用《人民军医》杂志1954年第7期和1955年第3期，围绕翻译的指导规范、编译规范和忠实规范进行了批评与自我批评。②这一论战表明，即使在科学翻译领域，作为马列主义核心思想之一的唯物主义也被置于极为重要的地位，是科学翻译必须恪守的基本准则，而批评者对译者在译本三次修订中暴露的疏忽态度的严厉批判似乎告诉我们，严谨的翻译作风是计划经济时期译者应遵循的职业道德规范。

在外国文学翻译领域，译者多采用归化策略，如王科一翻译的《傲慢与偏见》在句式、选词等方面尽量向汉语语言文化靠拢。他将英语中倒装的直接引语句全部替换成当时汉语中的习惯表达句式"某某说：'……'"。小说开篇第一个直接引语句是："My dear Mr. Bennet," said his lady to him one day, "have you heard that Netherfield Park is let at last?"王科一调整为：有一天，班纳特太太对她的丈夫说："我的好老爷，尼日斐花园终于租出去了，你听说过没有？"王科一在翻译中还使用了许多带有汉语文化色彩的词语如"尤物""穷措大""愚某""敬启"等，以及一些具有阶级斗争色彩的词语，如"镇压""为所欲为""骄奢淫逸"等；他把英语中概念模糊的亲属称谓词语无一例外地具体化为汉语中指称明确的词语，如"nieces""uncle and aunt"和"nephew"分别译为"姨侄女儿们""姨丈人姨丈母"和"姨侄"；他把

---

① 输入"摘译"和"编译"两个检索词在中国知网（CNKI）上可搜索到50—70年代发表在各种期刊上的许多摘译和编译文献。文献所涵盖的领域包括自然科学著作、社会科学著作、教科书与教辅资料、剧本、工程技术资料等。

② 参见中国知网李杰、滕长波的文章《对刘民英同志编译的"巴甫洛夫高级神经活动学说"一书的初步意见》（http://epub.cnki.net/kns/brief/default_result.aspx）和刘民英的文章《对书评之反应——关于我编译的"巴甫洛夫高级神经活动学说"一书中错误与缺点的检讨》（http://epub.cnki.net/kns/brief/default_result.aspx）。

"Jane""Lucas Lodge"之类的人名和地名归化为"吉英"和"卢家庄"。①这些例子反映了王科一的某种汉语文化中心主义思想,在当时具有一定的代表性。当然,在翻译策略选择上也存在译者间的个体差异。例如,同时期的董秋斯在翻译《大卫·科波菲尔》时就全部保留了英语中倒装的直接引语句式,这是异化翻译倾向的体现。

此外,在外译汉方面,"地道的外语,地道的汉语"也是当时译者普遍信守的一种规范。1954 年,文化部部长茅盾在《为发展文学翻译事业和提高翻译质量而奋斗》一文中强调译者要用"纯粹的祖国语言"②。当时违背这一语言规范的一些译者受到了严厉批评,如 1951 年《翻译通报》刊文指出毕修勺翻译的左拉作品《崩溃》和《劳动》以及郭定一翻译的富曼诺夫的《夏伯阳》译本中存在语言生硬的现象;1952 年《翻译通报》发表李路的文章,指出杜秉均翻译的 3 部拜伦诗选"每一部都充斥着典型的'硬译'文字"③。有的作品因为偏离了当时的文本选择规范而未获得出版,如小仲马的《茶花女》虽然被翻译,但被认为是"不健康的""资产阶级趣味的",一直未列入"外国古典文学名著丛书"出版计划。④当时深受中国读者喜爱的苏联小说《钢铁是怎样炼成的》,其艺术性虽然不如思想性,但印数却高达数百万册,这也可看作对其很好地践行当时主流意识形态规范的一种褒奖,同时是翻译的商业属性和社会属性良性互动的典型例证。

从行业性和职业性特征来看,计划经济时期的翻译活动不太显著,也没有通行的行业规范和职业道德规范(外交和出版领域除外)。但是这个时期的译者一般都具有较高的革命热情和高尚的译德,对翻译工作有很强的责任心,

---

① Chuanmao Tian, *A Sociocultural Analysis of Retranslations of Classic English Novels in Mainland China 1949 – 2009*, Doctoral Thesis. Tarragona:Universitat Rovira i Virgili,2014.
② 参见罗新璋编《翻译论集》,商务印书馆 1984 年版,第 513 页。
③ 参见查明建、谢天振《中国 20 世纪外国文学翻译史》,湖北教育出版社 2007 年版,第 569 页。
④ 参见吴岩《放出眼光来看》,《读书》1979 年第 7 期,第 7 页。

因此翻译质量一般比较高，这似可视为一种约定俗成的职业道德规范。

2. 转型时期的规范

进入转型时期之后，我国主流意识形态规范随着国家重大政策的调整发生了很大变化。改革开放和外交政策的调整对我国翻译行业产生了重大影响。就出版领域而言，五六十年代最重要的语种是俄语，翻译最多的图书是苏联作品，而进入转型时期后由于中国在外交上与苏联疏远而与美英等西方国家逐渐接近，英语取代了俄语成为最重要的语种，以前未翻译的西方现当代作品开始被翻译。"政治标准第一，艺术标准第二"的规范也被文学性和审美价值标准所取代，成为这个时期的文本选择规范，因此文本选择呈现多元化的趋势，文本来源不再局限于苏联和俄罗斯文学作品。当然，意识形态规范的转变是一个渐进的过程，翻译规范也与其同步。西方现当代作品特别是（后）现代主义作品在计划经济时期被定性为"颓废""反动"，因而被排斥在文本选择范围之外。1978年实行改革开放之后，计划经济时期的文本选择规范开始受到挑战。利用电影《尼罗河上的惨案》在全国热映之际，《译林》杂志于1979年11月在其创刊号上刊出了同名小说《尼罗河上的惨案》，立刻在精神处于饥渴状态的我国读者中引起强烈反响，极短时间内一版再版，销量达40万册还供不应求。[①]但是，《尼罗河上的惨案》是一部西方当代小说，其翻译违背了计划经济时期确立的文本选择规范，因此遭到了墨守成规的权威人士的反对。中国社科院外文所所长冯至给当时的中央领导人胡乔木写信，对江苏人民出版社出版的《尼罗河上的惨案》以及浙江人民出版社出版的《飘》等进行了严厉批评。他在信中说：

> 目前有关翻译出版外国文学作品的某些情况，觉得与左联革命传统距离太远了。近年来有个别出版社有片面追求利润的倾向……如江苏人

---

① 参见李景端《外国文学出版的一段波折》，《出版史料》2005年第3期，第28页。

民出版社出版的"外国文学丛刊"《译林》1979年第一期，用将及全刊一半的篇幅登载了英国侦探小说女作家克里斯蒂的《尼罗河上的惨案》，浙江人民出版社出版了同一作家的《东方快车上的谋杀案》……我们读书界的思想境界和趣味，真使人有"倒退"之感……还听说，浙江人民出版社把解放前傅东华翻译的《飘》印了几十万册，大为畅销。既不问《飘》对我们今天有什么意义，也不问翻译的质量如何，这种行动，除去为了赚钱以外，我得不到任何别的解释，可是"社会主义"不知随风"飘"到哪里去了。①

冯至的批评很快引起了一连串反应。胡乔木的批复如下：

> 为了繁荣社会主义文艺和丰富人民群众文化生活，我们应该认真介绍和研究外国文学作品，但在出版这些作品时应采取慎重态度，分别情况，有所选择而内容不怎样健康的作品，可内部发行，主要供文艺工作者参考，而对于广大群众，则应当努力提供有益于身心的精神食粮。《译林》以介绍外国当代文学作品为主，使读者通过这些作品了解当代外国的文艺动向和社会状况。我们希望《译林》以及其他文艺刊物，都能够通过这封信，总结自己的工作，帮助群众提高鉴别能力和欣赏水平，以便更好地贯彻党的文艺方针，促进文艺事业的发展，在建设高度的物质文明的同时，建设高度的社会主义精神文明。②

江苏省委的批示是："《译林》还是应该办下去，但选稿应当坚持党的文艺方针，要办得更好，要认真做到为社会主义四化服务，这方面建议认真总结改进。还应开展文艺评论工作。"作为主管单位的江苏省出版局党组支持

---

① 参见李景端《外国文学出版的一段波折》，《出版史料》2005年第3期，第29页。
② 同上书，第29—30页。

《译林》杂志，而《译林》杂志社则认为刊登《尼罗河上的惨案》没有错，还能帮助中国读者认识资本主义社会的矛盾。[①]一些资深翻译家如戈宝权、杨岂深也认为《尼罗河上的惨案》的作者、英国侦探小说家克里斯蒂的作品在一定程度上反映了资本主义社会的阴暗面，写作技巧比较有特色，值得翻译过来加以借鉴。中宣部部长王任重代表时任中共中央总书记的胡耀邦给这次出版事件作了结论："《尼罗河上的惨案》印得多了一点儿，这一件事，要追究责任？要进一步处分？不会嘛……至于冯至同志的信，这位同志七十多岁了，他的用心是好的，是为了文艺事业搞得更好，信中有些话可能说得过于尖锐了一点儿，个别论断不够适当，但出发点是好的。"[②]王任重的话肯定了《译林》的文本选择，对过去的文本选择规范进行了间接批评。邓小平在会见美国坦普尔大学代表团时所说的话也表明了对新的文本选择规范的支持（见本书第五章关于出版机构的介绍）。《译林》杂志在文本选择上的大胆突破"禁区"，带来的一个结果是其他杂志和出版社竞相效仿，开始大张旗鼓地介绍以前被视为"洪水猛兽"的西方现当代作品，由此新的文本选择规范得以确立。

任何社会转型时期都是新旧思想、观念、势力、制度等猛烈碰撞的大变革时期，1978年之后的中国也不例外。在这个时期，旧的意识形态规范仍未退出历史舞台，新的意识形态规范还未确立，翻译规范同样处在新的抉择之中。以色列翻译学者图里认为，从历时的视角看，在某种特定情形下，偶然的个体行为方式会变成具有广泛约束力的规范；同样以前具有约束力的规范可能会失去其约束力。[③]规范的运作方式可以看作一个从边缘到中心、从中心

[①] 参见李景端《外国文学出版的一段波折》，《出版史料》2005年第3期，第30页。
[②] 同上书，第34—35页。
[③] Gideon Toury, A Handful of Paragraphs on "Translation" and "Norms", In Christina Schäffner (ed.), *Translation and Norms* (pp. 17), Beijing: Foreign Language Teaching and Research Press, 2007.

到边缘的过程,规范的违背可能引起新的规范产生。①值得注意的是,在旧规范消亡、新规范产生的过程中,是谁引进了新规范?谁是旧规范的维护者,新规范为什么能被人接受?从上面《译林》杂志刊登《尼罗河上的惨案》所引发的一段波折可以看出规范变化的轨迹。1978年之后的中国,党和国家的指导方针以及人们的思想观念都处在十字路口,破旧立新需要开拓者,需要掌握权力话语的人和集团的支持。在《尼罗河上的惨案》出版风波中,引进新的文本选择规范的不是某个译者,而是一家杂志社。当时,《译林》作为附属于江苏人民出版社的新成立的杂志社在中国外国文学出版界只能算是一名新兵,无权威和威信可言。但是它引入了一种新的文本选择规范:选择以前被视为"禁区"的西方当代小说翻译。对既有规范的挑战立即引来权威人士的批判。批评信的作者冯至时任中国社科院外文所所长,是老资格的外国文学出版与研究领域的权威。这位权威捍卫旧规范,批判新规范。但是他未意识到转型时期中国的政治意识形态话语环境与计划经济时期已大不相同,改革与开放逐渐成为人们的共识。胡乔木、王任重、邓小平等国家领导人对《译林》敢于突破僵死的陈规并未反对。相反,在他们措辞谨慎的语言中似乎透出支持的意愿,而对于冯至的批评,他们反而进行了委婉的批评,如王任重的"这位同志七十多岁了"以及"信中有些话可能说得过于尖锐了一点儿,个别论断不够适当"显然是在间接批评冯至思想陈旧,跟不上时代的步伐,而且明确指出其观点不妥。这一出版史料显示,新的规范可能不是由某个权威引进、其他人跟着效仿而成为规范,而是由一个具有开拓创新精神的人或机构引进,然后在掌握权力话语的人或集团的支持下逐渐成为广为接受的规范。

出版领域的开放在80年代也使质量低劣、不健康的外国图书充斥中国翻

---

① 参见朱志瑜 Christina Schäffner 所《翻译与规范·序言》,外语教学与研究出版社2007年版。

译出版市场,如渲染色情和暴力的美国"杰姬·柯林斯热"、日本"西村寿行热"等。①面对鱼龙混杂的出版市场,我国出版界于1989年年底开始根据党中央反对资产阶级自由化的要求,严厉批评了"对待西方文化上的无政府状态",停印了一些图书和丛书的出版,将一些不合格的出版社和期刊从外国文学出版市场清除出去。

从新兴的商业化翻译市场板块来看,当时翻译公司的数量还比较少,翻译公司之间未开展行业协作,未建立行业组织(中国译协等中央和地方译协仍以学术研究为主),没有统一的行业规范。不过,一些翻译服务机构如重庆华电翻译有限公司等在公司内部制定了业务流程、质量控制流程等规章制度。这些规章制度在全国范围或某一地区范围内并不具有普遍的约束力,因此不属于行业规范,但可看作行业规范的萌芽和先导,是对行业规范和标准有益的探索,为市场经济时期行业规范的制定打下基础。

3. 市场经济时期的规范

进入市场经济时期之后,传统的公益性翻译市场在一定范围内仍然存在。转型时期建立的新的翻译规范得到巩固,一些很好地践行规范的图书获得了政府有关部门颁发的奖励。例如,人民文学出版社在1991—1999年举行的四届全国优秀外国文学图书奖评选中,有许多作品获奖,如《巴尔扎克全集》《高尔基文集》《源氏物语》《塞万提斯全集》《荷马史诗》等。②这一时期也是外国经典作品特别是文学经典作品重译的繁荣时期,一部作品有几十个翻译版本是常见现象,如奥斯丁的《傲慢与偏见》从1991—2011年出现了约60个中文译本。③从文学翻译策略选择来看,越来越多的译者倾向于使用异化翻

---

① 参见李景端《翻译出版风雨三十年》,《中华读书报》2008年5月14日。
② 参见百度百科词条"人民文学出版社"(http://baike.baidu.com/view/158185.htm?fr=aladdin)。
③ Mingwu Xu and Chuanmao Tian, "Commercial Considerations: A Reason for Retranslating —An Exploration of the Retranslation Boom in the 1990's Mainland China", *Across Languages and Cultures*, No. 2, 2014.

译策略。例如，《傲慢与偏见》的重译者孙致礼（1990）、张玲与张扬（1993）以及雷立美（1995）在翻译人物对话时全部保留了原文中倒装的直接引语句式。这种倒装句在50年代的汉语中还不多见，但在90年代已较为常见，这种语言变化是西方语言特别是英语对汉语影响的结果。如果从传统汉语文化的角度，对译者这种保持源语差异性句法结构的做法可看作一种异化翻译取向。这与50年代的归化倾向形成鲜明对比。这种翻译策略选择上的变化除了受到改革开放大环境的影响之外，也与中国八九十年代以来翻译研究界推崇异化翻译的倾向有关。国内学者从80年代末开始质疑计划经济时期占统治地位的归化翻译策略。刘英凯（1987）的文章《归化：翻译的歧路》是新时期异化研究派的第一声呐喊。之后，许多学者如郭建中[①]（1998）、郑海凌[②]（2001）、孙致礼[③]（2002）、王东风[④]（2002）、李智和王子春（2006）等以阐发鲁迅和美国学者韦努蒂的翻译思想作为出发点，大力鼓吹"抵抗式"的异化翻译，提倡尊重源语文化特别是弱小民族的文化，并在翻译中践行"拿来主义"。

在新时期的名著重译高潮中，我国翻译出版市场出现了一些问题，集中表现在四个方面：错译、漏译、抄袭和盗版。有些出版社如北京燕山出版社的《傲慢与偏见》《大卫·科波菲尔》《双城记》《红字》《飘》等存在严重的错译、误译和漏译现象。《光明日报》2002年5月9日在"书评周刊"栏目刊登了一组文章对这些译本进行了中肯的批评。[⑤]在名著重译领域，抄袭现象十分严重，如时代文艺出版社的《诺贝尔文学奖文集》一套22种，涉及10

[①] 参见郭建中《翻译中的文化因素：异化与归化》，《外国语》1998年第2期；郭建中：《异化与归化：道德态度与话语策略——韦努蒂〈译者的隐形〉第二版评述》，《中国翻译》2009年第2期。

[②] 参见郑海凌《译语的异化与优化》，《中国翻译》2001年第3期。

[③] 参见孙致礼《中国的文学翻译：从归化趋向异化》，《中国翻译》2002年第1期。

[④] 参见王东风《归化与异化：矛与盾的交锋？》，《中国翻译》2002年第5期；王东风：《韦努蒂与鲁迅异化翻译观比较》，《中国翻译》2008年第2期。

[⑤] 参见查明建、谢天振《中国20世纪外国文学翻译史》，湖北教育出版社2007年版，第811页。

多种文字,译者只有"李斯"一个人,后经南京大学图书馆版本专业人士比较研究,发现这套丛书中有很多地方都是抄袭人民文学出版社、上海译文出版社和译林出版社等的译本。又如,一位名叫"龙婧"的译者,三年多时间竟译出英、德、法文译著20多种。[①]这种抄袭现象受到《中华读书报》《中国图书商报》等媒体的严厉批评。在图书盗版方面,诉诸法律的也屡见不鲜。比较有名的是季羡林等人作品侵权案(见本书第六章有关部分)。这些抄袭和盗版行为不仅是对我国著作权法的粗暴践踏,也违反了中国1992年加入的《伯尔尼保护文学和艺术作品公约》和《世界版权公约》等有关知识产权保护的国际法。由此可见,对规范的违背不仅会受到公共媒体的批评,使违规者名声扫地、经济受损,有时还会受到法律的制裁。

从飞速发展的新兴语言服务市场板块来看,翻译市场的一些问题如翻译市场准入、市场规范化、行业标准以及企业资质等使国内翻译服务机构和企业产生了强烈的愿望,希望能通过建立全国翻译服务行业协作网来制定有关行业规范和标准,以促进国内翻译市场健康、有序的发展。原中央编译局副局长尹承东和江苏钟山翻译公司总经理张南军,作为中国翻译服务行业的有识之士,牵头发起和组织了全国首届翻译经营管理工作研讨会。2001年8月23日,来自全国16个省市的70多名代表齐聚南京,首届全国翻译经营管理工作研讨会顺利召开。会议形成了以下成果:通过了《关于成立翻译服务行业协调会的建议书》,编辑出版了大会论文集,通过了关于建立全国翻译企业协作网的提议,通过了全国翻译服务行业协调会筹备处提交的关于计字办法的草案。此次由国内翻译服务机构和企业自发组织的非官方的民间研讨会在中国语言服务业史上具有特殊的地位,被业界称为"南京会议"[②]。全国翻译

[①] 参见李景端《翻译出版风雨三十年》,《中华读书报》2008年5月14日。

[②] 参见张南军《"南京会议"召开始末及影响》,转引自夏太寿主编《中国翻译产业走出去——翻译产业学术论文集》,中央编译出版社2011年版,第18—22页。

企业协作网秘书处设在江苏钟山翻译公司。其实,早在"南京会议"之前,国内有些地区翻译协会就推出了有关行业规范,如天津市翻译协会制定的《天津市翻译行业管理规范》,具体内容如下[①]:

  第一条 为了加强翻译行业管理,规范翻译活动,维护行业共同利益,保护客户的合法权益,促进行业健康发展,特制定本办法。

  第二条 翻译是国际政治、经济、文化等交流中不可缺少的工具。翻译工作不仅是将外文转换成中文或将中文转换成外文的技术活动,更是以信达雅为原则的一种富含人文精神的创造活动。翻译业应为客户提供达到一定技术和艺术效果的ISO9002服务体系。

  第三条 此规范适用于一切从事翻译活动的国有、集体、个体经营者。

  第四条 天津市翻译工作者协会是天津市翻译行业的主管部门,负责对天津市翻译行业活动的监督管理工作。

  第五条 从事翻译活动的国有和集体企业,必须持有翻译行业主管部门颁发的资质证书。

  第六条 从事翻译活动的个体经营者,必须具有副译审以上资格,或凭有关部门的证明,经过职业培训考试合格后,取得行业主管部门颁发的资格证书,持证上岗。

  第七条 专/兼职翻译人员必须经过专业资格培训考试合格,并取得行业主管部门颁发的执业资格证书后,方可承担翻译工作。

  第八条 客户应委托具有翻译行业主管部门颁发资质证书或资格证书的国有、集体、个体经营者进行翻译活动,以防止发生违约或质量

[①] 参见胡毅《浅析建立翻译服务行业相关规范的必要性和可能性》,转引自全国翻译企业协作网领导小组秘书处编《全国首届翻译经营管理工作研讨会论文集》,江苏钟山翻译有限公司2001年版,第18—19页。

纠纷。

第九条　翻译行业主管部门应会同有关部门共同开辟笔译口译市场，为广大客户建立方便的翻译服务体系。

第十条　翻译活动一般应按照业务接洽、鉴别翻译种类和内容难度、价格和时间预算、鉴订合同、组织翻译和审译、打字排版和校对、印刷、装订、交付使用并收款、复译等程序进行。做到准确、通顺、及时和经济，为客户创造一流服务。

第十一条　翻译单位对客户提供的外文原件和译稿负责保密，不得将原件或译稿丢失。未经客户准许，不得擅自以任何方式转让给第三方。

第十二条　翻译单位只能承揽本公司专业领域有关的翻译业务。对成套专业技术资料，应组织三人以上临时专家组，对翻译结果进行最终技术审核。

第十三条　翻译单位的翻译打字的收费，应按有关规定和市场行情，遵循公平合理的原则，由客户和受委托的翻译单位共同商定。双方协商一致的翻译价格是翻译合同的重要组成部分。

第十四条　翻译单位经营者从事翻译活动，必须遵守翻译行业主管部门和有关部门的规定，与委托方签订合同，共同遵守。

第十五条　承揽翻译业务的翻译单位违反合同及有关规定，造成质量或重大经济损失的，应承担相应的经济和法律责任。

第十六条　书面翻译实行复译制度，在合同期内发生因受托方责任造成的质量问题，由受托方负责复译。

第十七条　翻译合同当事人，可向行业主管部门或其他有关部门投诉，翻译行业主管部门应根据有关规定和双方签订的合同负责进行调解。

第十八条　对在翻译活动中成绩显著、信誉较高的翻译单位，主管部门可给予表彰和鼓励，并向用户推荐。

第十九条　从事翻译活动的国有、集体、个体翻译单位，有下列行为之一的由市行业主管部门和有关国家部门，按相关规定予以处理：

一、无资质或资格证书进行翻译营业性活动的；

二、转卖、出让、出借、涂改、复制、伪造资质证书或资格证书的；

三、违反本规范第七条和第十一条规定进行翻译营业性活动的。

第二十条　翻译行业主管部门的工作人员，应热心为翻译活动服务，秉公办事。有滥用职权、徇私舞弊、违法乱纪等行为的，应由有关部门给予处理。

第二十一条　各区县翻译行业主管部门，应根据本规范并结合当地实际情况，会同有关部门制定补充办法和实施细则，报天津市翻译工作者协会备案。

第二十二条　本规范解释权属天津市翻译工作者协会。

第二十三条　本规范自发布之日起生效。

2002年5月，以江苏钟山翻译公司、中国船舶信息中心等翻译服务机构内部规范为基础，全国翻译企业协作网制定了《翻译稿件的计字标准》（TSS-303）和《工程技术类译文质量标准》（TSS-102）。前一标准在本书第六章已做介绍，后一标准的主要内容包括该标准的目的、适用范围、参考标准、工程技术类译文质量的分级和标准、译文质量要求及扣分标准以及译文质量评判方法和标准解释权等。[①]例如，该标准第四部分"工程技术类译文质量的分级和标准"内容如下：

> 4.1 工程技术类译文质量的范围包括：翻译、审校、编辑、排版、校对及定版等方面。

[①] 参见《全国翻译企业协作网通讯》2002年第1期，第15—21页。

为了便于管理，本标准将内容相近的翻译和审校合并成译校项，编辑、排版、校对及定版合并成编校项。用户对编校项有特殊要求的不适用本标准，应按非标件处理，但其差错率可按本标准计算。

4.2 译文质量分为两级：合格或不合格。

4.2.1 差错率低于或等于 5/10000 为合格。

4.2.2 差错率高于 5/10000 为不合格。

4.2.3 以上所述的译文质量标准为各单位在合理的译校时间内完成的译文。少于合理的译校时间内完成的译文，其质量标准应相应降低或不作表述。

4.2.4 译文质量差错率，是用一本或一批资料的总字数去除以该本或该批资料中所发现的总差错数后计算出来的"万分比"。

4.2.5 译文总字数的计算方法，一律以该本或该批资料的版面字数为准，即：

总字数 = 每面行数 × 每行字数 × 总面数

4.2.5.1 凡连续编排页码的正文、目录、辅文等，不论是否排字，均按一面满版计算字数。分栏排版的译文，各栏之间的空白也计算版面字数。

4.2.5.2 目录、索引、附录、书眉、单排的页码和边码，均按版面计算字数。

4.2.5.3 封面（包括封面、封二、封三、封底、勒口、书脊）和扉页，每面按正文版面的 50% 计算字数。

4.2.5.4 凡旁边串排正文的插图和表格，按正文版面字数计算；插图占一面的，按正文版面的 50% 计算；表格占一面的，按正文版面计算字数。

4.2.5.5 凡有文字说明的画册、产品图集、广告，一律按正文的版面字数全额计算；无文字说明的，按正文版面的 30% 计算。

到 2002 年年底，全国翻译企业协作网共发布了包括《军工科技类译文质量标准》（TSS-104）、《印制件质量标准》（TSS-204）、《编辑质量标准》（TSS-201）等在内的 11 个标准，并于 2003 年年初开通了协作网网站，由交大铭泰公司负责网站维护和运行。2002 年 11 月，经国家民政部批准，以全国翻译服务行业协调会为基础，成立了中国译协翻译服务委员会，下设秘书处、专家咨询工作组、资质评定工作组、标准制定工作组和经费管理工作组，具体负责翻译服务委员会的运行，秘书处设在中译公司。到 2003 年 1 月，全国共有 45 家翻译企业加入协作网。2002—2004 年，翻译服务委员会相继在海南、四川、天津组织了第二、三、四届全国翻译经营管理工作研讨会，推出了《翻译服务行业职业道德规范》《翻译服务行业诚信经营公约》等 11 个行业标准和基础性文件。例如，在《翻译服务单位分级认定暂行办法》中，根据人员数量、从业经历与资质、服务水平、注册资金规模等将翻译企业分为 AAAA、AAA、AA、A 四级，如 AAAA 级企业人员数量不低于 100 人、注册资金不低于 100 万元、年翻译营业额不低于 1000 万元；A 级企业人员不低于 10 人、注册资金不低于 10 万元、年翻译营业额不低于 50 万元。[①] 不过，协作网成员企业对于各级别翻译服务单位必须符合的条件，意见不完全一致，如关于翻译服务水平及在全国所处地位的评估、技术力量的审核标准、人员资质及注册资金要求等，提出了改进意见。

在 2004 年于天津召开的全国第四届翻译经营管理工作研讨会上，参加会议的翻译企业通过了《翻译服务行业诚信经营公约》，业界称为"天津宣言"[②]。翻译公司的总经理们作出以下承诺。

[①] 参见中国译协翻译服务委员会秘书处编《翻译服务通讯》2003 年第 4 期，第 17—18 页。
[②] 参见江苏钟山翻译公司网站主页"历次会议资料"栏目（http://www.ctss.net.cn/sl_huiyi-zl.html）。

为了顾客的合法权益，维护翻译服务企业经营管理的正常秩序，促进翻译服务企业的健康发展，我们再次倡导并认真履行以诚信为基准的中国翻译服务行业的第一部国家标准——《翻译服务规范》，推进翻译服务企业的规范化经营和标准化服务。

执行国家标准、履行行业公约、遵守行业道德规范，创建合格翻译服务企业。我们不断完善诚信自律机制，恪守诚信原则，杜绝企业欺诈行为，自觉维护顾客合法权益；提高翻译服务质量。

我们履行诚信服务的基本原则是：依法守信，履行合同；诚实守信，明码标价；秉公守信，兑现承诺。

我们履行诚信经营的基本要求是：带头遵守市场规则，开展有序竞争；提质增效，大力培育翻译服务企业品牌，引领市场消费潮流。

我们大力倡导职业道德：倡导诚信，坚持诚信，我们勇于实现承诺。

我们笃信理念，以诚信经营作为翻译服务企业健康生存与创新发展的动力。

我们共守约定，让诚信经营成为我们翻译服务企业与市场、顾客、企业共赢的平台与通路。

2005年，中国译协翻译服务委员会又制定了《翻译服务行业道德规范》，具体内容如下：

第一章 总 则

第一条 为规范翻译服务市场，促进翻译服务行业诚信体系建设，特制定本规范。

第二条 本规范所指翻译服务行业包括提供翻译服务的机构和个人。

第三条 严格遵守法律法规，模范执行相关标准和规范。

第四条　恪守职业道德，严格自律，诚信为本。

第五条　积极参与公益活动，促进精神文明建设。

第二章　满足顾客需求

第六条　不断完善质量保证体系，把好质量关。

第七条　明确计量标准，杜绝欺诈行为。

第八条　礼貌待客，热情周到，严守顾客秘密，提供优质服务。对顾客提出的不能满足的要求，实事求是地说明情况；对不合理的要求，提出令人信服的理由。

第九条　自觉接受顾客监督，认真处理顾客意见和投诉，切实维护顾客利益。

第十条　以顾客为中心，信守承诺，认真履行合同。

第三章　合作双赢

第十一条　尊重同行，真诚合作，互惠互利，共同发展。

第十二条　及时向合作方反馈顾客需求信息，协助合作方按顾客要求提供翻译服务。

第十三条　不得利用合作方提供的信息，损害对方利益。

第十四条　遵循公平公正、平等自愿的原则，尊重译者劳动，维护译者权益。

第四章　行业自律 有序竞争

第十五条　加强同行之间的交流与合作，共同维护良好的市场秩序，抵制不正当竞争。

第十六条　加强行业自律，接受社会监督，促进行业健康发展。

第五章　附则

第十七条　本规范由中国翻译协会翻译服务委员会解释。

第十八条　本规范自发布之日起执行。[①]

三部翻译行业国家标准《翻译服务规范（第 1 部分）：笔译》《翻译服务译文质量要求》以及《翻译服务规范（第 2 部分）：口译》的制定和颁布是我国翻译市场规范化进程中的重大事件。按照我国"入世"的承诺，2005 年我国将开放服务贸易领域，翻译服务市场将向全球开放。为了规范无序竞争的国内翻译市场，制定翻译服务国家标准被提上议事日程。2002 年，中国译协翻译服务委员会和中国标准化协会向国家标准化管理委员会提出了申报国家标准项目的计划。同年年底，国家标准委发出的《关于下达"2002 年制修订国家标准计划增补项目（四）"的通知》中将《翻译服务规范》项目列入制/修订国家标准计划，并明确由中国标协为技术归口单位，由中央编译局、中译、中国标协、江苏钟山翻译公司等为主要起草单位。《翻译服务规范》起草工作组由尹承东任组长，组员包括王鹏、许季鸿、孙如飚、胡毅、杨子强、张南军。[②]实际参加起草工作的单位有中央编译局、中译、中国标协、钟山公司、天津市和平科技咨询翻译公司等。《翻译服务规范》的征求意见稿以全国翻译企业协作网制定的《翻译服务标准》为基础，参考了德国标准 DIN - Norm 2345，并结合我国翻译服务工作的实际情况，从业务接洽、业务标识、业务流程（译前准备、翻译、审校、编辑、录入、文稿校对、质量校验、印刷品）、质保期限、资料保存、用户反馈和质量跟踪、责任、保密等方面做出相应规定。中国标协发函向全国具有代表性的 33 家翻译服务单位征求意见，其中 32 家单位以不同方式表达了意见，共收到书面材料 21 份，无异议电话 10 个。征集意见共 81 条。国标起草工作组在 81 条意见中采纳了 58 条，部分采纳 8 条，不采纳 15 条，对征求意见稿反复推敲，十易其稿，最后完成了

---

① 《翻译服务通讯》2005 年第 3/4 期，第 24—25 页。
② 参见《〈翻译服务规范〉国家标准简介》，《翻译服务通讯》2003 年第 6 期。

《翻译服务规范》送审稿的编制工作。2003年7月，中国标协在北京召开了《翻译服务规范》标准审查会。来自中央编译局、国家发改委、国家标准委、中国版权保护中心、国家新闻出版总署等25家单位的33位专家和代表参加了会议，并通过了该标准草案作为推荐性国家标准进行报批。2003年11月，国家标准委批准发布了《翻译服务规范（第1部分）：笔译》（GB/T19363.1-2003）国家标准。

《翻译服务规范》第一次以国标的形式对翻译市场的核心概念如"翻译服务""翻译服务方""顾客"等进行了明确界定。"翻译服务"指"为政府、社团、法人和自然人提供有偿的两种以上语言转换服务的经营行为"。"翻译服务方"指"具备一定资质的经济实体或机构"。这里的"资质"主要指"从事翻译服务的能力、实力"，亦即翻译服务方必须有能力提供翻译服务，有法定的经营场所和经营资本，有固定的具备条件的翻译人员。"经济实体"指各种经济成分的翻译公司、翻译社、翻译院、翻译中心等；"机构"指各种可以提供翻译服务的政府、事业单位、社团、企业所属的语言服务部门。翻译服务方必须是法人或法人授权的组织，而不是自然人。"顾客"指"接受产品的组织或个人"，在翻译服务中泛指政府机关、企事业单位、社会团体和自然人。

2003年10月，中国译协翻译服务委员会委托中译正式向国家标准委提出翻译服务行业的第二个国家标准《翻译服务译文质量要求》的立项申请。2004年，中国译协、中国标协、中译、中国船舶重工集团714所、上海东方翻译中心公司、江苏钟山翻译公司组建起草工作组，联合编制《翻译服务译文质量要求》，组长为吴希曾，组员包括王鹏、张慈云、蔡国枫、贾砚丽、池建文、顾小放、张南军。征求意见稿完成后，中国标协发函向97家单位征求意见，征集意见共108条，经过修改最后形成送审稿。2005年，国家标准委批准发布了《翻译服务译文质量要求》国家标准。[①]该标准的主要内容包括"译文质量的基本要求""译文质量的具体要求""译文质量的其他要求""译文质量评定"以及"译文质量检验方法"。该标准的核心思想是以是否满足顾客需求为译文质量的基本判断准则，而不是站在纯粹的翻译角度来审视译文水平的高低。其突出之处是提出了切实可行的评价译文质量的定量要求，国际上尚无先例。

2005 年，中国译协翻译服务委员会、上海市人民政府新闻办公室和中国标协向国家标准委提出了编制《翻译服务规范（第 2 部分）：口译》的项目计划。国家标准委于同年批准立项，由中国标协作为技术归口单位，中国译协翻译服务委员会、上海市政府新闻办公室、上海市翻译家协会、中译、上海东方翻译中心公司、中国标协等为主要起草单位。国标起草工作组从全国 120 家单位征集了 60 多条意见，在此基础上形成了送审稿。[②] 2006 年，国家标准委批准发布了《翻译服务规范（第 2 部分）：口译》国家标准。

4. 小结

计划经济时期以阶级斗争为纲的意识形态规范只容许公有制经济成分的存在，因此私营翻译企业不可能出现，而屈指可数的自由译者在夹缝中生存。这个时期的公益性翻译服务具有比较鲜明的政治色彩，如"毛著"的翻译、中央文献的翻译、外交翻译以及与苏联密切相关的文学翻译、影视翻译、学术翻译、教辅资料翻译、工程技术项目翻译等。出版领域涉及翻译的"印数定额制"和"毛著"翻译的严格程序，甚至一些翻译服务机构也制定有自己的规章制度，但这些制度、程序和规则似乎都不是真正意义上的规范，因为规范是"一些具有普遍意义、具有共性的东西"[③]。"印数定额制"属于国家

---

① 参见《〈翻译服务译文质量要求〉国家标准批准发布通报会上的讲话》，《翻译服务通讯》2005 年第 2 期文章。
② 参见《中国翻译协会翻译服务委员会工作报告》，《翻译服务通讯》2005 年第 3/4 期。
③ 参见赵宁《Gideon Toury 翻译规范介绍》，《外语教学与研究》2001 年第 5 期，第 218 页。

的强制规定，尚可视为规范，但像"毛著"的翻译程序、个别翻译机构的工作制度不具普遍性，不是规范。

　　经济转型时期的国家意识形态规范开始容许私有制经济成分的存在，作为公有制必要的补充，因此私营翻译公司包括国外资本建立的翻译企业，开始在中国翻译服务领域出现。这使中国翻译市场的性质由过去的纯公益性变为公益性与商业化并存。新出现的翻译公司制定了各自的业务流程、质量管理流程等。不过，这些各具特色的规章制度对国内翻译公司不具有普遍的约束力，因此不是规范。一些地方翻译协会如天津市译协制定了行业标准，这可视为地区性规范。市场经济时期，由于国家政策不但容许而且鼓励私有制经济成分的存在和发展，因此大量私营翻译公司开始出现。对整个翻译行业具有普遍约束力的行业规范和国家标准也逐渐建立起来。通过研究这些规范和标准形成的轨迹，我们发现国标的产生大致遵循这样的路径：个别翻译企业的规章制度→地区性行业标准→全国性行业标准→国家标准。在翻译服务国家标准的起草过程中，参与起草的单位包括国有翻译服务机构、相关国有事业单位、翻译公司等，所征集的意见均来自翻译市场的经营主体，即国内具有代表性的翻译服务单位。我们是否可以这样理解：无论是行业标准还是国家标准，都是各个翻译实体内部规章制度共性的体现，是翻译服务方和客户共同利益的诉求。这与计划经济时期由国家制定翻译服务制度如"印数定额制"等在性质上完全不同。前者是"自下而上"的规范构建方式，因而具有较为广泛的代表性；后者是"自上而下"的行政命令式的规则构建方式，针对的是某一特定翻译对象或活动。不过，市场经济时期建立的行业规范或国家标准都不具有强制性约束力，都需要市场主体的自觉遵守。在遇到翻译服务纠纷时，这些规范和标准仅具参考性或"指导性"。而且翻译行业标准只对加入全国翻译协作网或成为中国译协单位会员的企业具有一定的非强制的约束力，而游离于行业组织之外的数以万计的小微翻译公司和自由译者完全依靠自律。这或许是中国翻译市场的规范化经营至今仍不成熟的一个重要原因。

（三）译者动机

译者是市场主体的核心，其翻译劳动的背后大都隐藏着某种动机。不同时期，甚至同一时期的译者追求的动机可能不同。从布尔迪厄的资本理论来看，译者动机可理解为追求各种形式的资本。布尔迪厄将资本分为经济资本、社会资本、文化资本和象征资本。经济资本指金钱、资产、财物等形态的资本。社会资本是以种群资格、关系、势力网络等为基础的资本，其核心内容是关系，如不同种族、民族、国家、社团之间的关系，以及个人之间的关系、利益集团之间的关系。关系的强势一方比弱势的一方占有更多的资本，从而拥有更大的有时甚至是绝对的话语权。文化资本是一切能使人在知识、技能、教育等方面获得更高地位的条件。文化资本又可分为内含状态资本、客体化状态资本和制度化状态资本。内含状态资本与作为个体的人相关，它指个人先天继承和后天获得的抽象的文化资本；客体化状态资本指以客体形式存在的资本，如书籍、绘画、工具等；制度化状态资本指以制度形式确认的资本，如大学文凭、各种证书等。象征资本则指作为一种权利之源的诸如声望、荣誉、地位、被倾听的权利等形态的资本。[①]这四种资本相互联系、相互交织，同时可相互转化。我国三个时期翻译市场上的译者在各种资本形态的追求上存在不同程度的差异。

1. 追求经济资本

职业译者把翻译看作一种"职业"。据《现代汉语词典》，"职业"指"个人在社会中所从事的作为主要生活来源的工作"[②]。那么，以此类推，职

[①] 参见田传茂《译者动机的类型与本质》，《山东外语教学》2013年第1期，第96—98页。
[②] 参见中国社会科学院语言研究所词典编辑室《现代汉语词典》（修订本），商务印书馆1999年版，第1616页。

业译者是"把翻译工作当作个人在社会中主要生活来源的人"。计划经济、经济转型和市场经济时期都有职业译者。不过,市场经济时期由于社会个体普遍身兼数职,作为主要生活来源的工作有时很难辨别,因此我们将兼职译者也纳入职业译者的范畴。

计划经济时期的职业译者包括两类:一类是机构译者,即在政府部门、国有企事业单位以及公益性社会团体中工作的人;另一类是不依附于任何单位的自由译者。机构译者占据了职业译者的绝大多数,自由译者如傅雷非常少见;机构译者靠领取国家发给的工资为生,自由译者主要靠出版社的翻译稿酬为生。虽然机构译者和自由译者追求的都是金钱这种经济资本,但二者有很大不同。机构译者像当时从事其他职业的单位员工一样将翻译当作一件"工作"而非"职业"。获取国家工资不是他们主要的目的,为国家做贡献才是他们翻译劳动的根本动机。他们追求经济资本的动机相对较弱,而社会责任感更为强烈。就机构译者而言,翻译的社会属性比商业属性更为显著,他们追求"荣誉""信念"之类的象征资本要强于经济资本。而对自由译者来说,翻译是他们谋生的手段,因此追求经济资本是他们最主要的动机。在他们眼中,翻译是"职业"而非"工作"。在他们的观念中,没有奉献精神,只有职业道德、信用和良心;没有革命责任感,只有职业和行业规范。对自由译者而言,追求经济资本要高于追求"信念"之类的象征资本。转型和市场经济时期出现的越来越多的自由译者以及在私营语言服务企业工作的专职译者一般都把追求经济资本放在首位。

值得注意的是,公共机构译者动机的变化。随着国家政治语境的变化,人们的生活从以阶级斗争为纲转向以经济建设为中心。"搞活经济""让一部分人先富起来""商品经济""市场经济"等国家经济政策使人们的头脑由过去的"政治头脑""革命头脑"变为"经济头脑",追求经济利益不再是"资本主义尾巴""洪水猛兽"。国家机关、政府部门以及国有企事业单位的工薪译者也不例外。这些机构译者的观念开始发生变化。过去那种完全献身于无产阶级革命的信仰开始渗入追求经济资本的动机。有的译者挂靠政府部门或国有企事业单位，成立翻译服务机构，为社会提供翻译服务；有的译者辞职下海经商，创办民营翻译公司；有的译者为出版社或翻译公司兼职做翻译。例如，分别挂靠中央编译局、中国外文局和新华社的中央编译局翻译服务部、北京中外翻译咨询公司、北京环宇翻译公司，其译者主体就是这些事业单位的译者。不仅如此，这些译者还利用朋友圈子、个人人脉关系从政府机关和国有企事业单位获得翻译业务。辞职经商者如海南翻译公司的创办者张乃惠原为国家外语干部，上海金译公司总经理陈忠良原为上海石化总厂翻译科工作人员。兼职的机构译者更多，如元培公司的专家团队中包括外交部的施燕华、北京外国语大学的李长栓、中国社会科学院的冯秀文、新华社的宋采萍、中国科学院的张惠群、国家发改委的卢嘉祥、国家农业部的蓝宝林等。[①]换言之，市场经济时期仍然从事公益性翻译服务的机构译者，其翻译动机的变化表现在两个方面：一是那些在单位外兼职的机构译者，对经济利益追求的动机由于受到社会环境的影响在不断强化，而致力于公益性服务的精神较之以前有所减弱；二是辞去公职创办翻译公司或成为自由译者的原机构译者，其对经济资本追求的单纯动机完全取代了过去对象征资本和经济资本追求的双重动机。

对于市场大潮中的广大译者来说，遵守职业道德规范、翻译服务国家标准等行业规范完全靠个人自觉，因为这些规范属于指导性规范，不具法律约束力。只有那些为已加入行业组织（即已成为中国译协单位会员）的语言服务企业工作的译者才会受到行规行约的约束。而那些为个人服务或者为没有加入行业协会的中小翻译公司和出版机构工作的兼职译者和自由译者则不受

---

① 参见《元培翻译》宣传手册之"我们的专家团队"。

行业规范的约束，其职业道德操守完全建立在个人信用和良心之上。有少数译者如受到国内媒体批评的译者李斯、龙婧之流，在一些不具备外国文学出版资质的出版社的默认或失察之下大肆抄袭他人的译作，以不正当手段谋取最大的经济利益。还有一些译者，在恶性竞争下不负责任地降低翻译质量。这些翻译服务活动罔顾行业规范和国家标准，一味追求经济资本，完全违背了翻译的艺术规律，是对翻译社会属性的践踏，同时扭曲了翻译的商业属性。

2. 追求社会资本

社会是一个关系的网络。关系具有社会的属性，可以带来各种资本如经济资本、文化资本、象征资本等。从某种意义上看，关系本身就是一种资本。关系的表现形式多种多样，如国家或民族认同感体现的是个人与国家或民族之间的归属关系，单位员工体现的是个人对本单位资源潜在占有或利用关系，朋友圈子或人脉体现的是个人之间的感情关系等。追求社会资本主要体现在对各种关系的追求、占有和转化上。计划经济时期，专兼职译者为国家的对外交流工作，追求的是一种国家和民族的归属感，当然有时也充当国家之间关系调节、巩固或强化的中间人。例如，50年代苏联援华专家的口译人员，作为代表中国与苏联之间进行交流的纽带，起着巩固和强化两国关系的作用。自由译者傅雷依靠楼适夷的关系与人民文学出版社经常签订翻译出版合同，则可视为朋友关系转化为能够带来经济利益的翻译业务关系。

改革开放之后，一些中央对外新闻宣传机构成立了面向社会的翻译服务机构如中央编译局的翻译服务部、中国外文局的北京中外翻译咨询公司、新华社的北京环宇翻译公司等。这些翻译机构的译者利用单位关系、个人建立的人脉关系承接公益性翻译服务中的部分外包业务，包括本单位的翻译业务。从国有企业语言服务部门中独立出来的翻译公司情形类似，如上海金译公司由原来的上海石化总厂翻译科发展而来，其早期的许多石化翻译业务来自该厂的进口工程技术项目。翻译公司发展和巩固新客户也是追求社会资本的一种表现形式。例如，江苏钟山翻译公司与神华集团建立第一个翻译合作项目"神华宁夏煤业集团 250 万吨煤间接液化工程"之后，由于其高质量的翻译服务，又带来了该集团的几个重大翻译项目，如"神华宁夏煤业集团烯烃工程""神华宁夏煤业集团 82 万吨二甲醚工程""神华宁夏煤业集团 60 万吨甲醇工程"等。[1]正如自由译者亚历克斯·伊美斯（Alex Eames）所说，"商业良好持久的一个基本原则是回头交易。一旦你有了一个新客户，你就需要为保住这个客户尽力做出一切""帮助你的客户，他们会'欠'你一些翻译活儿"。[2]良好的客户关系能给译者和翻译企业带来源源不断的业务。在当下的翻译市场上，朋友和熟人圈子则是自由译者业务的一个主要来源。

3. 追求文化资本

译者的翻译能力，包括语言能力、文化能力、技术能力，主要属于后天获得的文化资本，当然也包括对语言、文化、技能的敏感性这种先天固有的资本。计划经济和市场经济时期的译者在文化资本的追求上存在一定差异。与市场经济时期的译者相比，计划经济时期的译者在语言、文化、知识上的追求欲望更强烈一些，因此他们的语言文化技能整体上也更强一些。计划经济时期，由于经济落后、物质匮乏、教育条件受限，在学校里仅能接触到有限的书籍。但是这个时期的学校数量有限，教学质量相对有保证，大学生都是出类拔萃的佼佼者。更为重要的是，这个时期的政治环境和国家公费的教育体制创造了很好的学习氛围，学生们都有刻苦钻研精神，能够心无旁骛地专注于书本，进行深度阅读和思考，因此他们先天的潜质能够充分地激发出来。此外，学校也比较重视语文教育。这些客观因素决定了计划经济时期的译者在国学、母语、中外文化以及文学素养方面一般都比较扎实。而在市场

---

[1] 参见江苏钟山翻译公司网站主页"公司业绩"栏目（http://www.ctss.net.cn/sl_gongsiyeji.html）。

[2]《方便客户 与之同存》,《翻译服务通讯》2005 年第 3/4 期，第 36—40 页。

经济时期,政治环境的变化、高等教育体制的改革、计算机和网络的发展对人们的学习和生活产生了重大影响。首先,经济取代政治成为人们生活的中心。中国人的政治觉悟与意识已不如从前,学习的自觉性和积极性整体上有所下降。其次,90 年代中后期以来我国高等教育规模急剧膨胀,各类高校鱼龙混杂,学生和教师素质高低不一,某些大学实际上已成为文凭制造工厂。最后,网络的飞速发展和信息工具的普及使人们的兴趣不再专注于书籍这样的纸质媒介,而是呈现多元化趋势,注意力和精力被电脑、手机等信息工具分散。当下浮浅的平面阅读代替了以前的深度阅读,人的先天潜能因此难以充分激发出来。更由于改革开放之后教育体制中重外语教育而轻中文教育的倾向,人们的国文修养大不如从前。中央电视台近期举行的汉字听写大赛以及有识之士呼吁高考语文科目增加分数就是对国人语文修养下降的一个侧面回应。总体来看,市场经济时期译者的语文修养不如计划经济时期的译者,这在文学翻译领域表现尤为明显。以《傲慢与偏见》50 年代王科一译本和 90 年代雷立美译本为例,小说中的人物威廉·柯林斯在书信中喜欢卖弄文采,语言迂腐。此时,译者应发挥自己的语言才能,将这种风格再现出来。下面是王译本和雷译本翻译柯林斯书信的一部分:

王科一译本:

不过目前我对此事已经拿定主意,因为我已在复活节那天受了圣职。多蒙故刘威斯·德·包尔公爵的孀妻咖苔琳·德·包尔夫人宠礼有加,恩惠并施,提拔我担任该教区的教士,此后可以勉尽厥诚,恭候夫人左右,奉行英国教会所规定的一切仪节,这真是三生有幸。①

雷立美译本:

然而时至今日,我意已决,因为我在复活节已任圣职。我幸运之至,

---

① [英]简·奥斯丁:《傲慢与偏见》,王科一译,上海译文出版社 2008 年版,第 77 页。

多蒙已故刘易斯·德·包尔爵士的遗孀、至尊至贵的凯瑟琳夫人的恩宠，她慷慨仁慈，提拔我任本教区的教长要职。任职中自当竭诚努力，以敬夫人，并报夫人提拔之恩，时刻准备奉行英国教会所定仪式礼节。①

比较以上两种译文，我们发现雷译本中对"竭诚努力，以敬夫人"较之于王译本的"勉尽厥诚，恭候夫人左右"在国文功底上要逊色不少。当然，王译本中的"公爵"理解有误，应为"爵士"，这说明50年代译者的外文功底不一定强于90年代的译者。②市场经济时期的译者，不论是公共机构译者还是自由译者，除了学习态度和责任心不如计划经济时期的译者外，追求各种证书如职称证书、外语水平证书、计算机水平证书等的欲望要强于对语言文化技能的追求。从工作条件看，市场经济时期的译者要大大优于计划经济时期的译者，拥有舒适的工作场所、充足的翻译工具资源，如词典、参考资料、翻译软件、电脑等，但这些物质条件并不能保证在高端翻译领域如典籍外译和国际会议同传等有满足市场需要的合格译者。在这些特殊的翻译领域，需要有像计划经济时期译者那样的专注学习的精神来最大限度地激发自身的潜能，成为社会所需的高端翻译人才。令人遗憾的是，当下译者对书本的热爱、对知识的渴求因为经济化信息化社会环境磨蚀了精力、分散了注意力而远不如计划经济时期的译者，致使高端翻译人才出现断层。中国由翻译大国成为翻译强国还有很长一段路要走。

4. 追求象征资本

对荣誉、地位、友爱、感情、亲情等象征资本的追求构成了某些译者翻译的动机。象征资本可看作文化资本的延伸。例如，对知识、技能、文凭证

---

① ［英］简·奥斯丁：《傲慢与偏见》，雷立美译，北京燕山出版社2007年版，第43页。
② 我们就计划经济和市场经济时期译者的国文功底对著名翻译家张玲和南京大学教授刘华文进行了访谈。张玲认为，八九十年代的部分译者实用英语较强，但翻译外国经典时，自身技艺修养稍显不足，有时甚至无此自觉。刘华文认为，当下译者语言表达力不够，用词贫瘠，翻译风格零度化，其原因在于学校语文教育的失当，在过分强调外语教育的同时忽视了中文教育，最后中英文都没有学好。

书的占有可为译者带来荣誉、地位、话语权。象征资本的获得既可能是主观攫取，也可以是客观的给予。

对计划经济时期的译者来说，翻译是一种"工作"，一种为无产阶级革命服务的神圣的工作。这一"工作"的核心内涵是在革命精神和政治觉悟的驱动下以自己全部的知识智慧、最强的责任心、最高的效率、最大的平均工作量为国家服务。据《现代汉语词典》（修订本），"工作"指"从事体力或脑力劳动"[1]。翻译作为一种工作，首先是一种脑力劳动，其次是一种体力劳动。计划经济时期的译者通过奉献自己的劳动获取国家发给的工资，他们所追求的不是金钱，而是责任心、荣誉感和奉献精神。以中央编译局那些为经典著作编译事业贡献毕生精力的翻译家为例，副局长林基洲被同事们称为拼命三郎，走路快，吃饭快，牙齿坏了，吃饭就在路边小摊上解决，把时间都用在《列宁全集》中文第二版的策划上；优秀定稿员岑鼎山每天校订一万字，最后病倒在翻译桌旁；权威的马列经典翻译家周亮勋患脑溢血病倒在工作岗位上，醒来后能记得的只有稿件和工作；顾锦屏的口头禅是"代圣人立言，笔重千钧"；《英国工人阶级状况》的译文因为翻译痕迹太明显而全局返工。[2]这些译者已将工作化为信念，这个信念就是马克思主义在中国的传播。又如，"联合国资料小组"成员曾寄萍在翻译工作中十分细致，每碰到一个新词、一个好的译词都要记录在自己的词典里，这本词典因此成为同事们做翻译的宝典。但由于工作太投入，曾寄萍的身体健康受到很大影响，在出差维也纳时猝死在街头。[3] 60年代供职于外交部的李景贤有这样一段回忆：

在我们翻译处，加班加点是家常便饭。大家经常通宵达旦地干，有

---

[1] 参见中国社会科学院语言研究所词典编辑室《现代汉语词典》（修订本），商务印书馆1999年版，第433页。

[2] 参见薄洁萍《记中央编译局翻译家群体：一群人 一辈子 一件事》，《光明日报》2011年6月27日。

[3] 参见赵晏彪《"联合国资料小组"诞生始末》，《中国艺术报》2013年7月26日。

时还连轴转地工作好几天。有一次，为了译好我国政府阐明中印边界冲突真相的大量文件，我与处里许多同志一道，一连两三个月夜以继日地工作，很少出过外交部的大门。深夜里加班有空时，同志们便以桌椅当"床"，和衣躺下休息。当时有一种"怪"现象，谁要是被领导安排加班少了，谁就会感到受"委屈"，甚至"不满"。人人都是"抢"着干的。[①]

可以说，追求革命信仰和献身祖国这种象征资本是计划经济时期译者的主要动机。这种追求可以带来荣誉，如毛泽东曾不止一次地要求党的知识分子要向翻译家何锡麟学习。[②]对荣誉、信念、事业这些象征资本的追求决定了计划经济时期翻译活动的社会属性大大超越其商业属性。五六十年代的译者除了为信念而工作外，真正把翻译当作一门艺术，一种为人们提供精神佳品的人文活动，这样的翻译家数不胜数，如戈宝权、董秋斯、卞之琳、冯亦代、季羡林、楼适夷等。与计划经济时期形成鲜明对比，市场经济时期的译者包括公共机构中的一些译者，追求经济利益超过了对信念、事业、声望这些象征资本的追求。一个典型的例子是八九十年代以来外国文学经典重译高潮中那些抄袭他人作品的译者以及翻译市场中那些在恶性竞争下降低翻译质量的译者，他们已把个人荣誉、职业道德等抛诸脑后。

作为"感情投资"或"道德投资"的翻译服务在计划经济和市场经济时期都存在。为亲朋好友、同事和熟人提供翻译服务，是译者追求亲情、感情、友爱、善行这些象征资本的反映。这种象征资本可能附带有经济资本，如被服务者给译者某种物质回报或粮、油、烟、酒票之类的准货币。这种物质回报可能不是在翻译服务完成之后立即兑现，而是在延后的某个适当时机（如译者的某个庆祝场合）完成，我们可称为延期的经济资本偿付。当然，如果

[①] 参见李景贤《我在外交部翻译处的日子》，《世界知识》2007年第11期，第54页。
[②] 参见薄洁萍《记中央编译局翻译家群体：一群人 一辈子 一件事》，《光明日报》2011年6月27日。

被服务方是掌握权力话语者，那么这种象征资本可能转化为另一形态的象征资本，如地位的升迁、荣誉的获取等。这种基于感情的、发生在个人之间的翻译服务，在计划经济时期更为普遍。不过，无偿的、面向大众的翻译服务在市场经济时期也存在。90 年代以来的计算机和互联网的快速发展催生了网上影视字幕组。这些字幕组的翻译都是免费的，面向所有互联网用户。例如，国内比较知名的"人人影视字幕组"（即 YYeTs 字幕组），成立于 2003 年，其成员为世界各地的网友。这些网民有共同的爱好和目标，自愿协作将国外影视资源以及大学网络公开课等译成中文，然后将译文无偿地提供给广大网友。① 这些字幕组的翻译没有经济利益追求，纯粹是一种基于共同爱好的无私奉献。正如人人影视字幕组组长梁良所说："我从网络获得了东西，那么我要回报它。如果公开课能帮助更多的人，那我应该更加努力去做。"② 无偿回报社会是一种高尚的道德，属于象征资本。人人影视字幕组在追求这种象征资本的同时，由于其翻译的高质量在国内外获得了很好的口碑，这是象征资本客观给予的例证。不过，据我们观察，该字幕组的网站上现在出现了有偿广告招募。③ 这表明该字幕组象征资本的追求正朝着经济资本的追求转化。

二 外部原因

一些与翻译密切相关的重大事件的发生、计算机与互联网技术的发展、全球化和本地化浪潮的掀起、服务外包业的出现与壮大等是市场差异产生的外部原因。

（一）重大事件

据《报告 2012》，2000—2011 年我国翻译企业数量有两次高速增长期，分别是 2000—2003 年以及 2008—2011 年，年均增长率分别为 32.9% 和

---

① 参见 360 百科词条"人人影视字幕组"（http：//baike.so.com/doc/5377159 - 5613287.html）。
② 同上。
③ 参见"人人影视"网站主页之"弹窗广告"（http：//www.yyets.com/）。

21.1%。近 10 多年来，我国语言服务业保持了年均 15% 以上的增长速度。市场经济时期，中国翻译市场的快速发展与一些重大事件密切相关，其中最为重要的事件包括 2001 年中国"入世"、2008 年北京奥运会以及 2010 年上海世博会。中国加入世贸组织的过程本身就涉及大量的口笔译工作，而"入世"效应通过促进国际交流带来了大量的翻译机会。以进出口贸易为例，正式"入世"前的 2000 年，中国的进出口贸易总额为 4742.99 亿美元，"入世"一年之后的 2002 年迅速增长到 6207.68 亿美元。①外资的"请进来"和内资的"走出去"使中国的翻译市场快速扩大。

据国家商务部的数据，从中国企业"走出去"来看，2000 年中国企业对外直接投资流量只有 6.2 亿美元，而 2012 年达到 878 亿美元；到 2012 年年底，国内 1.6 万家投资者在全球 179 个国家和地区设立的境外企业有 2.2 万家，这还不算民营企业和个体投资者的海外投资；到 2013 年年底，中国企业"走出去"形成的境外直接投资存量已超过 5300 亿美元，境外企业形成的资产总额已达到 20000 亿美元；到 2012 年年底，中国企业在海外签订的对外承包工程合同额已达到 9900 亿美元，完成的营业额突破 6500 亿美元，中国企业在 188 个国家和地区开展业务。②"入世"使中国的国际贸易和海内外双向投资飞速发展，同时意味着在外经、外贸、科技、文化等方面的语言服务需求急剧增长。在此背景下，国内语言服务企业开始密集出现。以广州为例，1995 年只有 3 家翻译公司，到了 2003 年，注册的翻译公司猛增到 30 家，算上未注册的翻译公司，总数达 50 家之多。③"入世"直接推动了我国翻译企业涌现的第一次高潮，像国内知名语言服务企业四川语言桥集团、传神公司、

---

① 参见钱锦、胡晨寅《从我国近 20 年进出口统计数据看我国经济结构调整方向》，《上海海关学院学报》（增刊）2009 年第 S1 期，第 49 页。

② 参见邢厚媛《中国企业走出去的现状和对语言服务的需要》，《中国翻译》2014 年第 1 期，第 12—14 页。

③ 参见《投资风向标：翻译公司风生水起》，《华夏时报》2003 年 7 月 25 日。

北京同文世纪科技有限公司、北京思必锐翻译有限责任公司、上海东方翻译中心有限公司等，就是在"入世"前后出现的。"入世"使国内越来越多的企业引进国外先进技术和项目，也使世界500强企业开始大规模进入中国。例如，在石化领域，江苏钟山翻译公司承揽了许多大型工程翻译项目，如中海油60万吨甲醇项目、中石化海南炼化公司800万吨炼油项目、神华宁夏煤业集团250万吨煤间接液化工程、中原大化集团50万吨甲醇工程项目等；传神公司的合作伙伴中则有许多世界500强企业，如IBM、微软、丰田汽车、宝马汽车、花旗银行、渣打银行等。同时，也有更多的中国企业走出去。例如，中国石化洛阳石油化工工程公司依靠本单位和翻译公司的力量，通过中译外将自己成熟先进的技术转让给国外客户，并在国外承担石油化工工程项目。

2008年北京奥运会和2010年上海世博会推动了我国翻译企业的第二次高速增长。我国申奥和举办奥运会都涉及大量的翻译业务。传神公司是中国2008年北京奥运会官方网站的唯一合作伙伴，承担了该网站全部的翻译工作；元培公司则是北京奥运会口笔译服务供应商。北京奥运会提供了55种语言的服务，笔译量超过4000万字，专业口译300多场，场馆口译5000多场，同时设立了24小时语言服务热线，语言服务费用达到6000多万元人民币（见《报告2012》第14页）。

上海世博会历时184天，参展国家和国际组织达到246个，参观人数共计7308万人次，举办各种形式的会议活动22900余场，外国游客达350多万人。上海世博会提供了包括罗马尼亚语、阿尔巴尼亚语、摩尔多瓦语等语种在内的多语种信息服务。世博会热线提供了多语种服务，由单一的英语拓展到10多种外国语言，包括英、法、日、韩、阿、西、俄、意、德以及马来语、印尼语、泰语和世界语。多语言服务几乎覆盖全球，境外咨询电话横跨五大洲的33个国家。除了商务翻译服务，上海世博会还提供财经翻译、合同翻译、标示语翻译、专利翻译、网站翻译、商务口译、现场口译、同声传译、软件本地化以及多语言桌面排版等服务。语种涵盖英、日、韩、法、德、俄、意、西、葡等 10 多种语言。①

此外，其他一些重要的国内外事件如世界大学生运动会、亚运会、广交会、京交会以及各种大型论坛（如博鳌亚洲论坛）和专题博览会（如 2011 年西安世界园艺博览会）等也给各地的翻译市场创造了大量语言服务机会。

（二）信息化、全球化与本地化

中华人民共和国成立 60 多年来中国翻译市场不同阶段差异的形成除了国家政策、社会文化规范等内部原因外，还受到网络化、信息化、全球化、本地化等外部因素的影响。网络、信息技术的迅猛发展以及经济、技术、文化的全球化使翻译服务的方式和规模都发生了巨大变化。

20 世纪 90 年代以来，计算机技术、网络技术和信息技术的飞速发展使人类社会逐渐由工业化社会过渡到信息化社会。新的计算机技术在信息处理、数据处理上不仅储量大，而且运行速度快。网络技术则以计算机技术为基础，由最初美国的国防、军事领域扩展到学术研究领域，进而发展成为覆盖全球各国领域的互联网络。互联网将分散的资源融为有机整体，人们凭借互联网能够根据自己的需要获取信息。互联网资源包括高性能计算机、存储资源、数据资源、信息资源、知识资源、专家资源、大型数据库、网络、传感器等。计算机技术和网络技术带来了信息技术革命，深刻地改变了生产模式、经济关系和社会关系。例如，企业将信息技术运用于产品的设计、开发、生产、管理、经营等环节，从而构建了新的业务模式、组织架构和经营战略，实现企业信息化。信息技术广泛运用于农业、工业、服务业等传统产业以及国民

---

① 参见陈玉莲《翻译产业及其前景——上海世博会视角》，《经济研究导刊》2012 年第 16 期，第 245 页。

经济与社会生活各方面,从而实现产业、国民经济、社会生活的信息化。中共中央办公厅、国务院办公厅印发的《2006—2020年国家信息化发展战略》将"信息化"界定为"充分利用信息技术,开发利用信息资源,促进信息交流和知识共享,提高经济增长质量,推动经济社会发展转型的历史进程"①。信息化的过程是计算机、通信和网络技术现代化的过程,是从可触摸的有形物质产品起主导作用向难以触摸的信息产品起主导作用转变的过程,是从物质生产占主导地位的社会向信息产业占主导地位的社会转变的过程。

与信息化一样,全球化是近二三十年来世界发展的一个大趋势,包括有形的货物、资本、经济组织与实体以及无形的文化、生活方式、价值观念、意识形态等通过跨境交流、碰撞、冲突与融合从而实现跨国化、国际化、全球化的发展进程。现代文明的成就与危机,以及交通、信息技术的快速发展推动了全球化的发展。全球化带来了国际通用标准的建立、国际贸易的发展、跨国公司规模的扩大、文化的融合与创新、国际旅游业的发展、共享信息资源的增长以及国际移民规模的扩大等。但是全球化并未消除文化的多样性,相反,保持文化差异与个性成为越来越多的人、组织、国家的共识。这是与全球化背道而驰的趋势,即本地化趋势。本地化指一件产品、一个事物、一种思想等为了适应异国他乡的环境而做的变化,亦即要"入乡随俗"。以跨国企业为例,它的一切经营活动应以消费者为核心,而不是以商家的喜好、习惯为准绳。它的规范必须随地区性变化引起的顾客变化而改变,将生产、营销、管理、人事等全方位地融入东道国的经济文化之中,以减少当地社会对外来资本的抵触和仇视情绪,增强东道国的经济安全,增加就业机会,推动管理变革、加速与国际接轨。②

信息化、全球化与本地化对语言信息生产方式产生了重大影响。计划经

---

① 参见 MBA 智库百科词条"信息化"(http://wiki.mbalib.com/wiki/信息化)。
② 参见 MBA 智库百科词条"本地化"(http://wiki.mbalib.com/wiki/本地化)。

济和转型时期的翻译服务在译者工作方式上基本表现为利用纸笔的传统的人工翻译,对机器、软件和技术的依赖很少;从服务地域看,翻译服务基本上在一国之内进行;从交流方式看,翻译服务提供方和需求方通常采用面对面(电话除外)的洽谈;从存在方式看,翻译机构都是有形的实体;从翻译服务方式看,作为翻译需求方的国家将翻译业务交由自己的专兼职译员完成,这是一种国家垄断的劳动力市场。

90年代中国进入市场经济阶段后,逐渐发展的计算机和信息技术改变了传统的翻译生产方式。首先,译者摆脱了笔墨纸张的束缚,电脑、软件、数据库等先进的信息工具和辅助翻译工具,不仅给译者带来极大方便和充足的辅助翻译资源,其次大大提高了翻译速度和效率。从语言服务企业来看,互联网和信息技术实现了企业管理的信息化,企业与译者、客户等翻译市场各参与方可以方便地进行远程交流,克服了空间障碍。一些没有实体的以互联网为依托的翻译公司应运而生。翻译服务包括业务的洽谈与承接、文件的翻译与审校、译文的送达等,均可全程在网上完成,翻译服务提供方和需求方无须见面。这种新的服务方式可称为远程翻译服务或网上翻译服务。①信息化使完全寄生于网络的隐形译者越来越多。这些译者可能是偶尔从译者、业余译者、兼职译者、专职译者或自由译者。遇到大型的翻译项目,翻译公司可利用互联网将翻译任务外包、分包、众包给其雇用的兼职译者。信息化使翻译市场的形态由传统的劳动力市场转型为服务外包市场。

全球化和本地化使翻译服务的规模以前所未有的速度扩大。全球化给翻译带来的机遇主要表现在以下方面:国际贸易的迅速增长;个人、组织、国家间跨文化交流的日益频繁;国家间技术的引进与输出日益增多;国际旅游

---

① Minako O'Hagan 和 David Ashworth 在 *Translation – mediated Communication in a Digital World: Facing the Challenges of Globalization and Localization*(Multilingual Matters, 2000)一书中将这种网上或远程翻译称为 teletranslation(远程笔译)以及 teleinterpretation(远程口译,如电话口译、视频会议口译等)。

的热度升高;国家间移民规模的扩大等。本地化则是翻译服务存在的基础。全球化并未消除语言文化的多样性。相反,不同民族国家间的交往需要克服语言文化的障碍,翻译因此成为不可缺少的工具。产品、流程等的本地化使服务外包行业不断发展壮大,目前已成为翻译市场一个非常重要的组成部分。中国翻译市场的规模由五六十年代的亿元左右发展到现在的逾千亿元。国内翻译市场也逐渐与全球翻译市场连接成为一个有机整体。

(三)服务外包的出现与发展

外包(outsourcing)主要指软件和信息服务外包,其含义是"指企业为了将有限资源专注于其核心竞争力,以信息技术为依托,利用外部专业服务商的知识劳动力,来完成原来由企业内部完成的工作,从而达到降低成本、提高效率、提升企业对市场环境应变能力、优化企业核心竞争力的一种服务模式"①。按照发包商和接包商的地理位置关系,服务外包可分为离岸外包和在岸外包。离岸外包指发包商与接包商来自不同国家,外包工作跨国完成。由于劳动力成本的差异,发包商通常来自劳动力成本较高的国家,如美国、西欧和日本;接包商则来自劳动力成本较低的国家,如印度、菲律宾和中国。近岸外包是离岸外包的一个组成部分,指发包商和接包商分别隶属于邻近国家的服务外包,如中国的外包企业向日本企业提供外包服务。在岸外包又称境内外包,指发包商和接包商来自同一个国家,因而外包工作在国内完成。②从服务内容看,服务外包主要分为信息技术外包服务(ITO)、技术性业务流程外包服务(BPO)以及技术性知识流程外包服务(KPO)三种形式。信息技术外包又可分为软件研发及外包、信息技术研发服务外包和信息系统运营

---

① 《中国服务外包业令世界刮目相看》,《人民日报》2010年8月24日(http://finance.people.com.cn/GB/12523164.html)。

② 参见360百科词条"离岸外包""近岸服务外包"和"在岸外包"。

维护外包。①

作为一种新的商业模式，服务外包起源于20世纪80年代后期的美国，然后扩展到日本、欧洲等国家和地区。特别是20世纪90年代中期以来，随着网络和信息技术的发展，以及各行业内部信息标准化和规范化的需要，服务外包业迅速发展起来。20世纪90年代出现的第一次软件外包高潮以大型国际软件公司的软件本地化项目外包为标志，而在21世纪的第二次高潮中，软件外包的主要内容则是大型国际软件公司的软件设计和软件测试。服务跨国外包使服务在不同国家之间广泛流动，引起了诸如劳动力、知识、文化、资金等要素在全球范围内的再开发和再配置，并导致了全球化进程中的溢出价值在各地域各集团之间的再分配。目前，越来越多的企业、政府部门、媒体等意识到外包服务的成本优势进而采用服务外包模式，服务外包的业务领域随之不断扩大。在外包服务中，技术、知识、资金密集型的项目比重上升。外包服务已由信息技术服务、金融后台支撑、呼叫中心、财务审计等业务领域逐渐拓展到生物技术研发与测试、环境服务等领域。随着服务外包发包方和接包方的合作越来越紧密、越来越趋向于战略合作伙伴关系，跨国企业不仅将数据输入、呼叫服务等低端业务外包，还将软件研发、风险管理、金融分析、物流管理等技术含量高、附加值大的业务外包。目前，全球服务外包市场规模已经非常庞大。据美国高德纳公司估计，2010年全球信息技术服务总量已达到8930亿美元，其中服务外包总量达到5105亿美元。另据麦肯锡公司预测，到2020年，全球服务外包市场总收入将超过150万亿美元。②

作为最早的软件接包大国，爱尔兰自20世纪70年代末开始对外包产业实行政策倾斜和支持，并重视教育以及进行卓有成效的"产、学、研"合作，

---

① 参见百度百科词条"服务外包"（http://baike.baidu.com/subview/432186/13820623.htm）。
② 参见《中国服务外包业令世界刮目相看》，《人民日报》2010年8月24日（http://finance.people.com.cn/GB/12523164.html）。

使爱尔兰迅速成为软件外包服务第一大国,获得"欧洲软件之都"和"欧洲硅谷"的美誉。继爱尔兰之后,印度、以色列也成为软件服务大国。印度现已取代爱尔兰成为世界IT服务外包的头号强国,其IT离岸外包产业40%的年营业收入来自全球金融服务商,其中61%的外包产品售往美国,30%售往欧洲国家。2008年,印度占据了全球34.2%的外包业市场份额。①由于服务外包业具有低污染、高附加值的特点,成为许多发展中国家大力扶持的产业,使外包产业在南美、亚太地区的许多国家迅速发展起来,如中国、俄罗斯、菲律宾、马来西亚、墨西哥、巴西、南非、越南等。

中国政府对服务外包产业非常重视。从2006年开始,商务部、信息产业部和科技部先后联合公布了两批共11个城市为服务外包示范基地城市。2010年,财政部、国家税务总局、商务部联合下发了《关于示范城市离岸服务外包业务免征营业税的通知》。根据该通知,自2010年7月1日起至2013年12月31日,对注册在北京、天津、大连、哈尔滨、大庆、上海、南京、苏州、无锡、杭州、合肥、南昌、厦门、济南、武汉、长沙、广州、深圳、重庆、成都、西安21个中国服务外包示范城市的企业从事离岸服务外包业务取得的收入免征营业税。除了政府的政策支撑外,国内外因素也有利于中国外包产业的发展。从国内看,中国拥有外包业务所需要的数以百万计的优质劳动力,且劳动力成本较低,基础设施也比较优越。从国外看,跨国公司需要分散风险,因此将一部分外包业务从印度等传统接包大国转移到中国等新兴接包国;同时,越来越多的跨国企业在中国设立研发中心,也给国内服务外包企业带来机会。以微软为例,2004年微软中国研发集团外包事业中心成立之前,微软在中国的外包营业额只有约1000万美元;2009年,微软在华外包项目总额

---

① 参见《中国服务外包业令世界刮目相看》《人民日报》2010年8月24日(http://finance.people.com.cn/GB/12523164.html)。

已达到 1.42 亿美元。① 2009—2012 年，中国服务外包企业承接服务外包合同的总金额由 200.1 亿美元增加到 612.8 亿美元，年均增长 45.21%；离岸服务外包合同执行金额由 100.9 亿美元增加到 438.5 亿美元，年均增长 63.19%，跃升为仅次于印度的全球第二大接包国。2012 年，我国共签订服务外包合同 14.46 万份，服务外包合同金额同比增长 37%，执行金额同比增长 43.8%。其中，承接国际服务外包合同金额同比增长 34.4%，执行金额同比增长 41.1%。2009—2012 年，不论服务合同执行金额还是承接的国际服务合同的执行金额均呈增长态势，幅度超过 40%。②

目前，我国外包业已基本形成了东北、环渤海、长三角、珠三角、中西部"五大集群""东西映射"的良好发展格局。其中长三角地区是我国服务外包从业人员规模最大的地区，占全国的约 35.5%；2010 年，我国服务外包企业从业人员规模排名前 5 位的城市中，除了第一名为北京外，其他 4 个城市均位于长三角地区，分别是苏州、深圳、南京和上海（见《报告 2012》第 25 页）。同时，国内出现了一批领军外包企业。在国际外包专业协会（IAOP）公布的 2010 年全球外包企业 100 强中，中国有 6 家企业进入榜单，分别是东软、海辉、中软国际、文思信息、博彦科技和易才集团，排名依次为 26、65、67、72、88、99。③此外，国内外包服务需求强劲，华东、华南、华北三个经济圈是主要业务来源。2008 年，国内业务已占中国软件与信息服务外包产业总量的 77.1%。一些大型国际服务外包企业如 IBM、埃森哲（Accenture）以及印度的印孚瑟斯（Infosys）、塔塔（Tata）等已进入中国外包市场，与中国外包企业展开竞争。

服务外包与语言信息服务有着密切的关系。例如，软件外包服务中的软

---

① 参见《人民日报》海外版 2010 年 1 月 12 日文章《中国外包逐鹿全球》，2010 年 1 月 12 日。
② 参见邢学杰《我国服务外包产业发展研究》，《企业经济》2014 年第 1 期，第 119—120 页。
③ 参见国际外包专业协会公布的《2010 年全球外包公司 100 强》（http://trak.in/tags/business/2010/04/23/top-best-100-outsourcing-companies-2010/）。

件本地化服务，其重要环节之一是语言技术工程，即需要将软件中的源语言转换为本地语言。政府、企业和媒体的语言服务业务现在常常外包给语言服务企业来完成。例如，微软公司将 Windows 95 等系列操作系统外包给博彦科技进行汉化，神华集团将一系列大型石化项目的翻译任务外包给江苏钟山翻译公司等。这些是语言服务外包的典型个案。据卡门森斯公司的统计数据，2011 年全球语言服务和技术外包的总产值已超过 310 亿美元。[1]

近几年来，外包的商业模式借助于互联网又衍生出一种众包（crowdsourcing）模式。众包指一个公司或机构把过去由本单位员工执行的工作任务，以自由自愿的形式外包给非特定的而且通常是大型的大众网络的做法。[2] 众包与外包的一个重要区别是企业充分利用互联网将工作分配出去，由个人或多人协作完成。以著名的社交网站"脸书"（Facebook）为例，脸书网站提供 75 种语言的服务，其中 20 种语言的文献由专职译者翻译，其余的由作为该网站用户的志愿译者承担；脸书网站共有 40 万志愿译者，其中的 10 万人每周都进行翻译；这些志愿译者的翻译量超过全球所有专职译者的翻译量。[3]维基百科全书（Wikipedia）网站、视频分享网站 YouTube、新闻网站 Global Voice 等的多语言翻译与编辑同样也是一种众包模式。这种免费的基于志愿译者的众包翻译模式被国际翻译自动化使用者协会组织（TAUS）称为"社区型翻译"；卡门森斯公司称为 CT3，即社区型翻译 + 合作技术 + 众包；澳大利亚翻译学者加西亚（Ignacio Garcia）则将其称为"蜂群式翻译"。[4]国内翻译研究者陆燕对众包翻译模式与传统翻译模式的差异进行了归纳（表 7 - 1）。[5]

---

[1] 参见美通社的有关报道（http：//s. tt/1bKRm）。
[2] 参见龙啸《从外包到众包》，《商界》2007 年第 4 期，第 96 页。
[3] 参见陆燕《众包翻译模式研究》，《上海翻译》2012 年第 3 期，第 74 页。
[4] 陆燕：《众包翻译模式研究》，《上海翻译》2012 年第 3 期，第 74 页。
[5] 同上。

表 7-1　　　　众包翻译模式与传统翻译模式比较

翻译模式 领域	众包翻译模式	传统翻译模式
业务流程	分割原文—众包—整合译文	原文—专业翻译人员/项目组—译文
翻译操作流程	翻译—编辑—校审—并行多向模式	翻译—编辑—校审—自上而下的单向模式
译员的角色	翻译，编辑，校审	翻译
译员的专业性	非职业网民	全职、自由的职业译者
译员团队构成	规模大，成员个体差异大，结构松散	规模固定，结构紧凑，成员个体差异小
译员协作	开放，动态，不受时间、地点的限制	闭合，自上而下，受到一定的时间、地点限制
译员是否双语	不一定	一定
译员收费	免费	计件制，按项目收费
版权	无	无/有
对网络技术的依赖	技术依赖强	技术依赖弱
翻译速度	快	较慢
译文质量保证	很难控制	容易控制

（资料来源：陆燕《众包翻译模式研究》，《上海翻译》2012年第3期，第75页）

将众包翻译等同于免费的志愿译者的众包服务似乎值得商榷。根据众包的定义，企业的工作可通过网络由多人协作完成。目前，国内外语言服务企业包括翻译公司通过网络招聘了大量的兼职译者。这些企业在碰到大型翻译项目时完全可以将原文分解成许多部分，由散布于海内外的兼职译员共同完成，然后由翻译公司的专职译员进行编辑和校审。这种众包翻译方式不是免费的，众包译文的质量也是可控的。不仅笔译可以采取众包模式，口译亦可。碰到大型活动，需要大量口译员，翻译公司完全可以利用网络召集兼职口译，然后在现场协同完成口译任务，这也可视为一种广义的众包翻译模式。

第三节　本章小结

中华人民共和国成立60多年来，中国翻译市场逐渐由无差别的封闭型市场发展成为有差别的、以自由竞争为主导的市场。翻译市场的形态由过去单纯的口笔译服务发展到当下多形态的语言信息服务。在计划经济、转型和市场经济时期，翻译市场在市场性质、构成要素、交换方式、市场机制、市场规模等方面具有各自的特点和明显的差异。这些差异的形成既有内部原因，也有外部因素的影响。内部原因包括国家在意识形态、方针政策、政治经济体制等方面的调整，也包括社会文化规范、行业规范以及译者动机的变化。外部原因包括重大事件的驱动、服务外包的出现，以及计算机技术、网络技术、信息技术、全球化、本地化等技术革命和大趋势的影响。这些内外因素的合力作用形构了当下异质的、失序的、规模可观的翻译市场。

第八章 翻译市场的发展趋势

  纵观我国翻译市场 60 多年来的发展变化，具有比较明显的阶段性特征。计划经济时期的翻译行业表现为一种自给自足的封闭型市场。国家机关、政府部门、国有和集体企事业单位一般依靠本单位的专兼职译员完成翻译工作。当某一部门、单位或者工程项目需要大量译员时，国家会利用行政命令临时调配翻译资源，采取集体协作方式完成翻译任务。进入转型时期后，以社会为依托的翻译公司开始出现。这些以利润为导向的翻译公司的出现打破了过去铁板一块的公益性翻译市场结构。中国翻译市场逐渐转变成为一种有差异的市场。这一时期的商业化翻译服务虽然所占市场份额很小，但是标志着现代意义上的翻译市场的诞生。90 年代中国进入市场经济时期之后，在国家政策、重大事件以及信息技术、全球化、本地化等外部因素的影响和推动下，中国翻译市场开始以前所未有的速度发展，语言服务从业人员、语言服务企业以及市场规模快速增长，中国翻译市场进入初级发展阶段。

第一节　市场规模扩大

卡门森斯公司的市场调查显示，在连续多年保持10%以上的年增长率之后，2011年全球语言服务行业市场总规模的增长率只有7.41%。[①]与这一数据形成鲜明对照的是，国内有关调查则显示，2011年我国语言服务业年产值同比增长26%，在"十二五"期间将保持年均15%的增长速度（见《报告2012》第10页）。这表明，在语言服务领域，中国作为新兴市场中发展势头最为强劲的国家比世界其他地区的增长速度快得多。

一　市场前景向好

20世纪80年代是我国语言服务产业的萌芽阶段。这一阶段的语言服务企业由不到20家发展到700多家。语言服务开始由政府机构和国有企事业单位的内部服务，逐步走向社会化、市场化。90年代，我国语言服务业发展提速，企业数量由1000家左右迅速增加到近8000家。在21世纪的第一个十年里，全国语言服务企业总数达到3万多家。据《报告2012》，到"十二五"结束时，我国的语言服务企业将达到6万余家，年产值将超过2600亿元。语言服务业在国民经济发展中的基础性、战略性地位日益凸显。在新时代大背景下，语言服务行业具有以下显著特征：典型的现代服务业、典型的服务外包业、典型的高端信息加工业，是"走出去，引进来"的支撑产业，是文化走出去的战略支撑产业。[②]

[①] 参见韦忠和《2012及未来几年语言服务行业的发展趋势》，《中国翻译》2012年第3期，第71页。

[②] 参见何恩培《语言服务业的机遇与挑战》，《中国翻译》（增刊）2013年，第42页。

中国语言服务行业的当下繁荣局面大致由三股力量合力促成，包括外部动力、内部动力和技术动力。①外部动力来自世界经济一体化的发展与全球服务外包市场的兴起。始于20世纪八九十年代的经济全球化使世界经济活动超越国界，通过国际贸易、资本流动、技术输出、服务外包、互依互联而形成全球范围的有机经济整体。经济全球化以市场经济为基础，以先进科技和生产力为手段，以发达国家为主导，以最大利润和经济效益为目标，促进了资源和生产要素在全球的优化配置，国际分工也更趋合理。跨国公司是经济全球化的重要推动器，是实现全球生产要素流动和资源优化配置的主要载体。跨国公司的发展促进了生产、资本、贸易、技术的全球化。跨国公司全球贸易的开展，使得信息技术、机械工程、石油能源、银行金融、医疗卫生、航空航天等垂直领域产生了大量的产品本地化需求。

经济的全球化为中国吸引和利用外资带来了巨大的机遇。80年代初，外国在中国的直接投资累计只有11.66亿美元，到2002年年底外国直接投资累计达到4416亿美元；在过去20年中，中国吸引的外国直接投资占所有发展中国家吸引外国直接投资的30%。②世界500强企业纷纷在中国设立分支机构。经济贸易的国际化和区域化，以产品和文化的国际化和本地化为实现方式，推动了现代语言服务业的诞生并形成产业。在全球化大趋势下，日益频繁的国际经贸活动需要更多的语言服务，企业国际化和文化走出去需要更专业和高质量的语言服务，翻译作为桥梁发挥着越来越大的作用。原来潜在的翻译需求现在变成现实的需要。随着跨国企业将触角伸向小语种地区，一些小语种甚至稀有语种的业务量也在不断增长。诸如网站、技术文档等多语种的项目越来越多，语言服务项目的类型日趋复杂。经济的全球化催生了服务外包

---

① 参见崔启亮《产业化的语言服务新时代》，《中国翻译》（增刊）2013年，第36—38页。
② 参见360百科词条"经济全球化"（http：//baike.so.com/doc/4963549.html）。

产业，而全球服务外包产业的最大障碍是语言。①跨国企业为了发展核心业务，将非核心的业务外包给第三方机构实施。服务外包从制造业到服务业范围非常广泛，其中信息技术行业外包比例最高，达到55%；2011年全球服务外包支出约为8400亿美元。②语言服务业提供以语言文字为核心的内容和技术服务，是软件本地化外包服务的重要组成部分。目前，我国服务外包基本集中在产业价值链低端的语符转换、软件开发与测试、数据录入等领域，而很少涉足从设计到整体解决方案、研发等高端业务领域，因此发展空间巨大。

内部动力来自我国文化"走出去"和企业国际化的国家战略。2011年，党的十七届六中全会明确指出，"坚持发展多层次、宽领域对外文化交流格局，借鉴吸收人类优秀文明成果，实施文化走出去战略，不断增强国家文化软实力和中华文化的国际影响力"，"完善文化产品和服务走出去政策措施……完善译制、推介、咨询等方面扶持机制，开拓国际文化市场"。国家的文化政策为语言服务业带来难得的机遇。从改革开放到20世纪末，我国主要是通过译介西方文化思想和社会经济科学信息来促进中国的现代化。进入21世纪以后，随着我国经济实力和国际地位的提升，国家文化战略的中心更加注重向世界介绍中国文化。而在文化"走出去"的过程中，语言服务是一个关键环节。据中国译协和中国翻译行业发展战略研究院的调查显示，2010年中译外在语言服务企业中占总业务量的30%，而2012年已达到54.4%。③这表明，中译外业务呈明显的增长趋势。中国企业"走出去"的战略从2000年开始实施。④党的十八大报告明确指出，"加快走出去步伐，增强企业国际化经

---

① 参见何恩培《语言服务业的机遇与挑战》，《中国翻译》（增刊）2013年，第40页。
② 参见360百科词条 "服务外包"（http://baike.so.com/doc/5407883.html）。
③ 参见《中国语言服务业发展报告2012》，第13页。
④ 参见邢厚媛《中国企业走出去的现状和对语言服务的需要》，《中国翻译》2014年第1期，第12页。

营能力，培育一批世界水平的跨国公司"。2000 年开始实施企业走出去战略时，中国企业的对外直接投资流量仅为 6.2 亿美元，到 2012 年增长到 878 亿美元（图 8-1）。

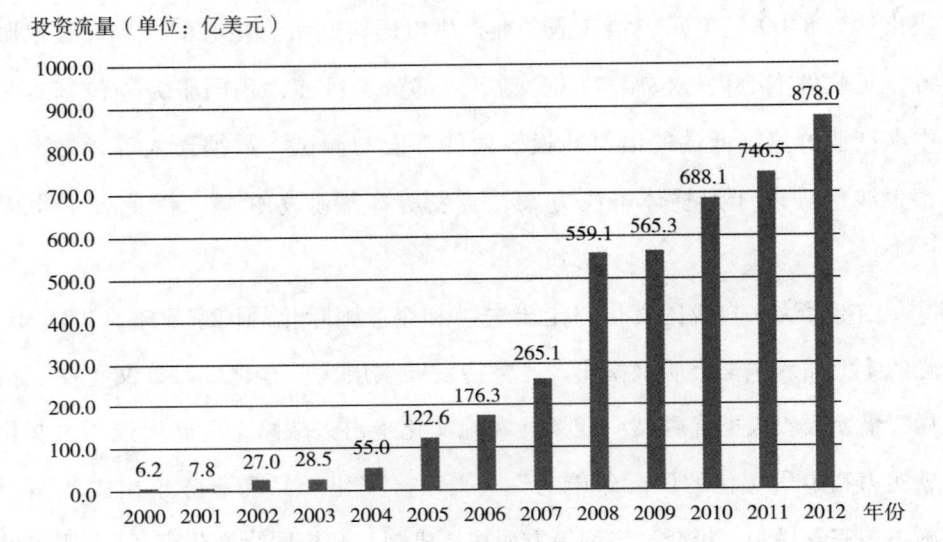

投资流量（单位：亿美元）

年份	投资流量
2000	6.2
2001	7.8
2002	27.0
2003	28.5
2004	55.0
2005	122.6
2006	176.3
2007	265.1
2008	559.1
2009	565.3
2010	688.1
2011	746.5
2012	878.0

图 8-1 中国企业对外直接投资快速增长

（资料来源：邢厚媛《中国企业走出去的现状和对语言服务的需要》，《中国翻译》2014 年第 1 期，第 12 页）

党的十八届三中全会报告精神表明，中国很快将迎来新一轮的对外开放，中国企业"走出去"的步伐将大大加快。据预测，到 2015 年中国企业对外直接投资流量将达到 1200 亿—1500 亿美元，与吸收外资规模大体相当；走出去企业的数量将达到数万家。[①]这为语言服务业带来大量机会。我国语言服务企业应根据未来一段时间企业走出去的发展目标来确定服务需求，根据不同国家和地区的具体要求制定服务战略，加强服务的专业性、深度和覆盖面。在

---

① 参见邢厚媛《中国企业走出去的现状和对语言服务的需要》，《中国翻译》2014 年第 1 期，第 13 页。

服务外包产业方面，我国政府也出台了一些扶持政策和措施。国家在"十一五"规划中明确指出要"建设若干服务外包基地，有序承接国际服务业转移"，并启动了服务外包的"千百十工程"，即建设10个有竞争力的外包基地城市，推动100家跨国公司向中国转移外包服务，培育1000家大中型服务外包企业。①从2006年开始，商务部等公布了11个城市为服务外包示范基地城市。2010年，财政部等下发了《关于示范城市离岸服务外包业务免征营业税的通知》，对注册在北京、天津、大连等21个城市从事服务外包业务的企业免征营业税。

技术动力来自信息技术和通信技术的发展与进步。语言服务业属于典型的现代服务业，而现代服务业的特征中最基本的两点是信息技术性和知识密集性。②语言产品属于信息产品，因此语言服务属于信息服务；语言服务需要一定的专业知识和技能，因此语言服务又属于知识技能服务。信息技术的发展使信息内容成为独立的产品，如软件、网站、数据库、电子产品等，或者属于产品的组成部分，如产品使用说明书、用户手册、市场宣传材料等。种类日趋繁多的信息产品带来了语言服务业的快速增长，信息技术催生了新的翻译需求如移动互联网翻译服务等。这些需求在专业翻译市场上占据首要位置，并以每年20%—30%的速度增长。③跨国产品的全球化营销和服务需要对信息内容进行国际化设计和本地化加工，以克服不同国家和地区的用户在语言和文化方面的障碍。通信技术和互联网技术使语言服务的信息内容在加工、存储、支付和维护等方面获得极大的便利，大大降低了信息的获取和支付成本，满足了快速生产和加工的时间要求。信息技术的发展改变了传统的语言服务方式。就语言服务企业而言，现代信息和通信技术实现了企业的信息化

---

① 参见《中国语言服务业发展报告2012》，第12页。
② 参见袁军《语言服务：中国翻译行业的全新定位》，《中国翻译》2012年第5期。
③ 参见［法］达尼尔·葛岱克《职业翻译与翻译职业》，刘和平等译，外语教学与研究出版社2011年版。

管理。语言服务企业通过构建自己的客户、译者、业务流程、质量管理与监控等信息管理系统提高服务效率,降低服务成本。信息技术也改变了翻译服务从业人员的工作方式、翻译方式和技能要求。以职业译者为例,他们除了需要精通双语的理解和表达外,还要熟练地掌握各种翻译软件、网络化翻译管理系统,利用互联网搜索引擎快速查找和获取词汇与语料,通过电子邮件、即时通信工具、网站、网上论坛、博客、微博、手机短信等现代信息通信工具与外界交流,通过内容和翻译管理系统实现翻译内容的获取、修改与交付。[①]

从目前形势来看,以上力量将继续推动中国翻译市场的向前发展。随着国家经济发展政策的调整和对外开放的不断深入,语言服务将由原来的东部地区如北京、上海、广州等向中部和西部地区延伸,由一线城市向二、三线城市扩展。

二 商业化市场板块进一步扩大

商业化的翻译市场板块,即以营利为导向的新兴语言服务市场板块,萌芽于20世纪70年代末80年代初的改革开放初期,经过30多年的发展目前已有逾千亿元的市场规模。改革开放不仅在政府部门、国有企事业单位,而且在社会生活的方方面面都带来了飞速增长的翻译需求。小到为个人服务的驾照、成绩单、毕业证书、结婚证书等的翻译,大到为国有企事业单位、政府部门服务的国际会议、各类谈判、交流活动的翻译,语言服务已渗透于我国经济社会生活的所有领域。在这些翻译服务中,个人服务、私营企业服务以及一部分公益性服务均由翻译公司、语言培训与咨询公司、语言技术开发公司、本地化公司、服务外包公司等承担。这些翻译服务构成了商业化翻译市场的主要内容。

[①] 参见崔启亮《产业化的语言服务新时代》,《中国翻译》(增刊)2013年,第37—38页。

从发展趋势看，原来一些在国家机关、政府部门、国有企事业单位内部语言职能部门完成的公益性翻译业务将逐渐外包给语言服务企业来完成。当然，公共机构翻译在相当长的一段时间内将依然存在，不过其所占市场份额将逐渐减少。从商业化市场板块看，随着国际经贸活动的增多，服务外包产业的发展，科技、文化、教育、体育等跨国交流的增多，国际旅游热的升温等，将创造更多的语言服务机会与需求。同时，与翻译相关的延伸服务，如软件本地化、客户支持端产品、服务设计与营销解决方案等低端和高端服务外包业务将进一步拓展，商业化翻译市场的规模将进一步扩大。

三 服务范围扩大

计划经济和转型时期，语言服务形式停留在翻译层面，即口笔译服务。笔译形式包括全译以及编译、摘译、节译、译述、译写等变译形式，口译包括交替口译和同声传译等。进入市场经济时期后，经济全球化和信息技术革命使语言服务范围不断扩大，语言培训和多语咨询、翻译技术工具研发、软件本地化、网站本地化等成为语言服务的新内容。在本地化业务中，文字转换只是其中的一部分工作。以软件本地化为例，其基本操作流程包括：本地化开发，指提取和生成源语言的软件代码，可由客户提供或供应商完成；本地化翻译，指由相应专业背景的译员将分离或提取的文本、图片等翻译成目标语言，并进行审查、校对；本地化测试，包括本地化版本编译、本地化版本测试和缺陷修复，并生成测试报告。[1]在本地化服务步骤中，只有第二步属于翻译，第一步和第三步都超出了传统翻译服务的范围。近20年来，语言信息服务的内容不断扩大，服务形式多种多样。卡门森斯公司对近几年来语言服务市场业务领域的变化进行了追踪调查，得出了不同业务形态所占的市场份额（表8-1）。

---

[1] 参见百度百科词条"软件本地化"（http://baike.baidu.com/view/1389521.htm）。

表 8-1 语言服务业主要业务领域市场份额变化（单位：百分比）

服务内容	2010年市场份额	2011年市场份额	2012年市场份额	2013年市场份额
笔译	43.27	45.68	45.70	45.56
现场口译	12.95	14.44	14.05	11.38
软件本地化	7.14	6.55	6.17	6.53
网站国际化	4.93	4.72	5.44	5.02
多媒体本地化	3.96	3.27	3.43	3.79
笔译技术	3.61	3.99	3.4	3.21
国际化服务	2.73	2.29	2.91	2.59
创译	2.41	1.9	2.71	2.77
国际化测试/质量检测	3.09	2.55	2.51	2.69
机器翻译译后编辑	2.76	2.33	2.47	2.42
电话口译	3.26	3.4	2.4	2.22
旁白/配音/叙述	2.48	2.35	2.37	2.08
业务流程外包	2.53	2.25	1.97	不详
字幕翻译	2.09	2	1.83	1.85
口译技术	1.61	1.59	1.36	1.08
视频口译	1.17	0.89	1.29	1.18

（资料来源：王传英《语言服务业发展与启示》《中国翻译》2014年第2期，第80页）

表 8-1 显示，口笔译仍然是语言服务业最为重要的业务领域，2010—2013 年占整个市场份额的一半以上。但是一些新兴的服务形式如网站国际化、多媒体本地化、软件本地化、国际化服务、创译、国际化测试、机器翻译译后编辑等逐渐成为语言服务市场的重要组成部分。2013 年，上述本地化服务业务的市场份额总计达到 25.81%，已超过口译服务，成为语言服务业的第二大业务类型。值得注意的是，翻译软件服务所占市场比重不到 5%。卡门森斯公司指出，笔译、网站国际化、软件本地化、现场口译、多媒体本地化是翻译市场增长最快的领域。[1] 从国内来看，小语种翻译、网站和多媒体服务、汉译外的市场需求更为强劲。[2] 从服务范围看，有的语言服务企业如文思海辉、华软通联等突破了本地化服务，向企业应用服务、企业成套解决方案、产品工程服务、技术和解决方案服务等领域扩张。换言之，语言服务供应商不仅为企业提供语言服务，而且成为企业的业务合作伙伴。

第二节 市场的分级化

关于翻译质量与价格的关系，卡门森斯公司在其 2014 年《翻译价格与质量调查报告》中指出，"翻译质量高低受很多因素影响，因此，低价不一定等于低质，高价也不一定就能确保高质，关键是需求方和供应方对质量和价格要有合理的预期"[3]。名列亚洲语言服务供应商前 30 位的博芬软件公司总经理

---

[1] 参见王传英《语言服务业发展与启示》，《中国翻译》2014 年第 2 期，第 80 页。
[2] 参见韦忠和《2012 及未来几年语言服务行业的发展趋势》，《中国翻译》2012 年第 3 期，第 71 页。
[3] 《语言服务助力企业"走出去"》，中国译协网（http://www.tac-online.org.cn/zhuanti/txt/2014-06/11/content_6971751.htm）。

赵杰将客户分为三种类型：低端客户，其对翻译质量的预期是"我的翻译是装门面的，质量好坏无所谓，反正没人看"；中端客户，其预期是"我不懂英文，你翻译出大概的意思供我参考就行了"；高端客户，其预期是"翻译的是我公司的产品，翻译质量会影响公司形象"。①这种划分表明，翻译市场存在不同诉求的客户群体，但这种市场板块划分一方面以偏概全，另一方面遗漏了翻译市场的一些服务形态，因此难以令人信服。上述"低端客户"只是翻译市场的特殊现象，"中端客户"较为常见，但只有"高端客户"才是翻译市场的常态。与"低端客户"和"中端客户"相关联的一个问题是对应的"低端译文"和"中端译文"无法根据《翻译服务译文质量要求》所给定的计算公式进行译文质量评价。既然市场上有这样的客户和译文，作为国家标准，应当考虑到这个特殊的市场部分，设置专门的条款进行说明和规定。

有人将语言服务市场分成四个层级，即单一翻译服务阶段、多元翻译服务阶段、成套语言服务阶段和顾问式语言服务阶段。②单一翻译服务指提供单一语种和单一领域的服务，一般是指个人、翻译小组或小型公司的服务，所提供的服务可能是单一语种和某一两个领域的服务。多元翻译服务指翻译公司能提供多个语种或多个专业领域的服务。这类公司一般具有一定规模，有一个或几个擅长的专业领域，能提供几个语种的翻译。成套语言服务指能针对某个领域或某类需求，为客户提供全套的支持和语言服务解决方案，如能帮助客户解决某个产品线的全部语言问题。这种服务可能是单一领域、单一语言的，也可能是多个领域、多种语言的，具体情况取决于客户的需要。顾问式语言服务指当一个公司能在某一专业服务领域形成权威，或者领导这一领域最高的服务和技术水平时，这个公司可视为顾问级的公司，其服务可视

---

① 参见赵杰《翻译市场准入之我见》（http：//www.71ab.com/Readnews_ 3695.html）。
② 参见《语言服务的四个层次》，中国译协网（http：//www.tac-online.org.cn/ch/tran/2009-09/27/content_ 3162387.htm）。

为顾问式语言服务。这类公司不但能提供某些领域的全套服务，而且能引导客户进行产品或管理中的语言活动规划，成为客户的语言顾问。这种对语言服务四层次的划分虽然遗漏了某些翻译服务类型，忽略了语言服务企业的某些实际情况（如一般翻译公司都涉及几种语言和多个领域），但对翻译市场的分级具有很大的启发作用。

从发展趋势看，我国的翻译市场有可能形成四个层级的市场。一级翻译市场可称为日常性或一般性翻译服务市场，翻译材料主要是那些内容比较简单的日常文件资料，例如出国留学、探亲、旅游、公证文件等，以及企业简介、一般性宣传材料、参考资料、陪同口译、影视翻译、"达旨"式或概要式翻译等。上述所谓"低端客户"和"中端客户"可作为特殊服务类型归入一级翻译市场。一级翻译市场主要提供纯粹的翻译服务，对语言翻译技能要求不是太高，知识密度不是太大，因此该市场又可称为低端翻译服务市场。在一级翻译市场中，客户既包括个人，又包括国有和民营企业、各种团体组织和政府部门；译者包括形形色色的兼职译者、自由译者和翻译公司的专职译者；翻译公司多为规模不大的中小微企业。二级翻译市场主要指专业性翻译服务市场，不仅包括自然科学、社会科学以及工业、农业、金融、商贸、法律、政宣等专业或专门领域的技术翻译，也包括难度很高的文学翻译、典籍翻译、国际会议同传以及翻译出版等领域。这类翻译服务专业性强、对翻译质量要求高、知识密度大、对语言翻译技能要求高，因此又可称为高端翻译服务市场。这一市场仍未超越单纯翻译服务的范围，其客户多为专业性机构、企事业单位、出版社以及政府部门；译者主要包括自由译者和机构专业译者；翻译服务提供商多为大中型语言服务企业。三级翻译服务市场主要指软件本地化、网站本地化等成套语言服务，以及辅助翻译服务如翻译技术工具研发、语言培训与咨询等。成套语言服务不仅提供语言文字转换、编辑、出版服务，还提供作为语言文字载体的软件、网站和其他电子产品的本地化设计、调试和运行检测服务。这一市场的客户主要是跨国企业、政府部门、事业单位和组织、语言服务企业及个体译者；从业者包括译者、软件工程师、术语管理专家、语言咨询与培训专家、翻译工具研发人员等；服务提供商主要是本地化公司以及一些大型翻译企业。这类服务已超出单纯翻译服务的范围，基本上位于服务外包产业链的低端，因此又可称为低端语言服务外包市场。四级翻译市场处于整个翻译市场的顶端，指不仅能够提供成套语言服务，如语言文字转换、软件测试与检测等，还能为客户在产品设计、生产、营销等领域提供整体解决方案。这类语言服务企业不仅致力于成为客户的语言服务部门，甚至分担了客户其他部门的某些功能，其服务能为客户带来巨大的升值空间，因此可称为高端语言服务外包市场。这一市场上的客户主要是全球500强企业；从业人员包括译者、术语管理专家、软件设计师、创意设计师、战略分析师等；服务提供商主要是一些大型服务外包企业和特大型语言服务企业。在这一市场层级，翻译已退居次要地位，创意服务成为最重要的内容。

总体来看，服务的多样性和市场的差异化将是整个语言服务行业的发展大趋势。专业的自由译者在与语言服务企业的竞争中处于劣势，很难做到"独善其身"、业务独立，大都会成为语言服务企业特别是龙头企业的业务分包人。

第三节　经营方式创新

像其他服务行业一样，品牌化战略和连锁经营将是语言服务行业发展壮大的重要途径。以技术创新为基础的服务模式创新则是企业增强核心竞争力的重要手段。基于互联网技术、信息技术和资源共享平台的在线语言服务具有快捷、方便、高效、质优价廉等特点,将是企业未来服务的主要形式。

一 服务品牌化及品牌竞争

品牌是目标消费者及公众对于某一特定事物心理的、生理的、综合性的肯定性感受和评价的结晶产物。①品牌的原始含义是给牲畜打的红色烙印,以便于识别它们的拥有者,由此派生出品牌的现代意义:在消费者心中留下烙印,使之产生挥之不去的独特印象。②根据索绪尔的语言学理论,作为符号的品牌由能指和所指构成;品牌符号的能指包括名称、标志,其所指包括产品、服务、企业、声誉等。③品牌战略是公司将品牌作为核心竞争力,取得竞争优势,获取差别利润与价值。目前,世界上的跨国公司如苹果、索尼、戴尔等实行的都是品牌战略。语言服务企业要做大做强必须把品牌战略放在首位,塑造企业的核心专长,确保企业的长远发展。

卡门森斯公司高级管理人员萨尔根特(B. B. Sargent)指出,在语言服务市场上,作为企业内部工作人员或作为供应商或分包商的口笔译人员和项目经理在语言服务的国际营销或品牌全球化方面花费了许多精力,但是他们在品牌原理和战略目标方面未受过充分的训练。④ 换言之,语言服务企业需要依靠专业的品牌战略专家来打造品牌形象,而不是依靠外行的译员或项目经理。公司经理或总裁的主要任务不是负责品牌经营,而是负责品牌战略;不是负责品牌形象,而是负责品牌资产;不是负责品牌收益,而是负责品牌投资;不是管事,而是领导人。⑤首先,语言服务企业应当做好品牌符号的能指

---

① 参见 MBA 智库百科词条"品牌战略"(http://wiki.mbalib.com/wiki/品牌战略)。
② 参见江明华、曹鸿星《品牌形象模型的比较研究》,《北京大学学报》(哲学社会科学版)2003 年第 2 期,第 17 页。
③ 参见舒咏平《品牌:传授双方的符号之约——"狗不理"品牌符号解读》,《现代传播》2011 年第 2 期,第 106 页。
④ Benjamin B. Sargent, "Global Branding and the Terms of the Trade", Lowell, MA: Common Sense Advisory, Inc., 2012.
⑤ 参见 360 百科词条"品牌化"(http://baike.so.com/doc/5567873.html)。

"外功",在文字、标记、符号、图案和颜色等品牌能指的构成要素上进行精心设计。我国知名翻译品牌元培公司和传神公司在品牌外观设计上就比较有创意。其次,语言服务企业需要提升品牌符号的所指内涵,因为品牌形象归根结底是由产品或服务的质量、企业的声誉等决定的。在打造品牌上,语言服务企业首先必须对自己的服务进行准确的定位。好的品牌定位是品牌成功的一半。翻译市场有许多领域,可分为不同的层级。翻译企业只有找准自己的位置,发挥专长和特色,才有可能创造成功的品牌。国内有些翻译公司,不论大小都宣称自己什么都能做。这种没有特色的服务不可能在消费者心中留下烙印,更无法形成品牌。而逐渐形成品牌的某些国内语言服务企业都有自己的市场定位,如元培和语言桥专注于口笔译服务和语言培训,东方雅信与东方正龙致力于翻译技术特别是教学领域翻译软件系统的研发,传神主要从事专业领域翻译服务和翻译教学软件开发服务,文思海辉与博彦科技则专注于服务外包业务。一些中小型翻译公司,如果能够提升服务品质,专业定位如专攻法律、专利、财经或医学翻译,也能在同质化竞争中创出品牌。有些翻译公司,具有一定的规模,但对客户的需求不能吃透,按照一般的翻译思路为客户提供服务,其结果反而无法解决客户的难点和痛点,无法建立自己的客户群。也有一些传统的翻译公司不考虑自己的水平和能力拓展本地化服务,反而得不偿失,损害了公司的形象和声誉。

除了品牌定位,语言服务企业还应进行战略规划。质量战略是实施品牌战略的核心和关键。质量是产品和服务的生命,严格的质量管理是开拓、保持、发展名牌的首要条件。在语言服务领域,企业不仅要建立自己的质量监控与管理流程和系统,如译员和翻译项目管理人员工作质量的追踪、问责以及雇员分级、业务匹配与淘汰机制等,还要努力达到业界公认的标准,如国际标准组织(ISO)的质量体系认证、欧洲翻译服务规范(EN 15038)、美国翻译协会(ATA)操守准则与职业规范、软件企业成熟度模型(CMM)以及三部中国国家标准。正确的市场战略是语言服务企业发展的根本。只有根据市场的变化不断调整市场导向才能使企业立于不败之地。从我国语言服务市场的发展趋势看，经典外译、高端会议口译、专业技术翻译、本地化服务、高端服务外包等领域是国内有实力的语言服务企业开拓的方向。

  翻译服务创品牌还需要大力宣传。语言服务作为一个行业目前仍未列入我国《国家经济行业分类》标准。在整个国民经济生活中，人们对语言服务业的认知度不高。因此，业界需要通过各种途径和手段加大对语言服务的宣传，增强消费者对企业品牌的认同感，突出品牌的定位和核心价值，找准服务与客户之间的情感交集，让客户在短时间内对语言服务产生认知感。在我国企业的语言服务实践中，已经积累了一些行之有效的品牌宣传策略。首先是利用重大事件通过主流媒体进行宣传，如 2008 年北京奥运会、2010 年上海世博会以及广交会、京交会等的语言服务得到《人民日报》、新华网、中央电视台等国内主流媒体的宣传。其次是行业组织宣传。中国译协是国内唯一的全国性语言服务行业的挂靠单位。中国译协从 2005 年开始在业界评选"翻译服务诚信单位"（图 8-2），有效期为一年，2005 年评选出中译公司等 42 家诚信企业。[①]

图 8-2 "翻译服务诚信单位"铜牌

（资料来源：《翻译服务通讯》2005 年第 3/4 期，第 16 页）

[①] 参见《翻译服务通讯》2005 年第 3/4 期，第 16 页。

从 2009 年开始，中国译协开展年度优秀翻译企业的评选，并通过协会网站、《中国翻译》杂志、《中国翻译年鉴》等媒介进行宣传。2009 年，中国译协评选出全国十佳翻译企业，包括北京创思智汇信息咨询有限公司、成都语言桥公司、济南双泽翻译咨询有限公司、深圳市艾朗科技公司等。2010 年的 10 家优秀企业包括百通思达翻译咨询有限公司、文思海辉公司、江苏省工程技术翻译院有限公司、莱博智环球科技有限公司、上海金译公司等。2010 年，元培公司和传神公司获得中国译协颁发的翻译行业特殊贡献奖。2012 年的优秀企业包括北京创思立信科技有限公司、统一翻译（上海）有限公司等。在中国译协优秀企业的评选中，经常上榜的公司有中译、传神、元培、语言桥、双泽、天石易通、文思海辉、莱博智等。这些企业是我国语言服务行业的中流砥柱，是当仁不让的知名品牌。地方行业协会也可进行类似的宣传，打造区域性服务品牌。

一些语言服务企业通过网站、宣传手册以及行业会议宣传自己的品牌。例如，元培公司通过宣传手册介绍本企业所拥有的顾问专家团队、完成的奥运会和世博会等服务业绩；江苏钟山公司通过公司网站介绍本公司所承接的大型工程技术项目、客户肯定的反馈意见、所拥有的资深翻译家、所参与的国家标准制定的历程和《翻译服务通讯》的编辑；传神公司利用全国翻译研讨会召开的机会将与会专家学者邀请到其总部参观，并介绍翻译实训平台等新研制的翻译软件系统等。语言服务企业可利用客户口碑、同行口碑、译者口碑、翻译研究界口碑等来打造和提升语言服务品牌。只有当整个或某一顾客群体对企业服务产生"依赖感"的时候，企业品牌才能最终建立起来。

除了语言服务品牌化之外，翻译市场中不可避免会出现品牌竞争。例如，北京集中了我国大部分语言服务企业，有不少知名品牌，如文思海辉、中译、传神、元培、东方雅信、东方正龙等。虽然北京语言服务市场庞大，但所谓"一山不容二虎"。语言服务企业只有找准品牌定位，避开同质化竞争，才能保持品牌和发展品牌。上述知名语言服务企业都有自己的核心专长,如文思海辉主要从事服务外包业务,中译致力于联合国资料的翻译和翻译学术研究著作的出版,元培的业务主要是口笔译服务和语言教育与培训,传神业务侧重于专业领域的翻译和语言技术研发,东方正龙专注于翻译教学软件系统的开发等。

二 连锁化经营

企业品牌要做大做强、实现规模效益,连锁化经营模式是必然的要求。连锁经营指经营同类商品或服务的若干个企业,以一定的形式组成一个联合体,在整体规划下进行专业化分工,并在分工基础上实施集中化管理,把独立的经营活动组合成整体的规模经营,从而实现规模效益。[①] 连锁化经营的主要特点是具有法人资格的总部、配送中心和若干分店构成一个整体,统一采购配送商品,购销分离,统一质量标准,实行规范化经营管理。其优点是授权人仅凭借品牌、经营管理经验等投入,便可达到规模经营的目的。连锁经营可粗略分为直营连锁和加盟连锁两种类型。

在语言服务领域,一些知名企业已在国内大中城市设立了分公司或办事处,如元培公司以北京为总部,在南京设立了服务产品配送中心,在上海、广州、西安等主要城市设置了十多家分公司和40多家办事处,并在纽约、中国香港、欧洲设立服务基地。这是直营连锁的经营模式。直营连锁需要由公司总部直接经营投资管理各分公司和办事处,采取纵深式的管理方式,各分公司、办事处、服务基地由总部直接领导和管理。这种经营方式需要雄厚的资本。但综观我国目前的语言服务企业,上市公司凤毛麟角,融资渠道有限,政府支持不够,发展规模化经营的一大瓶颈是缺乏资金链。由于语言服务企业没有形成产业化和规模化,同时缺乏技术和商业模式创新,因此不被投资

---

① 参见360百科词条"连锁经营"(http://baike.so.com/doc/709348-750903.html)。

者关注，几乎没有银行等资本融资能力。[①] 而语言服务行业的一般资金运行模式是企业先支付上游成本，一般在一个月以内，收取下游客户款项则在两个月以上，这与其他行业正好相反，因此语言服务企业的资金链错位成为制约行业发展的一个核心障碍。解决这一问题的一个可行办法是采取加盟连锁的经营模式。无论是特许加盟还是自愿加盟，公司本部都无须直接投资，只是凭借运作技术、管理经验和服务品牌，指导传授加盟企业各项经营的技术经验，并收取一定比例的权利金及指导费。加盟连锁模式可以帮助品牌企业在二、三线城市以及语言服务需求逐渐增多的中西部地区发展新的语言服务企业，或者将现有企业纳入自己的品牌体系。无论是直营连锁还是加盟连锁，公司本部的各种标准、规范、流程、模式等都应在连锁店统一使用。对于能力欠缺的加盟企业，总部不仅需要派人指导，还可让加盟企业将难度较大的服务项目直接上交公司本部来完成。换言之，连锁店既是业务实施者，也可充当业务中介。在连锁经营模式中，一些中小型公司将有可能被兼并或者被淘汰出翻译市场。资本实力雄厚的龙头企业也可收购资质较好的小微企业。当然，专业服务水平高、具有固定客户群的区域性中小企业也能与大型企业共存。

三　在线服务多样化

网络化服务、远程服务与技术的结合将成为越来越多的语言服务企业的主要服务方式之一。国内纯粹基于互联网的虚拟翻译公司或社区翻译网站正在不断增多，实体形式的翻译企业大都推出了自己的网站和网络服务平台。互联网和现代通信技术正在改变着语言服务的商业模式，众包翻译、社区翻译、远程口译等新的服务形式正在被语言服务企业以及其他机构所采用，有的甚至成为语言服务行业强劲的竞争对手。

---

① 参见何恩培《语言服务业的机遇与挑战》，《中国翻译》（增刊）2013年，第42页。

从广义上讲，众包翻译是社会化的翻译大生产，是众多志愿译者完成同一个翻译项目，可以是无偿或有偿，可以是网上或网下，可以是兼职译者之间的协作或者是专职译者与兼职译者之间的协作，以快速、量大、多样化见长，比较适合图书、新闻、大型项目和多语言内容的翻译。从目前趋势看，众包翻译主要以信息化的应用平台为纽带，以志愿者模式为基础，有偿服务逐渐增多。众包翻译主要见于各类网站特别是社交媒体网站内容，如影视字幕、图书和文章、网络公开课、新闻传媒、文化传播以及在线语言学习等领域。众包译者出于共同的兴趣、爱好或动机聚集在某一网络社区，志愿承担所分配的翻译任务，然后由专业译员或网站编辑整合译文。国内有许多网络翻译社区，如译言网、东西网、果壳网、译起来网、中国在线翻译网、虎扑、英文巴士、人人影视等。不言而喻，这些公益性质的众包翻译服务分流了一部分语言服务企业的业务，但不会完全取代这些企业的服务，因为众包服务有其固有的缺陷：网络依赖性、质量参差不齐、组织结构松散、专业性差、激励机制弱。但众包翻译和社区翻译为语言服务企业带来了服务机会，如术语管理、项目管理、审校控制等需要企业的专业化操作。不过，鉴于众包翻译的优势，国内已有出版机构如中信出版社开始与众包翻译网站合作，实现同步化的图书出版。也有少数语言服务企业如传神公司利用自己的在线语言服务平台，将译员、众包模式和机器翻译系统三者结合起来，多快好省地完成大型翻译项目。

在口译服务方面，模式创新也在进行。例如，厦门聚译堂智能科技有限公司的"译尔易"（Yieyi）远程口译服务平台，利用公司遍布全球的逾千名译员以及公司的专有通信线路，提供英、俄、日、韩、法、西、阿7种语言的远程翻译服务。客户可通过手机、固定电话、电脑等连接Yieyi翻译平台，"客户、外宾、翻译"三方以电话形式进行沟通，译员通过电话进行交替传译，达到沟通目的。①另外，借助免费的或客户自有的联机翻译软件进行实时翻译的人群和翻译量将会越来越多、越来越大。但（在线）机器翻译因为译文质量缺陷需要专业的译后编辑，这也是语言服务企业拓展业务领域的一个方向。

第四节　语言技术革新

电脑技术、网络技术、信息技术和通信技术的发展和综合运用，使语言服务方式发生了重大变化。以笔译为例，计划经济和转型时期的文本均为纸质文本，翻译工具基本上只有钢笔、圆珠笔、铅笔、打字机、纸张、纸质词典和参考资料。进入市场经济时期后，出现了纸质文本和电子文本并存的局面。电子文本格式多样，常见类型包括 Microsoft 的 Doc、XLS 和 PPT 格式，专业化的产品手册则为 FrameMaker 的 FM、InDesign 的 Indd 以及 Adobe PDF 格式；随着 XML 标准格式的应用发展，越来越多的文件采用 XML 格式；在多媒体视频和音频领域，AVI、FLA、MOV 等格式文件也比较常见。②翻译工具全方位电子化，电脑、电脑笔、手机笔、电子词典、电子文献、数字化图书馆、翻译软件、网站、网上论坛、微博、微信等现代信息和通信技术工具使译者和语言服务企业可以无纸化工作和进行网络化的翻译服务管理。

在口译服务领域，技术革命方兴未艾。在美国科幻电视剧《星际迷航》中，有一个星际舰队成员使用了一种翻译工具——宇宙翻译器。这个翻译器被整个星际联邦广泛使用，不仅可翻译已知的语言，也能对未知语言进行转

---

① 参见聚译堂公司对"译尔易远程口译"服务的介绍（http://www.qianyan.biz/pshow-11193104.html）。

② 参见崔启亮《产业化的语言服务新时代》，《中国翻译》（增刊）2013 年，第 34 页。

换。这个宇宙翻译器实质上是一个同声传译工具。根据该剧剧情，这个翻译器要到 22 世纪才能发明。不过，目前的同传技术研究进展似乎表明，我们距离这个翻译器已非常接近。2012 年 10 月 25 日，微软公司在天津召开的"21 世纪计算大会"上介绍和演示了其研制的同传软件。[①] 这个软件将演示者里克·雷斯特博士的英文讲话几乎同时以中文普通话的形式"说"了出来，听起来就像雷斯特在给自己做同声传译。这个同声翻译软件不仅能进行英译汉，还能翻译西班牙语等 26 种语言。该工具虽然还处在实验阶段，但已向我们描绘了一幅"跨越语言，沟通无碍"的美好蓝图。同传工具的研发涉及语音识别技术等许多尖端技术。著名科学家霍金的语音合成器从某种意义上讲就是一个翻译器。语音识别技术的一个主要目标是将人类语音中的词汇内容转换为计算机可读的输入。全球行业巨头对该技术均予以高度关注并投入巨资研发，收集并转写海量的语音数据。上述微软的同传软件基于模拟人脑行为的深度神经网络技术和统计学方法，利用储存海量数据的计算机检查语音产生的波形，然后与已知相关的特定单词相匹配。找到匹配单词后，计算机对单词重新排序，使之符合目标语习惯。要逼真地模仿说话人的声音，计算机需要事先提取说话人的声音属性，如节奏、频率、语气等，系统合成适应后就能仿拟出真人的声音。不过，正如微软首席研究官雷斯特博士所言，这个同传器在语言准确性和声音逼真程度上还存在一些需要克服的缺陷。[②]如果说可应用的同传工具离我们还比较遥远的话，那么一般口译技术的创新正在我们身边发生。目前，有相当一部分的现场口译正逐渐被电话、IP 电话、在线音频、视频和远程会议等多种远程口译形式分流；远程口译服务模式不仅在欧美越来越普遍，在国内也开始出现，如厦门聚译堂智能科技有限公司推出了

[①] 参见曹旭东《微软翻译软件是否可替代人译》（http://fanyi.baike.com/article-940469.html）。

[②] 参见秦文《微软同声翻译软件能否替代人？》，《北京青年报》2012 年 11 月 26 日（http://bjyouth.ynet.com/3.1/1211/26/7636571.html）。

面向全国的远程口译网络服务平台,中国移动广东分公司利用本公司的12580综合信息平台,推出了三方通话同步翻译业务,提供英、日、韩、阿、俄、越、泰等9种语言的远程翻译服务。[①]

日益成熟的语言服务市场表明,语言服务企业之间的竞争不仅是规模和价格的竞争,同时也是技术的竞争。在笔译服务特别是翻译项目管理领域,语言服务企业之间的在线语言服务平台之争日趋激烈。在线语言服务平台采用云计算方式,将分散的语言服务资源进行集中、组合与分配,通过云到端的服务模式满足各类语言应用需求。[②]莱博智公司的Translation Workspace是在线语言服务领域的开拓者和佼佼者。Translation Workspace是一个云计算系统,它将实时动态的软件语言资产（包括翻译记忆库和术语库等）与核心的翻译记忆技术紧密结合,以软件即服务（SaaS）、按需付费的方式,向全球的译员、翻译公司和客户等提供服务。国内大型语言服务企业也纷纷推出了云翻译服务平台,如元培的多语言服务平台、传神的"语联网"、中译的"智慧语联网"、文思海辉的多语言转写云平台等。以传神的"语联网"为例,它通过网络平台聚集译员、语料等多语资源,形成强大的语言云服务能力,将语言服务任务碎片化为若干小稿件,在平台全流程协同管理和任务自动化处理的基础上,采取并行和协同处理,从而大大提高服务效率,降低服务成本。语联网服务生产过程包括以下六个步骤:拆分稿件（碎片化）、基因匹配、翻译、审校、质检和统稿。碎片化指稿件任务进入众包模式生产系统后,系统自动将任务流转到相关拆分人员,拆分人员根据项目的时间、行业、大小并按照一定的规则对稿件任务进行碎片化拆分,以保证翻译过程的专业、准确和高效。基因匹配指译员资源和翻译任务之间的基因相似度匹配。译员基因

[①] 参见崔启亮、韦忠和、朱宪超《2011—2012年中国语言服务业概览》,2013年,中国译协网（http://www.tac-online.org.cn/ch/tran/2013-04/27/content_5911383.htm）。

[②] 参见韦忠和《2012及未来几年语言服务行业的发展趋势》,《中国翻译》2012年第3期,第72页。

包括其擅长的语种、行业、领域及信誉、质量、在线率等属性，稿件基因包括语种、行业、领域以及稿件类型、质量要求、完成时限等属性。基因匹配机制有助于实现稿件拆分后的碎片可以找到适合的译员群体，是完成众包过程的核心环节。翻译环节指译员通过自己的账号进入语联网系统，领取所分派的任务，利用语联网提供的 iCAT 等辅助翻译工具按要求完成翻译任务。审校、质检和统稿环节与翻译环节类似，指审校、质检和统稿人员通过自己的账号进入语联网系统对译稿分别进行校对、质检和合并稿件，最后生成与原文对应的译文。[①]语联网服务模式在翻译时效和成本上要明显优于传统翻译模式（表8-2）。

表8-2　　　　　　　　语联网翻译与传统翻译比较

客户	需求	时间	成本	准确率
大稿件	50万字备忘录、5万字合同	语联网：1天 传统：10天	语联网：4万元 传统：5万元	语联网：99.7% 传统：99.7%
某中小企业	5万字资料	语联网：4小时 传统：2天	语联网：2万元 传统：3万元	语联网：99.7% 传统：99.7%
某个人	公证书和相关背景资料	语联网：30分钟 传统：1天	语联网：20元 传统：100元	语联网：99.9% 传统：99.7%

（资料来源：《云翻译技术》2013年第1期，第12页）

韦忠和将"语联网"的特征概括为五点：语联网是一个集成计算机辅助翻译和机器翻译引擎的翻译管理系统；一个基于云计算的互联网平台；一个基于网站接口的营销平台；一个包括译者、翻译团队和翻译公司在内的所有行业参与者可利用的资源平台；为合作伙伴提供语联网的所有功能和资源，

---

① 参见《语联网的产业应用价值》，《云翻译技术》2014年第4期《语联网的生产模式（一）：众包模式》。

拥有相对私密的虚拟云空间。① 他认为,"语联网"的目标是构建一个完整的开放共赢的语言服务产业链,将市场上的主客体资源整合到同一个平台。目前,传神正与湖北省多语工程中心合作,开发类似语联网原理的"高校译云",计划将国内 100 多所高校的翻译资源整合起来,在论文翻译、出版物翻译、口译同传三大领域为高校师生与客户建立翻译服务供需沟通平台。②

在本地化服务领域,为适应用户市场需求的差异化和多变性以及客户要求更快捷、多迭代方式进行产品本地化,软件敏捷本地化技术应运而生。传统的软件本地化模式存在固有的缺陷,如对于无法满足本地化技术和功能要求的软件需要大量修改甚至重新设计,本地化程序完成之后若需要调整软件内容则本地化工作需要重新执行一次。为了解决此类问题,本地化服务供应商基于软件敏捷开发技术,开发了灵动的、应变快速的敏捷本地化技术(图 8-3)。

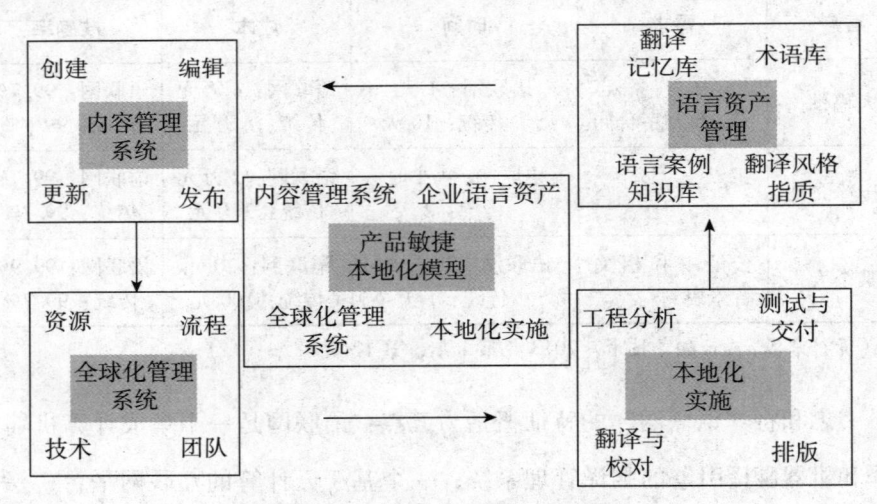

图 8-3 软件敏捷本地化模式

(资料来源:崔启亮《信息技术驱动的软件敏捷本地化模式》,《全球化与本地化》2012 年第 1 期,第 27 页)

---

① 参见韦忠和《语联网到底是什么?我眼中的语联网》,2012 年,"韦忠和的翻译人生"新浪博客(http://blog.sina.com.cn/s/blog_76476f1401019f3y.html)。
② 参见"高校译云"网站有关介绍(http://gaoxiao.iol8.com/)。

在敏捷本地化服务模式中，软件敏捷开发和软件敏捷本地化两种模式紧密集成在软件生命周期中，软件本地化人员被纳入软件开发团队之中。从软件需求调研和分析阶段，软件本地化人员就开始介入，直到软件的测试和发布全程参与。① 这种模式使本地化工程师能够随时根据源语言软件设计的变化对本地化软件进行微调，从而避免了本地化服务中所谓"最后一分钟"问题，即在本地化最后时刻遇到源语言软件内容更新时需要重复整个工作的问题，从而降低了软件本地化的成本，同时提高了本地化产品的质量。

基于互联网的众包翻译和社区翻译正改变着翻译出版市场和互联网内容翻译的格局。传统的翻译出版是出版社拟定选题后约请译者翻译。而现代的图书众包翻译方式极大提高了翻译速度，如几十万字的小布什自传《抉择时刻》，从开译到出书仅用了一个月，《乔布斯传》也只用了 35 天。② 一些所谓"私译""译制工房"如译言网通过网络聚集众包译者，先选定并下载国外好书，然后译者分头翻译，有时还进行编辑加工，一条龙制作好中文版软片，最后卖给有购买意向的出版社。国内许多出版机构现在也越来越倾向于在诸如译言网这样的众包网站上招聘翻译人才，以提高图书翻译的进度。社交媒体和协同技术的发展也影响到语言服务产业链的交互形态。许多著名的社交网站如 Facebook、Google 的 Healthspeaks、Twitter 等在志愿翻译者的帮助下能够进行网站内容的大规模快速实时更新。不过，众包翻译存在亟须解决的问题，如术语管理、项目管理、审校控制等。

在机器翻译技术应用领域，跨国企业特别是 IT 企业为了节省时间和成本采用各种机器翻译系统，如微软的 Microsoft SQL Server 2008 数据库管理系统，

---

① 参见崔启亮《信息技术驱动的软件敏捷本地化模式》，《全球化与本地化》2012 年第 1 期，第 26 页。

② 参见曹旭东《社会在变，翻译在变》，2014 年，翻译百科（http://fanyi.baike.com/article-1394116.html）。

为了加快产品发布时间、节省费用，使用机器翻译同步发行 11 种语言版本，共计 700 万—900 万个单词，费用节省到只有原来的 6%；Dell（DELL）、Intel（INTC）以及 General Motors 等公司也都在使用机器翻译系统。[①] 这是"用户生成内容"的语言生产方式。不过，机器翻译只能完成 90% 的工作，译文需要进行译后编辑，由译者调整语序、改进语法并根据目标读者或市场对语言进行润色。机器翻译技术的巨大发展潜力将极大地改变语言服务业的格局和市场要素属性，包括价格、速度、质量、效率、范围等。人工翻译的范围将极大地缩小，局限于文学、文化典籍等高端翻译领域。

在语言培训特别是翻译教学领域，国内知名品牌企业的技术产品在国内高校语言培训中的运用将越来越广泛。东方正龙的 NewClass 系列产品，可以进行同声传译训练、多媒体网络教学和数字化语言学习；传神的"传神翻译教学实训平台"是以情景模拟为特色的翻译实训系统，不但有利于培养学生所需的专业能力，而且能培养学生的实际工作能力；东方雅信的机辅笔译教学系统由学生笔译练习平台、教师笔译教学资源管理平台、专家库建设和检索平台、笔译演练平台以及教学互动平台组成，是网络和笔译教学的完美结合。

另外，从语言服务市场的主体来看，不论是管理人员、辅助人员还是译员在工作中将越来越多地运用技术工具。管理和辅助人员需要熟练掌握各种管理系统技术，如企业信息系统、术语管理系统等，以及各种电子文档的制作、编辑和操作技术。越来越多的译员将认识到各种辅助翻译软件在提高工作效率方面的巨大作用，进而通过自学或参加语言培训提高翻译技术工具和网络技术的运用能力。国外一些热门的翻译记忆工具如 SDL 公司的 Trados™、IBM 公司的 Translation Manager™、Lionbridge 公司的 Maestro™ 以及 DéjaVu™、

[①] 参见韦忠和《2012 及未来几年语言服务行业的发展趋势》，《中国翻译》2012 年第 3 期，第 73 页。

Wordfast™、Catalyst™、MultiTrans™等，以及国内的"雅信 CAT"等语言服务工具的运用在译员、术语管理专家、本地化工程师等业界从业人员中将越来越普遍。大多数译员的日常工作将会变成程序设计、词汇整理、预编文件、人机翻译、译后修订及归档管理等。① 据有关调查统计，我国语言服务企业近年来用于购置翻译技术产品的支出占营业额的比例已经达到 14.79%。②

总体来看，语言服务将朝着用户生成内容和亲用户语言的方向发展；一站式开放的语言技术平台将转化为生产力和竞争优势；语言服务企业将迅速吸收和借鉴垂直行业的先进技术和优秀实践，实施密集型发展战略；大数据方法将在产品管理中得到普遍运用；技术进步将驱动语言服务互动社区的形成，革新交付模式，创造新的工作岗位。③ 总之，日新月异的语言服务技术不仅改变着语言服务的生产、管理和经营方式，也将淘汰那些抱守传统服务方式不放的翻译公司以及包括专业译者在内的从业人员。

第五节　市场环境改善

目前，我国语言服务业的行业地位仍不明确，处于国家扶持政策的死角。但随着有关单位和行业协会与政府沟通的增多，这些不利现状将会改变。语言服务企业的服务和行业协会的管理将更加规范。在媒体宣传、行业自律和政府部门的作为下，客户将日趋理性，与语言服务企业建立和谐共赢的良性关系。高校的语言教学与培训也将走出"象牙塔"，与企业携手培养市场需要

---

① 参见朱宪超《翻译服务领域现状浅析》，转引自中国翻译协会编《中国翻译年鉴 2007—2008》，外文出版社 2009 年版，第 270 页。
② 参见王传英《语言服务业发展与启示》，《中国翻译》2014 年第 2 期，第 81 页。
③ 参见吴永波《语言服务和语言技术的趋势和变化》，《全球化与本地化》2014 年第 2 期。

的人才。

一 有利的政策支持

语言服务行业具有智力要素密集度高、产业附加值高、资源消耗少、环境污染少等现代服务业的特征，在全球化与信息化时代具有巨大的发展潜力。① 中国政府非常重视服务业的发展。2007 年，国务院发布了《关于加快发展服务业的若干意见》，后来又陆续出台了一些支持服务外包产业的措施。在翻译出版领域，全国哲学社会科学规划办公室于 2010 年设立了中华学术外译项目，作为国家社科基金项目的一个主要类别，以促进中外学术交流，推动我国哲学社会科学优秀成果走向世界。该项目资助额度上限达到 50 万元，平均一字一元。② 另外，国家新闻出版总署设有国家图书奖、全国优秀外国文学图书翻译奖，中国作家协会在鲁迅文学奖中也设立了文学翻译奖。中国作协目前正推进中国文学的对外译介工作，包括中国当代少数民族文学对外翻译工程和中国当代文学作品翻译工程，前者资助了 10 个语种的 33 部作品，后者资助了 24 部作品。③ 2013 年，国家商务部正根据中国译协完成的委托项目《语言服务业和服务贸易发展政策制定》探索制定关于语言服务业的促进政策。④

不过，虽然国家在战略上非常重视翻译工作，如十七届六中全会报告强调完善"译制、推介、咨询"等方面的政策和扶持机制，但党的方针精神化为现实政策措施的步伐还不够快。我国语言服务业目前没有像金融、法律、

---

① 参见中国翻译协会、中国翻译行业发展战略研究院《中国语言服务业发展报告 2012》，中国翻译协会 2012 年版，第 33 页。
② 参见《国家社科基金中华学术外译项目申报问答》，全国哲学社会科学规划办公室网站（http://www.npopss-cn.gov.cn/n/2013/0228/c234664-20635114.html）。
③ 参见《莫言：希望翻译家们多些"菠萝盖"》，2014 年 8 月 19 日，人民网（http://culture.people.com.cn/n/2014/0818/c87423-25487599.html）。
④ 参见《〈语言服务业和服务贸易发展政策制订〉获评商务部"优秀"研究项目》，中国译协网（http://www.tac-online.org.cn/ch/tran/2013-12/19/content_6554185.html）。

科技服务等行业获得具体的政策规划，关键原因是语言服务业的行业地位仍然不明确，业界与政府决策层的信息沟通程度低，可直接获得的政策资源较少，融资较为困难，大部分企业享受不到政策优惠，税负较为沉重。语言服务业作为国家经济发展的基础性支撑产业，必将受到我国政府有关部门更多的关注。随着语言服务市场规模的进一步扩大、在国民经济建设中的作用日益凸显，语言服务业必将进入国民经济统计序列，被纳入文化产业。专门的扶持政策将会出台，以减轻中小微翻译企业（包括个体译者）的税负，扩大其融资渠道并提供政府资金支持。已经落后于时代发展的翻译出版领域的版税制度也将进行改革，提高图书翻译特别是优秀社科著作和文化经典的翻译报酬，以培育翻译人才、多出翻译精品、促进文化的大发展大繁荣。语言服务中的部门垄断和地方保护主义现象将会消失，企业和从业人员的资质认证制度以及翻译法规也将逐渐建立健全起来。

二 服务和管理规范化

随着市场发展的不断成熟，语言服务企业的服务将会更加规范化。回首2001年之前，我国的语言服务企业尚处于各自为政、一盘散沙的无组织经营状态。虽然有些企业制定了内部规范，但在规范的健全性、合理性、科学性和实际执行上均存在不足。2001年，在有关单位和翻译企业牵头组织下，全国首届翻译经营管理工作研讨会在南京召开，并成立了语言服务行业的全国性组织——全国翻译企业协作网。2002年，该协作网并入中国译协，成为中国译协翻译服务委员会，接受中国译协的领导。此后，国内语言服务企业、中国译协、中国标协携手合作，制定了三部国家标准，即《翻译服务规范（第1部分）：笔译》（GB/T19363.1－2003）、《翻译服务译文质量要求》（GB/T19682－2005）和《翻译服务规范（第2部分）：口译》（GB/T19363.2－2006）。这三部标准属于推荐性国标，其执行需要企业和译者的自觉自愿。

从目前实际情况来看，真正贯彻国家标准的国内翻译机构和译员不足三分之一。[①] 不少译员认为，翻译服务国家标准属于非强制性标准，任何翻译机构均有权决定是否采用，即便违反这类标准，也不承担经济或法律方面的责任。换言之，这些国家标准仅为中国译协企业会员单位及其所雇用的专兼职译员自觉执行，而未加入中国译协的数以万计的中小微企业以及数以百万计的各类译者是否执行这些标准不得而知。

国家标准的制定是为了维护语言服务供需双方的利益，为业界构筑最佳秩序，帮助市场各参与方获得最大经济效益。语言服务的规范化和标准化是不以人的意志为转移的发展趋势。从目前现状来看，政府参与不够。在经济全球化背景下，语言服务产业作为国家经济的基础性支撑产业，其作用和重要性将会得到政府的认可和重视，语言服务的行业地位将逐渐明朗，明确语言服务行业的主管部门或建立专门的行业管理部门指日可待。三部国家标准已颁布了 10 年左右，已不能跟上翻译市场的发展变化。ISO 标准以及中国国家标准都是每 5 年复审一次[②]，因此翻译服务国家标准的复审修订已推上日程。中国译协目前正着手制定新的规范如《本地化服务报价规范》《本地化服务供应商选择规范》《技术翻译风格规范》《翻译服务报价规范》《中国语言服务业道德规范》等。中国语言服务行业的规范和标准体系将逐步完善，并跟上市场的发展步伐，语言服务供需双方的权益将会得到国家的立法保障。在目前的语言服务市场上，一些比较规范的语言服务企业在与客户以及译员签订合同时明确将遵守国家标准写入条款，这弥补了推荐性国标无强制性约束力的缺欠，将会为更多的中小企业所效仿。另外，品牌企业的连锁化经营也有助于国家标准的宣传、推广与落实。

[①] 参见郑伦金、吴世英《中国翻译的标准化任重道远》，转引自夏太寿主编《中国翻译产业走出去——翻译产业学术论文集》，中央编译出版社 2011 年版，第 179 页。

[②] 同上书，第 182 页。

企业的行业准入制度和从业人员的职业认证制度是语言服务行业规范化的必由之路。实行准入制是业界的共同呼声。目前的中国翻译市场鱼龙混杂,仍然处于较为无序的状态。任何个人或组织都可开办翻译公司,不需任何资质,其结果是低质量的恶性竞争日益泛滥。在盲从、跟风中出现的不具备竞争力的企业迟早将被市场淘汰。从目前国家鼓励个人创业的政策来看,语言服务企业行业准入制度的建立还有较长一段路要走。但语言服务从业者特别是译员的执业资格认证制度的建立相对来说具有较大的可操作性。译员是翻译市场的基本构成要素,是翻译质量的最终保障。从世界各国来看,在公共翻译领域,许多国家都建立了职业译员认证制度,如法国、德国、西班牙、意大利、波兰、匈牙利等国都有所谓的"效忠译员"(sworn translator),美国有注册译员(certified interpreter/accredited translator);这些译员需要参加官方或行业协会的考试才能拿到证书。[①] 我国也有一些全国性或地区性翻译资格考试,如国家教育部委托北京外国语大学组织的全国外语翻译证书考试、上海市政府组织的中级口译考试、国家人社部委托中国译协组织的全国翻译专业资格(水平)考试等。目前影响较大的是中国译协的资格考试,到 2012 年年底累计报考近 24 万人次。[②] 严格说来,这些考试都不是选拔职业译员的考试。因此,译员、翻译项目管理人员等从业资格考试的缺席问题需要政府有关部门、行业协会、有关高校和企业协商解决。

行业协会在我国翻译市场的规范化进程中将发挥应有的作用。我国目前只有一个全国性的翻译行业组织,即中国译协。此外,还有许多行业性、地区性翻译协会。这些协会是我国语言服务企业的挂靠单位。由于这些行业协会属于社团组织,因此对语言服务行业不具有实质性和约束性的公共行政管

[①] Roberto Mayoral Asensio, *Translating Official Documents* (pp. 5 – 6), Manchester: St. Jerome, 2003.
[②] 参见杨英姿《我国翻译人才评价体系发展现状及其对策建议》,《中国翻译》(增刊) 2013 年,第 31 页。

理权限，只能提供必要指导。① 但是行业协会在规范翻译市场方面能够发挥以下三个方面的作用：根据新时期语言服务业涵盖的实际专业领域，制定相应的服务标准和规范；组织职业培训，提高从业人员的专业素养和职业道德标准；推动语言服务立法和行业准入制度的建立。② 一些地方性翻译协会如无锡市翻译协会在行业管理中进行了一些较有成效的规范化实践，如制定统一的翻译服务收费参考标准，根据国家有关标准和法规制定了本地行业标准（如《无锡市翻译服务机构资质认证管理试行办法》和《无锡市翻译服务机构资质认证试行细则》）并在试点企业试行标准，利用地方媒体和协会出版物宣传协会标准等。③ 行业协会由过去的重学术到现在的学术研究与行业管理并重，中国译协已率先垂范，但一些地方协会在职能转变方面还有一些工作要做，如放弃以前对外承接翻译业务的做法，加强对语言服务企业的指导和服务，增强企业与高校之间的联系。在政府部门的认可和授权下，行业协会在翻译质量纠纷和费用纠纷方面可以发挥应有的作用。例如，天津市译协成立了翻译质量仲裁专家组④，译无止境网也成立了中国翻译联谊会纠纷调解办公室⑤，就是一种很好的尝试。有关政府部门可以从中获得启示，建立健全市场规范化的各种制度、措施和法规。

三 客户趋向理性

语言服务企业和译者服务的规范化、专业化和透明化必将改变客户对语言服务行业整体形象的看法。语言服务需求方将会认识到专业服务的价值所

---

① 参见王隆文《文化强国的法律保障：加强我国翻译立法的思考》，《中国翻译》2012年第6期，第62页。
② 参见王传英《语言服务业发展与启示》，《中国翻译》2014年第2期，第82页。
③ 参见吴兴《无锡市翻译协会行业管理实践》，转引自夏太寿主编《中国翻译产业走出去——翻译产业学术论文集》，中央编译出版社2011年版。
④ 参见中国翻译协会编《中国翻译年鉴2005—2006》，外文出版社2007年版，第217页。
⑤ 参见曹旭东的文章《翻译纠纷调解办公室将成立》，翻译百科网站（http：//fanyi.baike.com/article-1219611.html）。

在以及有可能给企业带来的增值空间。在寻求服务时，成熟的客户会选择正规的、专业的企业和个体译者，理性地接受服务价格，让那些浑水摸鱼的、以低廉价格为诱饵的小微企业和译者无生存的市场空间，并最终使其在市场上销声匿迹。

第六节　校企合作加强

随着语言服务市场的进一步发展，企业在产、学、研方面将加强与高校和研究机构的合作。校企合作在我国有着优良的传统。计划经济时期，中译公司的前身"联合国资料小组"在翻译积压的联合国资料方面曾与数十所国内高校展开合作，出色地完成了翻译工作。进入转型时期之后的很长一段时间内，我国新出现的翻译公司除了利用高校教师资源外，与高校在翻译人才培养方面合作很少。直到中国译协成立翻译服务委员会并对语言服务行业开展指导之后，校企合作才逐渐增多。校企合作主要体现在两个方面：一是高校为企业培养翻译人才，进行译员继续教育培训或作为企业产品的实验和应用单位；二是企业作为高校的实习基地和人才接收单位。

2006年和2007年，教育部和国务院学位委员会分别批准国内有关高校开展翻译专业本科和翻译专业硕士教育，以满足市场对翻译人才的需求。近年来，由于受到办学思路、市场定位、教学资源、翻译实践机会等因素的影响，人才培养趋同化现象严重，无法满足语言服务分工多样化、精细化的需求。[①]不少高校已意识到这一问题，正着手扭转高校单向地从企业获取有关教学资

---

① 参见王传英《语言服务业发展与启示》，《中国翻译》2014年第2期，第81页。

源的倾向，加大与企业的合作，实现优势资源双向互动。例如，东方正龙公司与北京外国语大学合作，检验 NewClass DL760 同声传译训练系统的教学功能与效果，并将 NewClass 系列产品推广到上外、广外、北京语言大学、北京大学、清华大学、浙江大学等其他高校。传神公司与广外签署战略合作协议，与江汉大学合作开办旨在培养口笔译后备资源的"传神班"，开设计算机辅助翻译技术、翻译项目管理、经贸翻译、技术写作、TCLOUD 工具操作等课程；公司高校事业部与国内众多高校展开多种形式的合作，包括提供翻译实验室解决方案、委派专家高校授课、协助高校培养实践性师资、科研合作、共建实习基地、定向培养、就业推荐等；"传神翻译教学实训系统"等翻译教学软件系统在北外等近百所国内高校中得到广泛应用。语言桥集团是西部地区多所高校如四川大学、西南财经大学、西南交通大学、四川外语学院的教学实践基地。随着高校与企业合作日益紧密，在关键技术研发以及在培养翻译项目管理人才、会议同传人才、高级译审与翻译人才甚至技术写作人才、技术管理人才以及多媒体工程师等领域，高校必将加强与企业的合作，研制企业所需的技术，培养市场所需的紧缺人才。

第七节　市场国际化程度提高

全球化浪潮、互联网技术、信息技术、通信技术等加快了我国翻译市场的国际化步伐，这也是其他国家翻译市场的发展趋势。我国语言服务市场的国际化趋势主要表现在三个方面。首先，我国大中型翻译公司和本地化公司的很大一部分业务来自跨国公司特别是世界 500 强企业在中国的业务，如微软、西门子、IBM、宝马汽车、花旗银行、荷兰壳牌等。其次，一些实力比较雄厚的国内大型企业纷纷在国外建立了分支机构或者收购国外相关企业，以扩大业务范围、增强企业实力和竞争力。例如，服务外包龙头企业文思海辉在北美、亚太地区、欧洲设立了地区总部，并在美国、欧洲、澳大利亚、日本、新加坡、马来西亚设有交付中心；博彦科技2007年收购了印度ESS公司，2010年收购了美国的ExtendLogic公司，2012年收购了美国大展集团旗下6家子公司100%的股权；元培公司在北美、中国香港和欧洲建立了服务基地；语言桥集团2004年成立美国分公司，2012年成立伦敦分公司。国内企业的这些海外分支机构为我国的驻外企业、海外华人、国外客户提供包括汉外互译、整体解决方案在内的全方位服务。

最后，早在国内企业走出去之前，港澳台资企业和外资企业就已进入中国语言服务市场。1983年，这些企业占我国语言服务企业的比重达到最高点，超过14%，此后总体呈下降趋势，2003年后所占比重保持在3%以下。[①]外资企业在我国的经营服务方式有两种：独资经营与合资经营。外商独资经营的企业占大多数。例如，北京莱博智公司是全球最大语言服务供应商之一美国Lionbridge公司的在华分公司，其主要业务包括翻译、在线营销、全球内容管理和应用程序测试解决方案等；罗塞塔翻译（上海）有限公司是总部位于伦敦的罗塞塔翻译集团全资拥有的分公司，主要从事文件翻译、抄录、字幕翻译和本地化服务；思迪软件科技（深圳）有限公司是全球语言服务业巨头之一的英国SDL在中国的分公司，经营业务包括翻译、企业技术、桌面技术、翻译软件等；知财信息咨询（上海）有限公司是日本知财翻译研究所在中国的全资子公司，主要经营知识产权信息咨询服务。中外合资的语言服务企业有深圳比蓝翻译有限公司，全球著名语言服务供应商Telelingua International在该公司拥有40%的股份；传神公司和元培公司由于有国外风险资本的投资，

---

① 参见《中国语言服务业发展报告2012》第16页。

也具有合资性质。

从宏观层面看，语言服务属于国家软实力的一部分，可以展示一个国家掌握其他国家和地区语言文字的能力。语言服务行业的整体发展水平反映了一个国家的整体语言实力。与美国相比，中国目前整体的国家语言实力稍显不足。例如，美国有自然语言380多种，美国军方能掌握500多种语言，美国能为公民开设200多种语言；中国所掌握的外语只有百种，能开设的外语课程大概在50种，即便把欧盟国家语言开齐都很困难。[①]

但是，我们应该看到，中国目前正处于经济腾飞的阶段，而美国却处于经济停滞甚至下降阶段。美国作为发达的移民国家具备高人一等的语言实力在情理之中。经济文化的大繁荣必将使我国的物质和精神生活越来越丰富。中国将像一块超大磁铁一样吸引世界各地的人们到中国来旅游、学习、经商、工作、定居。在不远的将来，中国将由人口大国变为移民大国，在纯移民人口数量方面超越美国。独特而灿烂的中国文化吸引着越来越多的异域国度的人。中国政府的对外文化推介方略如在世界范围内广泛地建立孔子学院、实行汉语水平考试（HSK）制度、资助国外译介宣传中国文化的项目等，必将使汉语成为世界上使用最为广泛的语言。如果说20世纪是英语的世纪，那么21世纪将是汉语和英语并驾齐驱的世纪，22世纪将是汉语的世纪。我们有理由相信，中国将成为以汉语为核心的汉外互译全球语言服务中心，甚至有可能成为囊括所有语言的全球多语信息处理与转换中心。

---

① 参见何明星《中国文化对外翻译出版60年》，《出版发行研究》2013年第6期，第31页。

第九章 结论

在本研究伊始，我们围绕中国翻译市场60年的发展变化提出了有关研究问题和研究假设。然后，我们采用描述的方法从宏观视角粗略还原了我国计划经济时期、经济转型时期和市场经济时期翻译活动的大致图景。结合本研究所提出的翻译市场研究模型分析探究了中国翻译市场各阶段特征的差异及其成因。最后，我们预测了中国翻译市场的发展趋势。作为一项具有较大历史跨度的国别翻译史研究工作，中国翻译市场发展60年研究是一项工作量十分巨大的系统工程，在许多方面都超出了本研究团队的人力、物力、能力范围。我们的研究虽然有一些发现，但在研究工作的各个环节存在不少欠缺，需要未来的研究者进行修补和完善。

第一节 主要研究发现

经过对中华人民共和国成立以来翻译市场60年的发展历程研究，我们发现不同时期存在不同性质的翻译市场，各阶段市场具有较为鲜明的特征。

计划经济时期的翻译市场是一个封闭型市场。所谓"封闭",是指这一时期的翻译市场不对社会开放,国家是唯一的翻译服务对象;国家之外的个人或组织当时几乎不需要翻译服务,偶尔产生的翻译服务需求由国家指定的机构完成。这里的"市场"并非指翻译服务供需双方自由讨价还价的场所,而是指一种特殊交易方式所形成的服务商品买卖的网络,即翻译工作者将自己的翻译服务产品提供给国家,换取国家付给的工资。由于交易双方身份不对称,翻译服务提供方只能被动地出卖自己的劳动,而翻译服务需求方可以任意支配翻译服务提供方完成各种翻译工作,因此这个时期的翻译市场是一种国家垄断的劳动力市场,价值规律的作用很弱或者没有。同时,由于包括专兼职译者在内的几乎所有翻译工作者都依附于某个单位,译者的服务直接提供给国家,因此基本上不需要翻译公司之类的中介。国家作为所有翻译服务提供者的"赞助人"决定了这个时期的翻译市场是一种无差别的市场。

经济转型时期的翻译市场逐渐由无差别的市场向有差别的市场过渡,即计划经济时期同质的公益性翻译市场逐渐变成转型时期公益性翻译与商业化翻译并存的异质市场。引起这一时期市场性质变化的关键因素是以社会为依托的、服务面向全社会的翻译公司的出现。翻译公司的出现改变了计划经济时期国家作为所有译者"赞助人"的状况。翻译公司不仅有专职译者,还雇用大量兼职译者;还有一些译者直接向社会上的个人或组织提供服务。这些译者的"衣食父母"即赞助人不再是国家,而是翻译公司或客户。译者、客户和翻译公司处于平等的地位,可以自由竞争、自由选择翻译服务提供方或需求方,自由地讨价还价。翻译公司和自由译者的出现催生了以契约关系、货币支付为主要特征的现代意义上的翻译市场。不过,转型时期个人、企业、机构的翻译需求还不多,商业化翻译市场所占比重很小,传统的公益性翻译市场仍然占据这个时期翻译市场的主导地位。

市场经济时期的翻译市场保持了转型时期市场的异质特征,但是在市经济时期的翻译市场中公益性翻译市场所占比重逐渐缩小，而商业化翻译市场的比重不断扩大。商业化翻译取代公益性翻译成为市场的主导服务方式。公益性翻译市场的缩小并非是政府公共翻译服务需求减少，相反这一市场板块的需求正在迅速扩大。但是，越来越多的政府机构倾向于将翻译业务外包给翻译公司、本地化公司以及自由译者完成，而不是像计划经济时期那样全部由本单位的专兼职译者承担。不过，在可预见的将来，公益性翻译和商业化翻译将长期并存下去，商业化翻译不可能完全取代公益性翻译。这是因为，语言服务企业比较适合承担"中性化"的翻译服务工作，而涉及政治、外交、军事、国家安全等意识形态和保密内容的翻译工作仍将按照传统的方式由国家专门的语言服务部门或指派专门的人员承担。

比较计划经济、经济转型和市场经济时期的翻译市场，从翻译策略看，整体上由归化转向异化；从翻译服务实体看，过去单一的政府和企事业单位内部的语言翻译部门逐渐演变成现在公共翻译机构、翻译公司、本地化公司等并存的局面；从价值规律作用看，公益性翻译极大地削弱了价值规律对市场供求关系和价格的调节作用，而商业化翻译使价值规律对翻译成本、价格、利润等的作用回归本位，翻译服务的市场机制逐渐完善；从翻译服务规范看，在公益性翻译服务的语境下，个别部门可能存在翻译工作的规章制度，但整个行业未建立行规行约，而商业化翻译市场的发展壮大使有关翻译服务经营企业自觉地联合起来，建立本行业的各种规范和标准，并在行业协会和国家有关部门的组织和领导下，发布了对整个行业具有指导作用的翻译服务国家标准；从业务流程看，公益性翻译服务中除了个别重大翻译项目（如"毛著"翻译）外，一般并无明晰的翻译业务流程管理和监控，翻译工作由译者单独或分工完成，而在商业化翻译服务中，业务流程比较严密，每一个环节都有专人负责，翻译服务产品的生产类似流水线生产。从译者角度看，计划经济时期的专兼职译者都是国家机关、政府部门、国有和集体企事业单位的工作人员，一切服从国家分配和安排，翻译工作在部门内部、跨部门或多部门合作中完成；转型时期和市场经济时期开始出现越来越多的不依附于国家的专兼职译者，他们要么是自由译者，要么是受雇用于翻译公司、本地化公司等私营企业的专职或兼职译者，在经济上相对独立或具有较大的自主权，与客户、翻译公司通常是一种建立在契约之上的合作关系。从客户看，公益性翻译服务的客户比较特殊，本质上体现为国家和政府，客户的意志凌驾于译者之上，客户与译者之间是一种不对称、不平衡关系；在商业化翻译语境中，客户表现为有翻译服务需求的个人、企业、组织或政府有关部门，客户、翻译公司、译者之间是一种平等的契约关系，其经济关系完全服从于价值规律。在公益性翻译服务中，翻译服务中间人为国家工作人员或有关单位。严格说来，计划经济时期不存在翻译服务中间人，国家直接将翻译任务分配给译者。而在商业化翻译服务中，翻译服务中间人可能是翻译服务需求方的朋友、同事、熟人或有关机构等，而翻译公司可视为最常见的翻译服务中间人，因为翻译公司雇有大量的兼职译者，是客户和兼职译者之间的纽带。公益性翻译服务中的管理和辅助人员均为国家工作人员，包括相关部门的领导或有关待译文献（如"毛著"）的研究专家，这类人员的职责并不明确，许多翻译工作没有辅助人员；商业化翻译将翻译服务项目化，有明确的专门化管理人员、项目小组、术语专家、质检与排版人员等。

从译者态度和动机看，公益性翻译服务中的译者不以追求经济利益为最终目的，而是将为人民服务、为革命事业献身作为自己神圣的使命。高昂的革命热情和信念是促使译者高效率、高质量地完成翻译工作的原动力。就计划经济时期的译者而言，工作条件有限，如只有笔墨纸张和少量的参考文献等物质资源，工资福利待遇较差，如工资只能保证最基本的生活需求，但他们工作负责、一丝不苟，经常利用工作之外的时间进行翻译，而不奢求任何回报。许多翻译家把翻译当作一门艺术，对翻译精益求精，以生产精美的精神食粮为己任。翻译的这种"社会属性"在计划经济时期表现十分突出。商业化翻译服务中的译者遵循职业伦理与道德，追求经济利益是其最根本的动机。市场经济时期，译者的工作条件因为整个国家经济水平的提高和互联网的普及而得到很大改善。不过，译者群体鱼龙混杂，水平参差不齐。译者的职业态度在很大程度上受到个人信用的影响。在客户或翻译公司过分压低价格的情况下，译者的服务质量得不到保证。在客户和翻译公司的双重"剥削"下，居于中低端翻译市场的译者生存条件相当恶劣。从服务内容和方式看，计划经济时期的翻译服务比较单一，主要表现为专兼职译者向国家提供口笔译服务。市场经济时期，翻译服务方式发生了巨大变化，传统的口笔译服务发展成为多元化的语言服务。本地化服务、翻译工具研发、语言翻译培训、多语咨询服务等成为翻译服务的新生内容。翻译服务上升成为语言服务产业。翻译服务的性质由过去的"工作"属性转变成为现在的"职业"属性，翻译服务的"商业属性"日益凸显。

中国翻译市场由封闭型向开放型转变是由国家的方针政策、国家对翻译工作的干预、社会文化规范及行业规范的变迁、译者动机的变化，以及信息化、全球化、本地化等诸多内外因素的合力作用促成。50—70年代计划经济的宏观格局决定了除国家外社会上的个人或组织基本上不存在翻译服务需求，翻译公司和自由译者缺少产生的体制和市场基础。随着70年代末我国实行改革开放，私有制经济成分开始在我国取得合法地位，开放带来的对外交往的增多使得以社会为依托的私营翻译公司开始出现。90年代之后中央深化经济体制改革，将原来属于国有或集体所有的翻译服务部门推向市场，使其成为商业化翻译服务市场的一部分。国家政治经济体制的变化引起了我国社会文化规范的变化，译者的翻译动机也随之发生变化。90年代以来出现的信息化、全球化、本地化浪潮，以及一些重大事件如中国"入世"、北京奥运会、上海世博会等使我国的翻译服务需求量飞速增长，翻译市场规模迅速扩大，翻译服务内容和方式日益多样化。虽然面向国家的定向翻译服务依然存在，但所占市场比重不断缩小，自由竞争的商业化翻译成为当下语言服务市场的主流经营服务模式。

在 60 年的发展历程中，我国的翻译服务工作由前 30 年分散在各部门、各领域的翻译活动，发展到八九十年代的翻译行业，并在 21 世纪升级为语言服务产业。翻译的观念以及翻译服务的内涵在最近 10 多年发生了深刻的变化。当下的翻译服务已不再是单纯的文字转换工作，而是全面的语言信息服务。90 年代中期开始的国外计算机软件的汉化，其中包含了翻译环节，现在被认为是本地化翻译服务的滥觞，属于广义的翻译服务即语言服务的一部分。本地化服务一方面使文本介质由纸质文本扩大到软件、网站等电子文本，另一方面使软件设计与测试成为语言服务的内容。随着职业译者群体以及翻译教学培训机构的大量出现，翻译软件和工具的研发与生产应运而生；语言培训、多语咨询甚至企业的整体语言解决方案等日益成为语言服务提供商的服务内容。翻译服务向全面的语言信息服务拓展，是目前国内外语言服务发展的大趋势。在国家经济快速发展的推动下，我国语言服务业的市场规模将进一步扩大，在全球语言服务市场中所占的比重将越来越大。语言服务企业的兼并重组将不断发生，最终形成具有强大技术实力和资本实力的龙头企业。翻译服务的品牌化、连锁化、网络信息化经营模式将是未来的主流模式。我国语言服务企业的国际市场竞争力将不断增强，跨境服务将成为常态，中国将成为全球多语转换与处理服务的重要国家。

从本研究提出的假设来看，有些假设得到证明，有些假设则需要修正。本研究表明，翻译市场是一种以翻译服务供求关系为基本特征的语言信息服务市场。不过，语言服务内容已不再局限于传统的口笔译服务，翻译工具研发、语言培训与多语咨询、本地化服务、企业解决方案等已成为语言服务企业的重要业务。封闭型和开放型是我国翻译市场的两种主要类型，但还有第三种市场，即封闭型和开放型并存的异质市场。我国的翻译市场由计划性质的封闭型市场演变成为自由竞争的开放型市场，但并非是后者完全取代前者，而是后者与前者并存，后者逐渐占据主导地位。从整体上看，中国翻译市场已由卖方市场转向买方市场，翻译服务在中低端市场有供大于求的趋势，但在文化典籍翻译、高端会议口译、某些小语种翻译和专业翻译市场上翻译人才缺口甚大，卖方市场的性质未变。计划经济时期的翻译特别是文学翻译，由于译者的整体敬业精神较高以及出版审查严格而质量较高；市场经济时期由于译者水平参差不齐、翻译公司和出版社管理不到位而使翻译质量无法保证。国家政策和体制对翻译服务形态和翻译出版物的类型有一定程度的影响。计划经济时期的翻译服务被国家计划和垄断，表现为一元化服务形态；市场经济时期的翻译服务面向全社会，属于多元化服务。从出版物类型看，50—70年代主要是围绕意识形态宣传的产品，如苏联作品和马恩列斯毛泽东著作；八九十年代后翻译出版物开始多样化，意识形态的翻译出版物大量减少。从译者心态看，计划经济时期的译者能安心地、认真负责地工作；市场经济时期的有些译者，在经济压力和恶性竞争的影响下，心态失衡，急功近利，提供劣质翻译，使客户利益受损。从翻译策略看，封闭的环境使计划经济时期的译者倾向于使用向译入语文化靠拢的归化翻译策略；开放的环境使市场经济时期的译者纳异能力明显增强，在近20年中国翻译研究界"异化翻译"声音增强的理论话语环境影响下，倾向于使用向源语文化靠拢的异化翻译策略。此外，本研究还表明，网络信息技术的发展使翻译服务更加便利、效率提高，经济全球化使翻译服务需求日益增多，翻译市场规模不断扩大。

中国翻译市场60年的发展历史给我们许多启示。从经验看，计划经济时期译者严谨的翻译作风值得当下浮躁的译者学习；"毛著"翻译工程中严格的翻译程序和质量监控手段可为翻译公司在制定翻译业务流程和质量管理体系时所借鉴；计划经济和转型时期国家对翻译选题的规划，避免了人、财、物资源的浪费，政府相关管理部门可从中获得有益的启示；由翻译公司等机构发起、政府有关部门参与并发布的翻译服务国家标准制定的模式可为今后制定与语言翻译服务有关的规范、标准、法律提供参考；依靠国外翻译力量（如译者、出版社等）是中国文化"走出去"的一个重要途径。从教训看，政府对语言服务市场的监管缺位引发了一系列问题，如低级趣味的图书充斥翻译出版市场、翻译盗版现象时有发生、低质量的城市公示语翻译影响国家文化形象等；译者、翻译企业之间同质化竞争严重，导致服务质量下降；语言服务业的行业地位不明确，制约我国语言服务行业的快速发展；翻译行业缺乏强制性国家标准，更无相关翻译法规，致使发生翻译纠纷或侵权时无法可依；未建立从业人员和企业的准入制度，导致语言服务市场失序；高校翻译人才培养未摆脱传统外语人才培养模式，我国在高端翻译人才市场缺口甚大的现状仍未改观；翻译企业融资难成为提升企业核心竞争力的一大瓶颈。

第二节　研究局限

　　本研究在宏观架构设计、研究细节处理以及研究手段运用等方面存在一些欠缺。在本书宏观结构上，将国内外文献综述作为第二章似乎影响了前后内容的连贯性。第二章"翻译市场研究方法概览"撰写的初衷基于他山之石可以攻玉。令人有些遗憾的是，我们对国内外学者的研究方法借鉴不多，对他们的观点在本研究中也较少进行观照和验证。

　　在某些概念如"市场""翻译""翻译市场""翻译公司"等的运用上，本研究对其内涵与外延缺少明晰的界定，或者概念的所指不够单一、具体。例如，"市场"在本研究中虽然有详细的界定和描述，但用"市场"的概念指称我国计划经济时期的翻译活动，难免使人无法认同，因为"市场"会使人联想到自由的讨价还价，而计划经济时期的翻译服务很难与此产生联系。又如，"规范"在本研究中过于泛化，国家的方针政策、行业标准、具有约束力的社会文化准则等一切成文与不成文的规定似乎都是规范。而"翻译"这一概念在与其他词语的搭配运用上也容易产生混淆，如本书中的"翻译市场""翻译公司""翻译服务""翻译行业""翻译产业"等，其中的"翻译"是指传统的符码转换工作，还是指包括口笔译、本地化技术、翻译工具研发、语言培训与多语咨询等全方位的语言服务，有时不易加以区分。在讨论非货币形式的翻译服务交换中，本研究所使用的"准货币"概念边界也不够明确。如果说，金钱是纯货币，物质是非货币，行政级别、福利待遇、人情等是准货币，那么计划经济时期具有价值的粮油票、烟酒票等有价证券属于什么类型的货币？将其简单地视为准货币似乎不妥，因为行政级别等隐形价值符号与有价证券存在明显区别。

在理论工具运用方面，本研究在有关翻译市场的研究模型中运用了一些理论如规范理论、布尔迪厄的资本理论、价值规律理论等，但理论的融合和有机运用似显欠缺，有罗列堆砌之嫌，特别是社会交换理论运用较少，以至于对于翻译的"社会属性"研究得不够深入全面。在研究手段方面，市场调查统计法运用不多，使得本研究第一手数据有限，多为现有文献中的数据，如对《报告2012》中的数据借鉴过多。本研究经常使用有关网上信息和数据。但第二手数据的真实性有时值得怀疑，如武汉圣士翻译公司网站上显示该公司有38名专职译员，但据我们的问卷调查，该公司专职译员最多时只有12人，数据差距较大。另外，在有些研究对象的分类上也需要完善，如译者分类中的"自由译者""兼职译者""隐形译者"的区别不够明确，而是否将新东方集团等归类为翻译培训与多语信息咨询机构也是一个值得进一步探究的问题。

第三节　研究建议

新中国翻译市场发展60年研究是一项巨大的工程，需要研究者进行多角度、全方位的持续研究。未来研究似可从以下三个方面寻求突破。

第一，数据收集的客观性和全面性。统计与分析是翻译市场研究的一项重要工作，而数据收集是数据统计和分析的前提与基础。有些如涉及语言服务企业营业收入的数据属于商业机密，一般个体研究者或研究团队很难收集，或者很难全面收集。如果改由官方进行行业统计，问题便会迎刃而解。目前，国内外有关翻译市场或语言服务市场的统计数据均不具有权威性和客观性。各统计机构如美国卡门森斯公司和美国联合商业情报公司有关全球语言服务市场规模的统计数据有较大的出入，其原因是大多数国家对语言服务行业没有形成官方统计制度，各调查机构只能通过自己的调查途径和手段收集数据。在欧洲，比利时和芬兰对翻译服务市场都有官方统计数据。① 我国在语言服务行业数据统计方面完全可以效法这些国家。目前，国家商务部正对语言服务行业进行系统的调研，并将在调研基础上会同有关部门开展行业统计等基础性工作。官方的行业统计可保证在有关全国语言服务企业的营业总额、从业人数以及语言服务的成本、价格、利润等方面有比较权威的数据。但官方统计不可能涵盖所有方面。超出官方统计范围的数据如未注册语言服务企业和译员的数量等需要研究者通过实地调查、文献检索等多种手段相互印证核实，使数据尽可能客观科学。另外，翻译市场的动态性较强，翻译价格、市场参

---

① Fernand Boucau, *The European Translation Market: Facing the Future*, Brussels: EUATC EEIG, 2005, p. 9.

与者如服务企业和从业人员处于不断变动之中，因此研究数据应标明具体的时间。

第二，理论整合加强。在本研究中，我们主要运用了翻译学、社会学和经济学（包括政治经济学）的有关理论研究翻译市场的社会属性和商业属性。在市场属性方面，计划与市场理论用于分析计划经济、转型和市场经济时期翻译市场的性质与特点；价值规律理论用来分析各时期翻译市场的运行机制。在社会属性方面，规范理论主要用于分析各时期社会文化规范的变化对翻译活动的影响；布尔迪厄的资本理论用来分析译者的各种动机；社会交换理论则用于分析翻译服务供求双方交换行为背后的本质。按照本研究的初衷，社会交换理论主要用来分析基于"人情"的无偿翻译服务现象，因为价值规律理论或者经济学中的商品交换理论无法解释这种现象。但在本研究中，社会交换理论运用得较少，未发挥其应有的作用。其实，互联网时代志愿译者的志愿翻译行为等无偿翻译服务也可用社会交换理论进行分析。无偿翻译服务现象以及本研究中所提到的"感情折扣"和"道德折扣"等非经济现象可用布尔迪厄资本理论中有关社会资本和象征资本的思想原理进行剖析。换言之，翻译市场社会属性的分析可不借助于社会交换理论，用规范理论从宏观和微观两个层面分析翻译服务实践活动，用布氏资本论分析译者动机以及翻译服务交换行为的本质。缘此，我们将本研究的理论分析模型修正如下（图9-1）：

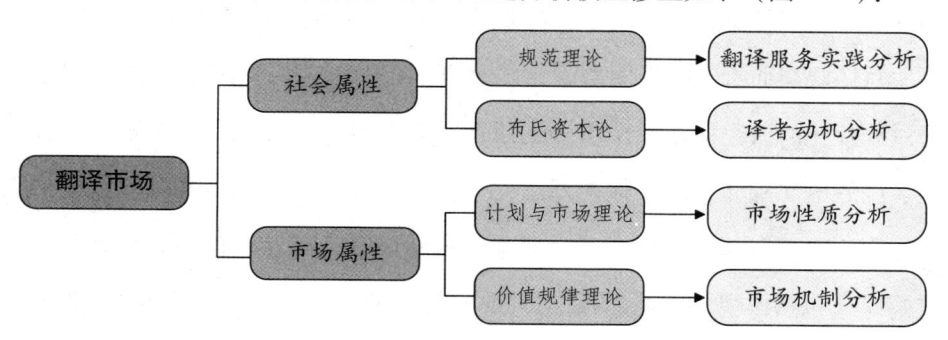

图9-1　翻译市场理论分析修正模型

在修正模型中，规范理论等四种理论均用来分析中国翻译市场发展变化的成因，而原先设计的成因分析仅局限于规范理论。

第三，研究角度多样化。除了跨学科研究如本研究整合翻译学、社会学、经济学的有关理论外，翻译市场研究也可选择单一学科视角，如翻译学、社会学、政治经济学、国际关系学等。从翻译学角度看，除了研究各时期语言翻译活动的特点如文本选择、语种地位、翻译功能、翻译策略、翻译规范等基本内容外，还可从服务和市场角度研究翻译服务供求双方的特点、翻译服务的经济与技术因素、翻译服务内涵的演变等。这些研究可以拓宽翻译学的领域，并有可能形成一门新的分支学科——翻译市场学或翻译经济学。从社会学角度看，除了资本理论和交换理论外，功能主义理论有助于剖析翻译在各时期的社会功能，结构主义理论有助于分析翻译市场的细分领域及其功能作用，过程论有助于认识翻译市场由低级形态向高级形态发展演变的历程，等等。从政治经济学角度看，翻译市场研究可从社会政治的维度研究市场运行机制的变化以及市场要素的表现形态，从而揭示各时期翻译市场的性质与特点。从国际关系角度看，立足于整个国家翻译活动的历时研究与国家之间的政治、经济、外交、科教、文化、体育等关系密不可分。作为外部因素的国际关系对语种地位、文本选择、翻译供求关系、市场规模等有重要影响，因此可从国际外交关系、国际经贸关系等维度研究翻译市场。

从微观层面看，新中国翻译市场发展 60 年研究可从不同的点和面进行，通过碎片化的研究构建整个市场的拼图。在市场细分领域研究方面，翻译出版、民族语文翻译、多媒体翻译、网上翻译服务等研究需要加强。在区域研究方面，中国西部地区如西藏、新疆等虽然翻译活动相对较少，但在民族语文翻译（包括影视广播翻译）、对外交流等方面有必要进行历时和共时的比较研究。在阶段研究方面，"文化大革命"时期虽然是我国翻译活动的相对沉寂期，但在政治文献翻译方面规模相当可观，翻译与政治的关系研究似应是其主要内容；对我国经济转型时期翻译活动的研究有待加强，这一研究将有助于揭示 90 年代我国翻译公司和本地化公司密集出现的深层次原因。此外，还可进行翻译市场个案研究，如某个翻译服务提供商或需求商、某个翻译服务项目、某个重大事件等。如果说宏观研究是粗线条地勾勒翻译市场，那么微观研究则是细描翻译市场的各方面、各环节、各领域，二者结合将更加丰满地再现新中国翻译市场 60 年的发展图景。

附录一 60年新中国翻译服务大事记

1949 年

国家新闻总署国际新闻局成立。《参考消息》由新华社总社翻译部负责翻译编排。延安新华广播电台改名为中央人民广播电台。上海电影制片厂翻译片组成立。

1950 年

中科院编辑出版委员会成立。人民出版社成立。中央人民广播电台藏语广播开始播音。《人民中国》和《人民中国报道》杂志社成立。

1951 年

人民文学出版社成立。《人民画报》《中国文学》和《学习译丛》杂志社成立。中央人民政府新闻出版总署组织召开了第一届全国翻译工作会议。

1952 年

外文出版社成立。《中国建设》杂志社成立。我国有4个国营电影制片厂开始用蒙、维、朝等民族语文译制国产和进口影片。

1953 年

中共中央编译局成立。《译文》杂志社成立。民族出版社成立。

1954 年

科学出版社成立。

1955 年

《民族画报》杂志社成立。

1956 年

中央民族事务委员会少数民族语文翻译局成立。

1957 年

上海电影译制厂成立。

1958 年

《北京周报》杂志社成立。中央确定商务印书馆的出版任务为"以翻译外国的哲学、社会科学方面的学术著作为主，并出版中外文的语文辞书"。

1959 年

《译文》杂志社更名为《世界文学》杂志社。乌鲁木齐电影制片厂成立。

1960 年

人民出版社出版《列宁选集》。

1961 年

人民文学出版社出版《泰戈尔作品集》10 卷。外文出版社出版《毛泽东选集》第 4 卷英文版。

1962 年

《毛泽东选集》第 4 卷翻译出版。

1963 年

中国外文出版发行事业局成立。中国船舶信息中心成立。

1964 年

外文出版社出版《毛泽东选集》第 1、2、3 卷英文版。

1965 年

中央民族语文翻译局出版《毛泽东选集》第 1—4 卷蒙、藏、维、哈、朝文版。

1966 年

《毛主席语录》翻译出版。

1967 年

外文出版社设立德、阿、意等 17 种语文的《毛泽东选集》翻译室。

1968 年

外文出版社用英、法、西等 32 种外文翻译出版 767 种图书。

1969 年

外文出版社用英、法、西等 32 种外文翻译出版 815 种图书。

1970 年

外文出版社用英、法、西等 28 种外文翻译出版 533 种图书。

1971 年

外文出版社用英、法、西等 27 种外文翻译出版 245 种图书。

1972 年

人民出版社出版《马克思恩格斯选集》（共 4 卷）。全国 14 家出版社联合出版国别史，商务印书馆分担 41 种。

1973 年

联合国资料小组在北京成立。

1974 年

联合国资料小组在北京召开第一次翻译联合国文件座谈会。全国 17 家出版社联合翻译出版国别地理，商务印书馆分担 20 种。

1975 年

人民出版社出版马克思的《资本论》。青海、甘肃、四川、云南、西藏 5 省区在拉萨召开藏文图书翻译出版协作会。

1976 年

联合国资料小组改名为北京对外翻译出版处。

1977 年

《世界文学》杂志恢复出版。外文出版社出版《毛泽东选集》第 5 卷英文版。

1978 年

《世界文学》杂志正式复刊。中国民族语文翻译局（中心）成立。上海译文出版社成立。《外国文艺》杂志创刊。

1979 年

北京对外翻译出版处更名为中国对外翻译出版公司。中央电视台译制组成立。《译林》杂志创刊。江苏工程技术资料翻译复制公司（现为江苏省工程技术翻译院有限公司）成立。天津市出现一家由离退休的工程技术人员组成的翻译所。

1980 年

《中国翻译》杂志创刊。《外国文学》杂志社成立。《当代外国文学》杂志创刊。西安翻译服务中心（现为西安科信咨询服务有限公司）成立。

1981 年

青海藏语电影译制片厂成立。《中国文学》杂志社编译的《熊猫丛书》

开始出版。

1982 年

中国翻译工作者协会成立。

1983 年

北京中外翻译咨询公司成立，其前身为中国翻译协会翻译服务部。中国翻译工作者协会会刊《中国翻译》正式出版。

1984 年

中国翻译协会成立翻译服务部。

1985 年

第一次全国民族语文翻译学术研讨会在乌鲁木齐举行。

1986 年

我国政府颁布了《翻译专业职务试行条例》。

1987 年

重庆华电翻译公司成立。

1988 年

《中国科技翻译》杂志在北京创刊。中原油田勘探局在河南濮阳召开中原油田科技翻译研讨会。

1989 年

译林出版社成立，并出版普鲁斯特名著《追忆似水年华》。第四届全国科技翻译学术研讨会在昆明举行。

1990 年

我国政府颁布了《中华人民共和国著作权法》，将"翻译权"界定为"将作品从一种语言文字转换成另一种语言文字的权利"。海南翻译公司成立。

1991 年

Oracle（甲骨文）公司在北京成立北京甲骨文软件系统有限公司。

1992 年

微软公司在北京成立办事处。IBM 公司在北京成立国际商业机器中国有限公司。黑龙江省信达雅翻译有限公司成立。河南省东方翻译公司成立。上海金译工程技术翻译有限公司成立。北京星辉翻译中心成立。

1993 年

微软公司发布 Windows 3.1 简体中文版，正式进入中国软件市场。北京阿特曼公司和北京时上科技公司成立，为微软、SUN 等公司提供软件汉化服务。北京新东方学校成立。新华社参考消息编辑部创建北京环宇翻译公司。

1994 年

雅信软件工作室在北京成立。

1995 年

北京博彦科技发展有限公司、文思创意软件技术有限公司和北京义驰美迪技术开发有限责任公司在北京相继成立。博彦科技公司承接了微软公司的 Windows 95 操作系统的本地化和测试项目。

1996 年

深圳市博德电子公司成立。美国本地化公司 ALPNet（奥立）在深圳成立分公司。江苏钟山翻译有限公司成立。

1997 年

金山软件公司推出金山词霸。创思立信科技有限公司成立。交大铭泰（北京）软件有限公司成立。雅信诚软件技术有限公司（现为北京东方雅信软件技术有限公司）成立。

1998 年

北京铭泰科技发展有限公司推出智能汉化软件"东方快车98"。雅信诚软件技术有限公司推出计算机辅助翻译工具"雅信CAT"。美国保捷环球（BGS）、美国莱博智（Lionbridge）公司和德国翻译技术工具开发商塔多思（Trados）公司在北京成立办事处。北京传思公司成立。北京东方正龙数字技术有限公司成立。学府翻译有限公司（原名为南创科技有限公司）在南京成立。

1999 年

第四届全国大中型企业翻译研讨会在天津召开。第八次全国民族语文翻译学术讨论会在乌鲁木齐举行。

2000 年

第二次工程技术翻译规范化研讨会在上海召开。英国思迪（SDL）公司在北京成立分公司。四川语言桥信息技术有限公司成立。厦门精艺达翻译服务有限公司成立，该公司创建有"译网"翻译网站。

2001 年

全国首届翻译经营管理工作研讨会在南京召开。全国翻译企业协作网成立，协作网领导小组秘书处设在江苏钟山翻译有限公司。新东方教育科技集团在北京成立。北京宇泉国际教育交流有限公司成立。北京欧亚晞朗教育文化发展有限公司成立。

2002 年

中国译协成立翻译服务委员会。全国第二届翻译经营管理工作研讨会在海口召开。深圳市艾朗科技有限公司成立。

2003 年

国家人事部颁布了《翻译专业资格（水平）考试暂行规定》。国家质量监督检验检疫总局颁布了《翻译服务规范（第1部分）：笔译》。全国第三届翻译经营管理工作研讨会在成都召开。华软通联软件技术（北京）有限公司成立。

2004年

中国翻译工作者协会更名为中国翻译协会。全国第四届翻译经营管理工作研讨会在天津召开。

2005年

国家质量监督检验检疫总局颁布了《翻译服务译文质量要求》。全国第五届翻译经营管理工作研讨会在哈尔滨召开。北京元培世纪翻译有限公司成立。传神联合（北京）信息技术有限公司成立。

2006年

国家质量监督检验检疫总局颁布了《翻译服务规范（第2部分）：口译》。教育部批准试办翻译本科专业学位。网易有道信息技术（北京）有限公司成立。元培公司签约北京奥组委，正式成为北京奥运会口笔译服务供应商。

2007年

国务院学位委员会批准设置翻译硕士专业学位。我国翻译界的第一部年鉴《中国翻译年鉴2005—2006》由外文出版社出版。传神公司成为中国奥委会官方网站唯一多语合作伙伴。

2008年

第18届世界翻译大会在上海召开。元培、传神等语言服务提供商为北京奥运会提供现场和网络口笔译服务。元培公司签约世博局，正式成为上海世博会口笔译项目赞助商。传神公司成为"2010上海世博会翻译服务推荐供应商"。

2009 年

中国译协成立本地化服务委员会。《中国翻译年鉴2007—2008》由外文出版社出版。第13届全国科技翻译研讨会在北京召开。佛山市雪人计算机有限公司成立，推出雪人CAT软件。武汉"全球多语信息处理中心"、成都"全球多语信息转换中心"分别成立。

附录二　翻译市场关键词对照表

B

北京奥运会　Beijing Olympic Games

本地化　localization

本地化测试　localization testing

本地化测试服务提供商　language testing service provider, language testing vendor

本地化测试工程师　localization testing engineer, localization QA engineer

本地化翻译　translation for localization

本地化服务　localization service

本地化服务提供商　localization service provider, localization vendor

本地化服务委员会　The Committee of Localization Service

本地化工程　localization engineering

本地化工程师　localization engineer

本地化公司　localization company

本地化基本术语　basic terms of localization

本地化技术　localization technology

本地化开发工程师　localization development engineer

本地化能力　localizability

本地化业务规范　specification for localization service

报价　quote，quotation

报价请求书　request for quote（RFQ）

笔译　（written）translation

笔译服务　translation service

编辑　reviewer，editor

编译　editing-translating，adaptation

变译　translation variation

并购重组　merger and acquisition

C

测试　testing

产业　industry

产业化　industrialization

成套语言服务　language service package

传统翻译　traditional translation，pencil and rubber assisted translation（PRAT）

传统翻译服务　traditional translation service

创译　transcreation

垂直行业　vertical industry

D

搭建测试环境　setup testing environment

单语言服务提供商　single language vendor（SLV）

道德折扣　moral discount

第三方质量保证　third‑party QA

典籍翻译　translation of Chinese classics

定期会议　regular meeting

多媒体翻译　multimedia translation

多语（言）信息咨询　multilingual information consultation

多语（言）信息咨询服务　multilingual information consultation service

多语言服务提供商　multi‑language vendor（MLV）

多语转换　multilingual conversion

多语转换基地　multilingual conversion base

多语转换中心　multilingual conversion center

多字节字符集　multi‑byte character set

E

恶性竞争　vicious competition

F

发包　hand‑off

翻译　translation

翻译本科专业　Bachelor of Translation and Interpretation（BTI）

翻译标准　translation criterion

翻译部门　translation department

翻译策略　translation strategy

翻译产业　translation industry

翻译产值　translation output

翻译成本　translation cost

翻译出版　translation publishing

翻译出版服务　translation publishing service

翻译错误率　translation error rate

翻译单位　the unit of translation

翻译方法　translation method

翻译费用　translation fee

翻译服务　translation service

翻译服务管理　translation service management

《翻译服务规范（第 1 部分）：笔译》　*Specification for Translation Service—Part 1：Translation*

《翻译服务规范（第 2 部分）：口译》　*Specification for Translation Service—Part 2：Interpreting*

翻译服务流程　translation service process

翻译服务提供（供应）商（方）　translation service provider

《翻译服务通讯》　*Newsletter for Translation Services*

翻译服务委员会　The Committee of Translation Services

翻译服务需求商（方）　translation service purchaser

翻译服务（行）业　translation service sector

《翻译服务译文质量要求》　*Target Text Quality Requirements for Translation Services*

翻译工具　translation tool

翻译工具箱　translation toolkit

翻译功能　translation function

翻译公司　translation company，translation agency

翻译规范　translation norm

翻译过程　translation process

翻译行业　translation sector

翻译机构　translation institution

翻译技能　translation skill

翻译技巧　translation technique

翻译技术　translation technology

翻译技术工具　translation technology tool

翻译技术与软件供应（提供）商　translation technology and software provider

翻译记忆库　translation memory

翻译记忆工具　translation memory tool

翻译价格　translation price

翻译教学　translation teaching

翻译教育　translation education

翻译利润　translation profit

翻译伦理　translation ethics

翻译目的　translation purpose，translation skopos

翻译能力　translation competence

翻译培训　translation training

翻译培训与多语信息咨询　translation training and multilingual information consultation

翻译培训与多语信息咨询机构　institution of translation training and multilingual information consultation

翻译企业协作网　cooperation network of translation enterprises

翻译软件　translation software

翻译市场　translation market

翻译市场要素　components of translation market

翻译硕士专业　Master of Translation and Interpretation（MTI）

翻译专业　translation as an academic discipline

翻译项目　translation project

翻译项目管理　translation project management

翻译项目经理　translation project manager

翻译项目小组　translation project team

翻译营业额　translation turnover

翻译原则　translation principle

翻译质量　translation quality

翻译质量监控　translation quality monitoring

翻译质量控制　translation quality control

翻译质量评估　translation quality evaluation

翻译职业　translation profession

翻译职业道德　professional ethics for translators

翻译职业化　translation professionalization

翻译职业者　professional translator

翻译中介　translation intermediary

"非法"译者　outlaw, outlaw translator

封闭型　closed type

封闭型翻译市场　closed translation market

服务方联系人　vendor contact

服务方项目经理　vendor project manager

服务角色　role of service

服务流程　process of service

服务外包　service outsourcing

服务要素　element of service

服务业　service industry

服务种类　types of service

G

概要式翻译　synoptic translation, summary translation, translation for gisting purposes

感情折扣　kin-based discount

高端会议口译　high-level conference interpreting

格式化　formatting

个体译者　individual translator

工薪译者　in-house translator, salaried translator

工作　work

工程技术翻译　translation for engineering technology

工程技术翻译服务　translation services for engineering technology

公共部门翻译　translation in public sectors

公共机构翻译　translation in public institutions

公益性翻译　public translation, translation for public benefits

公益性翻译服务　public translation services

管理人员　manager, managerial personnel

管理与服务人员　management and service staff

管理自动化　management automation

规范　norm

归化　domestication

国际化　internationalization

国际化工程师　internationalization engineer

国家政策　state policy

H

行业　sector, industry, trade

行业协会　industry association

行业组织　trade organization

核心层　core level

核心竞争力　core competence, core competitiveness

会议口译　conference interpreting

会议口译服务　conference interpreting service

J

经典文化外译　translation of Chinese classics and culture into other languages

经贸翻译　business translation

机构译者　institutional translator

机器翻译　machine translation (MT)

机器翻译译后编辑　MT post-editing

机助翻译　computer-assisted translation (CAT)

计字　word count

计划经济　planned economy

计划经济时期　planned-economy period

技术化　technicalization, technology

技术写作　technical writing

季度业务审核　quarterly business review（QBR）

价值规律　Law of Value

兼职译者　part-time translator

交付　delivery, handback

交替口译　consecutive interpreting

校对　review, editing

解决方案　solution

界面布局调整　dialog resizing

近岸外包　nearshoring, nearshore outsourcing

经济转型时期　transitional period of economy

经营性翻译　profit-oriented translation

经营性翻译服务　profit-oriented translation services

K

开放型翻译市场　open translation market

客户　client, customer

客户方经理　contract manager, file manager, job manager

客户方项目经理　client project manager

客体要素　object-related element

科技翻译　scientific translation, technical translation

口笔译　translation and interpreting

口笔译服务　translation and interpreting services

口译　interpreting

口译服务　interpreting service

L

离岸外包　offshoring, offshore outsourcing

连锁化经营　chain operation, chain store

灵活翻译　no–frills translation

M

买方市场　buyer's market

卖方市场　seller's market

"毛著"翻译　translation project of Mao Zedong's works

媒体翻译　media translation

敏捷本地化模式　agiling localization model（ALM）

民族语文翻译　translation of minority languages of China

O

欧洲语言行业协会　European Language Industry Association

P

排版服务　desktop publishing（DTP）

排版工程师　DTP engineer

配音翻译　dubbing translation

品牌战略　branding strategy

术语库　term base

术语提取　terminology extraction

术语挖掘　terminology mining，phraseology mining

术语资源　terminology resources，phraseological resources

T

塔多思　Trados

同声传译　simultaneous interpreting（SI）

图书出版　book publishing

图书翻译　book translation

图书众包翻译　crowdsourced translation of books，book crowdsourcing

W

外包　outsourcing

网络化　networking

网络（上）翻译　online translation

网络（上）翻译服务　online translation services

网站本地化　website localization

文化软实力　soft power of culture

文化"走出去"　culture's "going global"，globalization of culture

文件格式　file format

文学翻译　literary translation

无偿翻译服务　free-of-charge translation service

无序化　disordered

X

现场服务　onsite service

相关层　related level

项目分析　project analysis

项目工作量分析　workload analysis

项目计划　project plan

项目经理　project manager（PM）

项目总结　post–mortem

信息传递　information transmission

信息化　informationization, information

信息检索　information retrieval

信息技术　information technology（IT）

Y

页面布局　page makeup, page layout

业务管理　service management, business management, operational control

业务管理流程　business management process

业务流程　business process

业务外包　business outsourcing

业余译者　amateur translator

一般性翻译　general translation

一致性检查　consistency check

移动互联网　mobile Internet

移动互联网翻译　translation of mobile Internet

异化　foreignization

议价　bargain，negotiation

议价能力　bargaining power

医学翻译　medical translation

医学翻译公司　company of medical translation

译文　target text（TT）

译语　target language（TL）

译文复用　leverage

译员培训　translator training

译云　cloud translation，translation cloud

译云技术　cloud translation technology，translation cloud technology

译者　translator，interpreter

译者动机　translator's motive

译者生态　ecosystem of translators，translator's niche

隐形译者　invisible translator

营利性翻译　profit-making translation，for-profit translation

营利性翻译服务　profit-making translation services

影视翻译　audiovisual translation，media translation，screen translation

用户界面　user interface（UI）

用户帮助　user assistant（UA）

有偿翻译　paid translation

有偿翻译服务　paid translation services

语联网　Internet of Language（IOL）

语言服务　language services

语言服务部门　language services department

语言服务供应（提供）商　language services provider

语言服务企业　language services enterprise

语言服务市场　language services market

语言服务（行）业　language services sector, language services industry

语言工程　language engineering

语言技术　language technology

语言技术工具　language technology tool

语言技术与辅助工具研发　development of language technology tools

语言技术与辅助工具研发机构　institution for developing language technology tools

语言能力　language competence

语言培训　language training

语言培训与咨询　language training and consulting

语言培训与咨询机构　institution of language training and consultation

语言软实力　soft power of language

语言实用性评估　language usability assessment（LUA）

语言信息　language information

语言资产（技术）　language asset

语音合成　voice synthesis, speech synthesis

语音合成技术　voice synthesis technology, speech synthesis technology

语音识别　voice recognition, speech recognition

语音识别技术　voice recognition technology, speech recognition technology

原文　source text（ST）

源语　source language（SL）

远程电话口译服务　telephone teleinterpreting service

远程翻译　long–distance translation, teletranslation

远程翻译服务　long‐distance translation service

云翻译　cloud‐based translation，cloud translation

云翻译技术　cloud translation technology

云计算　cloud computing

云计算技术　cloud computing technology

Z

在岸外包　onshoring，onshore outsourcing

在线帮助　online help

在线服务　online service

在线服务平台　online services platform

摘译　selective translation

整体（化）解决方案　total solution，integrated solution

支持层　supporting level

知识库　knowledge base

知识密集型　knowledge‐intensive

职业　profession

职业化　professionalization

职业培训　professional training

职业属性　professional property

职业译者　professional translator

质检员　QA specialist

质量保证　quality assurance（QA）

质量监控　quality monitoring

质量控制　quality control

智慧语联网　Intelligent Internet of Language

智力要素　intelligence factor

志愿翻译服务　voluntary translation service

志愿译者　translation volunteer

众包　crowdsourcing

众包翻译　crowdsourced translation

众包翻译服务　crowdsourced translation service

众包服务　crowdsourced service

中国翻译协会　Translators Association of China（TAC）

主体要素　subject-related element

专利翻译　patent translation

专利翻译公司　company of patent translation

专业化　specialization

专业化翻译　specialized translation

专业辅助人员　professional support staff

转包　sub contracting

转型时期　transitional period

状态报告　status report

桌面排版　desktop publishing（DTP）

资源调配　resource allocation

字幕翻译　subtitling

字幕译者　subtitler

字幕组　fansubbing group

字数　word count

自然科学翻译　translation of natural science

自由竞争　free competition

自由选择　free selection

自由译者　freelance translator，freelancer

自由职业译者　professional freelance translator

附录三　翻译市场研究要目索引

一　国内部分

（一）翻译市场研究著作

［1］［法］达尼尔·葛岱克：《职业翻译与翻译职业》，刘和平等译，外语教学与研究出版社2011年版。

［2］查明建、谢天振：《中国20世纪外国文学翻译史》，湖北教育出版社2007年版。

［3］传神（中国）网络科技有限公司多语工程技术研究中心：《云翻译技术》，2013—2014年版。

［4］传神联合（北京）信息技术有限公司：《中国地区译员生存状况调查报告》，传神联合（北京）信息技术有限公司2007年版。

［5］崔启亮：《翻译与本地化工程技术实践》，北京大学出版社2011年版。

［6］方梦之主编：《中国译学大辞典》，上海外语教育出版社2011年版。

［7］郭薇薇、陈艳、康美红、孙晓梅：《关于中国四大城市翻译公司的调查报告》，2005年，中国译协网（http://www.tac-online.org.cn/fyhy/txt/2005-06/26/content_79916.htm）。

［8］黄忠廉、李亚舒：《科学翻译学》，中国对外翻译出版公司 2004 年版。

［9］李亚舒、黎难秋主编：《中国科学翻译史》，湖南教育出版社 2000 年版。

［10］连彩云：《提升科技翻译工作对山西技术引进消化吸收再创新作用的对策研究》，山西省科学技术情报研究所 2008 年版。

［11］林煌天主编：《中国翻译词典》，湖北教育出版社 2005 年版。

［12］柳鸣九：《译书记》，金城出版社 2011 年版。

［13］罗新璋编：《翻译论集》，商务印书馆 1984 年版。

［14］马士奎：《中国当代文学翻译研究》，中央民族大学出版社 2007 年版。

［15］马祖毅：《中国翻译通史·现当代（第三卷）》，湖北教育出版社 2006 年版。

［16］前瞻产业研究院：《2013—2017 中国语言服务行业发展前景预测与投资战略规划分析报告》，深圳市商业资讯有限公司 2014 年版。

［17］前瞻产业研究院：《2014—2018 语言服务项目可行性研究报告》，深圳市商业资讯有限公司 2014 年版。

［18］前瞻产业研究院：《2014—2018 语言服务项目商业计划书》，深圳市商业资讯有限公司 2014 年版。

［19］全国翻译企业协作网领导小组秘书处：《全国首届翻译经营管理工作研讨会论文集》，江苏钟山翻译有限公司 2001 年版。

［20］全国翻译企业协作网领导小组秘书处：《全国第二届翻译经营管理工作研讨会论文集》，海南翻译公司 2002 年版。

［21］全国翻译企业协作网领导小组秘书处：《协作网通讯》，2001—2002 年版。

［22］沈志华：《苏联专家在中国》，新华出版社 2009 年版。

［23］王华伟、王华树编著：《翻译项目管理实务》，中国对外翻译出版公司 2013 年版。

［24］王绍祺、于鹰主编：《国际科技合作征程》第一辑，科学技术文献出版社 2002 年版。

［25］夏太寿主编：《中国翻译产业走出去——翻译产业学术论文集》，中央编译出版社 2011 年版。

［26］杨颖波、王华树、崔启亮编著：《本地化与翻译导论》，北京大学出版社 2011 年版。

［27］尹承东主编：《翻译产业经营论集》，中央编译出版社 2007 年版。

［28］于鹰、靳晓明：《国际科技合作征程》第三辑，科学技术文献出版社 2006 年版。

［29］中国翻译协会、中国翻译行业发展战略研究院：《中国语言服务业发展报告 2012》，中国翻译协会 2012 年版。

［30］中国翻译协会 2011 年语言服务产业调研工作组：《2011 年中国企业语言服务人才需求问卷调研分析报告》，中国翻译协会 2011 年版。

［31］中国翻译协会本地化服务委员会秘书处编：《全球化与本地化》，2012—2014 年版。

［32］中国翻译协会编：《2010 年中国语言服务产业问卷调研分析报告》，中国翻译协会 2010 年版。

［33］中国翻译协会编：《第 18 届世界翻译大会论文集》，外文出版社 2008 年版。

［34］中国翻译协会编：《中国翻译年鉴 2005—2006》，外文出版社 2007 年版。

［35］中国翻译协会编：《中国翻译年鉴 2007—2008》，外文出版社 2009

年版。

［36］中国翻译协会编：《中国翻译年鉴 2009—2010》，外文出版社 2011 年版。

［37］中国翻译协会编：《中国翻译年鉴 2011—2012》，外文出版社 2013 年版。

［38］中国翻译协会编：《中国语言服务行业规范——本地化业务基本术语》，中国翻译协会 2011 年版。

［39］中国翻译协会翻译服务委员会秘书处：《翻译服务通讯》，2003—2005 年。

［40］中国翻译协会翻译服务委员会秘书处编著：《全国第三届翻译经营管理工作研讨会论文集》，成都语言桥翻译社 2003 年版。

［41］中国翻译协会翻译服务委员会秘书处编著：《全国第四届翻译经营管理工作研讨会论文集》，天津市和平科技咨询翻译服务公司 2004 年版。

［42］中国翻译协会翻译服务委员会秘书处编著：《全国第五届翻译经营管理工作研讨会论文集》，黑龙江省信达雅翻译有限公司 2005 年版。

［43］中国国家标准化管理委员会：《翻译服务规范 第 1 部分：笔译》，中国国家标准化管理委员会 2003 年版。

［44］中国国家标准化管理委员会：《翻译服务规范 第 2 部分：口译》，中国国家标准化管理委员会 2006 年版。

［45］中国国家标准化管理委员会：《翻译服务译文质量要求》，中国国家标准化管理委员会 2005 年版。

（二）翻译市场研究论文

［1］薄洁萍：《记中央编译局翻译家群体：一群人 一辈子 一件事》，《光明日报》2011 年 6 月 27 日。

［2］曹旭东：《社会在变，翻译在变》，2014 年，翻译百科（http：//fanyi. baike. com/article－1394116. html）。

［3］陈有进：《新中国 60 年翻译出版的马列著作》，《中共云南省委党校学报》2009 年第 5 期。

［4］陈玉莲：《翻译产业及其前景——上海世博会视角》，《经济研究导刊》2012 年第 16 期。

［5］陈众议：《外国文学翻译与研究 60 年》，《中国翻译》2009 年第 6 期。

［6］陈走明、陈群：《义乌翻译市场的调查分析》，《时代经贸》2007 年第 82 期。

［7］崔启亮、韦忠和、朱宪超：《2011—2012 年中国语言服务业概览》，2013 年，中国译协网（http：//www. tac－online. org. cn/ch/tran/2013－04/27/content_ 5911383. htm）。

［8］崔启亮：《产业化的语言服务新时代》，《中国翻译》（增刊）2013 年。

［9］崔启亮：《论机器翻译的译后编辑》，《中国翻译》2014 年第 6 期。

［10］崔启亮：《软件本地化常用工具揭秘》，道客巴巴（http：//www. doc88. com/p－13375415987. html）。

［11］崔启亮：《信息技术驱动的软件敏捷本地化模式》，《全球化与本地化》2012 年第 1 期。

［12］崔启亮：《中国本地化行业二十年（1993—2012）》，《上海翻译》2013 年第 2 期。

［13］方梦之：《翻译伦理与翻译实践——论我国部分英文版专业期刊的编辑和翻译质量》，《中国翻译》2012 年第 2 期。

［14］方鸣：《译林梦寻：记译林出版社》，《中国出版》1992 年第 7 期。

［15］顾爱彬：《解读李景端出版理念和译林现象》，《中华读书报》2006年9月27日。

［16］郭建中：《翻译中的文化因素：异化与归化》，《外国语》1998年第2期。

［17］何恩培：《语言服务业的机遇与挑战》，《中国翻译》（增刊）2013年。

［18］何明星：《中国文化对外翻译出版60年》，《出版发行研究》2013年第6期。

［19］胡德香、姚振新：《湖北翻译市场及人才的现状与展望》，《教育广角》2011年第8期。

［20］黎难秋：《新中国科学翻译60年》，《中国翻译》2010年第1期。

［21］李浩、金文：《机器翻译的前世今生》，2011年，中国译协网（http：//www.tac-online.org.cn/ch/tran/2011-09/28/content_4531176.htm）。

［22］李景端：《从季羡林一场官司的胜诉想到的》，《中国翻译》2001年第5期。

［23］李景端：《当前翻译工作的问题与呼吁》，《中国翻译》2000年第5期。

［24］李景端：《翻译出版风雨三十年》，《中华读书报》2008年5月14日。

［25］李景端：《外国文学出版的一段波折》，《出版史料》2005年第3期。

［26］李景端：《萧乾与金隄翻译〈尤利西斯〉的恩怨》，《出版史料》2004年第6期。

［27］李景贤：《我在外交部翻译处的日子》，《世界知识》2007年第11期。

［28］李亚舒：《企盼合作，共创机译大业——记天津通译公司的翻译软件》，《中国科技翻译》1999年第1期。

［29］林文艺：《英文版〈中国文学〉作品翻译选材要求及影响因素》，《龙岩学院学报》2011年第4期。

［30］刘习良：《加强行业管理，推动我国翻译产业的可持续发展——当前我国翻译工作中存在的问题与对策建议》，《中国翻译》2006年第4期。

［31］刘习良：《追忆"毛著"翻译》，《中国翻译》2009年第4期。

［32］龙刚：《翻译质量与翻译成本探微》，《新疆职业大学学报》2008年第5期。

［33］陆燕：《众包翻译模式研究》，《上海翻译》2012年第3期。

［34］秦文：《微软同声翻译软件能否替代人？》，《北京青年报》2012年11月26日。

［35］邱果等：《2011成都翻译产业发展定位与对策建议》，《成都大学学报》（社会科学版）2011年第4期。

［36］邵敬敏：《"语言服务业"与"语言服务学"》，《北华大学学报》（社会科学版）2012年第2期。

［37］施燕华：《外交翻译60年》，《中国翻译》2009年第5期。

［38］史馨红：《浅谈西安翻译市场存在的问题及其解决方案》，《大观周刊》2012年第11期。

［39］司显柱、姚亚芝：《中国翻译产业研究：产业经济学视角》，《中国翻译》2014年第5期。

［40］宋祎凡：《翻译出版的社会历史性视野——上海译文出版社三十年图书出版概述》，《出版广角》2013年第3期。

［41］孙集宽：《入世潮头谈翻译》，2004年，本地化网（http：//www.globalization.com.cn/news/view.asp？id＝198&keyword＝DTP）。

[42] 孙致礼：《中国的文学翻译：从归化趋向异化》，《中国翻译》2002年第1期。

[43] 藤原琉璃君：《对〈傲慢与偏见〉几个中译本的比较》，2007年，豆瓣读书论坛（http：//www.douban.com/review/1111695/）。

[44] 田传茂、丁青：《翻译经济学刍议》，《桂林电子工业学院学报》2004年第1期。

[45] 田传茂：《略议翻译研究中的几个概念》，《语言与翻译》2011年第3期。

[46] 田传茂：《市场翻译研究》，《长江大学学报》（社会科学版）2007年第4期。

[47] 田传茂：《我国计划经济时期翻译市场的性质与特点》，《语言与翻译》2014年第3期。

[48] 田传茂：《译者动机的类型与本质》，《山东外语教学》2013年第1期。

[49] 王传英、闫栗丽、张颖丽：《翻译项目管理与职业译员培训》，《中国翻译》2011年第1期。

[50] 王传英：《语言服务业发展与启示》，《中国翻译》2014年第2期。

[51] 王隆文：《文化强国的法律保障：加强我国翻译立法的思考》，《中国翻译》2012年第6期。

[52] 王伟、周卫红：《一项对中国专职兼职翻译人员的问卷调查和统计结果分析》，《思茅师范高等专科学校学报》2012年第1期。

[53] 王晓莉：《〈参考消息〉的风雨历程》，《档案天地》2009年第4期。

[54] 韦忠和：《2012及未来几年语言服务行业的发展趋势》，《中国翻译》2012年第3期。

[55] 韦忠和：《创业有风险，入行需谨慎》，2014年，"韦忠和的翻译人生"新浪博客（http：//blog.sina.com.cn/s/blog_76476f140101mimj.html）。

[56] 韦忠和：《对第二届全国翻译工作会议的十点建议》，2012年，"韦忠和的翻译人生"新浪博客（http：//blog.sina.com.cn/s/blog_76476f140101atfw.html）。

[57] 韦忠和：《语联网到底是什么？我眼中的语联网》，2012年，"韦忠和的翻译人生"新浪博客（http：//blog.sina.com.cn/s/blog_76476f1401019f3y.html）。

[58] 吴家彤：《中国西部地区翻译市场环境浅析与竞争策略》，《译苑》2011年第3期。

[59] 吴水姊：《民族语文翻译事业60年》，2009年，中国网（http：//www.china.com.cn/fangtan/2009-11/09/content_18851970.htm）。

[60] 吴永波：《语言服务和语言技术的趋势和变化》，《全球化与本地化》2014年第2期。

[61] 谢莉：《全球翻译行业的历史与现状》，《中国翻译》2006年第4期。

[62] 邢厚媛：《中国企业走出去的现状和对语言服务的需要》，《中国翻译》2014年第1期。

[63] 邢学杰：《我国服务外包产业发展研究》，《企业经济》2014年第1期。

[64] 许心怡：《莫言:希望翻译家们多些"菠萝盖"》,2014年8月19日,人民网（http://culture.people.com.cn/n/2014/0818/c87423-25487599.html）。

[65] 杨剑：《元培翻译：黑马与快剑》，《新经济导刊》2008年第7期。

[66] 杨英姿：《我国翻译人才评价体系发展现状及其对策建议》，《中国翻译》（增刊）2013年。

［67］尹承东：《从毛泽东著作的翻译谈建国以来的中译外工作》，《中国翻译》2009 年第 4 期。

［68］袁军：《语言服务：中国翻译行业的全新定位》，《中国翻译》2012 年第 5 期。

［69］袁军：《语言服务的概念界定》，《中国翻译》2014 年第 1 期。

［70］詹成、索若楠：《电话口译在我国的一次重要实践》，《中国翻译》2012 年第 1 期。

［71］张海祥：《〈参考消息〉的创刊与发展》，《中国档案》2011 年第 1 期。

［72］张南军：《翻译服务标准化对产业发展的意义及趋势》，《上海翻译》2006 年第 4 期。

［73］张楠：《翻译稿酬提升难》，《新京报》2013 年 9 月 26 日。

［74］张晓东：《中国服务外包业令世界刮目相看》，《人民日报》2010 年 8 月 24 日。

［75］赵杰：《翻译市场准入之我见》，2004 年，中国企业在线（http：//www.71ab.com/Readnews_ 3695.html）。

［76］赵晏彪：《"联合国资料小组"诞生始末》，《中国艺术报》2013 年 7 月 26 日。

［77］仲善平、朱宪超：《加强行业整合，服务全球化——浅谈商业翻译服务运作中存在的问题与对策》，《中国翻译》2006 年第 1 期。

［78］朱钢华：《元培翻译 二次创业》，《新经济导刊》2012 年第 9 期。

［79］庄建：《人类文明的搬运工——写在中国翻译协会成立 30 周年之际》，《中国翻译》（增刊）2013 年。

二 国外部分

（一）翻译市场研究著作

［1］Anthony Pym, *Training Translators and European Unification*: *A Model of the Market*, Paris: The European Commission's Translation Service "Theory Meets Practice" Forum, 2000.

［2］Barbara M. Snell (ed.), *Translating and the Computer*: *Term Banks for Tomorrow's World No.* 4, London: Aslib, 1983.

［3］Bert Esselink, *A Practical Guide to Localization*, Amsterdam and Philadelphia: John Benjamins, 2000.

［4］Brian Mossop, *Revising and Editing for Translators*, Manchester: St Jerome, 2001.

［5］Cecilia Wadensjö, Birgitta E. Dimitrova and Anna - Lena Nilsson (eds), *The Critical Link* 4: *Professionalisation of Interpreting in the Community*, Amsterdam and Philadelphia: John Benjamins, 2005.

［6］CILT, *Survey of Language and Cultural Service Providers* 2005 —*Key Findings*, (http: //data. cilt. org. uk/research/languagetrends/2005/providers. htm).

［7］Claudia Pinto and Andrew Dradeim, *Translation Business Practices Report*, Washington, DC: The World Bank.

［8］Daniel Gouadec, *Translation as a Profession*, Amsterdam and Philadelphia: John Benjamins, 2007.

［9］Donald A. DePalma and Vijayalaxmi Hegde, *The Language Services Market*: 2013, Lowell, MA: Common Sense Advisory, Inc. , 2013.

［10］Donald A. DePalma, Vijayalaxmi Hegde and Hélène Pielmeier, *The Language Services Market*: 2014, Lowell, MA: Common Sense Advisory,

Inc., 2014.

［11］Douglas Robinson, *Becoming a Translator* (2nd Edition), London and New York: Routledge, 2003.

［12］Douglas Robinson, *The Translator's Turn*, Baltimore, MD: Johns Hopkins University Press, 1991.

［13］Douglas Robinson, *Who Translates? Translator Subjectivities Beyond Reason*, New York: State University of New York Press, 2001.

［14］Ed. Hildegund Bühler, *Translators and Their Position in Society: Proceedings of the 10th World Congress of FIT*, Vienna: Wilhelm Braumuller, 1985.

［15］Emma Wagner, Svend Bech and Jesus M. Martinez (eds), *Translating for the European Union Institutions*, Manchester: St Jerome, 2001.

［16］Fernand Boucau, *The European Translation Market: Facing the Future*, Brussels: EUATC EEIG, 2005.

［17］Frank Austermühl, *Electronic Tools for Translators*, Manchester: St Jerome, 2001.

［18］Geoffrey Samuelson – Brown, *A Practical Guide for Translators*, Clevedon: Multilingual Matters, 2010.

［19］Harold Somers (ed.), *Computers and Translation: A Translator's Guide*, Amsterdam and Philadelphia: John Benjamins, 2003.

［20］Harold Somers (ed.), *Terminology, LSP and Translation: Studies in Language Engineering in Honour of Juan C. Sager*, Amsterdam and Philadelphia: John Benjamins, 1996.

［21］Howard Rheingold, *They Have a Word for It: A Lighthearted Lexicon of Untranslatable Words and Phrases*, New York: Tarcher, 1988.

［22］Lynne Bowker, *Computer – aided Translation Technology: A Practical*

Introduction, Ottawa: University of Ottawa Press, 2002.

[23] Martha Tennent (ed.), *Training for the New Millennium —Pedagogies for Translation and Interpreting*, Amsterdam and Philadelphia: John Benjamins, 2005.

[24] Minako O'Hagan and David Ashworth, *Translation - mediated Communication in a Digital World: Facing the Challenges of Globalization and Localization*, Clevedon: Multilingual Matters, 2000.

[25] Morry Sofer, *The Translator's Handbook*, Rockville, MD: Schreiber, 2000.

[26] Nataly Kelly and Donald A. DePalma, *Global Market Sizing and Ranking FAQs*, Lowell, MA: Common Sense Advisory, Inc., 2012.

[27] Nataly Kelly and Robert G. Stewart, *The Language Services Market: 2010*, Lowell, MA: Common Sense Advisory, Inc., 2010.

[28] Nataly Kelly, Donald A. DePalma and Robert G. Stewart, *The Language Services Market: 2012*, Lowell, MA: Common Sense Advisory, Inc., 2012.

[29] Paul Kussmaul, *Training the Translator*, Amsterdam and Philadelphia: John Benjamins, 1995.

[30] Renato S. Beninatto and Nataly Kelly, *Ranking of Top 30 Language Services Companies*, Lowell, MA: Common Sense Advisory, Inc., 2009.

[31] Robert C Sprung, *Translating into Success: Cutting - Edge Strategies for Going Multilingual in a Global Age*, Amsterdam and Philadelphia: John Benjamins, 2000.

[32] Roberto Mayoral Asensio, *Translating Official Documents*, Manchester: St. Jerome, 2003.

[33] *The Coming Industry of Teletranslation: Overcoming Barriers Through*

Telecommunication, Clevedon: Multilingual Matters, 1998.

[34] Wolfram Wilss, *Knowledge and Skills in Translator Behavior*, Amsterdam and Philadelphia: John Benjamins, 1996.

(二) 翻译市场研究论文

[1] Cay Dollerup, "A Translation Market in Progress: China", *Language International*, No. 14, 2002.

[2] Daniel Simeoni, "The Pivotal Status of the Translator's Habitus", *Target*, No. 1, 1998.

[3] Gaby Thomson – Wohlgemuth, "Translation from the Point of View of the East German Censorship Files", In Anthony Pym, Miriam Shlesinger and Zuzana Jettmarova (eds), *Sociocultural Aspects of Translating and Interpreting*, Amsterdam and Philadelphia: John Benjamins, 2006.

[4] Johan Heibron, "Responding to Globalization: The Development of Book Translations in France and the Netherlands", In Anthony Pym, Miriam Shlesinger and Daniel Simeoni (eds), *Beyond Descriptive Translation Studies*, Amsterdam and Philadelphia: John Benjamins, 2008.

[5] Johan Hermans and Josè Lambert, "From Translation Market to Language Management: The Implications of Translation Services", *Target*, No. 1, 1998.

[6] John M Dodds, "Translation Criticism in Defence of the Profession", *Rivista Internazionale di Tecnica della Traduzione*, No. 1, 1992.

[7] John Milton, "The Importance of Economic Factors in Translation Publication", In Anthony Pym, Miriam Shlesinger and Daniel Simeoni (eds), *Beyond Descriptive Translation Studies*, Amsterdam and Philadelphia: John Benjamins, 2008.

[8] Mingwu Xu and Chuanmao Tian, "Commercial Considerations: A Reason for Retranslating — An Exploration of the Retranslation Boom in the 1990's Mainland China", *A cross Languages and Cultures*, No. 2, 2014.

[9] Pierre Bourdieu, "AConservative Revolution in French Publishing", *Actes De La Recherche En Sciences Socials*, No. 126 – 127, 1999.

[10] Reine Meylaerts, "Translators and Their Norms: Towards a Sociological Construction of the Individual", In Anthony Pym, Miriam Shlesinger and Daniel Simeoni (eds), *Beyond Descriptive Translation Studies*, Amsterdam and Philadelphia: John Benjamins, 2008.

[11] Reinhard Schäler, "Translators and Localization", *The Interpreter and Translator Trainer*, No. 1, 2007.

[12] Robert W. Paul, "My Translation Problem", *Lingua Franca*, No. 1, 1997.

[13] "Translation Market: Supply and Demand Analysis",2013,TranslatorsCafé. com (http://www.translatorscafe.com/cafe/translation-market.htm).

参考文献

［1］［法］达尼尔·葛岱克：《职业翻译与翻译职业》，刘和平等译，外语教学与研究出版社 2011 年版。

［2］［英］简·奥斯丁：《傲慢与偏见》，雷立美译，北京燕山出版社 2007 年版。

［3］［英］简·奥斯丁：《傲慢与偏见》，王科一译，上海译文出版社 2008 年版。

［4］薄洁萍：《记中央编译局翻译家群体：一群人 一辈子 一件事》，《光明日报》2011 年 6 月 27 日。

［5］卞之琳、叶水夫、袁可嘉、陈燊：《艺术性翻译问题和诗歌翻译问题》，罗新璋编《翻译论集》，商务印书馆 1984 年版。

［6］曹旭东：《社会在变，翻译在变》，2014 年，翻译百科（http：//fanyi. baike. com/article－1394116. html）。

［7］曾长和：《商品交换的三类不等价现象与价值规律》，《中小学教材教学》2004 年第 14 期。

［8］查明建、谢天振：《中国 20 世纪外国文学翻译史》，湖北教育出版社 2007 年版。

［9］陈明远：《知识分子与人民币时代：文化人的经济生活续篇》，文汇出版社 2006 年版。

［10］陈秀兰：《新形势下翻译业的机遇、挑战与对策》，转引自全国翻译企业协作网领导小组秘书处编《全国第二届翻译经营管理工作研讨会论文集》，海南翻译公司 2002 年版。

［11］陈有进：《新中国 60 年翻译出版的马列著作》，《中共云南省委党校学报》2009 年第 5 期。

［12］陈玉莲：《翻译产业及其前景——上海世博会视角》，《经济研究导刊》2012 年第 16 期。

［13］陈忠良：《工程项目口译的组织实施和经营管理》，转引自全国翻译企业协作网领导小组秘书处编《全国首届翻译经营管理工作研讨会论文集》，江苏钟山翻译有限公司 2001 年版。

［14］陈众议：《外国文学翻译与研究 60 年》，《中国翻译》2009 年第 6 期。

［15］陈走明、陈群：《义乌翻译市场的调查分析》，《时代经贸》2007 年第 82 期。

［16］池建文、顾小放：《大型工程技术资料翻译的问题与对策》，转引自全国翻译企业协作网领导小组秘书处编《全国首届翻译经营管理工作研讨会论文集》，江苏钟山翻译有限公司 2001 年版。

［17］传神（中国）网络科技有限公司多语工程技术研究中心：《语联网——创新的语言服务模式——现代服务业创新模式探索》，《云翻译技术》2013 年第 1 期。

［18］传神（中国）网络科技有限公司多语工程技术研究中心：《云翻译技术》，2013—2014 年。

［19］传神联合（北京）信息技术有限公司：《中国地区译员生存状况调

查报告》，传神联合（北京）信息技术有限公司 2007 年版。

[20] 崔启亮、韦忠和、朱宪超：《2011—2012 年中国语言服务业概览》，2013 年，中国译协网（http://www.tac-online.org.cn/ch/tran/2013-04/27/content_5911383.htm）。

[21] 崔启亮：《产业化的语言服务新时代》，《中国翻译》（增刊）2013 年。

[22] 崔启亮：《翻译行业与翻译管理》，PPT 课件，2012 年。

[23] 崔启亮：《软件本地化常用工具揭秘》，道客巴巴（http://www.doc88.com/p-13375415987.html）。

[24] 崔启亮：《信息技术驱动的软件敏捷本地化模式》，《全球化与本地化》2012 年第 1 期。

[25] 崔启亮：《中国本地化行业二十年（1993—2012）》，《上海翻译》2013 年第 2 期。

[26] 范国平：《贺中央人民广播电台民族广播 60 周年》，《中国广播》2010 年第 6 卷。

[27] 方梦之：《翻译伦理与翻译实践——论我国部分英文版专业期刊的编辑和翻译质量》，《中国翻译》2012 年第 2 期。

[28] 方梦之主编：《中国译学大辞典》，上海外语教育出版社 2011 年版。

[29] 方鸣：《译林梦寻：记译林出版社》，《中国出版》1992 年第 7 期。

[30] 傅雷：《傅雷家书》，生活·读书·新知三联书店 1998 年版。

[31] 傅雷：《致林以亮论翻译书》，转引自罗新璋编《翻译论集》，商务印书馆 1984 年版。

[32] 顾爱彬：《解读李景端出版理念和译林现象》，《中华读书报》2006 年 9 月 27 日。

[33] 郭建中：《翻译中的文化因素：异化与归化》，《外国语》1998 年第

2 期。

[34] 郭薇薇、陈艳、康美红、孙晓梅:《关于中国四大城市翻译公司的调查报告》, 2005 年, 中国译协网 (http://www.tac-online.org.cn/fyhy/txt/2005-06/26/content_ 79916.htm)。

[35] 何恩培:《语言服务业的机遇与挑战》,《中国翻译》(增刊) 2013 年。

[36] 何建军:《利用先进翻译技术产品促进翻译服务行业发展》, 转引自全国翻译企业协作网领导小组秘书处编《全国首届翻译经营管理工作研讨会论文集》, 江苏钟山翻译有限公司 2001 年版。

[37] 何明星:《中国文化对外翻译出版 60 年》,《出版发行研究》2013 年第 6 期。

[38] 河北省科学技术情报研究院:《科研院所分类改革中省属科技情报机构的定位和选择》,2012 年, 中国科技情报网 (http://www.chinainfo.gov.cn/Report/ArticlesView.aspx?aid=18267)。

[39] 泓峻:《〈约翰·克利斯朵夫〉与傅雷文学翻译的境界》,《晶报·读书周刊》2009 年 9 月 5 日。

[40] 胡德香、姚振新:《湖北翻译市场及人才的现状与展望》,《教育广角》2011 年第 8 期。

[41] 胡舒立、霍侃、杨哲宇:《社会主义市场经济体制的由来》,《中国改革》2012 年第 12 期。

[42] 胡耀亭主编:《中国国际广播电台大事记》, 中国国际广播出版社 1996 年版。

[43] 胡毅:《浅析建立翻译服务行业相关规范的必要性和可能性》, 转引自全国翻译企业协作网领导小组秘书处编《全国首届翻译经营管理工作研讨会论文集》, 江苏钟山翻译有限公司 2001 年版。

［44］黄科：《云南省国际科技合作与交流发展历程和丰硕成果》，转引自于鹰、靳晓明主编《国际科技合作征程》第三辑，科学技术文献出版社2006年版。

［45］黄忠廉、李亚舒：《科学翻译学》，中国对外翻译出版公司2004年版。

［46］贾砚丽：《翻译服务企业的自身发展、行业自律与合作初探》，转引自全国翻译企业协作网领导小组秘书处编《全国第二届翻译经营管理工作研讨会论文集》，海南翻译公司2002年版。

［47］江明华、曹鸿星：《品牌形象模型的比较研究》，《北京大学学报》（哲学社会科学版）2003年第2期。

［48］姜椿芳：《团结起来，开创翻译工作新局面》，转引自中国翻译协会编《中国翻译年鉴2005—2006》，外文出版社2007年版。

［49］蒋金才：《依维柯技术资料翻译工作的维护与管理》，转引自全国翻译企业协作网领导小组秘书处编《全国首届翻译经营管理工作研讨会论文集》，江苏钟山翻译有限公司2001年版。

［50］黎难秋：《新中国科学翻译60年》，《中国翻译》2010年第1期。

［51］李浩、金文：《机器翻译的前世今生》，2011年，中国译协网（http://www.tac-online.org.cn/ch/tran/2011-09/28/content_4531176.htm）。

［52］李景端：《从季羡林一场官司的胜诉想到的》，《中国翻译》2001年第5期。

［53］李景端：《当前翻译工作的问题与呼吁》，《中国翻译》2000年第5期。

［54］李景端：《翻译出版风雨三十年》，《中华读书报》2008年5月14日。

［55］李景端：《外国文学出版的一段波折》，《出版史料》2005年第

3 期。

［56］李景端：《萧乾与金隄翻译〈尤利西斯〉的恩怨》，《出版史料》2004 年第 6 期。

［57］李景贤：《我在外交部翻译处的日子》，《世界知识》2007 年第 11 期。

［58］李开盛：《规范理论：批判与评估》，转引自中国国际关系学会编《国际关系理论：前沿与热点——2006 年博士论坛论文集》，世界知识出版社 2007 年版。

［59］李亚舒、黎难秋：《中国科学翻译史》，湖南教育出版社 2000 年版。

［60］李亚舒：《企盼合作，共创机译大业——记天津通译公司的翻译软件》，《中国科技翻译》1999 年第 1 期。

［61］李智、王子春：《译者，异也——鲁迅"异化"翻译美学观之再阐释》，《中国翻译》2006 年第 4 期。

［62］连彩云：《提升科技翻译工作对山西技术引进消化吸收再创新作用的对策研究》，山西省科学技术情报研究所 2008 年版。

［63］廖七一：《翻译规范及其研究途径》，《外语教学》2009 年第 1 期。

［64］《列宁全集》第 1 卷，人民出版社 1984 年版。

［65］林煌天主编：《中国翻译词典》，湖北教育出版社 2005 年版。

［66］林文艺：《英文版〈中国文学〉作品翻译选材要求及影响因素》，《龙岩学院学报》2011 年第 4 期。

［67］刘德有：《中国翻译工作者协会成立经过》，转引自中国翻译协会编《中国翻译年鉴 2005—2006》，外文出版社 2007 年版。

［68］刘树成主编：《现代经济辞典》，凤凰出版社 2005 年版。

［69］刘习良：《加强行业管理，推动我国翻译产业的可持续发展——当前我国翻译工作中存在的问题与对策建议》，《中国翻译》2006 年第 4 期。

[70] 刘习良：《在庆祝 2008 国际翻译日·奥运风云工作者表彰大会上的讲话》，转引自中国翻译协会编《中国翻译年鉴 2007—2008》，外文出版社 2009 年版。

[71] 刘习良：《追忆"毛著"翻译》，《中国翻译》2009 年第 4 期。

[72] 刘英凯：《归化：翻译的歧路》，《现代外语》1987 年第 2 期。

[73] 刘振华：《外交战略转变下的"四三方案"》，《中国档案》2009 年第 5 期。

[74] 龙刚：《翻译质量与翻译成本探微》，《新疆职业大学学报》2008 年第 5 期。

[75] 龙啸：《从外包到众包》，《商界》2007 年第 4 期。

[76] 鲁迅：《非有复译不可》，转引自吴龙辉等编《鲁迅全集》第二卷，新疆人民出版社 1995 年版。

[77] 陆燕：《众包翻译模式研究》，《上海翻译》2012 年第 3 期。

[78] 罗新璋编：《翻译论集》，商务印书馆 1984 年版。

[79] 马德明：《加强合作，促进翻译事业的发展》，转引自全国翻译企业协作网领导小组秘书处编《全国首届翻译经营管理工作研讨会论文集》，江苏钟山翻译有限公司 2001 年版。

[80] 马祖毅：《中国翻译通史·现当代第三卷》，湖北教育出版社 2006 年版。

[81]《毛泽东文集》第六卷，人民出版社 1999 年版。

[82]《毛泽东选集》第五卷，人民出版社 1977 年版。

[83] 彭蓉：《翻译速度：翻译人才职业化面临的新问题》，转引自夏太寿编《中国翻译产业走出去——翻译产业学术论文集》，中央编译出版社 2011 年版。

[84] 钱锦、胡晨寅：《从我国近 20 年进出口统计数据看我国经济结构调

整方向》,《上海海关学院学报》(增刊) 2009 年第 S1 期。

[85] 秦文:《微软同声翻译软件能否替代人?》,《北京青年报》2012 年 11 月 26 日。

[86] 邱果等:《2011 成都翻译产业发展定位与对策建议》,《成都大学学报》(社会科学版) 2011 年第 4 期。

[87] 全国翻译企业协作网领导小组秘书处:《全国首届翻译经营管理工作研讨会论文集》,江苏钟山翻译有限公司 2001 年版。

[88] 全国翻译企业协作网领导小组秘书处:《全国第二届翻译经营管理工作研讨会论文集》,海南翻译公司 2002 年版。

[89] 全国翻译企业协作网领导小组秘书处:《协作网通讯》,2001—2002 年版。

[90] 沈志华:《苏联专家在中国》,新华出版社 2009 年版。

[91] 盛光照:《翻译服务企业建立质量体系的重要性》,转引自全国翻译企业协作网领导小组秘书处编《全国首届翻译经营管理工作研讨会论文集》,江苏钟山翻译有限公司 2001 年版。

[92] 施燕华:《外交翻译 60 年》,《中国翻译》2009 年第 5 期。

[93] 史馨红:《浅谈西安翻译市场存在的问题及其解决方案》,《大观周刊》2012 年第 11 期。

[94] 舒咏平:《品牌:传授双方的符号之约——"狗不理"品牌符号解读》,《现代传播》2011 年第 2 期。

[95] 宋祎凡:《翻译出版的社会历史性视野——上海译文出版社三十年图书出版概述》,《出版广角》2013 年第 3 期。

[96] 苏立群:《傅雷别传》,生活·读书·新知三联书店 2002 年版。

[97] 孙集宽:《入世潮头谈翻译》,2004 年,本地化网(http://www.globalization.com.cn/news/view.asp? id = 198&keyword = DTP)。

［98］孙致礼：《中国的文学翻译：从归化趋向异化》，《中国翻译》2002年第1期。

［99］藤原琉璃君：《对〈傲慢与偏见〉几个中译本的比较》，2007年，豆瓣读书论坛（http：//www.douban.com/review/1111695/）。

［100］田传茂、丁青：《翻译经济学刍议》，《桂林电子工业学院学报》2004年第1期。

［101］田传茂：《略议翻译研究中的几个概念》，《语言与翻译》2011年第3期。

［102］田传茂：《市场翻译研究》，《长江大学学报》（社会科学版）2007年第4期。

［103］田传茂：《我国计划经济时期翻译市场的性质与特点》，《语言与翻译》2014年第3期。

［104］田传茂：《译者动机的类型与本质》，《山东外语教学》2013年第1期。

［105］王邦义：《价值规律表现形式的图示分析与现实意义》，《思想政治课教学》2012年第6期。

［106］王传英、闫栗丽、张颖丽：《翻译项目管理与职业译员培训》，《中国翻译》2011年第1期。

［107］王传英：《语言服务业发展与启示》，《中国翻译》2014年第2期。

［108］王东风：《归化与异化：矛与盾的交锋？》，《中国翻译》2002年第5期。

［109］王东风：《韦努蒂与鲁迅异化翻译观比较》，《中国翻译》2008年第2期。

［110］王洪武：《2009年文学类图书出版综述》，《编辑之友》2010年第1期。

［111］王华伟、王华树编著：《翻译项目管理实务》，中国对外翻译出版公司2013年版。

［112］王辉耀：《中国国际移民报告2012》综述，360doc个人图书馆（http：//www. 360doc. com/content/13/0121/11/3045304_ 261524064. shtml）。

［113］王隆文：《文化强国的法律保障：加强我国翻译立法的思考》，《中国翻译》2012年第6期。

［114］王绍祺、于鹰主编：《国际科技合作征程》第一辑，科学技术文献出版社2002年版。

［115］王伟、周卫红：《一项对中国专职兼职翻译人员的问卷调查和统计结果分析》，《思茅师范高等专科学校学报》2012年第1期。

［116］王晓莉：《〈参考消息〉的风雨历程》，《档案天地》2009年第4期。

［117］王琢：《计划与市场：社会主义市场经济的思考》，中国数字图书馆1992年版。

［118］韦忠和：《2012及未来几年语言服务行业的发展趋势》，《中国翻译》2012年第3期。

［119］韦忠和：《创业有风险，入行需谨慎》，2014年，"韦忠和的翻译人生"新浪博客（http：//blog. sina. com. cn/s/blog_ 76476f140101mimj. html）。

［120］韦忠和：《对第二届全国翻译工作会议的十点建议》，2012年，"韦忠和的翻译人生"新浪博客（http：//blog. sina. com. cn/s/blog_ 76476f140101atfw. html）。

［121］韦忠和：《语联网到底是什么？我眼中的语联网》，2012年，"韦忠和的翻译人生"新浪博客（http://blog. sina. com. cn/s/blog_76476f1401019f3y. html）。

[122] 文仕俊：《翻译公司内部控制流程》，转引自全国翻译企业协作网领导小组秘书处编《全国首届翻译经营管理工作研讨会论文集》，江苏钟山翻译有限公司 2001 年版。

[123] 吴彬编：《中国对外广播史上的新篇章——改革开放中的中国国际广播电台》，中国国际广播出版社 2000 年版。

[124] 吴家彤：《中国西部地区翻译市场环境浅析与竞争策略》，《译苑》2011 年第 3 期。

[125] 吴水姊：《民族语文翻译事业 60 年》，2009 年，中国网（http://www.china.com.cn/fangtan/2009-11/09/content_ 18851970.htm）。

[126] 吴兴：《无锡市翻译协会行业管理实践》，转引自夏太寿主编《中国翻译产业走出去——翻译产业学术论文集》，中央编译出版社 2011 年版。

[127] 吴岩：《放出眼光来看》，《读书》1979 年第 7 期。

[128] 吴永波：《语言服务和语言技术的趋势和变化》，《全球化与本地化》2014 年第 2 期。

[129] 夏太寿主编：《中国翻译产业走出去——翻译产业学术论文集》，中央编译出版社 2011 年版。

[130] 向新、苏少之：《1957—1978 年中国计划经济体制下的非计划经济因素》，《中国经济史研究》2002 年第 4 期。

[131] 谢莉：《全球翻译行业的历史与现状》，《中国翻译》2006 年第 4 期。

[132] 邢厚媛：《中国企业走出去的现状和对语言服务的需要》，《中国翻译》2014 年第 1 期。

[133] 邢立、王莹：《说说新闻播音速度的快与慢》，《新闻传播》2009 年第 2 期。

[134] 邢学杰：《我国服务外包产业发展研究》，《企业经济》2014 年第

1期。

［135］许苏明：《论社会交换行为的类型及其制约因素》，《南京大学学报》（哲学·人文科学·社会科学版）2000年第3期。

［136］许心怡：《莫言：希望翻译家们多些"菠萝盖"》，2014年8月19日，人民网（http://culture.people.com.cn/n/2014/0818/c87423-25487599.html）。

［137］薛暮桥：《试论广义的价值规律》，《中国社会科学》1989年第1期。

［138］杨剑：《元培翻译：黑马与快剑》，《新经济导刊》2008年第7期。

［139］杨绛：《忆傅雷（代序）》，转引自傅雷译著《傅译传记五种》，生活·读书·新知三联书店1983年版。

［140］杨榕、黄勤：《功能加忠诚》，转引自方梦之主编《中国译学大辞典》，上海外语教育出版社2011年版。

［141］杨英姿：《我国翻译人才评价体系发展现状及其对策建议》，《中国翻译》，2013年（增刊）。

［142］叶水夫：《再接再厉，为进一步繁荣我国翻译事业而奋斗》，转引自中国翻译协会编《中国翻译年鉴2005—2006》，外文出版社2007年版。

［143］叶永烈：《解读傅雷一家》，金城出版社2010年版。

［144］叶兆言：《怀念傅雷先生》，《中国翻译》2008年第4期。

［145］银恭喜：《关于当前翻译公司若干问题的思考》，转引自全国翻译企业协作网领导小组秘书处编《全国首届翻译经营管理工作研讨会论文集》，江苏钟山翻译有限公司2001年版。

［146］尹承东：《从毛泽东著作的翻译谈建国以来的中译外工作》，《中国翻译》2009年第4期。

［147］尹承东：《十年生聚，十年教训》，转引自夏太寿主编《中国翻译

产业走出去——翻译产业学术论文集》，中央编译出版社 2011 年版。

［148］于鹰、靳晓明：《国际科技合作征程》第三辑，科学技术文献出版社 2006 年版。

［149］袁爱国：《走进名著馆之〈钢铁是怎样炼成的〉选择坚强：在烈火与骤冷中铸造》，《新语文学习》（初中版）2009 年第 3 期。

［150］袁军：《语言服务：中国翻译行业的全新定位》，《中国翻译》2012 年第 5 期。

［151］袁军：《语言服务的概念界定》，《中国翻译》2014 年第 1 期。

［152］臧乃光：《我经历的国际科技合作的始创期》，转引自王绍祺、于鹰主编《国际科技合作征程》第一辑，科学技术文献出版社 2002 年版。

［153］詹成、索若楠：《电话口译在我国的一次重要实践》，《中国翻译》2012 年第 1 期。

［154］张海祥：《〈参考消息〉的创刊与发展》，《中国档案》2011 年第 1 期。

［155］张久春、蒋龙、姚芳：《新中国初期向苏联派遣留学生》，《百年潮》2008 年第 11 期。

［156］张美芳、胡雯雯：《目的论》，转引自方梦之主编《中国译学大辞典》，上海外语教育出版社 2011 年版。

［157］张乃惠：《翻译企业如何在新形势下建设与发展》，转引自全国翻译企业协作网领导小组秘书处编《全国首届翻译经营管理工作研讨会论文集》，江苏钟山翻译有限公司 2001 年版。

［158］张乃惠：《新形势下翻译企业面临的挑战与发展机遇》，转引自全国翻译企业协作网领导小组秘书处编《全国第二届翻译经营管理工作研讨会论文集》，海南翻译公司 2002 年版。

［159］张南军：《"南京会议"召开始末及影响》，转引自夏太寿主编

《中国翻译产业走出去——翻译产业学术论文集》，中央编译出版社 2011 年版。

［160］张南军：《当前中国翻译服务行业的状况》，转引自夏太寿主编《中国翻译产业走出去——翻译产业学术论文集》，中央编译出版社 2011 年版。

［161］张南军：《翻译服务标准化对产业发展的意义及趋势》，《上海翻译》2006 年第 4 期。

［162］张南军：《管理的地位与作用》，转引自夏太寿主编《中国翻译产业走出去——翻译产业学术论文集》，中央编译出版社 2011 年版。

［163］张南军：《浅论翻译稿件的计字办法》，转引自全国翻译企业协作网领导小组秘书处编《全国首届翻译经营管理工作研讨会论文集》，江苏钟山翻译有限公司 2001 年版。

［164］张楠：《翻译稿酬提升难》，《新京报》2013 年 9 月 26 日。

［165］张晓东：《中国服务外包业令世界刮目相看》，《人民日报》2010 年 8 月 24 日。

［166］张辛民：《〈参考消息〉：从"内部刊物"到公开发行》，《党史博览》2007 年第 10 期。

［167］张义柱：《刍议交换类型的演进及其交易性质变化》，《商业时代》2009 年第 21 期。

［168］张韵之：《我的片段经历》，转引自王绍祺、于鹰主编《国际科技合作征程》第一辑，科学技术文献出版社 2002 年版。

［169］赵杰：《翻译市场准入之我见》，2004 年，中国企业在线（http：//www.71ab.com/Readnews_3695.html）。

［170］赵宁：《Gideon Toury 翻译规范介绍》，《外语教学与研究》2001 年第 5 期。

［171］赵晏彪：《"联合国资料小组"诞生始末》，《中国艺术报》2013年7月26日。

［172］郑海凌：《译语的异化与优化》，《中国翻译》2001年第3期。

［173］郑伦金、吴世英：《中国翻译的标准化任重道远》，转引自夏太寿主编《中国翻译产业走出去——翻译产业学术论文集》，中央编译出版社2011年版。

［174］中国翻译协会、中国翻译行业发展战略研究院：《中国语言服务业发展报告2012》，中国翻译协会2012年版。

［175］中国翻译协会：《语言服务业和服务贸易发展政策制定》报告（概要），2014年，中国译协网（http：//www.tac-online.org.cn/zhuanti/txt/2014-01/07/content_6594624.htm）。

［176］中国翻译协会：《中国语言服务行业规范——本地化业务基本术语》，中国翻译协会2011年版。

［177］中国翻译协会2011年语言服务产业调研工作组：《2011年中国企业语言服务人才需求问卷调研分析报告》，中国翻译协会2011年版。

［178］中国翻译协会本地化服务委员会秘书处：《全球化与本地化》，2012—2014年。

［179］中国翻译协会编：《2010年中国语言服务产业问卷调研分析报告》，中国翻译协会2010年版。

［180］中国翻译协会编：《中国翻译年鉴2005—2006》，外文出版社2007年版。

［181］中国翻译协会编：《中国翻译年鉴2007—2008》，外文出版社2009年版。

［182］中国翻译协会翻译服务委员会秘书处：《翻译服务通讯》，2003—2005年。

［183］中国翻译协会翻译服务委员会秘书处：《全国第五届翻译经营管理工作研讨会论文集》，黑龙江省信达雅翻译有限公司2005年版。

［184］中国国际广播电台史志编委会：《中国国际广播电台史志（上）》，中国国际广播出版社2001年版。

［185］中国国家标准化管理委员会：《翻译服务规范（第1部分）：笔译》，中国国家标准化管理委员会2003年版。

［186］中国国家标准化管理委员会：《翻译服务规范（第2部分）：口译》，中国国家标准化管理委员会2006年版。

［187］中国国家标准化管理委员会：《翻译服务译文质量要求》，中国国家标准化管理委员会2005年版。

［188］中国社会科学院语言研究所词典编辑室：《现代汉语词典》（修订本），商务印书馆1999年版。

［189］中央编译局翻译服务部：《翻译市场浅析》，转引自全国翻译企业协作网领导小组秘书处编《全国首届翻译经营管理工作研讨会论文集》，江苏钟山翻译有限公司2001年版。

［190］仲善平、朱宪超：《加强行业整合，服务全球化——浅谈商业翻译服务运作中存在的问题与对策》，《中国翻译》2006年第1期。

［191］周海民：《出国护照话沧桑》，《上海滩》2010年第4期。

［192］周健钢：《走访〈泰坦尼克号〉译制组》，《电影创作》1998年第4期。

［193］周克希：《译边草》，百家出版社2001年版。

［194］朱曾汶：《苦译六十年，稿费知多少》，转引自柳鸣九主编《译书记》，金城出版社2011年版。

［195］朱钢华：《元培翻译 二次创业》，《新经济导刊》2012年第9期。

［196］朱宪超：《翻译服务领域现状浅析》，转引自中国翻译协会编《中

国翻译年鉴 2007—2008》，外文出版社 2009 年版。

［197］朱宪超：《我国翻译产业的概念、形态及其他》，转引自中国翻译协会翻译服务委员会秘书处编《全国第五届翻译经营管理工作研讨会论文集》，黑龙江省信达雅翻译有限公司 2005 年版。

［198］庄建：《人类文明的搬运工——写在中国翻译协会成立 30 周年之际》，《中国翻译》（增刊）2013 年版。

［199］左漠野：《回顾与展望——纪念中央人民广播电台民族广播创办四十周年》，《中国广播电视学刊》1990 年第 3 期。

［200］Andrè Lefevere, *Translation, Rewriting, and the Manipulation of Literary Fame*, Shanghai: Shanghai Foreign Language Education Press, 2004.

［201］Anthony Pym, *Training Translators and European Unification: A Model of the Market*, Doctoral thesis, Paris: The European Commission's Translation Service "Theory Meets Practice" Forum, 2000.

［202］Benjamin B. Sargent, "Global Branding and the Terms of the Trade", Lowell, MA: Common Sense Advisory, Inc., 2012. （http://www.commonsenseadvisory.com/Default.aspx? Contenttype = ArticleDetAD&tabID = 63&Aid = 2934&moduleId = 390.）

［203］Christiane Nord, "Scopos, Loyalty and Translational Conventions", *Target*, No. 1, 1991.

［204］Christine Horne, "Sociological Perspectives on the Emergence of Social Norms", In Michael Hechter and Karl Dieter Opp (eds), *Social Norms*, New York: Russell Sage Foundation, 2001.

［205］Chuanmao Tian, *A Sociocultural Analysis of Retranslations of Classic English Novels in Mainland China 1949 – 2009*, Doctoral Thesis, Tarragona: Universitat Rovira i Virgili, 2014.

[206] CILT, *Survey of Language and Cultural Service Providers* 2005 —*Key Findings*, (http: //data. cilt. org. uk/research/languagetrends/2005/providers. htm).

[207] Daniel Gouadec, *Translation as a Profession*, Amsterdam and Philadelphia: John Benjamins, 2007.

[208] Donald A. DePalma and Vijayalaxmi Hegde, *The Language Services Market*: 2013, Lowell, MA: Common Sense Advisory, Inc. , 2013.

[209] Douglas Robinson, *Becoming a Translator* (2nd Edition), London and New York: Routledge, 2003.

[210] Douglas Robinson, *Who Translates? Translator Subjectivities Beyond Reason*, New York: State University of New York Press, 2001.

[211] Eugene A. Nida and Charles R. Taber, *The Theory and Practice of Translation*, Leiden: E. J. Brill, 1969.

[212] Eugene A. Nida, *Language, Culture and Translating*, Shanghai: Shanghai Foreign Language Education Press, 1993.

[213] Fernand Boucau, *The European Translation Market: Facing the Future*, Brussels: EUATC EEIG, 2005.

[214] Friederich Engels, 1888, Engels to Margaret Harkness in London, (http://www. marxists. org/archive/marx/works/1888/letters/88_04_15. htm).

[215] Geoffrey Samuelson – Brown, *A Practical Guide for Translators*, Clevedon: Multilingual Matters, 2004.

[216] Gideon Toury, A Handful of Paragraphs on "Translation" and "Norms", In Christina Schäffner (ed.), *Translation and Norms*, Beijing: Foreign Language Teaching and Research Press, 2007.

[217] Gideon Toury, *Descriptive Translation Studies and Beyond*, Amsterdam

and Philadelphia: John Benjamins, 1995.

[218] Gideon Toury, *In Search of a Theory of Translation*, Tel Aviv: Porter Institute for Poetics and Semiotics, 1980.

[219] Johan Hermans and Josè Lambert, "From Translation Market to Language Management: The Implications of Translation Services", *Target*, No. 1, 1998.

[220] John Milton, "The Importance of Economic Factors in Translation Publication", In Anthony Pym, Miriam Shlesinger and Daniel Simeoni (eds), *Beyond Descriptive Translation Studies*, Amsterdam and Philadelphia: John Benjamins, 2008.

[221] Michael Cronin, "Globalization", In Mona Baker and Gabriela Saldanha (eds), *Routledge Encyclopedia of Translation Studies*, London and New York: Routledge, 2009.

[222] Michael Hechter and Karl Dieter Opp, "Introduction", In Michael Hechter and Karl Dieter Opp (eds), *Social Norms*, New York: Russell Sage Foundation, 2001.

[223] Minako O'Hagan and David Ashworth, *Translation – mediated Communication in a Digital World: Facing the Challenges of Globalization and Localization*, Clevedon: Multilingual Matters, 2000.

[224] Mingwu Xu and Chuanmao Tian, "Commercial Considerations: A Reason for Retranslating — An Exploration of the Retranslation Boom in the 1990's Mainland China", *Across Languages and Cultures*, No. 2, 2014.

[225] Nataly Kelly and Donald A. DePalma, *Global Market Sizing and Ranking FAQs*, Lowell, MA: Common Sense Advisory, Inc., 2012.

[226] Nataly Kelly and Robert G. Stewart, *The Language Services Market*:

2010, Lowell, MA: Common Sense Advisory, Inc., 2010.

[227] Nataly Kelly, Donald A. DePalma and Robert G. Stewart, *The Language Services Market*: 2012, Lowell, MA: Common Sense Advisory, Inc., 2012.

[228] Pierre Bourdieu, "A Conservative Revolution in French Publishing", *Actes De La Recherche En Sciences Socials*, 1999.

[229] Pierre Bourdieu, "The Forms of Capital", In John Richardson (ed.), *Handbook of Theory and Research for the Sociology of Education*, New York: Greenwood, 1986.

[230] Renato S. Beninatto and Nataly Kelly, *Ranking of Top 30 Language Services Companies*, Lowell, MA: Common Sense Advisory, Inc., 2009.

[231] Robert C Sprung, *Translating into Success: Cutting - Edge Strategies for Going Multilingual in a Global Age*, Amsterdam and Philadelphia: John Benjamins, 2000.

[232] Robert Ellickson, "The Evolution of Social Norms: A Perspective from the Legal Academy", In Michael Hechter and Karl Dieter Opp (eds), *Social Norms*, New York: Russell Sage Foundation, 2001.

[233] Roberto Mayoral Asensio, *Translating Official Documents*, Manchester: St. Jerome, 2003.

[234] Susan Bassnett and André Lefevere, *Constructing Cultures: Essays on Literary Translation*, Shanghai: Shanghai Foreign Language Education Press, 2001.

[235] Theo Hermans, *Disciplinary Objectives*, 2006, The Translation Research Summer School (http://www.researchschool.org).

[236] Theo Hermans, *Translation in Systems: Descriptive and System - orien-*

ted Approaches Explained, Shanghai: Shanghai Foreign Language Education Press, 2004.

［237］Thomas Voss, "Game - theoretical Perspectives on the Emergence of Social Norms", In Michael Hechter and Karl Dieter Opp (eds), *Social Norms*, New York: Russell Sage Foundation, 2001.

［238］"Translation Market: Supply and Demand Analysis", 2013, TranslatorsCafé. com (http://www. translatorscafe. com/cafe/translation - market. htm).

索 引

B

本地化

本地化测试

本地化翻译

本地化开发

笔译服务

编辑

编译

变译

C

产业化

传统翻译

创译

垂直行业

D

典籍翻译

多媒体翻译

多语信息咨询

多语转换

E

恶性竞争

F

发包

翻译标准

翻译部门

翻译策略

翻译产值

索 引 507

翻译出版

翻译错误率

翻译单位

翻译费用

翻译服务管理

翻译服务流程

翻译服务委员会

翻译服务需求商

翻译工具

翻译过程

翻译记忆库

翻译技术

翻译价格

翻译教学

翻译伦理

翻译目的

翻译培训

翻译软件

翻译市场要素

翻译项目管理

翻译项目经理

翻译职业化

翻译质量监控

翻译中介

封闭型翻译市场

服务流程

服务外包

服务要素

G

概要式翻译

感情折扣

个体译者

工程技术翻译

工薪译者

公共部门翻译

公共机构翻译

H

核心层

核心竞争力

J

机器翻译

计划经济

技术化

技术写作

近岸外包

经济转型时期

经贸翻译

K

口笔译服务

L

离岸外包

M

买方市场

卖方市场

P

配音翻译

Q

企业翻译

全球化服务

R

软实力

S

商业化翻译

社会科学翻译

社区翻译

审校

市场供求

市场化

市场机制

视译

术语管理

术语库

T

塔多思

图书翻译

W

外包

网站本地化

X

相关层

校对

信息技术

Y

医学翻译

译云

译者生态